THE
TENSION
OF
LIFE

A RESEARCH ON
THE LIFE PHILOSOPHY OF
HUAI NAN ZI

生命的张力

《淮南子》
哲学思想研究

王巧慧 著

社会科学文献出版社
SOCIAL SCIENCES ACADEMIC PRESS (CHINA)

序　言

　　《淮南子》是汉初淮南王刘安召集众宾客集体编纂的一部以道家思想为主，熔铸百家的综合性著作，它吸收了儒家、道家生命哲学思想的精华，对生命来源、生命结构、生命智慧、生命价值、生命境界等有关生命的核心问题进行追问和思考，形成了西汉初期水平较高且内容完整的哲学思想。本书全面系统研究《淮南子》的天人关系、身体结构、性命结构、生命智慧、自然与无为的张力及理想人格等方面的思想，结合当今社会转型时期当代人生存发展过程中的生命问题，挖掘其中的思想精髓，促进古代生命哲学在当代进行创造性转化和创新性发展，帮助现代人树立正确的生命观，促进生命的健康、健全、丰富、发展。

　　随着经济市场化、社会信息化、文化多样化及主体个性化，当代人生命成长过程中出现了许多需要深入思考、解答的时代课题。例如，我们如何利用市场社会的激励机制和竞争机制激发个人的创造性，同时避免被世俗的有形物质追求所异化？如何通过辛勤劳动不断满足个人及家庭成员对美好生活的需要，同时做到不因功利追求而损害个人的生命健康？在生命主体日益个性化的背景下，如何在珍惜生命、敬畏生命的价值观与无私奉献甚至牺牲生命的价值观之间保持张力？人的物质需要得到极大满足之后，如何激发人发展的内在精神动力、丰富人的精神世界，进而提高人的精神境界？如何正确认识社会中出现的"佛系""躺平"等社会现象？如何以智慧的生存方式正确处理理想与实现、主观与客观之间的冲突？带着个人的困惑以及时代提出的生命问题，我重新拜读经典，希望从《淮南子》一书对生命的理解中为当代人生命存在发展面临的问题提供一些答案。

　　本书稿完成之后，我深深为《淮南子》的思想精髓折服。"以神制形，形从而利；以形制神，神从而害"的神形关系论以及"损欲从性，以情胜欲，以礼节情"的性命结构论，可以让人们认识到理性驾驭生命、保持生命内部结构和谐是生命健康存在的前提，"惜生、贵生、重生"的生命价值观可以使人从功利主义的价值追求中超拔出来，"仁义至上"的道德价值观可以让人们以仁义之道自觉约束个人的功利主义行为；圣人自强不息的奋斗精神、无私无我的奉献精神以及爱民利民的民本情怀为积极入世的人提供自我提升、自我超越的精神标杆，至人、真人的独立、自由的人格境界为出世的人安放心灵提供了精神家园。"百技无一道，得之弗能守。心不一也"让人认识到专业技术人才必须用心专一，精益求精地锤炼本领，避免"鼯鼠五技而穷"的悲剧出现；"义食之道必始于耕织"，"是故其耕不强者，无以养生；其织不强者，无以掩形"让我们认识到辛勤劳动是过上美好幸福生活的前提，但是，"形劳不已则竭，精用不已则枯"，无节制、无限度地开发、使用生命加快了人的衰歇和死亡。因此，人应虽富贵，不以养伤身，虽贫贱，不以利累形，要在辛勤劳动与珍惜生命之间保持平衡；"通性之情者，不务性之所无以为；通命之情者，不忧命之所无奈何"与"安时而立位，当世而乐业"等思想让人以乐观达命、精进不息的态度正确处理理想与现实、主观与客观之间的冲突；守柔、守弱、守雌等生存方式让人形成低调、内敛、含蓄的生存智慧，避免过分张扬个人的主体性给自己带来祸患灾难；在坚持仁义之道的前提下，《淮南子》辩证的生存智慧要求人根据时势进退、屈伸、动静、仰抑，机智灵活地生存，为生命发展提供广阔的空间；研几而知化的思维启发人们从内与外、幽与明、本与末、潜在与显在等诸多要素的联系中分析变化、把握变化，引导生命趋善避恶、逢凶化吉、趋福避祸，使生命处于向上、向善的发展态势。

人的生命是自然生命、社会生命和精神生命的有机统一体。自然生命是自然存在的实体性生命以及由此产生的自然本性和本能，社会生命是人在社会实践活动中生成的价值性生命以及社会化能力，精神生命是人在精神生活中所创造的超越性生命以及精神生长力。自然生命是社会生命、精神生命得以存在的物质基础，也是社会生命、精神生命富有生意、生机、活力的根源。社会生命是自然生命得以存在的现实条件，为精神生命的提升提供了广阔的社会舞台；精神生命是自然生命、社会生命得以健康发展、不断提升的内在精神动力。三者相互协调、相互作用，有机统一于人的生存、生活、生产活动中，在人的理性的自我调节、管理、引导下，自觉展开了人的生命生生不息的历程。《淮南子》一书对生命的理解有助于激发人的生命自觉意识，从自然生命、社会生命和精神生命有机结合的角度把握生命，培养自己理性管理生命、调节生命、发展生命的自觉能动性，使生命日趋完善、日益丰富、不断健全，促进生命自由而全面发展。

《淮南子》惜生、爱生的生命价值观指出，生命的存在发展具有至高无上的价值。在不同的阶段，生命的存在发展尽管有很多客观的限制性因素，但是自我是个人生命的主宰者与掌控者。人应发挥心之理性的作用，外嗜欲，理好憎，理情性，以神制形，以情胜欲，促进身体结构和性命结构的高度和谐，维持自然生命的生意、生机和活力。人还应钻研技术业务，积极参加社会劳动，为个人和家庭成员谋得幸福生活的物质基础，维持个人与家庭成员自然物质生命的存在。同时，人应超越名利、财富、金钱对人生命的挟裹，超越工具主义价值观对生命的淡然和漠视，不以利而无限开发、使用、透支生命，实现自然生命的长生久视。但人的自然生命是在特定社会条件下以社会角色的形式存在的。家庭与社会的政治、经济及文化条件以及群体性的社会组织是个人自然物质生命得以存在发展的基础。因此，人在从事社会劳动谋得自己及家庭生存发展所需的物质生活资料时，应深刻认识自己的"所能"与"能所"，在客观条件和个人能力范围内，在遵守制度和道德规范的范围内敬业、乐业、爱业，做好自己的本职工作，提升专业技术水平、道德修养，履行各种社会角色的责任和义务，以智慧的方式处理自我与客观世界之间的矛盾冲突，增强社会化的合作交往能力，使个人的自然物质生命转化为社会生命，以个人生命的成长进步推动家庭的发展和单位的进步。但是，人的自然物质生命存在和社会生命的发展需要强大的精神动力支持，这就需要我们树立崇高的理想信念，以圣人、至人、真人以及中华民族发展史中的英雄人物为理想人格，培养淡泊名利、虚怀若谷、廉洁自律、勤俭节约的品德，培养劳动精神、奉献精神、奋斗精神、创造精神、斗争精神，培养家国情怀、民本情怀以及敬畏生命、护佑生命的意识，增强精神力量，提升精神境界。

总之，人是宇宙中唯一有思想、有意识的动物。我们可以发挥人的目的性、选择性、计划性、创造性，培养个人理性管理生命、调节生命、发展生命的自觉能动性，维持自然生命的生机和活力，增强社会生命的规范性以及社会化程度，逐步提升人的精神境界，将生命的生存、生活、生产、生态、生成自觉融入家族、中华民族、人类以及宇宙绵延不断、奔腾不息的生命长河，在理性的驾驭之下让生命长河中的生命浪花绚丽多彩。

王巧慧

2022 年 10 月

目　录

绪　论 ……………………………………………………… 001

第一章　《淮南子》的天人关系观 ……………………… 017

　第一节　天人相合 ………………………………………… 017

　第二节　天人相感相应 …………………………………… 028

　第三节　天人之分 ………………………………………… 042

第二章　《淮南子》的身体结构观 ……………………… 062

　第一节　《淮南子》的神形气关系论 …………………… 062

　第二节　《淮南子》的养生观 …………………………… 072

第三章　《淮南子》的性命结构观 ……………………… 089

　第一节　《淮南子》的自然本性论 ……………………… 089

　第二节　《淮南子》的生命欲求论 ……………………… 112

　第三节　《淮南子》的自然真情论 ……………………… 128

第四章　《淮南子》的生命智慧观 ……………………… 142

　第一节　《淮南子》的生命智慧形成原因 ……………… 142

　第二节　《淮南子》的认知方式 ………………………… 146

　第三节　《淮南子》自然无为的实践智慧 ……………… 161

　第四节　《淮南子》的生存智慧论 ……………………… 172

第五章　自然与人为 ……………………………………… 199

　第一节　原自然而轻人为 ………………………………… 199

　第二节　自然与人为的张力 ……………………………… 212

第六章　《淮南子》的生命价值观 ················· 229

   第一节　先秦道家的价值观 ····················· 229

   第二节　先秦儒家的价值观 ····················· 237

   第三节　《淮南子》儒道融合的价值观 ··········· 239

第七章　《淮南子》的理想人格观 ················· 252

   第一节　入世的理想人格 ······················· 252

   第二节　出世的理想人格 ······················· 278

结语　《淮南子》生命观的特点及当代价值 ········· 286

参考文献 ··· 304

绪　论

刘安（公元前 179 年~公元前 122 年），是汉高祖刘邦的孙子，淮南厉王刘长的长子，汉文帝时被封为阜陵侯。据《史记》《汉书》刘安本传记载，刘安之父刘长为汉高祖刘邦之少子。孝文十六年，皇帝封刘长三子为诸侯王，而阜陵侯刘安被封为淮南王。汉武帝初即位，刘安受到皇帝的礼遇。《淮南子》一书是淮南王刘安集中当时道家、阴阳家、儒家等各个学派的人所写的一部百科全书式的著作，是一部服务于汉朝大一统中央集权的治国安邦之书。要了解《淮南子》，必须先了解淮南王刘安的身世及其生活的时代背景。

一　刘安与《淮南子》

（一）刘安传略

1. 家世不幸，幼年丧父

刘安出身贵族，是汉高祖刘邦的孙子，淮南厉王刘长的长子，继位为淮南王。然而其家世非常不幸，两代遭遇厄运。

刘安的父亲刘长，是刘邦的第七子，刘长的生母是赵王张傲（刘邦的女婿）的美人赵妃。高祖八年（公元前 199 年），在刘邦路过赵地时，张傲让自己的一个美人（即赵妃）陪伴，美人由此怀孕。第二年，有人向刘邦告密，说权臣贯高曾撺掇张傲谋反，打算派人暗杀刘邦。张傲全家被捕入狱，其美人受到牵连。赵妃认为自己是冤枉的，就央求狱吏去给汉高祖送信，说身上怀着皇上的孩子，请皇上赦免他。刘邦正在气头上，没有理会这件事。无奈之下，赵妃只好让弟弟赵兼到长安找辟阳侯审食其（吕后的亲信），请求他去向吕后说情。吕后嫉妒，不肯替赵妃说话。审食其见吕后的脸色不好看，也没有强求她。于是赵妃生下刘长后绝望自杀。

高祖十一年，刘邦平定淮南王黥布的叛乱之后，把三岁的刘长封为淮南王。在文帝继位之时，汉高祖的八个儿子死了六个，只剩下文帝和刘长。文帝和吕后很宠爱刘长。刘长对母亲的死耿耿于怀，怨恨审食其没有向吕后说情。一次，刘长同汉文帝打猎，路过审食其家门口，他衣袖里藏着一把铁锤，上门去找审食其。审食其不知底细，开门迎接。刘长一铁锤把他打倒，命令手下杀了审食其。汉文帝因为与其是亲兄弟，又感念他为母亲报仇，便赦免了他。刘长仗着与皇帝的关系好，骄横无比，放纵不羁，做了许多违法乱纪的事。文帝对他的宽容和赦免导致他愈加猖狂，以致上至汉文帝的母亲薄太后、太子刘启，下至朝中的文武官员，都有些害怕他。刘长利用西汉王朝实行黄老政策的时机，扩大自己的势力。例如在自己的封国内，他"不用汉法"，自置相国，"自为法令，拟于天子"，甚至衣食住行的排场都与天子相同。他经过的地方一律戒严，不准百姓同行。文帝让其舅父写信规劝其改邪归正。可是刘长不听劝告，反而怀恨在心。

汉文帝前元六年（公元前174年），汉文帝以棘蒲侯柴武的太子柴奇联络刘长造反为借口，对刘长进行审查。那些忌惮刘长的大臣们趁机罗列了刘长一系列罪状。文帝以"不奉法度，不听天子诏，乃阴聚党徒及谋反者，厚养亡命欲以有为"的罪名逮捕了刘长，废黜其诸侯王封爵，发往蜀郡。刘长十分气愤，在流放的途中绝食而死。

刘安约生于汉文帝前元元年，是刘长的长子。刘长死后，文帝将原淮南国三分，分给刘安弟兄，刘勃为衡山王，刘赐为庐江王，刘安为淮南王，当时刘安十六岁。祖母的冤死、父亲的骤亡对刘安的心灵产生了很大的影响。他对皇室的怨恨不言而喻。在中央不断削藩的时代背景下，他只能将怨恨深深埋藏在心底。

2. 图谋造反，事败自杀

刘安虽然从小对父亲的死心怀怨恨，但在相当长的时间内，刘安与三代皇帝（文帝、景帝以及武帝）均相安无事。《史记·淮南王列传》还记载："元朔三年，上赐淮南王几杖，不朝。"汉武帝赐刘安几杖，表示对他的尊重。

但是，刘安与汉王朝的矛盾以及他对汉王朝的仇怨心理一直存在。在汉景帝前元三年（公元前154年），吴王刘濞发动叛乱。当吴王使者到淮南时，刘安欲发兵响应。淮南相表示愿意领兵参战，刘安于是将兵权托付给他。但是淮南相领兵之后，"不听王而听汉"，率领集结起来的兵马参加了周亚夫平息叛乱的行动。刘安因之逃脱了"谋反"的罪名。平定七国之乱后，景帝"令诸侯不得复治其国，天子置吏"，进一步削弱了诸侯王的政治地位和权力，这进一步导致了刘安的不满。

公元前139年，刘安上京都朝见皇帝，太尉田蚡对刘安说："皇上没有太子，您是高祖孙，万一皇上驾崩，不立您当皇帝还能立谁呢！"这段话提醒了刘安。于是刘安"阴结宾客，拊循百姓，为叛逆事"。建元六年（公元前135年）彗星现于空中，方士散步流言蜚语，"（淮南）王心以为上无太子。天下有变，诸侯并争"，便紧准备作战兵械，收揽人心，广招人才，"谋反滋甚"。①

刘安在封地加强军备，广揽人才，起初是想保护自己，不是真想反叛，去夺皇位。但是，家庭内部的矛盾一步步将其推上了反叛的道路。刘安有两个儿子，长子不害，为姜所生，是庶子；次子迁，为嫡出。太子刘迁很不安分，喜欢舞枪弄棒，仗势欺人。公元前124年，太子与淮南"八公"之一的郎中雷被学剑，被误伤而愤怒，他在刘安面前说了很多雷被的坏话。刘安不分青红皂白，要处治雷被。当时为了讨伐匈奴，汉武帝曾发布一项诏令，规定所有愿意从军的人，都可以赴长安应征；凡有阻拦者，一律处以死罪。雷被想参军躲避处罚。刘安撤了雷被的职，雷被便逃往长安，上书武帝，状告淮南王父子阻拦自己从军。武帝下令廷尉及河南郡县追查此事。当地官员追查此事，欲逮捕太子刘迁，而刘安夫妇不愿交出刘迁。淮南相督促刘安交出太子。刘安上书告淮南相的状。武帝下令廷尉追查处理，结果连刘安自己也牵连进去了。朝廷公卿大臣要求将刘安逮捕治罪。刘安闻讯，与太子商量对策。他们计划如果朝廷官员来抓，就把官员杀掉，然后起兵。后来武帝不同意宫廷大臣的意见，宣布赦免刘安，削去刘安属下的两个县的封邑，以示惩罚。这件事加剧了刘安对朝廷的不满。

当时诸侯王的子弟都被封为侯，刘安夫妇都不喜欢大儿子不害，没有封他为侯。不害的儿子名建，对此心怀不满。元朔六年（公元前123年），刘建暗中结交朋党，欲杀害太子，而让自己的父亲取而代之。太子知道后，多次把刘建抓起来拷打。刘建便让朋友上书皇帝，声称自己知道淮南王想

---

① 《史记·淮南衡山王列传》。

谋杀朝廷官员的事情。武帝把此事交给河南郡去追查处理。这时，当年被刘长锤死的审食其之孙审卿为替自己的祖父报仇，极力在丞相公孙弘面前说淮南王的不是，公孙弘疑心淮南王图谋不轨，于是对此案追究到底。在他们的严厉督查下，河南郡把刘建抓起来审问，刘建又把刘安及其僚属都供了出来。刘安见孙子刘建被抓起来审问，便有了发兵反叛的打算。

元狩元年（公元前122年），刘安采用谋士伍被的计策，私刻了上至皇帝、下至郡守的官印，派人进入京城，混在大将军、丞相身边的工作人员中，准备让他们在自己发兵后即刺杀大将军、丞相等高级官员，掀起一场叛乱。

事到此时，刘安又犹豫不决。甚至在朝廷欲逮捕太子时，刘安还欲大事化小，同意交出太子。太子决定牺牲自己以换取父亲平安，但自杀未遂。就在这个关键时刻，那个曾经出谋划策，教刘安如何谋反的伍被竟跑去向朝廷自首，告发了淮南王密谋造反的事情。于是，朝廷官员逮捕了太子、王后，包围了王宫。淮南王刘安见一切都完了，便在带着皇上符节来惩治他的官员到达之前拔刀自杀了。刘安从16岁为淮南王，至此共42年，享年58岁。

张汤迎奉汉武帝的旨意，严治淮南狱："王后荼、太子迁，诸所谋反者，皆族。""所连引与淮南王谋反列侯两千石豪杰数千人，皆以罪轻重受诛。"甚至"自首"的伍被也难逃一死。《汉书·武帝纪》则说，牵涉这个案件的"党与死者，数万人"。可见当时株连面之大，镇压之残酷。张汤因治狱有功，被提升为狱吏大夫。[①] 刘安的失败身死，成为西汉前期中央集权与地方割据的矛盾基本解决的标志。此后，淮南、衡山、江都三个封国被削为郡。汉武帝又颁布律法，规定王国的官吏不能迁转为中央官吏，有意贬低王国官员的政治地位，限制王侯及其官员经营盐铁以谋取私利，禁止诸侯王网络人才以结党纳士。这些措施严重削弱了诸侯国的权力，封国名存实亡，只相当于一个小郡。全国的政治、经济、军事、文化都集中在中央手里，封建的大一统的中央集权制逐步巩固。

从刘安的个人经历可以看出淮南王的谋反是主客观因素相互作用的结果。

从主观因素来分析，首先，复仇心理作祟，即父亲被流放而死的复仇

---

① 段秋关：《〈淮南子〉与刘安的法律思想》，群众出版社，1986，第7页。

心理。汉人复仇观念很重，崇尚侠义，性格刚烈，视死如归，并形成一种社会风气。淮南厉王刘长的母亲因遭诬陷，多次央求人向刘邦说明情况，请求赦免，遭到拒绝，于是生下刘长后绝望自杀。而厉王为了替母亲报仇，用铁锤杀死审食其，然后负荆请罪。汉文帝赦免擅杀诸侯的刘长，就是感念他为母报仇。正是这种复仇观念酿成了刘安的逆反之心。其次，刘安的谋臣辩士多是趋利避害之徒。如伍被之流为了满足一己私欲，为刘安出谋划策，而随着形势的发展，又背叛主人，落井下石。这些人站在利益的角度，缺乏对当时社会局势的正确分析和判断，没有始终如一的道德规范和操守约束自己的行为，这对刘安走上反叛之路起到不容忽视的推动作用。最后，刘安家族家风不醇厚，教子无方，且厚此薄彼，这导致家族内部的矛盾以及家族成员与门客的矛盾相互交织。刘安溺爱太子。太子舞枪弄棒，仗势欺人，做人刻薄。当太子与雷被比剑被误伤，刘安知道后不分是非，处治雷被。这是雷被状告淮南王父子阻碍他从军的主要原因。淮南王刘安面对廷尉及河南郡县的审查不愿供出太子，而欲起兵反叛。但由于皇帝的赦免，刘安放弃了反叛的打算。刘安偏爱太子，而忽视长子不害，使不害心里充满怨恨。不害之子刘建结交朋党欲杀害太子，密谋失败后又遭到太子的毒打。刘建使其朋友向皇帝告发刘安及太子谋反，从而助推刘安走上谋反的道路。正是刘安教子无方、处理家庭矛盾不客观不公正，才导致家庭内部矛盾与门客矛盾、皇室矛盾相互交织，使其逐步走上谋反的道路。

从外部环境来看，汉初皇权和封国的矛盾是淮南子谋反的客观因素。"汉高祖刘邦继承了秦始皇开创的大一统中央集权体制，但采取郡县与封建并存的郡国制。异性诸侯王，如楚王韩信、梁王彭越、赵王张敖、韩王信、淮南王英布、燕王臧荼、长沙王吴芮，在楚汉战争中已经形成，汉朝建立后不得以承认既成事实。汉高祖在消灭了异性诸侯王之后，又分封了九个同性诸侯王，燕、代、齐、赵、楚、梁、吴、淮南、淮阳。从而形成了王国与郡县并存的郡国制。"① 但是，一些诸侯国，尤其是同性诸侯国封地大，权力重，就会影响封建中央集权的巩固。从文帝开始，统治者便对诸侯王采取了逐步限制、最终消灭的策略。先是采用贾谊提出的"众建诸侯而少其力"的办法，允许诸侯王将其封地分给所有儿子，使诸侯国实力代代削

---

①　樊树志：《国史概要》，复旦大学出版社，2010，第78页。

弱。文帝将刘长的封国一分为三，就是用的这种方法。吴王刘濞发动叛乱之后，统治者对待诸侯国的手段更加严酷。"汉景帝将王国的行政权、管理任免权收归中央，王国的独立地位被取消，诸侯王成为只有爵位而没有实权的贵族，王国相当于中央直辖的郡县。汉武帝时继续实行景帝的削藩政策，颁布推恩令，让王国只能衣食租税，不能过问政事。王国的封地越来越小，中央统辖的地盘愈来愈大。"① 从巩固中央集权统治的角度来看，结束封建割据的局面、实现中国的统一、维护社会的稳定无疑是正确的。但是，站在诸侯王保护自己的封地、巩固现有的封国权力的角度来看，中央削藩的举措不可避免会与诸侯王产生冲突。一些诸侯王的谋反也是西汉前期中央与地方矛盾激化的集中反映。

（二）天下奇才，招士著书

刘安是个才子，在他周围聚集了一大批政治上失意于汉室的饱学之士。当时各诸侯王都广纳名士，以扩充自己的实力，如吴王刘濞"招致四方游士"，河间王刘德也"修学好古，山东诸儒多从而游"②。刘安门下的谋士最多，他"招致天下宾客方术之士数千人"③，讲论道德，总统仁义。门下"英隽以百数"④，王充的《论衡》也有"（刘安）恨父徙死，怀反逆之心，招会术人，欲为大事"⑤ 以及"道术之士，并会淮南，奇方异术，莫不争出"⑥ 的说法，这些都说明了刘安的学术团体在当时的影响力。刘安招募四方名士、贤才，著书立说，以增强自己的实力，这种广纳贤才、集中研究的方式使其以道家生命哲学思想为主，不断吸纳不同领域、不同学派的生命哲学思想，客观上有利于《淮南子》生命哲学的产生。

在刘安幼年时，其父亲由于骄横纵势、不遵守法令而遭到放逐。刘安吸取了父亲败亡的教训，博览群书，刻苦钻研，"淮南王为人好读书鼓琴，不喜弋猎狗马驰骋"⑦。他之所以喜欢读书并非单纯出于个人爱好，主要是

① 樊树志：《国史概要》，复旦大学出版社，2010，第81页。
② 钱穆：《秦汉史》，三联书店，2005，第81~82页。
③ 《淮南衡山济北王传》，《汉书》（第7册），中华书局，2002，第2145页。
④ 《伍被传》，《汉书》（第7册），中华书局，2002，第2167页。
⑤ 黄晖：《论衡校释》（第2册）《道虚》，中华书局，2006，第319~320页。
⑥ 黄晖：《论衡校释》（第2册）《道虚》，中华书局，2006，第317页。
⑦ 《淮南衡山列传》，《史记》（第10册），中华书局，2006，第3082页。

为求博闻多识，以掌握治国的道理和方法，增强自己的为政能力和实力，"以弋猎博奕之日诵读诗书，闻识必博矣。故不学之与学也，犹喑聋之比于人也。凡学者能明于天人之分，通于治乱之本，澄心清意以存之，见其终始，可谓知略矣"①。正是其刻苦钻研的精神使其能博览群书，广泛吸收不同学派、不同领域的思想，著书写文，受到汉武帝的赏识和敬重。

刘安才思敏捷，以"辩博善为文辞"②而名闻朝野。他的学识，不囿于成见，非常广博。他以辩证的思维方式对待百家之言，如"百家异说，各有所出"③，百家学说都有产生的根据、缘由。因此，也都有存在的合理性。"百家之言，指奏相反，其合道一体也。譬若丝竹金石之会乐同也，其曲家异而不失于体"④，"天不一时，地不一利，人不一事，是以绪业不得不多端，趋行不得不殊方。五行异气而皆适调，六艺异科而皆同道"⑤，淮南子要求人们对诸子之言以及六艺要在保持其差异性、多样性的基础上寻求其共同性。他还对各家思想采取一种"故以道论者，总而齐之"⑥的兼容并蓄的态度，"夫守一隅而遗万方，取一物而弃其余，则所得者鲜，而所治者浅矣"⑦。"在差异性基础上寻求统一性"的开放、包容的态度有利于博采众家之长，对各家思想进行综合吸收、利用。

刘安治学严谨，他研究古人的思想以求"原其旨趣、求其道理"，反对以古薄今。他认为求是要求道理，"至是之是无非，至非之非无是，此真是非也"⑧，"夫以一世之寿，而观千岁之知，今古之论，虽未尝更也，其道理素具，可不谓有术乎"⑨，对待古人的思想要吸收古人理论中客观的、正确的道理，但要反对泥古不化。同时结合现实批判地继承前人的思想，如《修务训》云："世俗之人，多尊古而贱今，故为道者，必托于神农、黄帝而后能入说。乱世暗主，高远其所从来，因而贵之；为学者蔽于论而尊其

---

① 《淮南子·泰族训》，参见何宁《淮南子集释》（下），中华书局，1998，第1422页。以下参照同此书。
② 《淮南衡山济北王传》，《汉书》（第7册），中华书局，2002，第2145页。
③ 《淮南子·俶真训》。
④ 《淮南子·齐俗训》。
⑤ 《淮南子·泰族训》。
⑥ 《淮南子·齐俗训》。
⑦ 《淮南子·泰族训》。
⑧ 《淮南子·齐俗训》。
⑨ 《淮南子·泰族训》。

所闻，相与危坐而称之，正领而诵之：此见是非之分不明。故有符于中，则贵是而同今古。……今取新圣人书，名之孔、墨，则弟子句指而受者必众矣……通士者，不必孔、墨之类。晓然意有所通于物，故作书以喻意，以为知者也。诚得清明之士，执玄鉴于心，照物明白，不为古今易意，摅书明指以示之，虽阖棺亦不恨矣。"刘安这种尊重事物原貌和古人理论客观实际的"求真"精神，使其能够结合现实"治道"的需要吸收融合前人理论中具有客观性的"道理"而形成新的理论。

刘安一生的著作主要有《内书》、《外书》与《中篇》，此外还有《淮南杂子星》、《淮南王赋》、《庄子略要》、《庄子后解》和《淮南万毕术》，可惜刘安的大部分著作已亡佚。现存仅有《淮南子》二十一卷和清人茆泮林等重辑的《淮南万毕书》。

《淮南子》原名为《淮南鸿烈》，据东汉高诱的注释："鸿，大也；烈，功也。"[①] 可见"鸿烈"是淮南子内篇二十一篇的总称，其内容宏大，目的在于总结统治经验以谋求政治功效。史籍中以《淮南子》作为书名记载的，首见于《隋书·经籍志》。此书并非刘安一人撰写，其是一部出自众人之手的集体著作，《汉书·淮南王传》称："淮南王安……招致宾客方术之士数千人，作为内书二十一篇，外书甚众。"[②] 高诱在《淮南子·序》中明确指出了该书的作者，"与苏飞、李尚、左吴、田由、雷被、伍被、毛被、晋昌等八人及诸儒大山、小山之徒，共讲论道德，总统仁义，而著此书"[③]。《淮南子》一书是由多人集体创作的，但刘安是此书的编纂者，这在后人的论述中也体现出来。班固在《汉书·淮南王传》里说："初，安入朝，献所作内篇。"[④] 可见，刘安是把《淮南子》作为自己的作品献给汉武帝的。王充云："淮南王作道书。"[⑤] 王夫之也说"淮南王安著书二十篇，称引天人之际，亦云博矣"。[⑥] 凡此都说明《淮南子》先由刘安框定全书的宗旨和结构，然后由众宾客分头收集资料，写成初稿，最后再经刘安统稿润色而成。所

---

① 刘安编著，高诱注《淮南鸿烈解》，中华书局，1985，序第 7 页。
② 《淮南衡山济北王传》，《汉书》（第 7 册），中华书局，2002，2145 页。
③ 刘安编著，高诱注《淮南鸿烈解》，中华书局，1985，序第 6 页。
④ 《淮南衡山济北王传》，《汉书》（第 7 册），中华书局，2002，2145 页。
⑤ 黄晖：《论衡校释》（第 4 册）《书解》，中华书局，2006，第 1155 页。
⑥ 《读通鉴论》卷三，参见段秋关《〈淮南子〉与刘安的法律思想》，群众出版社，1986，第 13 页。

以刘安是《淮南子》的主编，而《淮南子》一书是研究以刘安为首的学术团体（以下统称"淮南子"）的生命哲学的主要资料。

二　《淮南子》的生命哲学思想及研究

较早对《淮南子》进行评价的是汉代高诱，他说："其旨近老子，淡泊无为，蹈虚守静，出入经道……故夫学者不论淮南，则不知大道之深也。"[①] 现代学者刘文典在《淮南鸿烈集解·序》中云："淮南王书博及古今，总统仁义，牢笼天地，弹压山川……太史公所谓'因阴阳之大顺，采儒墨之善，撮名法之要'者也。"[②] 因此，《淮南子》是一部以"道"为主，对道、儒、墨、法、阴阳等各家思想进行有机综合的著作。淮南子在《要略》中指出作书目的，"夫作为书论者，所以纪纲道德，经纬人事，上考之天，下揆之地，中通诸理"，"故著书二十篇，则天地之理究矣，人间之事接矣，帝王之道备矣"，"若刘氏之书，观天地之象，通古今之事，权事而立制……以统天下，理万物，应变化，通殊类，非循一迹之路，守一隅之指，拘系牵连之物，而不与世推移也"。淮南子以"道"为宗旨观天地之象，明万物之理，通古今之事，因时而移，因物而化，旨在提供服务于王朝政治的治国宝典。其指出人内心充满过多的智故、算计、机作必然加剧社会分裂和冲突，因此其治道思想建立在身治的基础上，也即其治国方略是建立在对生命的体悟，即生命哲学上的。生命哲学思想在《淮南子》一书中占有大量的篇幅，如《原道训》指出道是生命的本根，道体之虚静、素朴、自然是人的自然之性的本体论基础；《俶真训》指出，人内心充满过多的算计、狡诈，必然加剧社会的分裂和冲突。人只有返朴归真，天下才能大治；《览冥训》论述了自然界和人类社会万事万物的关系，指出人的精神返回天道是实行"无为而治"的前提；《精神训》论述人的精神的来源和护守，涉及个人生命的产生和归宿以及天人同构等方面的内容；《本经训》则使人废耳目之聪明，守精神之诚，节养性之和，观帝王之操守，从而为养性、治身、理政提供经验；《说山训》和《说林训》引用许多自然现象来阐明事理，充满了生命智慧；《道应训》则究遂事之综，谈古今之由，察祸福利害之变，

① 刘安编著，高诱注《淮南鸿烈解》，中华书局，1985，序第 7 页。

② 刘文典：《淮南鸿烈集解》，中华书局，1989，自序第 1 页。

考验老庄的生存之术，以把握得失之势；《修务训》使人通过学习通于大道，究与无为，反归清静恬愉之性，使人的生命处于"日滔滔而自新"的状态；《人间训》使人察利害、祸福、得失变化的端倪，偃仰于世俗之间，免遭谗贼毒虫之害，渗透着爱惜生命的辩证法智慧；《泰族训》则指出经纬之道的根本在于原心术、理情性，使耳目之官神清意，澄澈心之神明之精神，以与天和相应。总之，生命哲学是淮南子"治道"体系中的理论基础，这使《淮南子》的生命哲学思想具有特定的历史研究价值。

（一）《淮南子》生命哲学形成的社会背景

刘安生长于汉文帝、景帝和武帝前期，而此一时期社会的政治、经济、文化结构都产生了巨大的变化，具体表现在以下几个方面。

1. 社会经济从凋敝到复苏

经历了长达八年的秦汉战争，人民流离失所，经济破败，户口锐减，生产遭到严重破坏。汉初统治者认识到恢复农业生产、稳定社会秩序的重要性，采取了轻徭薄役、奖励耕战、鼓励发展商品经济等一系列政策与措施。这些措施激发了人们发展农业生产的积极性，生产力水平不断提高，社会物质财富日益丰富。"至武帝之初七十年间，国家亡事，非遇水旱，则民人给家足，都鄙廪庾尽满，而府库余财。京师之钱累百巨万，贯朽而不可校。太仓之粟陈陈相因，充溢露积于外，腐败不可食。"社会经济的迅速恢复及发展为淮南子的处世方式由"无为"向"有为"的转变奠定了现实基础。

2. 治国方略从分封到集权

西汉初年改变了秦朝权力完全集中于中央的局面，国家增强地方权力，实行郡国并存制。汉初分封的诸侯王在历史上曾起过巩固西汉统治、加快地方经济开发以及复兴先秦文化的积极作用，如吴"（百姓）以故无赋，国用饶足"①；楚国则是汉初儒学最早复苏的地区，"元王（刘交）既至楚国，以穆生、白生、中公为中大夫"②。但是，诸侯国经济、文化实力的增强对中央的统治构成了严重的威胁，他们名为汉朝的臣属，但各自拥有军队，

---

① 《荆燕吴传》，《汉书》（第 7 册），中华书局，1996，第 1904～1905 页。
② 《楚元王传》，《汉书》（第 7 册），中华书局，2002，第 1922 页。

行政自主，实为汉廷不能控制的独立王国。诸侯王不断谋反，威胁着大一统政权的实现。因此，汉高祖有意识地消灭异姓王而分封同姓王。

随着时间推移，同姓诸侯王也不断发动叛乱，挑战中央权威。文帝三年，齐王刘肥之子济北王刘兴发动叛乱，出现了同姓王叛乱的征兆。因此，文帝开始调整中央与地方的关系。汉文帝于公元前164年，追举淮南王长谥为厉王，立其子三人为淮南王、衡山王、庐江王。① 至文帝时，同姓王共达九个。景帝接受晁错的建议，大大削减诸侯王的封地。景帝三年，吴、楚等七国以诛晁错的名义发起七国之乱，晁错遭谗言被诛，但七国之乱很快平定，以此为教训统治者大大削减诸侯王的领地，继续实行分割王国的政策，使齐、赵分为六国，并剥夺了诸侯王国的行政权、军权、财政权，从此诸侯国失去了原有的独立性。汉武帝继位后，接受了董仲舒的大一统思想，采取一系列加强中央集权的措施，如颁布推恩令；严惩犯法的诸侯王，直接剥夺他们的封地归属郡县；颁布了"左官律""附益法"，从而加强对诸侯王的防范，并限制王侯的财权。②

经过景帝、武帝一系列从分封到集权的措施，一方面，分封诸侯，保持家族内部安定，进而稳定统治秩序；另一方面，强干弱枝，大大削减诸侯王的封地，剥夺诸侯王的权力，强化中央集权，形成了一个统一强大的汉帝国。刘安正是出生于由分封到集权的历史时期，面对汉王朝对诸侯王的打压、削藩措施，他渴望有一个宽松、自由的生长环境。这在《淮南子》一书中充分体现出来，他以道为基础构建了思想理论体系，道是万物之本，也是人的生命之基，同时是实现人的生命和谐、人与自然和谐、人与社会和谐的根基。道的自然无为、虚静、素朴之性，要求人应体道、悟道、守道，返归道的虚静、素朴之性，以心治欲，从性提欲，外嗜欲，去喜怒，理好憎，实现性、情、欲的内部和谐，实现生命性情的自得自适，实现生命的自由。另外，淮南子认识到加强中央集权是社会发展的必然趋势，生命的自由必须服务于大一统中央集权国家的需要，这就需要统治者将治国、治身、原心、返性结合起来，如："为治之本，务在于安民；安民之本，在于足用；足用之本，在于勿夺时；勿夺时之本，在于省事；省事之本，在

---

① 《孝文帝本纪》，《史记》（第2册），中华书局，2006，第426页。
② 王云度：《刘安评传》，南京大学出版社，1997，第45~46页。

于节欲；节欲之本，在于反性；反性之本，在于去载。去载则虚，虚则平；平者，道之素也，虚者，道之舍也。能有天下者，必不失其国，能有其国者，必不丧其家，能治其家者必不遗其神，能修其身者，必不忘其心；能原其心者，必不亏其性；能全其性者，必不惑于道。"①《淮南子》还以本末关系为例，指出"故末不可以强于本"②，即诸侯国不能强于中央。以本治末、强干弱枝的本末思维是汉初加强大一统中央集权的现实反映。

3. 政治措施从无为到有为

汉初政局，大体因袭秦旧制，未能多有改革，但是汉吸取了秦王朝由于刑罚严酷而迅速灭亡的教训。文帝、景帝在政治上采取"无为而治"的措施以缓和当时的社会矛盾，具体体现在：轻徭薄役、减轻刑罚、保护及鼓励生产；对周边实行安抚政策，建立友好关系，避免战争。这些"无为而治"的政治措施，使西汉的生产迅速得到恢复，加强了西汉与周边地区经济、文化的交流，但是"无为政治"也留下了一系列问题，"文帝不正其本，而务除租税，适足以资豪强。文帝五年除盗铸钱令，听民放铸，其立意固以利民。然能铸钱者非贫民也。因此，奸富者益以富，朴贫者益以贫。则仍是驱人以听剽豪右之役也"（王船山语）③。而在刑法上，景帝时"死刑既重，而生刑又轻，民易犯之"④。而外交上，自汉高祖至景帝，虽然实行和亲政策，但是匈奴还是屡次攻入，抢夺财物，并且向汉王朝索要大量珠宝财物。文帝时遗留下来的诸多问题，使得从景帝开始，统治者的治国思想逐渐从"无为"向"有为"过渡，无为与有为、理想与观察、出世与入世的生命张力等方面之间的矛盾在淮南子的生命哲学中多有体现，一方面，淮南子也像庄子那样追求生命的真情、自由，以顺应自然的态度理情性、齐生死、同变化、一万物，体现了出世的理想人格；另一方面，淮南子也对尧、舜、禹等圣人以及为民族做出贡献的人物如黄帝、炎帝、后羿等进行讴歌，体现了积极入世的理想人格。

4. 从以黄老道家思想为主、文化多样到罢黜百家、独尊儒术

黄老学说是春秋战国时期的一种哲学思想，以传说中的黄帝与老子为

---

① 《淮南子·诠言训》。
② 《淮南子·泰族训》。
③ 钱穆：《秦汉史》，三联书店，2005，第70~71页。
④ 《刑法志》，《汉书》（第4册），中华书局，2002，第1100页。

创始人。其以道家为主干，融合了其他学派的思想，形成了独特的黄老学说体系。"无为而治"是最核心的思想。它主张人不应该过分干预自然和社会，而是应该顺应自然和社会的发展规律，尽可能地减少人为的干预，以达到治理的目的。秦汉之际黄老之学流行于齐地，曹参任齐相时，首先采用黄老之术治理齐国，后其为汉相国，进一步采用黄老之术治理全国，取得显著成效，以后的文帝、景帝和陈平、汲黯等，尤其是参与文、景两朝政治的窦太后，都极力提倡黄老学说①，如"窦太后好黄帝、老子言，景帝及诸窦不得不读《老子》，尊其术"②。

黄老学说受到统治者的尊崇是与当时的社会背景和文化背景密切相关的。从春秋到汉初战争不断发生，生产遭到严重破坏，人民生活困苦且动荡不安。因此，实行宽简无为的政治适应了"人心思安"的社会心理因素以及恢复发展生产的社会经济形势的要求；经过秦朝焚书坑儒对人们思想的压制，思想的自由和解放成为在野学者和平民的要求，而以道为主、包容万物的博大宽广的黄老思想不仅适应了这一文化背景，且能够以道家为主，对儒、墨、名、法、阴阳等各家思想兼收并蓄。西汉前期的黄老思想在巩固政权以及恢复发展生产方面起到积极的作用，但也遗留了许多社会矛盾，如富贾商人大量兼并土地、诸侯王权势过大以及匈奴不断侵袭威胁中央的统治，而社会问题的凸显使"无为而治"的黄老思想不能适应统治者的需要。随着形势的发展，与黄老思想对抗、互黜的儒家思想逐渐为统治者接受。汉武帝顺应社会形势的要求，采用一系列措施，逐步使儒家思想成为当时的主流文化意识形态，如引入大批儒生进入统治阶层，公孙弘为学官，广招儒生以治儒学，尊儒的风气开始形成。汉武帝还在太学为五经博士置弟子，用儒家经典教育地主、贵族子弟，并以儒学为标准选用官吏。从此，儒家思想成为封建社会的统治思想，春秋战国时期及汉初多元文化并存的局面结束，文化由多元转向一元，从而为维护封建王朝的统一打下思想文化的基础。《淮南子》一书对生命的理解蕴藏有无为与有为、入世与出世、自由与秩序、自然与人为、理想与现实、个人与社会、自然主义的生命价值观与道德主义的生命价值观等丰富的生命张力思想。这些思

---

① 王云度：《刘安评传》，南京大学出版社，1997，第51页。
② 《外戚传》，《汉书》（第12册），中华书局，2002，第3945页。

想正是以道家思想为基础，对儒家、墨家、阴阳家等思想进行有机融合的产物，尤其是儒道融合是其生命哲学的鲜明特色。

（二）国内外相关研究的学术史梳理及研究动态

《淮南子》是汉初淮南王刘安召集众宾客集体编纂的一部"以道家为主，融合百家"的综合性著作，它吸收了儒家、道家生命哲学思想的精华，对生命来源、生命结构、生命智慧、生命价值、理想人格等有关生命的核心问题进行追问和思考，形成了西汉水平较高且内容完整的生命哲学思想。20 世纪以来，《淮南子》的生命哲学思想逐步引起国内外学者关注和研究，具体如下。

一方面，就研究著作来说，在通史性的哲学史著作中，一般都包含《淮南子》的生命哲学思想，但多是"镶嵌式"研究，如任继愈主编的《中国哲学史》与《中国哲学发展史》、冯友兰著的《中国哲学史》与《中国哲学史新编》、侯外庐主编的《中国思想通史》等几部影响较大的著作中，都有专章论述《淮南子》形神关系、人性论思想等方面的思想。20 世纪 70 年代马王堆汉墓帛书发现后，黄老学成为学术研究的热点之一，一批有关黄老学的论著，如吴光《黄老学通论》、丁原明《黄老学论纲》、陈丽桂《秦汉时期的黄老思想》等，把《淮南子》作为黄老学著作，对其生命哲学思想做过一些探讨。以专题、学派、人物为主线的研究，对淮南子的生命哲学思想进行了较深入的阐释，如李霞的《生死智慧——道家生命观研究》、牟钟鉴的《〈吕氏春秋〉与〈淮南子〉思想研究》。在以《淮南子》为研究专题的哲学著作中，生命哲学亦是一个重要内容，如陈静的《自由与秩序的困惑——〈淮南子〉研究》、杨有礼的《新道鸿烈——〈淮南子〉与中国传统文化》、李增的《淮南子》、陈德和的《〈淮南子〉的哲学》等著作也对《淮南子》人性论、道德论、典型人格等方面进行了研究。英国学者巴尔福的著作《道家伦理性、政治性和思想性的文本》也有《淮南子》伦理思想的内容。这些"镶嵌式"的研究，更多是将淮南子的生命哲学思想嵌入到淮南子的思想体系或中国传统思想史研究中，存在一定的不足：一是没有一部系统研究《淮南子》生命哲学的专著；二是缺乏微观的考察，难以系统、全面窥探淮南子生命哲学思想的全貌；三是缺乏将淮南子和其他学派、人物的比较研究，对淮南子生命哲学的思想特色认识不足；四是对淮南子生命哲学思想理论基础、现实意义分析得不够，无法凸显淮南子的生命哲学思想在中国传统哲学思想体系中的地位、作用以及对当代的价值。

另一方面，就专题研究《淮南子》生命哲学思想的论文来讲，数量很少，中国知网的搜索结果显示，相关论文共有 3 篇（2 篇期刊论文，1 篇硕士学位论文），主要研究了生命的本体、生命的意义、人性论以及形、神、气、志的辩证关系。另外唐韶廉、李少波、胡涣湘、罗毓平等学者以及西北大学、安徽大学、陕西师范大学、河北大学、曲阜师范大学等高校的研究生分别围绕《淮南子》生命哲学的人性论、养生思想、身心关系、伦理思想进行了研究。关于《淮南子》生命哲学思想的研究虽然取得了一些成果，但仍然十分欠缺。

（三）本书相对于已有研究的独到学术价值和应用价值

首先，有利于传承古代生命哲学精髓，促进当代生命哲学发展。《淮南子》是先秦生命哲学思想集大成者，它将道家生命哲学的自然价值取向和儒家生命哲学的社会价值取向有机融合，将道家超然物外的出世精神和儒家积极有为的入世精神融为一体。从前人的研究成果来看，天人关系、人性论、养生思想、形神关系等方面无不有所论述，但研究还不够全面、深入。认真总结这一思想理论成果，可以使人们了解秦汉转型时期我国生命哲学的特点和实质，有利于古代生命哲学思想精髓传承和当代生命哲学发展。

其次，有利于为现代人确立生存原则，建构和谐、健康、进取的精神家园。

当前的市场经济在给人们带来富足的物质生活的同时，也给人们带来了很多问题。极端功利主义的价值观造成人的神形结构和性情结构失调、失衡，加快生命的衰竭与蜕变，加剧个人与他人、社会、自然之间的冲突和紧张，其导致一系列社会问题，如自杀、吸毒、生态恶化等。在此背景下，挖掘和弘扬《淮南子》一书中的惜生爱生的生命价值观、众生平等的自然价值观、守护纯真的人性观以及机智多变的生存智慧，可以为现代人确立生存原则、建构精神家园提供丰富的精神资源和历史借鉴。

最后，帮助人民树立正确的生命观，促进国民身体健康。人民健康是民族昌盛和国家富强的重要标志，是人民过上美好生活的基石，而促进人民健康需要人们树立正确的生命观。《淮南子》生命哲学思想可以帮助人们正确理解人的生命来源、生命结构、本性、生死以及价值，形成珍惜生命、热爱生命、敬畏生命的意识，自觉抵制工具主义和虚无主义的生命观对人的侵蚀，形成健康文明的生活方式，培育自尊自信、理性平和、积极向上的社会心态，促进自然生命健康和谐、社会生命积极进取和精神生命丰富完善。

第一章 《淮南子》的天人关系观

马克思主义哲学认为，人的生命是自然界缓慢演化发展到一定阶段的阶段。人的生命形成之后又与自然界息息相关，需要自然界为其提供满足自身需要的物质资源和精神资源，维持生命的延续和发展。而人的生命形成之后，人的活动又进一步影响了自然界的进化发展。那么，在中国古代，人们是如何理解生命的来源的？人在自然界如何进行生命活动而展开生命的历程呢？下面我们主要从天人相合、天人相感相应以及天人之分等方面研究《淮南子》的天人关系。

第一节 天人相合

天人相合指天人之间具有共同性的方面。淮南子的天人相合思想包括天人同根，人、道同性，天人同构，天人合一。

一 天人同根

老子认为，道是万物的本原，"道生一，一生二，二生三，三生万物。万物伏阴而抱阳，冲气以为和"。① 老子认为，道是天地万物的本源。道包含阴阳二气，阴阳之气在相互激荡的过程中达到和谐的状态，产生天地万物。庄子也在《大宗师》中指出："夫道……自本自根，未有天地，自古以固存；神鬼神帝，生天生地。"也即道无须任何条件而独存，是天地之源。"有先天地生者，物邪？物物者非物。"② 并且天地之道不同于有形之物，具有无形、无象的非实体性特征，难以以名相称呼。"泰初有无，无有无名；

① 《道德经》四十二章。
② 《庄子·知北游》。

一之所起，有一而未形。物得以生，谓之德。未形者有分，且然无间，谓
之命；留动而生物，物成生理，谓之形；形体保神，各有仪则，谓之性。"①
宇宙源起的太初没有任何有形的东西，混而无形的一体之气从无中产生。
气有阴阳之分却没有间隔。气在流动的过程中通过阴阳的相互作用而生成
了万物，物形成之后因有内在机理作用而使各物有形有象，相互区分，人
的形体从而产生。人产生之后，形体守护精神，各有轨迹与法则，淮南子
继承了老子道生万物的思想，"道者，一立而万物生矣"②、"道曰规始于一，
一而不生，故分而为阴阳，阴阳合和而万物生"③。周而复始的道与混而未
形的气是一体的，气中有道，道中有气。一体之气在道的作用下开始分化
为阴阳之气，阴阳之气在相激相荡的运动中达到合和的状态而产生万物。
"天地未形，冯冯翼翼，洞洞灟灟，故曰太昭。道始于虚霩，虚霩生宇宙，
宇宙生气，气有涯垠。清阳者薄靡而为天，重浊者凝滞而为地。清妙之合
专易，重浊之凝竭难，故天先成而地后定。天地之袭精为阴阳，阴阳之专
精为四时，四时之散精为万物。"④ 天地未形成之前的"冯冯翼翼，洞洞灟
灟"之状描述的混而未形的一体之气在运动中所呈现的幽而能明、浊而能
清、约而能张的特性，也即道。在道的推动下气由无形、无象、不分的状
态逐渐向现象界落实，逐步形成具有涯垠、质量、密度等特性的气。在气
的分化过程中，清阳之气逐步上升和分散，形成了天；重浊之气逐步下降
和凝聚，形成了地。阴阳承袭了天地之精，四时集聚了阴阳之精，万物则
是四时之精的扩散。淮南子的宇宙万物生成模式，突出了阴阳之气的作用。
在万物生成过程中，阴阳是万物形成的质料和动力，"阴阳者，承天地之
和，形万殊之体，含气化物，以成埒类"⑤，"天地以设，分而为阴阳，阳生
于阴，阴生于阳。阴阳相错，四维乃通，或死或生，万物乃成。蚑行喙息，
莫贵于人"⑥。淮南子认为，阴阳之气在相激相荡、相错相通的过程中达到
平衡而产生了人与万物，人是万物之中最宝贵的物种。为什么淮南子认为

① 《庄子·天地》。
② 《淮南子·原道训》。
③ 《淮南子·天文训》。
④ 《淮南子·天文训》。
⑤ 《淮南子·本经训》。
⑥ 《淮南子·天文训》。

人是万物中最宝贵的呢？其在《精神训》中详细地阐述了道创生万物与人之过程，如：

> 古未有天地之时，惟像无形，窈窈冥冥，芒芠漠闵，澒蒙鸿洞，莫知其门。有二神混生，经天营地，孔乎莫知其所终极，滔乎莫知其所止息。于是乃别为阴阳，离为八极，刚柔相成，万物乃形，烦气为虫，精气为人。是故精神天之有也，而骨骸者地之有也；精神入其门，而骨骸反其根，我尚何存？

从以上引文可以看出，淮南子认为，人和万物都是宇宙演化过程的产物，但人与万物不同的是人承阴阳之精气，而动物袭阴阳之乱气。这可能是人与其他物种具有重大差异、人最宝贵的原因之一。淮南子认为，人之精神归属于天，骨骸归属于地，人死之后，精神归天，骨骸返地，重新回到人之精神、形体产生之根源处，完成了一个生命轮回之过程。人之生命的形成过程便是气之分化、合和、再分化的过程，而人之生命消失则是气向原来的方向复归。

二 人、道同性

淮南子认为，人之性根源于"道"，道体特性决定了人之性，"平者，道之素也。虚者，道之舍也"。① 平易是道之基质，虚静是道之所居。道具有虚静的特性。"率性而行谓之道，得其天性谓之德。"② 德是道之性的秉承，"是故清静者德之至也，而柔弱者道之要也。虚无恬愉者万物之用也"。③ 这样虚静、清净也就成为人的自然之性的依据。"清净恬愉，人之性也。"④ 人的好憎、嗜欲、权欲以及对祸福的担忧使人的自然清静、虚无之性不得显明，如"人生而静，天之性也。感而后动，性之害也。物至而神应，知之动也。知与物接而好憎生焉，好憎成形而知诱于外，不能反己，

---

① 《淮南子·诠言训》。
② 《淮南子·齐俗训》。
③ 《淮南子·原道训》。
④ 《淮南子·人间训》。

而天理灭矣"。① 性与物接，产生好憎之情，扰乱了内心的虚静之性，即迷失了道。

淮南子认为，"洞同天地，浑沌为朴，未造而成物，谓之太一"。② 太一指宇宙万物生成之前的大而混沌无形的混沌状态，也即朴是太一的特性。太一是万物生成之源，也是散于万物、施于四海的普遍之理，如"一之解，际天地"③"一之理，施四海；一之解，际天地"④。太一即道，太一之中蕴含的阴阳相互作用的机理是万物生成的内在动力。《诠言训》云："同出于一，所为各异，有鸟、有鱼、有兽，谓之分物。方以类别，物以群分，性命不同，皆形于有。隔而不通，分而为万物，莫能及宗。"在道之理的作用下，宇宙从原初的浑沌一体、无形状态逐步分化成有形的万物，道之混沌、素朴之性逐步丧失。道是万物之根，具有素朴之性，人之性是道之性在人身上的流注。因此，素朴也是人的自然之性。但是，淮南子指出，"及至建律历，别五色，异清浊，味甘苦，则朴散而为器矣"⑤，"是故仁义立而道德迁也，礼乐饰则纯朴散矣"⑥。随着社会文明的发展、人的理性辨别思维能力的不断提升，人们对颜色、声音、味道进行剖判，建立仁义规范及礼乐制度，则淳朴散，道德迁。

淮南子指出，从人产生的始源上来看，人与道具有虚静、素朴之性。但宇宙向前演化的过程、人的进化过程以及人类社会文明进步的过程，必然导致人的自然之性有丧失的可能。因此，为了使人保持虚静、素朴之性，必须反性于初，"是故圣人之学也，欲以反性于初而游心于虚也"⑦。而反性又在于持虚体道，"夫纵欲而失性，动未尝正也。……是故不闻道者，无以反性"⑧，"故圣人体道反性，不化以待化，则几于免矣"⑨。人只有外嗜欲，去好憎，精神内守，才能悟道、体道。内得其道，才能使人与道之神明相

---

① 《淮南子·原道训》。
② 《淮南子·诠言训》。
③ 《淮南子·原道训》。
④ 《淮南子·原道训》。
⑤ 《淮南子·本经训》。
⑥ 《淮南子·齐俗训》。
⑦ 《淮南子·俶真训》。
⑧ 《淮南子·齐俗训》。
⑨ 《淮南子·齐俗训》。

通，"通于神明者，得其内者也"①。但体道反性并非现实中芸芸众生所能做到的，只有世俗之外不为名利所诱的真人才能做到，"所谓真人者，性合于道也"。②

淮南子这种以道为根据所设定的人之虚静恬愉之性，能够使人直观事物之本相和现象之本质，"夫唯易且静，形物之性也"③，可以使人们正确认识事物，促进自然哲学的发展，但是人持守虚静之性对欲望进行压制和束缚，不利于人生活水平的提高和社会的进步发展。淮南子片面强调保持人之性的本真、质朴，过分否定人的理性之智，"是故道有智则惑，德有心则险，心有目则眩"④。这样，对自然事物的认识要么处于经验的朴素直观层面，要么处于"道"之本体层面，而不去探讨事物变化的直接原因与内在机理，"夫物类之相应，玄妙深微，知不能论，辩不能解。夫燧之取火于日，慈石之引铁，蟹之败漆，葵之向日，虽有明智，弗能然也。故耳目之察，不足以分物理；心意之论，不足以定是非"⑤。体道的认识方式始终从属于精神境界提升的人文目的，而缺乏对事物以及现象机理的明辨探究，这影响着人认识能力和认识水平的提升。

人保持虚静、素朴的自然之性要求人以"无为"的生存方式存在。这种无为的生存方式，使人在遵循自然规律以及自然物之性的基础上，为满足人之生存目的积极改造自然，如："修道里之数，因天地之自然，则六合不足均也。是故禹之决渎也，因水以为师；神农之播谷也，因苗以为教。……木处榛巢，水居窟穴，禽兽有茠，人民有室，陆处宜牛马，舟行宜多水，匈奴出秽裘，于越生葛绤。各生所急，以备燥湿，各因所处，以御寒暑，并得其宜，物便其所。由此观之，万物固以自然，圣人又何事焉！"⑥因天地万物的自然之性以及宇宙天地万物运行之规律，对自然界进行积极的实践改造，以满足人之生存需要，使人的实践主体性得以发展，有利于社会的发展进步。但是这种"无为"生存方式片面强调人与物自性的自适、

---

① 《淮南子·原道训》。
② 《淮南子·精神训》。
③ 《淮南子·俶真训》。
④ 《淮南子·主术训》。
⑤ 《淮南子·览冥训》。
⑥ 《淮南子·原道训》。

自足，在诸侯国权力不断威胁中央集权统治情况下，不利于当时大一统政权之巩固和社会秩序之稳定。

在德性主体方面，淮南子吸收了儒家仁义礼乐之思想，"率性而行谓之道，得其天性谓之德。性失然后仁，道失然后贵义。是故仁义立而道德迁矣，礼乐饰则纯朴散矣"。① 其将人之道德属性约束在以"道"为本体的自然真朴之性中，使人之道德主体性的发育在某种程度上受到抑制，而当时大一统政治巩固的社会现实需要每一个生命个体让渡自性之自由而保持尊卑、上下级秩序的稳定，这使淮南子裹在自然之性胞衣下的道德属性难以适应社会现实之需要。

总之，淮南子以道为本体设定人之自然之性，在某种程度上使人的认识自然、改造自然的主体性得到培育，有利于西汉自然哲学和科学技术的发展。但是淮南子片面强调虚静、素朴的自然之性使人改造社会的政治主体和德性主体的培育受到抑制，这使人的社会生命发育不健全，不适合西汉巩固大一统政权、维护社会秩序的现实需要。

三 天人同构

天人同构是通过将人的生命机体、生命活动置于宇宙的整体中，把天、地、人结合起来思考而获得的，"夫作为书论者，所以纪纲道德，经纬人事，上考之天，下揆之地，中通诸理"。② 这种天、地、人相统一的整体思维模式为"天人同构"理论的产生奠定了认识论的基础。宇宙万物由道而生，气是人或万物形成的质料，阴阳是人或万物形成的动力，这说明人与万物在来源上存在共同性。"万物之总，皆阅一孔。"③ "天地运而相通，万物总而为一。"④ 人与天地万物在运动中相通相融由道而连为一体。道的根源性和统一性是天人同构产生的存在论基础。因而，淮南子指出："天地宇宙，一人之身也。"⑤ 人体是一个小宇宙，而天地是一个大宇宙，人体与天地在结构、构成原理、功能上具有相似性。

① 《淮南子·齐俗训》。
② 《淮南子·要略》。
③ 《淮南子·原道训》。
④ 《淮南子·精神训》。
⑤ 《淮南子·本经训》。

天人同构的思想并不是淮南子的首创，而是源于《黄帝内经》，如："天圆地方，人头圆足方以应之。天有日月，人有两目。地有九州，人有九窍。天有风雨，人有喜怒。天有雷电，人有音声。天有四时，人有四肢。天有五音，人有五藏。天有六律，人有六府。天有十日，人有手十指。岁有三百六十五日，人有三百六十五节。地有十二经水，人有十二经脉。岁有十二月，人有十二节。"① "气穴三百六十五以应一岁。"② "天有宿度，地有经水，人有经脉。"③ "天有四时五行，以生长收藏，以生寒暑燥湿风；人有五藏，化五气，以生喜怒悲忧恐。"④ 这些都说明了人体与天、地，或在数量上，或在性质上，是同构的，而寻找人与天地结构的相同性目的在于为人的养生和生存实践活动提供可以参照的依据，"夫圣人之起度数也，必应于天地"。⑤

淮南子继承了《黄帝内经》的天人同构思想，如："天有九重，人亦有九窍。天有四时以制十二月，人亦有四肢以制十二节。天有十二月以制三百六十日，人亦有十二肢以使三百六十节。"⑥ "天有四时、五行、九解、三百六十六日，人亦有四支、五藏、九窍、三百六十六节。"⑦ 淮南子以天之结构、数目比附人之结构、数目，从天为人之行为寻找理论根据。尽管这种比附有一定的机械性、牵强性，但是，其为认识人体内部的构造奠定了方法论的基础，推动了人体学说的发展。

"夫精神者，所受于天也，而形体者，所禀于地也。故曰：'一生二，二生三，三生万物。万物背阴而抱阳，冲气以为和。'故曰：一月而膏，二月而胅，三月而胎，四月而肌，五月而筋，六月而骨，七月而成，八月而动，九月而躁，十月而生，形体以成，五藏乃形。是故肺主目，肾主鼻，胆主口，肝主耳，外为表而内为里，开闭张歙，各有经纪。"⑧ 此段是从宇宙演化的过程和机制说明个体生命的孕育过程。从道创生万物过程秩序而

① 《黄帝内经·素问·阴阳别论》。
② 《黄帝内经·素问·气穴论》。
③ 《黄帝内经·素问·离合真邪论》。
④ 《黄帝内经·素问·阴阳应象大论》。
⑤ 《黄帝内经·素问·离合真邪论》。
⑥ 《淮南子·天文训》。
⑦ 《淮南子·精神训》。
⑧ 《淮南子·精神训》。

言，天、地、人皆是本根于道，这说明天人同本同根。而在"一"阶段，整个世界尚未分化、浑沌而为一体，在"二"阶段，世界分为天、地（阴阳），而人的生命体分为精神与形骸，精神来源于天，形骸来源于地。在"三"阶段，"天地背阴而抱阳，冲气以为和"。阴阳之气相激相荡成为和气，从而万物得以生，而人生命之孕育也由男女阴阳之气的交和而成。天地万物形成的渐进秩序是"一生二，二生三，三生万物"，而人之受胎、孕育也经过十个月逐渐发育的过程，且人体内部五藏与外部五官互相贯通、相互作用，人们可以根据五官的状况判定五藏功能的运行状况。

"故头之圆也象天，足之方也象地。……天有风雨寒暑，人亦有取与喜怒……故胆为云，肺为气，肝为风，肾为雨，脾为雷，以与天地相参也，而心为之主。是故耳目者日月也。血气者风雨也。……日月失其行，薄蚀无光；风雨非其时，毁折生灾；五星失其行，州国受殃。夫天地之道，至纮以大，尚犹节其章光，爱其神明，人之耳目，曷能久熏劳而不息乎？精神何能久驰骋而不既乎？"[1] 淮南子不仅从结构数目、生成演化过程进行天人比附，还从形状、功能、各部分的关联性进行比附。天圆地方，头圆足方，头足与天地形状相似。日月失其行，薄蚀无光，就像耳目被外在的物欲遮蔽，不能见其所见，听其所听。淮南子以风雨比附血气，风雨非其时，毁折生灾，而人之喜怒哀乐受物欲影响，血气不足或过旺造成血气凝滞或不畅，这些都会导致人生病。木主脾、火主肺、土主心、金主肝、水主肾，五星都有固定的运行周期，五星运行失常，与五星运行周期相对应的国家就会发生灾殃，而人之五藏的运行秩序紊乱，人体就会产生病变。五星之中，土在中央，执绳而制四方，而在人之五藏之中，心是五藏之主，通领协调人体的各个部分。"天爱其精，地爱其平，人爱其情。天之精，日月星辰雷电风雨也；地之平，水火木金土也；人之情，思虑聪明喜怒也。"[2] 淮南子将天之精——日月星辰雷电风雨，地之平——水火木金土，与人之情——思虑聪明喜怒相比附，指出人应该合理控制、调节和利用自己的智慧、感情和欲望。"闭四关（身目口心），止五遁（遁于水火木金土等的贪

---

① 《淮南子·精神训》。
② 《淮南子·本经训》。

欲），则与道沦"①，从而顺随自然，出入无形之境。

从以上的分析中可以看出，淮南子将人体作为小宇宙，天地作为大宇宙，遵循以天比人和以人比天的原则，对二者的结构数目、构成原理、功能、各部分的关联性、生成演化机制进行类比，其目的在于为人的生命活动提供可供遵循的依据。"是故圣人法天顺情……以天为父，以地为母，阴阳为纲，四时为纪。天静以清，地定以宁，万物失之者死，法之者生。"② "故举事而不顺天者，逆其生也。"③ 小宇宙是对大宇宙的模拟，既为人与天地相参找到理论依据，同时也从天地大宇宙（可观察的白系统）认识人体这个小宇宙（黑系统）提供了认识论和方法论的基础。

西方也有大宇宙和小宇宙类比的思想。小宇宙一词最初出现在亚里士多德的《物理学》中，在讨论运动的时候，他说："既然这能在生物中发生，有什么能阻止它在万有中发生呢？因为既然它在小世界中发生，也就会在大千世界中发生。"斯多葛学派也存在宇宙与人体的对应，塞涅卡在他的《自然问题》中指出，大自然是按照人体模型组成的，水道相当于动脉，气道相当于静脉，地质的物质相当于各种肌肉，地震相当于痉挛。④ 但是，无论是亚里士多德还是塞涅卡都是以个体生命这个小宇宙比附大自然这个大宇宙，都是为了进一步认识大自然整体的状况，而淮南子侧重于以天地这个大宇宙比附人这个小宇宙，其天人同构在于为人的行为寻找自然依据，但在间接上促进了人们对人体结构的认识。

李约瑟认为，欧洲天人对应的大宇宙和小宇宙学说是在欧洲所特有的精神分裂症或分裂人格的背景下产生的。"欧洲人只能以机械唯物主义和神学唯灵主义进行思考。"⑤ 因此，大宇宙和小宇宙的内部机制总是从外部寻找运动、变化的原因和动力，并不有机地联系在一起。而淮南子的大宇宙、小宇宙的类比，同根、同源、同构、同功，无论是宇宙内部的各个部分之间、人体内部各个部分之间，还是天人之间等方面的相互作用关系，都是不需要外力干预的，都是自发的。因此，与西方的大宇宙与小宇宙的类比

① 《淮南子·本经训》。
② 《淮南子·精神训》。
③ 《淮南子·天文训》。
④ 李约瑟：《中国科学技术史》（第2卷），科学出版社、上海古籍出版社，1990，第319页。
⑤ 李约瑟：《中国科学技术史》（第2卷），科学出版社、上海古籍出版社，1990，第327页。

相比，淮南子的大宇宙、小宇宙比附在内部结构、功能、形态、各个部分的关联性上都是自洽的。

四 天人合一

由于中国的天人关系常与人的道德、伦理观密切联系在一起，天人合一已不只是人与自然界协调统一的事实描述，而是中国人的精神境界追求。"所谓的天人合一，实际上是为人的道德行为，尤其是道德修养设立了一个永远无法达到的极高远的境界与最后归宿，它要求人们自强不息，厚德载物，以德性涵育万物，最后与天合一。"① 但天人合一对于儒家和道家而言又有不同的内涵。孟子的天人合一是通过对自我道德修养的提升、扩充进而达到"万物皆备于我"② 的最高精神境界；庄子的天人合一则以"齐万物、同变化"达到"天地与我并生，万物与我与一"③ 的境界，而淮南子的天人合一，多是对孟子、庄子思想的继承。

首先，个体与天下彼此无间，相得、相化而相有。

淮南子以"道"来改造孟子的"万物皆备于我"的思想，如："天下之要，不在于彼而在于我，不在于人而在于我身，身得则万物备矣。……夫天下者亦吾有也，吾亦有天下之有也，天下之与我，岂有间哉！……吾所谓有天下者，非谓此也，自得而已，自得，则天下亦得我矣。吾与天下相得，则常相有已，又焉有不得容其间者乎？所谓自得者，全其身者也。全其身，则与道为一矣。"④ 淮南子认为"道"是万物统一的基础，"率性而行为之道，得其天性为之德"。⑤ 人之自性是道性在人身上的流注，但是人在社会中却因外在的功名、权力的追逐及社会流行价值观念的影响，阻隔了与万物相通的"道"。因此，人通过内在的自修，外嗜欲好憎，护守道根，突破人对自我和外物的执着，使物与物、人与物彼此无间无碍，达到"万物皆备于我"的天人合一之境。

其次，从有形万物超拔出来，执道要之柄，游于无穷之域，达到天人

① 樊浩：《文化撞击与文化战略》，河北人民出版社，1994，第 257 页。
② 《孟子·尽心上》。
③ 《庄子·齐物论》。
④ 《淮南子·原道训》。
⑤ 《淮南子·齐俗训》。

合一之境。

随着"太一"的分化，有形的天地万物产生。但是，无形的道能够打破物与物的分际，将有形的万物统一起来。因此，人要超越有形万物的限制，只有执"道"于心。《原道训》云："故以天为盖则无不覆也，以地为舆则无不载也，四时为马则无不使也，阴阳为御则无不备也是故疾而不摇，远而不劳，四支不动，聪明不损，而知八纮九野之形埒者，何也？执道要之柄，而游于无穷之地。"人若执道顺天地、阴阳、四时无为之功，灭迹于无为，则人之精力、神智不损却能达到无不为的目的，而在这种无为之为的过程中，人与天彼此相合。"不以人滑天，精通于灵府"则能达到"穷无穷，极无极，照物而不眩，响应而不乏"① 的天解之境。人只有不为势利、声色所诱，神清意平，心无所载，才能达到与造化者同游的真人之境，"若夫神无所掩，心无所载，通洞条达，恬漠无事，无所凝滞，虚寂以待，势利不能诱也，辩者不能说也，声色不能淫也，美者不能滥也，智者不能动也，勇者不能恐也，此真人之道也。若然者，陶冶万物，与造化者为人，天地之间，宇宙之内，莫能夭遏"②。真人超越生死之别，顺随自然之化，破除了对外物以及自己的执着，与阴阳同行，与万物同居，"故曰其生也天行；其死也物化。静则与阴俱闭，动则与阳俱开，精神澹然无极，不与物散"③，达致"天地运而相通，万物总而为一"④ 的天人合一之境。

最后，复返万物之本根以及人之自然真朴之性，从而达到天人合一之境。

淮南子认为人在生命创造活动和文明历史的展开过程中，要不断回返本根。如："消知能，修太常，隳肢体，绌聪明，大通混冥，解意释神，漠然若无魂魄，使万物各复归其根。"⑤ "所谓真人者，性合于道也。故有而若无，实而若虚，处其一，不知其二，治其内，不识其外，明白太素，无为复朴，体本抱神，以游于天地之樊，芒然仿佯于尘垢之外，而消摇于无事之业。"⑥ "夫至人……抱素守精，蝉蜕蛇解，游于太清，轻举独住，忽然入冥。"⑦ "今夫

① 《淮南子·原道训》。
② 《淮南子·俶真训》。
③ 《淮南子·精神训》。
④ 《淮南子·精神训》。
⑤ 《淮南子·览冥训》。
⑥ 《淮南子·精神训》。
⑦ 《淮南子·精神训》。

王乔、赤诵子，吹呕呼吸，吐故内新，遗形去智，抱素反真，以游玄眇，上通云天。"① "是故圣人托其神于灵府，而归于万物之初，视于冥冥，听于无声。冥冥之中，独见晓焉，寂漠之中，独有照焉。"② 从以上淮南子对返宇宙之初和返人之自然素朴之性的并举可以看出，淮南子认为随着人的智、能的萌生，人逐形于外，为名利、物欲所困，从自然之根跌落到俗世之中。在创造世俗之家中，人通过社会的实践活动，使自己的生命过程逐渐展开。而人所创造的社会之家逐渐与自然之根脱离，人在自己创造的"新我"即机智聪明之我、功利之我、仁义之我中越来越丧失自然真朴之性，而失去自然之根的"新家"和"新我"处于一种无根的漂泊之状，导致个人、社会、自然处于失序、失和之态。人利用自己的智谋追名逐利进而导致纷争并起，仁义成为疏离自然之性的虚伪之饰，人以"人为"为自己开拓了广阔的生存生活之自由空间，但人的精神也越来越处于一种极端不自由的状态。因此，人只有离形去智，解意释神，抱素守精，回归万物之初，才能从尘世和自我的束缚中解脱出来，从而达到与宇宙万物共始终的天人合一之境。

总之，淮南子的"天人合一"是相对于人的精神境界的不断提升而言的，是人对生命内我的反观，它为现实世界中戴着枷锁的人追求精神自由解放，点亮了一盏意识明灯。在此灯的照耀之下，人通过理性的自觉固守生命的本根，在新的自我不断生成过程中不忘自然真朴之自我，在人类创造的社会之家中不忘自然的家园，在为自己生存生活寻找安身立命的物质之根中不忘精神家园之哺育、栽培、浇灌，这既是"道统为一"的宇宙整体观的内在要求，也是人的精神境界不断提升的现实要求。

第二节　天人相感相应

人与自然界是一个息息相关、有机联系的整体。自然环境是人的物质生活和精神生活的资源。人的认识活动、精神活动和实践活动也作用于自然。淮南子的天人相应思想包含天人相感和天人相应两个方面。

---

① 《淮南子·齐俗训》。
② 《淮南子·俶真训》。

一　天人相感

天人感应是中国古代哲学中关于天与人关系的一种古老、神秘的理论，它反映了人与自然相互影响、相互感应的关系。天人感应的最初形态是神人感应，它起源于西周初年，其基本内容是人格化的天帝监视统治者行为，如《诗经·周颂·敬之》云："敬之敬之，天维显思！命不易哉！无曰高高在上，陟降厥土，日监在兹。"天作为人格化的上帝，根据人是否敬德来赏善罚恶。西周初年到战国时代，天人感应逐渐从神人感应向自然化的天人感应过渡，如《国语·周语》记载了西周末年伯阳父所说的一段话："天地之气，不失其序，若过其序，民乱之也。"天地之气失去运行秩序，百姓生活就会出现灾乱。而《左传·宣公十五年》记载："天反时为灾，地反物为妖，民反德为乱，乱则妖灾生。"天违背了四时运行规律就会出现灾难，地违反自然运行规律就会出现妖疫，老百姓违反道德规范就会出现祸乱，有了祸患、妖疫就会有灾乱发生。《吕氏春秋·明理》则分门别类地把灾异分成风雨、寒暑、阴阳、四时、人、禽兽、草木、五谷、云、日月、星气、妖孽等各个方面。[①]《易传·文言》也指出："同声相求，同气相应。水流湿，火就燥。云从龙，风从虎。"自然化的天人感应利用当时自然科学发展的成果，将自然界的天象、气候、时令与人们的实践活动紧密地联系起来，并经过思想家的经验化、抽象化，形成了天人相通、相互感应的哲学思想，但这种天人感应的自然化特征和神秘主义色彩并存。在自然化的天人感应观念下，人在"天"面前已不是被动的被决定者，不仅对天对人的行为做出反应，而且对天象进行人文主义的解释，以求达到人的目的。天人感应逐渐成为汉初的主要社会意识形态，也与大一统政权的建立密切相关，《吕氏春秋·应同》指出："凡帝王之将兴也，天必先见祥乎下民。"大一统的汉朝帝国，一方面，需要古已有之的天人感应服务于封建专制统治；另一方面，则更亟须对原始粗疏的"天人感应"做出系统的理论阐发。淮南子的天人感应正是在这样的思想背景下产生的。

淮南子的天人感应中的"天"，不仅仅指自然之天，而且包括日月星辰、云雨雷电等天体现象，是自然世界万事万物的总称。天人感应是自然

---

① 冯禹：《天与人——中国历史上的天人关系》，重庆出版社，1990，第42页。

存在与人的行为活动的一种感应关系，它是人与自然之间的双向交流与互动。气或精气是天人感应的媒介，如："天地之合和，阴阳之陶化万物，皆乘人气者也。是故上下离心，气乃上蒸，君臣不和，五谷不为。"① "孔窍肢体，皆通于天。"② 天、地、人之间由气而联结成一个有机的整体，天之气作用于人之气，人之气反作用于天之气，以气为媒介从而使天与人相互感应。天人感应主要包括两方面：政治活动领域的天人感应，人的活动如果违背时令、政令，上天就降灾祸于人间或以相应的异象昭示世人；精神活动领域的天人感应，在至精之气或精神力量的作用下，人的精诚可以感动上天。本节重点研究与生命哲学相关的精神活动领域的天人感应。

精神活动领域的天人感应是指人在特定的现实遭遇中，至诚、至真的情感或体内之"精"通过气与天地万物之精产生感通、神化的效果。淮南子在《天文训》中指出："天地之袭精为阴阳，阴阳之专精为四时，四时之散精为万物。"人是万物中的一种，阴阳之"精"是形成人的质料和动力。《精神训》云"精气为人"，说明人由气中精华、精粹部分构成。"夫精神者，所受于天也，而形体者，所禀于地也。"③ 人之精神来源于"天"，死后又复归于"天"。人的生命诞生后，身体的各个部分与自然本是相通的，"孔窍肢体，皆通于天"。④ 但是，人逐神于外，形神相失，也就阻隔了与自然相通的通道。而人神形各居其位，人之精气则可以与太一之精、天地之精相通，"天气为魂，地气为魄，反之玄房，各处其宅，上通太一。太一之精，通于天道"。⑤

人之精神是与天交流、感应的重要渠道，而天人感应的产生有其特定的现实情景。如："昔者，师旷奏白雪之音，而神物为之下降，风雨暴至。平公癃病，晋国赤地。庶女叫天，雷电下击，景公台陨，支体伤折，海水大出。"⑥ 淮南子认为一个人一旦用心极甚，内在精神达到凝聚，如"专精厉意，委务积神"⑦，便自然而然能"激厉至精，孕生一种不可言喻的感通

① 《淮南子·本经训》。
② 《淮南子·天文训》。
③ 《淮南子·精神训》。
④ 《淮南子·天文训》。
⑤ 《淮南子·主术训》。
⑥ 《淮南子·览冥训》。
⑦ 《淮南子·览冥训》。

力量，传达给周遭的气候、山水、物，而产生一定的效应"①，并且这种天人感应不分贵贱、贫富、权势，"夫瞽师庶女，位贱尚菜，权轻飞羽"②。人的内在精神达到一定程度都可以对自然界万物产生强大的感通作用。淮南子在《览冥训》中指出，武王退波、鲁阳公退日都是由于"全性保真，不亏其身，遭急迫难，精通于天"。而《道应训》记载了宋景公与太史子韦关于"荧惑在心，祸且当君"的对话，说明君王若能受国之不祥，不推灾异于他人，其至诚之精神会感动上天从而使异常星象改变。天人感应体现了人们对公正、理想、平等、向善的社会理想的渴望，但是，这种理想在中国古代封建社会因缺乏制度基础，难以从根本上实现。《淮南子》一书构建的天人感应思想有利于限制君王的权力，巩固大一统的封建中央集权。

而对个人来说，固精于内是天人感通的前提。"精神形于内，而外谕哀于人心……此皆得清净之道，太浩之和也。"③ 太浩之和，原注为"得其精微，故曰'太浩之和'也。"④ 人若能固守生命内部宇宙阴阳之精气，则能使身心皆调，百节皆适。"今夫道者，藏精于内，栖神于心，静漠恬淡，讼谬胸中，邪气无所留滞，四枝节族，毛蒸理泄，则机枢调利，百脉九窍，莫不顺比，其所居神者得其位也。"⑤ 百节皆适，九窍皆通，神不失位，内心的精气则可以通天。这便造成人与自然万物交流感通的最好情景，"天之与人有以相通……万物有以相连，精祲有以相荡也"⑥。因此，人达到虚无宁静、精神内守、身心皆适的状态，可以使内心之精与自然之精气相通相融，产生感通效应。

一个人能使自己的精神进入纯粹不杂、虚无清净、专精厉意的境界时便能感通万物。孟子云："是故诚者，天之道也；思诚者，人之道也。至诚而不动者，未之有也；不诚，未有能动者也。"⑦《中庸》云："诚者，天之

① 陈丽桂：《秦汉时期的黄老思想》，（台北）文津出版社，1997，第83页。
② 《淮南子·览冥训》。
③ 《淮南子·览冥训》。
④ 刘康德：《淮南子直解》，复旦大学出版社，2001，第275页。
⑤ 《淮南子·泰族训》。
⑥ 《淮南子·泰族训》。
⑦ 《孟子·离娄章句上》，参见杨伯俊《孟子译注》，中华书局，2005，第173页。以下参照同此书。

道也。诚之者，人之道也。"① 真诚是上天赋予的品德，真诚为人才能感化他人他物。淮南子继承了孟子和《中庸》诚而能化的思想，"怀情抱质，天弗能杀，地弗能霾也"②，"抱质效诚，感动天地"③，"故精诚感于内，形气动于天，则景星见，黄龙下，祥凤至，醴泉出，嘉谷生，河不满溢，海不溶波"④。人至诚的精神可以对人的心理产生感化作用，而精诚之气感动上天，则会出现自然祥和、社会太平的征兆。"古圣王至精形于内，而好憎忘于外，出言以副情，发号以明旨，陈之以礼乐，风之以歌谣，业贯万世而不壅，横局四方而不穷，禽兽昆虫，与之陶化。"⑤ 圣王至精至诚的精神形成于内心，又将好憎之情抛到九霄云外。他言论符合真情，政令仁慈，他通过礼乐来陶冶民性，用歌谣讽喻民风，家业、事业万世不竭，禽兽昆虫与之陶化。⑥ "高宗谅暗，三年不言，四海之内寂然无声；一言声然大动天下。是以天心呿吟者也，故一动其本而百枝皆应，若春雨之灌万物也，浑然而流，沛然而施，无地而不澍，无物而不生。……故大人者，与天地合德，日月合明，鬼神合灵，与四时合信。圣人怀天气，抱天心，执中含和，不下庙堂而衍四海，变习易俗，民化而迁善，若性诸己，能以神化也。"⑦ 圣人效法天地之德，日月之明，四时之信，鬼神之灵，怀精抱诚，执中含和，能够变性移俗，民心向善，产生神化之效。并且，人之至精同样具有"自然至精"的神效，如《主术训》云："故至精之像，弗招而自来，不麾而自往，窈窈冥冥，不知为之者谁而功自成。……故至精之所动，若春气之生，秋气之杀也，虽驰传骛置，不若此其亟。"至精还能产生神化之效，社会随之迁善，"唯神化为贵，至精为神"。人之至精与自然之精相激相荡、相互流通，从而使人参与自然生化万物的过程。

人的精神活动与天发生感应既有社会的功能又有自然意义的合理性。其社会功能在于除人以外的天，包括物象、气象、星象等具有公正无私、弃恶扬善的功能，而此功能是人根据人的道德属性和社会现实需要而赋予

① 王文锦：《礼记译解》（下），中华书局，2005，第791页。
② 《淮南子·缪称训》。
③ 《淮南子·主术训》。
④ 《淮南子·泰族训》。
⑤ 《淮南子·主术训》。
⑥ 《淮南子·泰族训》。
⑦ 《淮南子·泰族训》。

的，寄托了人们期望有一个民主、公正、向善的社会理想。而其自然意义的合理性在于：人之精气与自然之精气息息相通，人达到虚静淡漠、虚无之境，适情适欲，情理并通，身心协调，百节皆顺，九窍皆通，从而使自然之精气与人之精气互相激荡、互通互融、相互感应，因此，精气是人与天相互感应的基础。但"精"具有多重属性，既有精气的物质内涵，又有感而能化的力量，也指人的至真至诚的精神，"精"的感而能动的自然神化之力又使天人感应有了神秘主义的色彩。

二 天人相应

天人相应指人与其所处的环境相互影响、相互作用和相互制约的关系。淮南子的天人关系说是建立在气化宇宙理论的基础上的。从产生的根源来看，混沌一体的气在阴阳两种力量作用下开始分化，轻清的气向上飞成为天，重浊的气向下凝结而成为地。淮南子视天地为人之父母，"以天为父，以地为母"①。"夫天之所覆，地之所载，六合所包，阴阳所呴，雨露所濡，道德所扶，此皆生一父母而阅一和也"②，来自天的阳气与来自地的阴气在运动中达到和谐的状态，从而产生了万物。道或气弥漫与天地之间，将人与自然界万物有机联系在一起，天人之间因气而相互作用。"夫道覆天载地，……故植之而塞于天地，横之而弥于四海"③，"夫道者，一之解，际天地"④。淮南子运用当时进步的天体知识、自然地理和人文地理知识，以气为本体基础，以阴阳、五行作为寻找地人关系的方法论依据，从而建立了自己的天人相应关系理论。

（一）以阴阳为骨架建立的天人相应体系

淮南子的宇宙图式以阴阳之气的更替、变化为时间上的纵坐标，将一年分为四时、二十四节气，从而将物候的变化以及统治者安排农时的活动纳入自己的整个宇宙体系之中，并将阴阳之气的变化与方位的改变联系起来，从而构成了纵横交织的天人相互依赖、相互作用的关系。

---

① 《淮南子·精神训》。
② 《淮南子·俶真训》。
③ 《淮南子·原道训》。
④ 《淮南子·原道训》。

古代的先民，日出而作，日落而息，昼夜的轮回和往复是他们经常观察到的现象，而昼夜与阴阳之气的关系成为淮南子思考的问题。淮南子把一天中的阴气与阳气分为阴和阳两部分，昼作为阳，夜作为阴，并将一年阴阳之气的盛衰作为昼夜长短变化的原因，如"昼者阳之分，夜者阴之分。是以阳气胜则日修而夜短，阴气胜则日短而夜修"[1]。淮南子还用阴阳之气的变化解释二分、二至的成因，如"日冬至则斗北中绳，阴气极，阳气萌，故曰冬至为德。日夏至则斗南中绳，阳气极，阴气萌，故曰夏至为刑"[2]。冬至、夏至太阳分别达到地面的最北端、最南端，一年中阴气、阳气达到了极限，超过了这个极限则向相反方向转化，但是在阴气极盛的时候则有阳气之萌，在阳气极盛时则有阴气之萌，这体现了阴气和阳气的互相依赖。"八月、二月，阴阳气均，日夜分平。"[3] 秋分、春分，阴阳势均力敌，昼夜平分。

淮南子将阴阳之气与万物的生杀相连，阳主生，阴主杀，因此，阳气盛则称为"德"，阴气盛则称为"刑"。德和刑指阳气、阴气分别具有的促进万物生长或消藏的力量与性质。[4] 如"德南则生，刑南则杀，故曰二月会而万物生，八月会而草木死。……夏日至则阴乘阳，是以万物就而死；冬日至则阳乘阴，是以万物仰而生"[5]。二月和八月，阴阳平均，日夜平分，刑德合门。由二月至七月，阳气不断增长、旺盛，故万物生长繁茂；由八月至次年二月，阴气不断增长，万物日益消杀、死亡。

《天文训》云："东北为报德之维也。西南为背阳之维。东南为常羊之维。西北为蹄通之维。"何宁注："阴气极于北方，阳气发于东方，自阴复阳，故曰报德之维。西南已过，阳将复阴，故曰背阳之维。常羊，不进不退之貌。纯阳用事，不盛不衰常如此，故曰常羊之维。西北纯阴，阳气闭结，阳气将萌，蹄始通之，故曰蹄通之维。"[6] 这样，淮南子以北斗星的运转为中心，根据北斗星斗柄的指向来说明阴阳之气的变化规律，东方为阳

---

[1] 《淮南子·天文训》。
[2] 《淮南子·天文训》。
[3] 《淮南子·天文训》。
[4] 金春峰：《汉代思想史》，中国社会科学出版社，2006，第187页。
[5] 《淮南子·天文训》。
[6] 何宁：《淮南子集释》（上），中华书局，1998，第207页。

气始萌的地方，北方为阴气达到极至的地方，其以顺向旋转的方向将东北、西南、东南、西北四维与阴气、阳气的更替联系起来，并且由于东、西、南、北分别代表春、秋、夏、冬，这样阴阳之气根据方位而发生变化的过程也就是四季形成的过程。关于阴阳如何运行形成四季，《诠言训》云："阳气起于东北，尽于西南；阴气起于西南，尽于东北。阴阳之始，皆调适相似。日长其类，以侵相远，或热焦沙，或寒凝水。"① 四季的运行就是阴阳之气共同作用的结果，如"仲夏之月……日长至，阴阳争。仲冬之月……日短至，阴阳争"②。淮南子还将阴气、阳气与水火联系起来，来说明气候的干燥或潮湿，如"阴气极则北至北极，下至黄泉，故不可以凿地穿井。万物闭藏，蛰虫首穴，故曰德在室。阳气极则南至南极，上至朱天，故不可以夷邱上屋。万物蕃息，五谷兆长，故曰德在野。日冬至则水从之，日夏至则火从之，故五月火正而水漏，十一月水正而阴胜。阳气为火，阴气为水。水胜故夏至湿，火胜故冬至燥；燥故炭轻，湿故炭重"③。这样，淮南子将阴阳与方位、四时、生物的生杀联系成一个有机的体系。

淮南子还在《天文训》中根据阴阳之气引起的节气变化和物候情况将每年分为二十四个节气，如：

两维之间，九十一度十六分度之五，而升，日行一度，十五日为一节，以生二十四时之变。斗指子则冬至，音比黄钟；加十五日指癸则小寒，音比应钟；加十五日指丑则大寒，音比无射；加十五日指报德之维，则越阴在地。故曰距日冬至四十六日而立春，阳气冻解，音比南吕；加十五日指寅则雨水，音比夷则；加十五日指甲则雷惊蛰，音比林钟；加十五日指卯中绳，故曰春分，则雷行，音比蕤宾；加十五日指乙则清明风至，音比仲吕；加十五日指辰则谷雨，音比姑洗；加十五日指常羊之维则春分尽，故曰有四十五日而立夏，大风济，音比夹钟；加十五日指巳则小满，音比太蔟；加十五日指丙则芒种，音比大吕；加十五日指午则阳气极，故曰有四十六日而夏至，音比黄钟；

---

① 《淮南子·天文训》。
② 《淮南子·时则训》。
③ 《淮南子·天文训》。

加十五指丁则小暑，音比大吕；加十五日指未则大暑，音比太蔟；加十五日指背阳之维则夏分尽，故日有四十六日而立秋，凉风至，音比夹钟；加十五日指申则处暑，音比姑洗；加十五日指庚则白露降，音比仲吕；加十五日指酉中绳，故日秋分雷戒，蛰虫北向，音比蕤宾；加十五日指辛则寒露，音比林钟；加十五日指戌则霜降，音比夷则；加十五日指蹄通之维则秋分尽，故日有四十六日而立冬，草木毕死，音比南吕；加十五日指亥则小雪，音比无射；加十五日指壬则大雪，音比应钟；加十五日指子。故日：阳生于子，阴生于午。阳生于子，故十一月日冬至，鹊始加巢，人气钟首。阴生于午，故五月为小刑，荠麦亭历枯，冬生草木必死。

二十四节气的理论基础是北斗星的运行，北斗星距北天极不远，围绕北天极旋转。由北斗星斗柄的指向可以确定季节。《天文训》云："紫宫执斗而左旋。"紫宫即紫微，也叫北天极，是靠近北斗七星的第一颗星。北斗旋转一周 365 又 1/4 度，并分成四个相同的大段，即四维。两维之间有 91 又 5/16 度。每段中又分为六个小段，这样便成了二十四个小段，每个小段的交接点是一个节气，并与干支结合起来。而斗柄每日行一度，行十五日为一节，从而定出二十四节气来。这样就与太阳围绕大地旋转一周 365 又 1/4 度结合起来。二十四节气的理论基础尽管是北斗的运行，但其表现出来变化的却与太阳运行所引起的阴阳之气的变化密不可分，节气的一些名称如大寒、小寒、大暑、小暑、雨水、雷雨、惊蛰、白露、寒露、霜降、谷雨等，都是阴阳之气的变化所呈现的气候特征。

这样，淮南子以太阳的运行所引起的阴阳之气的变化确定了春、夏、秋、冬四季，又结合北斗星的运行和太阳绕大地运行所引起的阴阳之气的变化确定了二十四节气，组成了一个包括天文、气象、物候、季节、农事、音律、动物、植物、干支符号等要素的有机宇宙体系，在这个体系中，人们根据气候和物候的变化安排自己的一切农事活动。

（二）以五行为骨架建立的天人相应体系

淮南子以五行为图式，将食物进行归类比附，建立天人一体、地人一体、天地人一体化的体系。

淮南子将五行与五方、五帝、五佐、五星、五兽、五音、天干、四时机械地进行比附,从而构成了一个天上的人间系统,根据五星以及四时的变化安排农业生产以及政治管理活动(见表1-1)。

表 1-1 《天文训》构建的以"五"数为分类标准的天人一体系统

五行	木	火	土	金	水
五方	东	南	中	西	北
五帝	太皞	炎帝	黄帝	少昊	颛顼
五佐	句芒	朱明	后土	蓐收	玄冥
五星	岁星	荧惑	镇星	太白	辰星
五兽	苍龙	朱鸟	黄龙	白虎	玄武
五音	角	徵	宫	商	羽
天干	甲乙	丙丁	戊己	庚辛	壬癸
四时	执规而治春	执衡而治夏	执绳而治四方	执矩而治秋	执权而治冬

淮南子以"五行"体系为框架将九州分为东南西北中五方,分别与五色(青色、赤色、苍白、黑色、黄色)、五藏(肝、心、肺、肾、胃)、五窍(目、耳、鼻、阴、口)、五体(筋气、血脉、皮肤、骨干、肌肉)等有机地联系起来,并根据五方的河流、阴阳之气来描绘五方之人的体形外貌特征、智慧愚智、寿命长短、性格特点,以及五方出产的植物与动物,这样的一个以"五行"为构架的地人一体化模式是对经验知识的归纳概括和机械推演,有利于寻找不同地方的自然环境对人的生理特征的影响,具有一定的合理性,但是淮南子将人的智慧、德性都与地理环境联系起来,片面夸大了地理环境对人的影响,导致了地理环境决定论,不利于人的主动性和创造性的发挥(见表1-2)。

表 1-2 《地形训》构建的以"五"数为分类标准的地人一体系统

五方	东	南	西	北	中
五藏	肝	心	肺	肾	胃
五色	青	赤	白	黑	黄
五窍所通	目	耳	鼻	阴	口
五体	筋气	血脉	皮肤	骨干	肤肉

续表

日月风气	日月所出 川谷所注	阳气所积 暑湿居之	日月所入 川谷所出	幽暗不明 寒水积	风气所通 雨露所会
人的外貌 性格特征	兑形小头， 隆鼻大口， 鸢肩企行； 长大早知而不寿	修形兑上， 大口决眦， 早壮而夭	人面末偻， 修颈印行， 勇敢不仁	翕形短颈， 大肩下尻， 其人蠢愚	大面短颐， 美须恶肥， 慧圣而好治
五谷	麦	稻	黍	菽	禾
主要动物	虎、豹	兕、象	庬、犀	犬、马	牛、羊、六畜

《时则训》进一步将这种五行模式机械化，根据十二月的月令，将天上的五行系统与地上的五行系统进行有机的融合，从而构成了一个以五行为骨架的天人一体化的系统（见表1-3）。

表1-3 《时则训》构建的以"五"数为分类标准的天、地、人一体化体系

四季	春季	孟夏和仲夏	季夏	秋	冬
五行	木	火	土	金	水
五虫	鳞	羽	嬴	毛	介
五音	角	徵	宫	商	羽
天干	甲乙	丙丁	戊己	庚辛	壬癸
五数	八	七	五	九	六
五味	酸	苦	甘	辛	咸
五臭	膻	焦	香	腥	腐
祭祀的五藏	脾	肺	心	肝	肾
五色	青	赤	黄	白	玄
五畜	羊	鸡	牛	狗	猪
五谷	麦	菽	稷	麻	黍
五祀	户	灶	中霤	门	井

淮南子在《时则训》中将五行与每年的十二个月搭配，孟春、仲春、季春三个月，其位在东方，其日甲乙，盛德在木；孟夏、仲夏之月，其位在南方，其日丙丁，盛德在火；季夏之月，其位中央，其日戊己；孟秋、仲秋和季秋之月，其位在西方，其日庚辛，盛德在金；孟冬、仲冬、季冬，其位在北方，其日壬癸，盛德在水。淮南子还将五行与五色、五音、五味、

五数、祭祀的五藏等联系起来，将天子的衣服、祭祀、饮食和安排的政令都有机地结合在一起，构建了一个机械的天、地、人一体的宇宙模式。这种模式具有机械比附的特征，以五行为骨架无限横向地扩大其类比范围，成为一个包罗万象的体系，使人对事物的认识仅停留在横向扩展上，任何现象只要能在这种机械的比附下得到说明，就不必再进一步探究事物之间联系的合理性，影响了人们对事物的认识向纵深方面的延伸和发展。通过五行的比附淮南子建立了一个天、地、神、人、万物在时间、空间上纵横交错的相互影响、彼此制约的体系，将人的生存实践活动置入这个体系中，统治者根据天体的运行规律以及阴阳之气的变化所引起的气候、物候情况安排祭祀、农工商的管理等活动，并指出逆时令则会出现灾殃，这有利于创造和谐的自然环境和社会环境。这样的以五行为骨架建立的天地人有机统一的整体观有利于人与自然关系、人与社会关系的协调，也有利于约束统治者私欲的膨胀，无论是对政权还是百姓的生产生活都有积极作用，也就是说淮南子建构的五行体系适合当时社会政治、经济的需要，具有现实的合理性。

如果以上以五行为骨架建立的宇宙体系是为了适应政治上统一的要求，是对统治者而言的，那么，五行与天干地支、月份、节气的搭配则使五行思想逐渐渗透到民众的社会生活中。淮南子在《天文训》中记载了五行与每年的十二辰的搭配关系，并从十二辰所代表的不同季节讲述五行之气的生成、发展到衰弱的变化规律，如"木生于亥，壮于卯，死于未，三辰皆木也。火生于寅，壮于午，死于戌，三辰皆火也。土生于午，壮于戌，死于寅，三辰皆土也。金生于巳，壮于酉，死于丑，三辰皆金也。水生于申，壮于子，死于辰，三辰皆水也。故五胜生一、壮五、终九"。淮南子还将"五行"与天干地支联系起来，以五行的相生、相胜来决定日子的义、保、专、制和困。"甲乙寅卯，木也。丙丁巳午，火也。戊己四季，土也。庚辛申酉，金也。壬癸亥子，水也。水生木，木生火，火生土，土生金，金生水。子生母曰义，母生子曰保，子母相得曰专，母胜子曰制，子胜母曰困"[①]。这一思想又被抱朴子继承，《抱朴子》云："所谓宝日者，谓支干上生下之日也，若甲午、乙巳之类是也。甲者木也，午者火也，乙亦木也，巳亦火也，火生于木故也。

---

① 《淮南子·天文训》。

又谓义日者，支干下生上之日也，若壬申、癸酉之日是也。壬者水也，申者金也，癸者水也，酉者金也，水生于金故也。所谓制日者，支干上克下之日也，若戊子、己亥之日是也，戊者土也，子者水也，己亦土也，亥亦水也，五行之义，土克水也。所谓伐日者，支干下克上之日也，若甲申、乙酉之日是也。甲者木也，申者金也，乙亦木也，酉亦金也，金克木故也。"①《抱朴子》所记载的宝日与《淮南子》所云的保耳两者内涵相同。根据五行相生、相克的原理以及《抱朴子》中关于义、保、制、困的解释，可以得知，义日和保日是吉日，而制日和困日是凶日。关于"专日"，根据京房《易积算法传》中"同气为专爻"可推断，"专日"为干支上下性质相同的日子，也是吉日。《抱朴子》说："入山当以保日及义日，若专日大吉，以制日、伐日者必死。"② 伐日即困日。淮南子根据五行相生、相克的原理确定日子的性质从而为人们行事提供依据，如"以胜击杀，胜而无报；以专从事而有功，以义行理，名立而不堕；以保畜养，万物蕃昌；以困举事，破灭死亡"③。干支符号与月份、日子的有机关联，使表示十二月、日子的时间脱离了天象成为一种衡量时间推移的形式，但是，这种形式符号却由于与五行的关联而有了文化的内涵，人们可以根据五行的相生相克判断日子的好坏，也可以根据五行在十二月中的盛衰规律推算所在月份的事件的发展趋向，这在科学技术尚不发达、人们尚不能自我决定未来的命运的时期，为人们的生活和生产活动提供了可供参考的依据。并且，这种体系将上至最高的统治者、下至平民百姓的活动纳入其中，在客观上有利于大一统政权的稳定、巩固。但人处在这个宇宙之网中，受绝对的必然性规律支配，这种机械的决定论既体现了人们对不同物质相互依存和相互制约的关系的认识、模仿和遵循，也可以直接导向宿命论，"按照这种观点，在自然界占统治地位的，只是简单的直接的必然性"，"承认这种必然性，我们还是没有从神学的自然观中走出来"④。

---

① 何宁：《淮南子集释》（上），中华书局，1998，第277页。
② 刘康德：《淮南子直解》，复旦大学出版社，2001，第150页。
③ 《淮南子·天文训》。
④ 郑文光：《中国古代的自然哲学与天文学思想》，《中国哲学》（第二辑），生活·读书·新知三联书店，1980，第25页。

（三）地理环境对人的影响

人生长的地理环境对人的生理、心理、性格特征都产生一定的影响。淮南子在《地形训》中以"土地各以其类生"的原则去寻找人与其生活的地理环境之间的联系。如"山气多男，泽气多女，障气多暗，风气多聋，林气多癃，木气多伛，岸下气多肿，石气多力，险阻气多瘿，暑气多夭，寒气多寿，谷气多痹，丘气多狂，衍气多仁，陵气多贪。轻土多利，重土多迟，清水音小，浊水音大，湍水人轻，迟水人重，中土多圣人。皆象其气，皆应其类。……是故坚土人刚，弱土人肥，垆土人大，沙土人细，息土人美，毛土人丑。食水者善游能寒，食土者无心而慧，食木者多力而䰠，食草者善走而愚，食叶者有丝而蛾，食肉者勇敢而悍，食气者神明而寿，食谷者知慧而夭。不食者不死而神。凡人民禽兽万物贞虫，各有以生"。淮南子认为土、水、气是影响人的生理、心理的主要因素，而这三大因素又通过地势、风、林、树木、地形、寒暑、水势、水速、土质等体现出来，这些自然地理条件能影响动作的迟缓、外貌的美丑、体型的高低等。这是人经过长期的经验积累归纳概括的结果，也是依据"皆象其气，皆应其类"进行类推的结果。这些归纳概括和类推的结果不具有绝对的普遍性，但某些方面也具有科学合理性，如地方病、多发病与地域有关，寿命长短也与人所居住地的气候有关。

人的生存、生活还离不开生存环境提供的物产和资源，不同的地理环境为人们提供生存生活所需的物产。"是故白水宜玉，黑水宜砥，青水宜碧，赤水宜丹，黄水宜金，清水宜龟，汾水濛浊而宜麻，沸水通和而宜麦，河水中浊而宜菽，雒水轻利而宜禾，渭水多力而宜黍，汉水重安而宜竹，江水肥仁而宜稻，平土之人慧而宜五谷。"[①] 淮南子利用"同类相生"的原则指出，不同河流的水的特性不同，适应不同的农作物生产，如平原地区适应种植五谷等，这些都是对古代农业生产经验的总结。但是，不同颜色的水蕴藏不同颜色的矿产、平原之人多聪慧则有机械比附的特点。淮南子还在《地形训》中列举了八方及中央的珍贵物产，如"东方之美者，有医毋闾之珣玕琪焉。东南方之美者，有会稽之竹箭焉。南方之美者，有梁山

---

① 《淮南子·地形训》。

之犀象焉。西南方之美者，有华山之金石焉。西方之美者，有霍山之珠玉焉。西北方之美者，有昆仑之球琳琅玕焉。北方之美者，有幽都之筋角焉。东北方之美者，有斥山之文皮焉。中央之美者，有岱岳以生五谷桑麻，鱼盐出焉"。淮南子所指出的每一个地方山上的珍贵物产大部分是正确的，这是当时人们经验的概括总结，并且有些地方的物产也间接地反映了当地人的生存方式。如北方长期是匈奴活动的区域，以畜牧业为主，其畜为牛羊马，由于北方是沙漠地带，当地人善迁徙、打仗，故多筋角、硬弓，而中央地区多为平原，以种植业为主，故多产五谷桑麻。而有的物产则反映了地理环境与其他资源或气候的关系，"斥山的文皮为东北方的珍贵物产"说明东北方一带历史上野生森林资源丰富，这些都间接地反映了淮南子关于中央及八方之物产的总结是建立在实地考察的基础上的，反映了物产与当地人的生存方式、其所处的地理环境的关系，同时也为人们利用自然资源进行生产生活提供了便利。

从以上淮南子对地人关系的描述可以看出，不同的地理环境决定了人不同的生理、心理特征；不同的地理环境也为人们提供所需要的农作物以及珍奇物品，这都有一定的合理性。其抓住自然环境中关键因素如土、气、水等，以同类相推的方式分析这些因素对人的生理特征的影响，具有一定的理论价值，但不可否认其中也存在牵强比附的因素。

第三节　天人之分

在社会劳动实践中，随着人的意识的萌芽，人逐步将自己与外界环境区别开来，探索自然界运动变化的规律，积极改造自然，创造出自然界所没有的人工物，改造自然环境，维持人的生存和发展。同时，人还不断利用意识去自觉分析人与动物的差别，使人在认识自然和改造自然的活动中锤炼、铸就内在品质，从动物的状态超拔出来，自觉走向成人的状态。

一　天人相分

天人之分是指天人的分界、分际。淮南子指出，人在对天道、天行、天则认识的基础上，为人之行为和社会规范设置了一个可以依循的根据。

荀子系统地阐述了"天人相分"的观点，如："天道有常。不为尧存，不为桀亡。应之以治则吉。应之以乱则凶。……受时与治世同，而殃祸与治世异，不可以怨天，其道然也。故明于天人之分，则可谓至人矣。"① 荀子指出，天道规律是不以人的意志为转移的，是人改造自然的实践活动的依据，并指出明天人分界的人是最高明的统治者。淮南子继承了荀子的思想，指明"天人相分"对个人生命存在和治国的重要性，如"知天之所为，知人之所行，则有以任于世矣。知天而不知人，则无以与俗交；知人而不知天，则无以与道游"。② 知天与知人二者缺一不可，知人可以使人应于世，而知天使人从俗世的束缚中解脱出来，与道优游化息。"凡学者能明于天人之分，通于治乱之本，澄心清意以存之，见其终始，可谓知略矣。天之所为，禽兽草木；人之所为，礼节制度，构而为宫室，制而为舟舆是也。"③ 因而，明于天人之分是人掌握"治道"的前提条件之一，也是人改造自然和社会的文明创造活动的内在要求。

淮南子认为生命的存在和创造活动都必须以顺天、法天为前提。"举事不顺于天者，逆其生也。"④ 其从天副人数、天人同构的角度指出，举事顺天是人之生命的内在要求。其还强调道的客观性，"夫道者，无私就也，无私去也，能者有余，拙者不足，顺之者利，逆之者凶"。⑤ 因此，人应效法天道化育万物而不求报的公正无私的特性，顺天道而举事。"人虽东西南北，独立中央……故不为善，不避丑，遵天之道；不为始，不专己，循天之理；不豫谋，不弃时，与天为期；不求得，不辞福，从天之则。人有穷而道无不通，与道争则凶。故《诗》曰：'弗识弗识，顺帝之则。'"⑥ "是故无所甚疏，而无所甚亲，抱德炀和，以顺于天。"⑦ "是故圣人法天顺情，不拘于俗，不诱于人，以天为父，以地为母，阴阳为纲，四时为纪。天静以清，地定以宁，万物失之死，法之者生。"⑧ 天道、天理、天则都有不以人的意志为转移的客观性，它们既是人之生命存在、护养的前提，也是人

---

① 《荀子·天论》，参见杨柳桥《荀子诂译》，齐鲁书社，1985，第445页。
② 《淮南子·人间训》。
③ 《淮南子·泰族训》。
④ 《淮南子·天文训》。
⑤ 《淮南子·览冥训》。
⑥ 《淮南子·诠言训》。
⑦ 《淮南子·精神训》。
⑧ 《淮南子·精神训》。

们一切行为活动的准则和依据，但是，淮南子并没有像庄子那样，在顺天、法天的过程中以自然压抑人的主观能动作用。

淮南子认为法天是为了制天、用天。如："六合之内，一人之制也。"① "修道里之数，因天地自然，则六合不足均也。是故禹之决渎也，因水以为师；神农之播谷也，因苗以为教。"② "夫地势水东流，人必事焉，然后水潦得谷行；禾稼春生，人必加工焉，故五谷得遂长。"③ "是故人君者，上因天时，下尽地财，中用人力，是以群生遂长，五谷蕃殖。"④ 其强调人在遵循天道运行规律和万物之自然之性的基础上，积极改造自然的天然状态，使其为人所用。这是淮南子对荀子《天论》的"物蓄而制之，制天命而用之"制天、用天、参天思想的吸收。

人除了法天、顺天、制天、用天外，还要"象天"。"象天"最初出现于《系辞传》，如："天地变化，圣人效之。""天垂象，见吉凶，圣人象之。"⑤ 这里的"象天"是指圣人在自然变化尚未发生之时，就能预测变化的趋势，后来的实践总是证明他们预测的有效性。而淮南子认为人应象"天之神明"，如《泰族训》云："天设日月，列星辰，调阴阳，张四时，日以暴之，夜以息之，风以干之，雨露以濡之。其生物也，莫见其所养而物长；其杀物也，莫见其所丧而物亡。此之谓神明。圣人象之，故其起福也，不见其所由而福起；其除祸也，不见其所以而祸除。"人效法天之神明无为而举事，达到"与天地合德，日月合明，鬼神合灵，四时合信"⑥ 的天、地、神、人相统一的境界。

自然之道还是政治制度、社会道德规范的根基，统治天下的五帝三王效法天象、地理、人事来制定各种制度。淮南子在《泰族训》中指出："何谓参五？仰取象于天，俯取度于地，中取法于人，乃立明堂之朝，行明堂之令，以调阴阳之气，以和四时之节，以辟疾病之灾。俯视地理，以制度量，察陵陆水泽肥墝高下之宜，立事生财，以除饥寒之患。……乃澄列金木

---

① 《淮南子·本经训》。
② 《淮南子·原道训》。
③ 《淮南子·修务训》。
④ 《淮南子·主术训》。
⑤ 马恒君：《周易正宗》，华夏出版社，2004，第638页。
⑥ 《淮南子·泰族训》。

水火土之性，故立父子之亲而成家，别清浊五音六律相生之数，以立君臣之义而成国；察四时季孟之序，以立长幼之礼而成官。"其认为人类社会具体的礼节制度和政治制度是效法天地之则而制定出来的，社会政治制度、人伦秩序都以自然之道为其合理性的根据，这使自然之道和社会之道的分际被打破。淮南子将自然规律作为政治秩序、道德秩序的根据是有问题的，自然规律是客观的、不以人的意志为转移的，而政治秩序、道德原则却是一种社会历史现象，"道德原则是人们根据社会生活的需要而设定的，具有一定的历史性和阶级性，将自然规律作为道德秩序的根据导致道德秩序的绝对化、永恒化"。① 但是，从天地之则为政治制度和人伦秩序寻找合理性的根据，在某种程度上保证了社会秩序的稳定，有利于大一统政权的稳固。

淮南子的天人之分是对庄子天人之分思想的超越，庄子指出："不以心捐道，不以人助天。"② "以天待人，不以人入天。"③ 并且突出天人合一的绝对性，"其好之也一，其不好之也一。其一也一，其不一也一"④。但是人在合天的过程中也使自身改造自然的创造属性、社会属性失落于自然之中。淮南子在强调"不以人滑天、不以人易天"的同时，要求人法天、顺天、象天、参天，在明于天人之际的基础上而制天、用天，从而展开社会之人的生存生活实践活动。天道、天理、天则既是人之行为不可逾越的边界，也是社会伦理制度的依据，这就为人的实践活动提供了自然主义的依据，也为天与人、天然自然和社会自然的互涵、转化提供了可能。"夫知有所待而后当，其所待者特未定，庸讵知所谓天之非人乎，所谓人之非天乎？"⑤ "人之不能有天，性也。"⑥ 天与人的分界是人为的划分，由于某一阶段人的认识局限性以及人不能保持自然之天的天性，天与人之界限并非固定不变的，而是流动开放且不断生成、转化的，因此，天人之间的分际既是绝对的，又是相对的，其绝对性在于天道、天理、天则是人之行为不可以逾越的边界，其相对性在于人对天道、天理、天则的认识具有特定历史阶段的

① 张岱年：《张岱年哲学文选》（上），中国广播电视出版社，1999，第602页。
② 《庄子·大宗师》。
③ 《庄子·徐无鬼》。
④ 《庄子·大宗师》。
⑤ 《庄子·大宗师》。
⑥ 《庄子·山木》。

局限性，天与人之间的界域随着人类认识能力和实践能力的提高，不断由天然自然向人工自然和社会自然生成、转化。

二　人物之别

人具有动物身上的本能性特征，如趋利避害、群体性、简单感知力等。同时，也具有动物不具备的特征，如理性思维能力、制造工具的能力、构建礼仪制度协调人群内外冲突的能力等。那么，人如何从动物状态中超拔出来，具备人所具有的类的性质和特征，是下面需要深入研究的问题。

（一）人物之别的思想渊源

中国古代儒家的思想家大多认为人性善，从道德的角度去分析人与动物的区别。孟子主张人性善，他在《公孙丑·章句上》中指出："由是观之，无恻隐之心，非人也；无善恶之心，非人也；无辞让之心，非人也；无是非之心，非人也。"[①] "人之所以异于禽兽者，几希，庶民去之，君子存之。"[②] 孟子认为，是否具有仁义礼智四善端是判定一个人是否为人的根本标志。"仁义礼智，非由外铄我也，我固有之也。故曰'求则得之，舍则失之'。"[③] "仁、义、礼、智"是人先天的道德潜质，并不是完备的善性，这就需要激发人的道德主体自觉意识，通过学习和反省的功夫不断向内求善，扩充善端，守护善端，以仁爱之心约束人的本能之欲，以合宜的道德规范调控人的行为，自觉开启人的成人之路，"仁，人心也；义，人之路也"[④]。反之，"人之有道也，饱食暖衣，逸居而无教，则近于禽兽"[⑤]，人只知道吃饱穿暖，好逸恶劳，不接受教育学习，则人与动物没有多大区别。孟子指出，人具有大体和小体，大体是人的四善端，小体是人与动物共有的自然属性，"养其小者为小人，养其大者为大人"[⑥]，要求人立大体，将人内在四善端激发并在行动上体现出来，自觉培养仁爱情感、羞耻之心、判断是非

---

① 《孟子·公孙丑章句上》。
② 《孟子·公孙丑章句下》。
③ 《孟子·告子上》。
④ 《孟子·告子上》。
⑤ 《孟子·滕文公上》。
⑥ 《孟子·告子上》。

善恶的理性思维及践履道德礼仪规范的意志，摆脱动物的存在状态，在成人的道路上不断提升。

荀子在《王制》篇指出："水火有气而无生，草木有生而无知，禽兽有知而无义，人有气、有生、有知，亦且有义，故最为天下贵。"① 水火有气却没有生命，草木有生命而没有知觉，动物有知觉而没有道义，而人有生命、有知觉、有道义。因此，在荀子看来，人是万物中最尊贵的动物，义是人与动物的根本区别。同时，荀子指明了存义的途径和方法，如"故学数有终，若其义则不可须臾舍也。为之，人也；舍之，禽兽也"②。学习使得人们具有了是非羞恶之心，在实践中践行之，人才能成为人，而人舍弃了是非羞恶之心则回归禽兽。

荀子指出，人能群居以弥补自己力量之不足，同时以义协调行为使人和谐相处，"力不若牛，走不若马，而牛马为用，何也？曰：人能群，彼不能群。人何以能群？曰：分。分何以能行？曰：义。故义以分则和，和则一，一则多力，多力则强，强则胜物，故宫室可得而居也。故序时，裁万物，兼利天下，无它故焉，得之分义也。故人生而不能无群，群而无分则争，争则乱，乱则离，离则弱，弱则不能胜物，故宫室不可得而居也，不可少顷舍礼义之谓也"。③ 人自身体能的不完备性决定了人必须群居，以"义"协调纷争，和谐相处，统一思想，凝聚力量，通过分工合作筑宫室、裁万物，抵御自然灾害，弥补单个人力量的不足。荀子还指出，人与动物之不同在于善假于物即工具来满足自己生存发展的需要，"假舆马者，非利足也，而致千里。假舟楫者，非能水也，而绝江海"。④ 生产工具、生活用具是人肢体器官的延伸，人利用工具能弥补肢体器官的缺陷和不足。总之，正是人自身的不完备性使人在生产实践活动中，学会群居相处和制造工具，促进了人的意识、语言和道德伦理规范的萌芽和发展，人逐步超越动物的本能存在状态，具有了属人的特性。

荀子在《荣辱》篇指出，"乳彘触虎，乳狗不远游，不忘其亲也。人

① 《荀子·王制》。
② 《荀子·劝学》。
③ 《荀子·王制》。
④ 《荀子·劝学》。

也，忧忘其身，内忘其亲，上忘其君，则是人也，而曾狗彘之不若也"①。
乳猪乳狗还有不忘其亲之本能，而人"忧忘其身，内忘其亲，上忘其君"，
也即缺乏仁爱之心，则连猪狗都不如。这说明动物之间也有仁爱之情，但
这只是无意识的本能之爱，人则可以有意识地抵制自私的欲望对仁爱情感
的侵蚀。"争饮食，无廉耻，不知是非，不辟死伤，不畏众强，恾恾然惟利
饮食之见，是狗彘之勇也。为事利，争货财，无辞让，果敢而振，猛贪而
戾，恾恾然惟利之见，是贾盗之勇也。轻死而暴，是小人之勇也。义之所
在，不倾于权，不顾其利，举国而与之不为改视，重死持义而不挠，是士
君子之勇也。"② 人有和动物一样的争饮食的本能，但人之求利行为若缺乏
仁义、道德规范的约束，运用理性假借外物，不顾生命危险争夺，人之兽
性比动物发挥得更加淋漓尽致。因此，人应以是非、羞恶之心以及外在的
道德伦理规范约束自己为求利而争斗的欲望和行为，使自己从动物趋利避
害的本能中超拔出来。"凡人有所一同，饥而欲食，寒而欲暖，劳而欲息，
好利而恶害，是人之所生而有也，是无待而然者，是禹桀之所同也。目辨
白黑美恶，耳辨声音清浊，口辨酸甜甘苦，鼻辨芬芳腥臊，骨体肤理辨寒
冷疾养，是又人之所常生而有也，是无待而然者也，是禹桀之所同也。可
以为尧禹，可以为桀跖，可以为工匠，可以为农贾，在注错习俗之所积
耳。……尧禹者，非生而具者也，夫起于变故，成乎修为，待尽而后备者
也。"③ 荀子指出，饥而欲食，寒而欲暖，劳而欲息，好利而恶害，是人的
天生之性。目辨色，耳辨声，口辨味，身辨寒冷疾养，是人天生而有的本
能。为了协调社会中人与人之间趋利避害、追求个人私欲的矛盾冲突，先
知先觉的帝王先贤构建了先王之道、仁义之统的思想伦理体系，并对蒙昧
之人进行启蒙、教化和开导。在日积月累的教化和熏陶之下，人以理性自
觉约束趋利避害的本能，化性起伪，逐步开启了人之为人的成圣过程。而
没有自觉接受伦理道德规范塑造的人则难以从人的自然境界中超拔出来。

荀子还在《非相》中指出："人之所以为人者，非特以其二足而无毛
也，以有其有辨也。夫禽兽有父子而无父子之亲，有牝牡而无男女之别。

---

① 《荀子·荣辱》。
② 《荀子·荣辱》。
③ 《荀子·荣辱》。

故人道莫不有辨，辨莫大于分，分莫大于礼，礼莫大于圣王。"① 荀子指出人与动物之不同在于人具有辨别人与万物的能力，有辨才有分，而分是根据人与物之性与理进行区分的，能够以礼约束人的自然本能，以圣人为楷模，逐步使人开启成人、成圣的路径。分是为了使人能"安于其分，欲其所应欲，为其所应为"，使人与物各尽其性、各安其位，循人之性与物理而为人所用。动物有父子而无父子之亲，有牝牡而无男女之别，不能将自己与他人、他物区别开来。因此，动物与其生存环境是一体的，生存环境造就了其本能，其本能的发展也难以超越环境变化的限制，这使动物难以超越物种本能的限制。而人可以通过不断学习使自己潜在的辨别能力不断提高，将自己与生长环境、他人、他物相区别。

人具备了辨别能力，在与自然的关系中，不断探求外界环境的知识和规律，使周围的自在之物通过对象化活动转化为我之物，使自己的生存视域不断扩大。同时，人还逐步利用物之性理、自然规律而制造工具，利用工具通过劳动改造自然，谋得人生存生活所必需的物质生活资料。人具备了辨别能力，在与他人、与社会的关系中，逐渐将自己与他人区别开来，在与他人的交往实践中形成了共同遵守的理性规范和法则，在规范、法则之内展开与他人的利益关系、思想交流和情感共鸣，约束自己的欲望，控制自己的情绪，扩充自己的爱心，从而开启成人成物的生命历程。这种辨别能力不仅让人与万物、环境相区别，还使人具有一种"内时间意识"，将古代、现在、未来相区别，人在忆古、习古中把握贯穿古今之道，重构现在，并将未来的规划、设计融化于当下的发展理念和发展实践，自觉开启人的生命不断提升和超越的历程。人与外界的辨别能力让人在与他人、他物相区别的过程中促进了自我意识的逐渐萌芽、发展和成熟。这种自我意识在摒弃了人的主观、幻想之后，将物之性与理、人之性与理、天道、人道内化于人的知识结构和思维方式中，并在实践活动中以外化的形式体现出来。这种自我意识是通过辩证的否定对过去之我的扬弃，是对他人、他物之客观状态的无限包容，是以道德自律对功利自我的提升和超越。

从以上分析可以看出，人与动物之别主要在于人的群体协作能力、学习能力、利用外物而生存的能力以及理性辨别思维能力。而理性辨别思维

① 《荀子·非相》。

能力贯穿群体协作能力、利用外物而生存的能力以及学习能力始终。理性辨别思维能力是人在不同的生存环境中基于人的生存发展的需要通过不断的学习、思考和践履而形成发展起来的。这种辨别能力使人在趋利避害的争斗中以仁义道德规范约束人的自然本能，使人假借他人他物来弥补自身的不完备性，使人从一个自在的、被动的、盲目的、本能式的自然存在物转化为自为的、自觉的、能动的、自发的属人的存在物，开启了以人为中心的生命世界，开启了人从必然王国向自由王国的跨越、上升的漫漫征程。

（二）淮南子的人物之别

淮南子继承老子、庄子的思想，在《精神训》中指出，"古未有天地之时……有二神混生，经天营地，孔乎莫知其所终极，滔乎莫知其所止息。于是乃别为阴阳，离为八极，刚柔相成，万物乃形，烦气为虫，精气为人。是故精神天之有也，而骨骸者地之有也。精神入其门，而骨骸反其根"。这说明人与万物一样都是气演化而来的，人死之后，精神之气入天，骨骸入土变成了气。人与万物一样只是大自然造化万物偶然产生的一个物种，如"譬吾处于天下也，亦为一物矣，不识天下之以我备其物与？且惟无我而物无不备者乎？然则我亦物也，物亦物也，物之与物也，又何以相物也"。① 人是一种自然物，万物并不是为人所准备的，没有人，万物自是各备其性，这表现了人与万物平等的自然观。"夫造化者之攫援物也，譬犹陶人之埏埴也，其取之地而已为盆盎也，与其未离于地也无以异，其已成器而破碎漫澜而复归其故也，与其为盆盎亦无以异矣。"② 因此，从大自然的大化流行这一过程来看，人是天地之气陶化而成的，其生是气之聚，死是气之散，人之生死只是其中偶然的一瞬，人不必为自己这个物种的产生而欣喜，"一范人之形而犹喜。若人者，千变万化而未始有极也，弊而复新，其为乐也，可胜计邪"③。大自然是一个大熔炉，人是大自然造化万物自然而然的产物。因此，人也不必为人之生命诞生而骄傲，人并不比万物高贵。淮南子将人之生死置于宇宙演化的过程，阐明人来源于气而又复归于气。人与万物一

① 《淮南子·精神训》。
② 《淮南子·精神训》。
③ 《淮南子·俶真训》。

样，都是普通的物种，体现了万物平等的价值观。但是，淮南子又在具体的环节和层面指明，人是与动物不同的特殊自然物。

首先，人与动物存在认知差异。

淮南子指出人为天下万物最尊贵的物种，"蚑行喙息，莫贵于人"。^① 其根据当时自然科学的成果推测，人由精纯之气生成，而昆虫之类的动物由混浊的乱气构成，"浊气为虫，精气为人"^②。但是，人如何有别于动物呢？

"夫鹊先识岁之多风也，去高木而巢扶枝，大人过之则探鷇，婴儿过之则挑其卵，知备远难而忘近患。"^③ 鸟鹊为了维持自己的生存，根据自己的本能经验判断，建在高枝上的鸟巢容易受到大风的影响，遭到破坏，而将鸟巢建在低矮的树枝上，却遭到人的破坏。也即鸟雀的认知活动具有直观性和片面性，难以从生物个体与外界环境之间的错综复杂的联系中认识环境中存在的风险因素。"狗彘不择甂瓯而食，偷肥其体，而顾近其死。昌羊去蚤虱而来蛉穷，除小害而致大贼，欲小快而害大利。"^④ 这说明昌羊和狗彘的辨别能力和认识能力具有局限性，不能从整体与局部、表象与本质的错综复杂的联系中把握自己的生死存亡。"猩猩知往不知来，干鹄知来而不知往"^⑤，"朝菌不知晦朔，蟪蛄不知春秋"^⑥。动物没有内在于自身的时间意识，它们对客观时间的感知只是出于当下生存本能直接感知，难以逃脱其生存的时间范围的限制，而人能以理性思维超越内在于自身的客观时间对自己的限制。"鸡知将旦，鹤知夜半，而不免于鼎俎。"^⑦ 随着昼夜规律的变化，鸡、鹤具有与之相适应的反映活动，但这些动物由于认识能力和反应能力的有限性，难以逃脱被人宰杀的命运。"鹊巢知风之所起，獭穴知水之高下，晖目知晏，阴谐知雨，为是谓人智不如鸟兽则不然。故通于一伎，察于一辞，可与曲说，未可为广应也。"^⑧ 淮南子指出，动物在与环境适应和斗争的过程中形成了对特定物象的感知与判断能力，但这种认知是对事

① 《淮南子·天文训》。
② 《淮南子·精神训》。
③ 《淮南子·人间训》。
④ 《淮南子·说林训》。
⑤ 《淮南子·氾论训》。
⑥ 《淮南子·道应训》。
⑦ 《淮南子·说山训》。
⑧ 《淮南子·泰族训》。

物具体现象、表面现象的简单认知，但人与动物之不同在于人从事物错综复杂的联系中把握普遍之道，从多个角度、多个方面认识事物现象。

总之，一些动物也具有人所具有的感性的认识能力，产生一些具体的认识活动，这种认识只是对外界现象表面、直观、简单的认识，动物难以透过表象认识本质，难以从错综复杂的联系中分析把握规律性，难以超越生存视域的限制客观认识外界的变化，更难以通过人这种高等动物对自己的影响进行正确判断。而人在实践活动和认识活动中不断增强个人的理性思维能力，能够通过现象把握本质，从错综复杂的联系中把握规律性，超越生存时间范围和空间范围对自己的限制，正确分析影响个人生存发展的各种利弊因素，促进人的存在发展。

其次，人与动物趋利避害的行为之别。

趋利避害是动物之本能，动物在趋利避害的生存活动中也形成了自己的生存智慧。"夫雁顺风以爱气力，衔芦而翔以备矰弋，蚁知为垤，獾貉为曲穴，虎豹有茂草，野彘有艽莦，槎栉堀虚，连比以像宫室，阴以防雨，景以蔽日，此亦鸟兽之所以知求合于其所利。"[1] "狂马不触木，猘狗不自投于河，虽聋虫而不自陷，又况人乎！"[2] "夫猿狖得茂木，不舍而穴，狟狢得埵防，弗去而缘；物莫避其所利而就其所害。"[3] "鹰翔川，鱼鳖沉，飞鸟扬，必远害也。"[4] 动物知道建洞穴、鸟巢以避寒御风，利用自然风力以节省自己之力，能够分析判断环境的状况以避免被捕捉与被侵袭之害，也即通过趋利避害保存自己是每个动物的本能。"夫狐之捕雉也，必先卑体弥耳，以待其来也。雉见而信之，故可得而擒也。使狐瞋目植睹，见必杀之势，雉亦知惊惮远飞，以避其怒矣。"[5] "飞鸟之挚也俯其首，猛兽之攫也匿其爪，虎豹不外其爪而噬不见齿。"[6] 一些动物为了能够捕捉猎物，在争斗中以伪装的形式掩盖坚牙、利爪及存身之处，寻找时机打败对方。趋利避害是动物适应生存环境变化的需要而发展起来的本能，这是人与动物都具

---

[1] 《淮南子·修务训》。

[2] 《淮南子·说林训》。

[3] 《淮南子·说林训》。

[4] 《淮南子·谬称训》。

[5] 《淮南子·人间训》。

[6] 《淮南子·兵略训》。

备的，"夫天之所覆，地之所载，包于六合之内，托于宇宙之间，阴阳之所生，血气之精，含牙戴角，前爪后距，奋翼攫肆，蚑行蛲动之虫，喜而合，怒而斗，见利而就，避害而去，其情一也。虽所好恶，其与人无以异。然其爪牙虽利，筋骨虽强，不免制于人者，知不能相通，才力不能相一也。各有其自然之势，无禀受于外，故力竭功沮"。① 一些动物为了适应生存的外部环境，在与外界环境的互动中形成了锋利的爪牙、强健的筋骨、快速奔跑的腿、厚厚的羽毛，它们通过趋利避害实现自我的保存和延续，但动物却难以摆脱受制于人的境况。这主要是由于动物不能在相互沟通中借鉴对方的智慧，不能以合力抵抗威胁自己生存的风险和祸患，人可以通过向他人学习与沟通，凝聚群体的智慧和力量，抵御灾害，维持自己的生存和发展。淮南子继承了荀子《劝学》篇的思想，如"故假舆马者，足不劳而致千里，乘舟楫者，不能游而绝江海"。② 人通过发明制造工具，借助外力、外物延长肢体器官，增加了交通的便利性。"人欲高下而不能，教之用管准则说，欲之轻重而无以，予之以权衡则喜，欲知远近而不能，教之以金目则快射。"③ 人还通过工具测量外物的高低、轻重、远近，为生存生活服务。"故民迫其难则求其便，因其患则制其备。人各以其所知，去其所害，就其所利。"④ 人为了趋利避害，解决生活中的困难、祸患，为了弥补自身身体机能的不足，在劳动实践中学会制造工具，发明有利于生产活动的技术，从而与动物相区别。

"凡有血气之虫，含牙戴脚，前爪后距，有脚者触，有齿者噬，有毒者螫，有蹄者趹，喜而相戏，怒而相害，天之性也。……人无筋骨之强，爪牙之利，故割革而为甲，铄铁而为刃。"⑤ 一些动物在与特定环境的斗争中，增强了齿咬、脚触、毒螫和蹄趹等独有的自我保护能力，而人的身体器官技能的不完备性使人在保护自身安全、抵御自然灾害及与他人的斗争中学会了制造锋利的武器。因此，动物的身体器官、生存能力与外界环境是相统一的。"介虫之动以固，贞虫之动以毒螫，熊罴之动以攫搏，兕牛之动以

① 《淮南子·修务训》。
② 《淮南子·主术训》。
③ 《淮南子·泰族训》。
④ 《淮南子·氾论训》。
⑤ 《淮南子·兵略训》。

舐触，物莫措其所修而用其所短也。"① 甲壳类动物凭借坚固的甲壳活动生存，细腰蜂等动物依靠毒螫活动生存，熊罴以蛮力来攫取食物，犀牛靠角抵来保存自己，这些物类用其所长，避其所短。"蛇无足而行，鱼无身以听，蝉无口而鸣。"② 正是动物所具有的适应环境而不断调节自己肢体器官的能力使其能够生存下去，但动物难以超出物种的局限，只是在本能的范围内被动地存在着。"人莫不奋于其所不足。以兔之走，使犬如马，则逮日归风，及其为马，则又不能走矣。"③ 兔子善于奔跑的能力是兔子与生存环境相互作用而形成的。特定的生存环境造就了兔子微小、轻盈的身体。假如兔子有马之体，它在特定环境中很快能够生存下来，其善于奔跑的能力便难以发展起来。一个人的德、智、能也是人的自我保存能力与生存环境相互作用、共同推动的结果。但人与动物不同，动物之生存能力只能适应特定的生存环境，生存能力与环境的一致性使动物不能超越物种的局限性，其永远处于既定的存在状态。而在特定历史阶段和特定环境中，在人与生存环境的对象性关系中，人的身体器官以及技能相对于变化着的环境永远处于"缺乏"和"不足"的状态，但"人莫不奋于其所不足"，人利用群力、群智、工具以及技术，不断提高适应环境的能力，维持人的存在和发展。并且，当一个人的能力在一个环境中发展到顶峰时，为了抑制个人能力增长的负面效应，人还会主动放弃缺乏生长环境的空间而选择其他生活环境或工作环境，从而使人在与新环境的互动中重新培养、增强自己与环境相适应的能力，维持生命的永续和发展。

总之，趋利避害是人与动物共有的本能。一些动物为了维持自己的生存、抵御其他动物和自然灾害的侵袭，也会从事一些简单的筑巢、挖穴、采集果实、动物之间的争斗等本能性的活动，增强其与特定环境相适应的特定生存能力。但人与动物不同的是，为了弥补单个人力量的不足，人能够凝聚众人的智慧和力量，发明创造一些生产工具、交通工具和认识工具，延长自己的肢体器官，增强在自然环境和社会环境中生存的能力，以维持生命的存在和发展。

---

① 《淮南子·说山训》。
② 《淮南子·说林训》。
③ 《淮南子·说林训》。

再次，人与动物存在群居性差异。

群居是人和动物共有的存在方式。“夫鸟飞成行，兽处成群，有孰教之?”[①] 动物在群居时遵循同类相从以及势力匹敌的原则，“兽同足者相从游，鸟同翼者相从翔”。[②] “夫鸟兽之不可同群者，其类异；虎鹿之不同游者，力不敌也。”[③] “神龙不匹，猛兽不群，挚鸟不双。”[④] 猛兽、鸷鸟等动物具有较强的抵御外来侵袭的生存能力则选择独居。也即动物群居取决于适应自然环境之能力，生存能力越强，群居性越小。一些动物在共同生存时，以取长补短、相互合作的方式弥补自己肢体器官功能的不足，如“北方有兽，名曰蹶。鼠前而兔后，趋则顿，走则颠。常为蛩蛩距虚取甘草以与之。蹶有患害，蛩蛩距虚必负而走”。[⑤] 蹶与蛩蛩距虚因维护生存的需要，两者相互配合，取长补短，同舟共济，弥补彼此生存技能的欠缺和不足，但由于动物理性思维的有限性，动物的彼此合作仅仅满足个体的存在。人为了弥补身体机能的不完备性，共同抵御自然灾害，维护自身存在，常常以群体合作的方式，借群力群智来弥补个体力量之不足，如“寇难至，躄者告盲者，盲者负而走，两人皆活，得其所能也。使盲者语，使躄走，失其所也”。[⑥] 躄者与盲者为了生存，弥补彼此的缺陷和不足，而采取彼此合作的方式。恩格斯指出，蒙昧时代的人类，为了在发展过程中脱离动物状态，实现自然界中的最伟大的进步，必须以群体的联合力量和集体行动来弥补个体能力的不足。[⑦] 动物之群居基本上是循着弱肉强食的原则，但人进入社会领域，能以内在仁义之情和外在的礼节制度来协调群居中所出现的利益争斗，必要时还诉诸武力对那些以强凌弱者的行为进行讨罚，“人以义爱，以党群，以群强。是故德之所施者博，则威之所行者远；义之所加者浅，则武之所制者小”。[⑧] 人以厚德、仁义而扩大个人在群体中的威慑力和影响力，增强人的生存能力。“是以阴阳之情，莫不有血气之感，男女群居

① 《淮南子·齐俗训》。

② 《淮南子·说林训》。

③ 《淮南子·主术训》。

④ 《淮南子·说林训》。

⑤ 《淮南子·道应训》。

⑥ 《淮南子·说林训》。

⑦ 《马克思恩格斯选集》（第 4 卷），人民出版社，1961，第 28 页。

⑧ 《淮南子·缪称训》。

杂处而无别，是以贵礼。"① 群居而无男女、贵贱之别则导致社会混乱。因此，一个群体的领袖为了使人群处时"等贵贱，明是非"特地制定礼仪规范和制度约束人的情欲以及趋利避害的本能，以达到和睦相处之目的。另外，"人有衣食之情，而物弗能足也，故群居杂处，分不均，求不澹，则争。争则强胁弱而勇侵怯。……贪昧饕餮之人，残贼天下，万人搔动，莫宁其所。有圣人勃然而起，乃讨强暴，平乱世，夷险除秽，以浊为清，以危为宁，故不得不中绝"。② 物质资源的有限性以及人之求利欲望的无穷尽性，决定了人必以公平公正原则分配物质资源，并对那些贪欲求利而违义之人进行讨伐，维持社会群体的稳定性以及长期存续。

群居是人与动物共有的存在方式。人与动物群居之不同在于人能以内在的道德自律抑制个人在群居时的求利动机，以外在礼义制度协调人与人之间的物质资源和权力的纷争。人在群居时通过群体分工合作积极参加社会性物质生产活动，为个人的生存发展和社会文明传承创造物质财富。人在群居时，相互交流和合作使人的认知能力和战胜自然的能力不断提高，为社会的发展创造必要精神财富，满足人的精神生活发展的需要。随着社会发展，人与人、国与国、地区与地区之间的依赖性逐渐增强，为了维持个人、国家和地区的长远发展，人必须增强群居时所需要的社会化合作交往能力。人的社会化合作交往能力影响着其生存发展的能力及人生发展的高度。一个人的社会化合作交往能力越强，其生存能力也越强，发展的空间越广阔，生命达到的高度越高。反之亦然。但是，人在群居中不能迷失自我的发展，而应在保持自我独立性前提下主动自觉地与他人合作，积极参与社会性的劳动实践活动，维持自身的生存发展，提高生命自我完善的能力。

最后，人与动物存在仁爱之情的差异。

动物之间也有情，主要表现在动物之父母对其子之爱，"乳狗之噬虎，伏鸡之搏狸也，恩之所加，不量其力"。③ 哺乳时期的母狗与老虎搏斗，孵化小鸡的母鸡与狸猫相斗，是出于对幼兽幼禽之天然的仁爱之情，而不考虑双方力量的差异。"孟孙猎而得麑，使秦西巴持归烹之。麑母随之而啼，

---

① 《淮南子·本经训》。
② 《淮南子·兵略训》。
③ 《淮南子·说林训》。

秦西巴弗忍，纵而予之。"① 幼鹿被捕，母鹿紧跟哭啼不止而感化了秦西巴，秦西巴从而放幼鹿。母鹿对幼鹿之爱也是出于其天性之仁爱之情。淮南子认为，"虎有子，不能搏攫者，辄杀之，为堕其武也"。② 动物对幼崽具有天然的爱心，表现在幼崽处于无能力维持其存在的哺乳期。随着幼崽的成长，母兽对幼子的爱心会逐步减弱。当逐步长大的动物失去维持生存的能力时，就会被父亲杀死。也即动物对其幼子的爱表现在特定历史时期，且遵循优胜劣汰的法则。

淮南子指出："慈父之爱子，非为报也，不可内解于心。……三月婴儿，未知利害也，而慈母之爱谕焉者，情也。"③ "且子有弑父者，然而天下莫疏其子，何也？爱父者众也。"④ "不孝弟者或詈父母，生子者所不能任其必孝也，然犹养而长之。"⑤ 父母对子女的爱是人的天性本能，是发自内心的自然而然的真诚情感。虽然历史上有"子有弑父"以及"不孝弟者或詈父母"的案例，人也不能保证养育的子女对父母孝顺，但这也不能减弱父母对子女的爱。父母对子女的爱不是抽象的、绝对不变的。随着子女的逐渐成长，由于受个人功利目的和动机的考虑及其他社会因素的影响，父母对孩子的慈爱随着孩子的成长会逐渐减少，随之会出现"弗爱弗利，亲子叛父"⑥ 的现象。因此，父母对孩子的慈爱要超越特定时期，需要不断给予孩子以关爱和物质，以理性的情感维护良好的亲子关系。并且，父母应认识到自己的子女也存在趋利避害的动物性，对孩子爱利兼有，才能使孩子具有孝的可能。"虽亲父慈母，不加于此，有以为，则恩不接矣。故送往者，非所以迎来也；施死者，非专为生也，诚出于己，则所动者远矣。"⑦ 父对子、君对臣有恩于心，则"子之死父也，臣之死君也，世之有行之者矣，非出死以要名也，恩心之藏于中而不能违其难也。"⑧ 从子女对父母之孝情的维护视角来看，父母对孩子的爱应超越动物对幼子之爱的短暂性以

① 《淮南子·人间训》。
② 《淮南子·说林训》。
③ 《淮南子·缪称训》。
④ 《淮南子·修务训》。
⑤ 《淮南子·说山训》。
⑥ 《淮南子·缪称训》。
⑦ 《淮南子·缪称训》。
⑧ 《淮南子·缪称训》。

及维护种族利益的条件性，以理性来约束限制父母对孩子爱的目的性、功利性、短暂性，使人对孩子本能的感性之爱上升为理性之爱。这种升华了的高尚、无私的爱对孩子具有感化作用，成为孩子健康成长发展的精神动力，也为子女孝情的萌发和持续起到一定的激发作用。

人与动物不同的是，人除了具有本能爱子之亲情外，还能将此情不断外推，并以理性限制自己求利的欲望和本能。动物虽有父爱子之情，但幼兽幼禽随着自己生存能力的增强，逐渐远离了对父母的依赖，也没有理性回报对父母养育之恩的自觉。而人在成长过程中可以通过传统孝道文化的教化以及内在自律使自己不忘父母的养育之恩，以诚敬爱心侍奉父母，并将自己的仁爱之心推及兄弟、朋友、君臣以及万物，"义正乎君，仁亲乎父……故义胜君，仁胜父，则君尊而臣忠，父慈而子孝"。[1] "孝于父母，弟于兄嫂，信于朋友，不得上令而可得为也。释己之所得为，而责于其所不得制，悖矣。士处卑微欲上达，必先反诸己。上达有道，名誉不起，而不能上达矣；取誉有道，不信于友，不能得誉；信于友有道，事亲不说，不信于友；说亲有道，修身不诚，不能事亲；诚身有道，心不专一，不能专诚。"[2] 这样，淮南子将人之仁爱之情置于修身、悦亲、信友、取誉、上达之理性背景之下，在理性求利和推及仁爱之情的矛盾张力中使人超越自我求利的本能限制，不断提升个人的道德修养，达到君尊、臣忠、父慈、子孝的和谐状态。淮南子还将人之仁义情推及他物，"不捕小鱼"[3]、"古之伐国，不杀黄口，不获二毛"[4]、"田子方遇老马而赎之"[5]、秦西巴见母鹿啼，不忍烹幼鹿而放之，导致被放逐。[6] 这些都是人超越逐利本能之心而将内心的仁爱之情向外扩充的案例。但是淮南子并没有因人对他物的仁爱之情而抹杀人的根本利益之需，"遍爱群生不爱人类，不可谓仁"[7]，"明月之珠，蚌之病而我之利；虎爪象牙，禽兽之利而我之害"[8]。人对动物的仁爱之情

---

① 《淮南子·缪称训》。
② 《淮南子·主术训》。
③ 《淮南子·道应训》。
④ 《淮南子·氾论训》。
⑤ 《淮南子·人间训》。
⑥ 《淮南子·人间训》。
⑦ 《淮南子·主术训》。
⑧ 《淮南子·说林训》。

可以超越人的功利需要但又不能违背人以异类养己来维持自身生存的法则，也即仁爱之情的扩充应以人类自身自我保存为前提。在此前提下，为了摆脱物质性存在对人的束缚，超越求利本能对人的限制，人可以将人类的仁爱之情扩充到动物身上。

从以上对淮南子人与动物之别的分析可知，趋利避害、对外界事物的经验性感知能力、群居性合作能力、父母对幼子的天然之爱是人与动物的共同特性。但是动物的认识能力、对幼子的仁爱之情、群居合作能力取决于其自我保存及种族延续的本能需要。动物的认识尽管也具有维持其存在的生存智慧，但其认识不能互通且偏于一隅。动物始终不能将自身与生存环境相区别，动物与其生存环境是一体的，特有的生存环境发展孕育了独有的肢体器官以及生存技能。人也遵循其作为动物物种的自我保存和种族延续的本能，但是人自身生存机能的不完备性以及适应环境的需要使人在改造自然维持生存的物质生产实践和社会实践活动中，将自己与外界对象和环境区别开来，学会制造工具延长自己的肢体器官以抵抗动物的侵袭，学会发明交通工具以为人的生产和生活提供方便，利用工具改造自然，发展生产，创造出自然界所没有的人工物，以满足人生存生活的需要。因此，人通过工具发明技术而从事劳动使人与动物相区别。人还在群居性的生活中通过相互沟通集群体智慧提升理性认知能力，在群体性社会实践活动中不断探究自然物之物性、物理及大自然运行规律，促进思维能力进步和对象性意识成熟。随着人的意识的萌芽发展，人逐步将自己与其生存环境相区别，对外物进行分别归类，寻找同类事物之间相互作用的规律，以指导自己的生产生活。同时，对人类群体进行分别，建立道德规范和礼制，约束人趋利避害的本能之欲以及喜怒哀乐爱恶之情，规范人与人之间的纷争，在群居中让渡自己的部分自由，以群体方式来保持人类种族的延续和发展。这种理性思维能力也使人通过外在的道德规范和内在的道德自律不断扩充仁爱之情，以理性的仁爱之情约束人的求利之欲望和本能，使人从自然的动物状态逐渐成为人。动物式的经验认知以及趋利避害是人之生命构成的重要部分，人若不能自觉摆脱物种自身之限制，便难以从动物的状态中超拔出来。但人具有的理性自我意识使人具有超越兽性及物种限制的可能。人通过有目的、有计划、有选择的创造性实践活动以及自觉的道德践履，逐步摆脱动物的被动、盲目、自发、趋利避害状态，开始了人的自觉成人的过程。这种生命自觉意识使人自觉突破客观世界、主观世界对人自身的限制,自觉体道、悟道,护守人的生命之根以及自然本真之性。有了生命本根,人在有形的现实世界中可以自由地选择适合自己特点的专业、行业及不同的生存方式,人在功利的追求中不断超越功利,以道约束自己的德、智、技、能,遵循自然之道、顺应自然之道和万物之理从事改造自然、社会的实践活动,实现"日滔滔而自新"的自我提升和超越过程。这一过程是人由兽到人之过程,是人由奴役到自由之过程,这一过程又是人逐步由无我到自我、大我,再到本真之我的自我超越过程。无我是人生存的自然境界,是人的意识没有萌芽发展或人的意识不成熟的阶段。自我是人的意识逐步发展成熟,人利用自己的思维不断追求自我利益的最大化,这是人存在的功利境界。大我是在人之自我意识扬弃保留之基础上,又破除人对自我之执着,能够以仁义之道约束人的功利行为,将爱心不断由己及人、由近及远、由人及物,融天地万物于一身,以成己成物成人为己任,参天地化育万物,包含君子的道德境界和圣人境界的天地境界。本真之我是人在人为文明中不失护守自然之根,自觉抵制文明对人之本真之性的戕害和抑制,是向具有真性真情的自得自适之本我之回归,这种本真之我使物、人各得其性,各得其宁,不以自我之主观价值宰制万物,体现了"万物一方、天地为一"的有机主义自然观。本真之我是人在社会现实中不断复归道之本以及人的自然真朴之性,是人摆脱尘世束缚和有形万物的限制,尊重差异,包容多样,追求精神独立,徜徉于物之始终,遨游于天地之间的精神境界。人与万物最根本之区别在于人是在不自由中不断追求自由,在生存、生活、生产活动中展开生命自我提升、自我超越、自我创造。人的生命是一个自我不断创生的过程。在这一过程中,人不断对自我进行审视、批判、反思、设计,积极参与维持生存生活的认识活动和实践活动,使生命处于"生生不息、至于至善"的发展趋势。人若失去了自我提升和超越的内在自觉意识,生命就可能返归动物的被动、盲目、自发、趋利避害的存在状态,失去了生生不息的内驱力。

小　结

　　天人同根、万物平等、天人同构、人与道同性、天人合一、天人相应、天人相分、人与动物之别体现了淮南子天人一体化的有机整体的自然观。道是天人共同的根源，虚静、素朴是道的特性，也是人的自然本性。人与天存在着形状、结构、功能上的相似性。天人合一为人之道德修养的提升树立了难以达致的最高境界和归宿，使人在有形的现实世界中通过对道的追求，达到身与心、人与自然、人与社会有机的协调和统一。气是天人作用的媒介，人与天由气而联结成一体，人与自然存在着相互感应、感通、感化的关系。人固守生命之精，九窍畅通，百节顺比，人之精与自然之精相褉相荡，则能使天人相通。人抱质效诚，天人之间则能产生神化的天人感应效应。天人感应反映了人民渴望有一个公正、平等、合理的政治环境，是对帝王权力滥用的监督和限制，但天人感应无限制扩大适用的范围导致了神秘主义的滥筋；淮南子以阴阳、五行为骨架构建了天、地、人一体化的体系，自然界之气以阴阳、五行的变化规律作用于人的生命、人的生存生活活动，人根据阴阳五行的规律安排自己生存生活活动；地理环境的气、土、水对人身体健康、性格特征有影响，不同的地理环境为人的生产生活提供不同的矿产资源，也是人因地制宜安排农业生产活动的基础和前提。明天人之分是人的生存生活实践活动的需要和治道的要求，人的天道、天则、天理是人之行为效法的准则和依据，为人的实践活动提供可遵循的依据和边界，也是政治制度、伦理规范的合理性依据，淮南子还强调人要在因天、顺天、法天的基础上制天、用天，从而使万物为人所用；人与动物都具有简单的感知世界、趋利避害的本能以及爱幼子的天然本能，但人与动物的不同在于动物不可能超越物种以及环境对它的限制。而人具有动物不具备的理性思维能力、在礼制和道德规范约束下的群体性合作交往能力、发明和制造工具的能力、理性的仁爱情感，从而可以将人与动物区分开来。人在改造自然和改造社会的实践活动中开启了从动物走向人的自我提升、自我超越的过程。总之，淮南子的天人关系体现在人的生存、生活、生产、管理、交往等活动中，既体现了人与自然之间的物质交往、情感互动、精神交流互动关系，也体现人与自然和谐共生的内在要求，从而为我国当今物质文明、精神文明和生态文明的建设和发展提供了思想资源，也为人的自我完善、自我提高、自我超越提供了精神动力。

第二章 《淮南子》的身体结构观

人的生命结构包括物质的身体结构，还包括精神的性命结构。淮南子循着以天比人的原则，从宇宙的演化以及天地二元结构说明人的生命产生历程以及生命内部神形之间的关系，以此为基础形成了"神贵于形、精神为生命之源"的身体结构观和重视生命的养生观。

第一节 《淮南子》的神形气关系论

一 生命的起源和产生

淮南子认为人为大自然的一个物种。"譬吾处于天下亦为一物矣。"① "道者一立万物生矣。"② 因此，道也是人的本根，阴阳是人形成的质料和动力。"阴阳者，承天地之和，形万殊之体，合气化物，以成埒类。"③ "天地以设，分而为阴阳，阳生于阴，阴生于阳，阴阳相错，四维乃通，或死或生，万物乃成，蚑行喙息，莫贵于人。"④ 天地形成之后，来自天的气是阳气，来自地的气是阴气，阴气从阳气中生成，阳气从阴气中生成，两者相互交通达到和谐状态而生成了万物。人是动物中最珍贵的物种。

而在《精神训》中，淮南子从宇宙化生的角度来分析人之产生。

"古未有天地之时，惟象无形，窈窈冥冥，芒芠漠闵，鸿蒙鸿洞，莫知其门，有二神混生，经天营地，孔乎莫知其所终极，滔乎莫知其所止息，于是乃别为阴阳，离为八极，刚柔相成，万物乃形，烦气为虫，精气为人。

---

① 《淮南子·精神训》。
② 《淮南子·原道训》。
③ 《淮南子·本经训》。
④ 《淮南子·天文训》。

是故精神者，天之有也；骨骸者，地之有也。精神入其门，而骨骸反其根，我尚何存？"

此段话从宇宙生成论的角度来解释人之形成。人之生命是天地间阴阳二气相互运化和合以形成的，人禀赋的是宇宙精气，虫豸禀赋的是宇宙乱气。人的精神属天之所有，人的骨骸属地之所有。生命消散之后，人之精神复归于天，成为阳气，而人之骨骸反归于地，成为阴气。阳气施下，阴气上蒸，重新开始气化生万物的过程。淮南子关于人的生命孕育过程的论述在继承《管子·水地》思想的基础上，又有所改进。

《管子·水地》论人的受孕、胚胎发育说："人，水也，男女精气合而水流形。三月如咀……五藏已具，而后生肉……肺生骨……五肉已具，而后发为九窍。……五月而成，十月而生。"这种描绘显然很粗糙，不相连贯，淮南子在《精神训》中指出："夫精神者所受于天也，而形体者所禀于地也。"故曰："一生二，二生三，三生万物，万物背阴而抱阳，冲气以为和。"故曰："一月而膏，二月而胅，三月而胎，四月而肌，五月而筋，六月而骨，七月而成，八月而动，九月而躁，十月而生。形体以成，五藏乃形。"① 淮南子认为，人的生命是气在阴阳两种力量的作用下逐步分化为阴阳之气，阴阳之气相激相荡达到和谐状态，人的生命逐步诞生。生命的形体经过一月到六月的孕育，经历膏、胅、胎、肌、筋、骨等阶段，到第七个月，生命体各个部分得以健全，第八个月，生命体在子宫里能够活动，第九个月，婴儿在子宫躁动不安，第十个月，一个有形的新的生命开始诞生。因此，一个有形的物质生命要经历十月怀胎的孕育、成熟到降生的过程。人的生命形成之后，生命内部的神、形、气相互作用，使生命健康而有活力。

二　形、神、气各居其位，各守其职

人的生命分为精神与形体两部分，精神、形体具备而人的性命自然形成。精神与形体又被淮南子分为形、神、气、志。"夫形者生之舍也，气者生之充也；神者生之制也。"② 有形的身体是生命安放的居所，气是生命保

① 《淮南子·精神训》。
② 《淮南子·原道训》。

持生机活力的源头和根本，神是生命的主宰和掌管者。所谓神指人所具有的知觉反映、欲求以及感觉所具有的目视、耳听、鼻闻等感觉判断能力。人心是形体的主宰，而神是人心最可宝贵的，"心者形之主也，神者心之宝也"。① 而志是心之所至，也是心意，"心之所至，而神喟然在之"。② 由此可知，"神志"属于人的精神范畴，都是心之功能与体现。志是人多独有的功能即理性思考能力，包括人的判断、辨别、推理、思考、记忆、意愿等功能。而气则处于神与形之间，气在生命血气层次属于形体之范畴，但气若属于生命之精气，又可以通过神体现出来。"精也者，气之精也。气道乃生，生乃思，思乃知，知乃止矣。"③ 这里的精气既指生命之元质，又是精神的体现和功能。淮南子也指出："至精为神。"④ "形劳而不休则蹶，精用而不已则竭。"⑤ 此处的精指生命精气所转化的精神。因此，在《淮南子》一书中，形体是指人的肉、筋、骨、四肢、五藏、九窍、感官所构成人的形体结构。生命之"气"是一个具有多重内涵之概念，血气、神气、精气、气志，处于形体与精神之间。神指人的精神，志指人的心志。形、神、气、志四个部分共同组成人之生命结构，如"形神气志，各居其宜，以随天地之所为"⑥，人的身体就处于健康而富有生机的状态。但是，在很多情况下，淮南子将志纳入神的概念范畴，因此，本书主要是从形、神、气三个方面讨论生命的结构。

淮南子认为，人的生命是一个有机整体，形、神、气是生命的三个基元，三者相互影响、相互制约。"是故血气者，人之华也；而五藏者，人之精也。夫血气能专于五藏而不外越，则胸腹充而嗜欲省矣。胸腹充而嗜欲省，则耳目清，听视达矣。耳目清，听视达，谓之明。"⑦ 血气、五藏都属于人之形体，是人的生命精华，"气志者，五藏之使候也"。⑧ 即人之神，是五藏的役使者、管理者，血气藏于五藏则可以充胸腹、省嗜欲，人耳清目

① 《淮南子·精神训》。
② 《淮南子·俶真训》。
③ 《管子·内业》。
④ 《淮南子·主术训》。
⑤ 《淮南子·精神训》。
⑥ 《淮南子·俶真训》。
⑦ 《淮南子·精神训》。
⑧ 《淮南子·精神训》。

明，神清意正，形成正确感知万物、进行决策判断的能力。"夫心者，五藏之主也，所以制使四支，流行血气，驰骋于是非之境，而出于百事之门户也。"① "五藏能属于心而无乖，则勃志胜而行不僻。勃志胜而行之不僻，则精神盛而气不散矣。精神盛而气不散则理，理则均，均则通，通则神，神则以视无不见，以听无不闻也。"② 心作为形体的主要器官，是五藏之主，能够统率身体的四肢，使血气通畅运行，能够判断是非、美丑并对发生的众多事情进行分析、判断和决策。如果心之理性能够统帅五藏，则人精神旺盛，精气用而不泄，均调顺畅，具有"以视无不见，以听无不闻"的能力。"夫孔窍者，精神之户牖也；而气志者，五藏之使候也。耳目淫于声色之乐，则五藏摇动而不定矣。五藏摇动而不定，则血气滔荡而不休矣。血气滔荡而不休，则精神驰骋于外而不守，则祸福之至，虽如丘山，无由识之也。"③ 人的五官七窍是人的主观精神世界与外在的客观世界交流的门窗和通道，气志是五藏的使候，如果人的耳目之官沉迷于声色之乐，五藏血气动荡不安，精神外越，会影响感官对外界的判断、辨别能力，祸福到来也难以识之。"故五色乱目，使目不明；五音哗耳，使耳不聪；五味乱口，使口爽伤；趣舍滑心，使行飞扬。……故曰：嗜欲者，使人之气越，而好憎者，使人之心劳；弗疾去则志气日耗。"④ 嗜欲过多使人气志外越，纵情于喜怒好憎，才劳心费神。因此，人必须去嗜欲、外好憎，才能养神存精，促进生命健康。淮南子尤其强调，人应节制感官欲望，避免神为外物所牵制，失去理性思维能力，从而为人带来祸患，"使耳目精明玄达而无诱慕，气志虚静恬愉而省嗜欲，五藏定宁充盈而不泄，精神内守形骸而不外越，则望于往事之前，而视于来事之后，犹未足为也，岂直祸福之间哉！"⑤ 人的耳目精明玄达不为外界所诱，性情安静，物欲淡泊，精神愉悦，五藏安宁，血气充足而不外泄，精神内守形骸而不外越，人则能观往世生存发展的经验、教训以及规律，望来世美好的发展前途和愿景，避祸趋福，自觉引导、掌握个人的生存、发展。

---

① 《淮南子·原道训》。
② 《淮南子·精神训》。
③ 《淮南子·精神训》。
④ 《淮南子·精神训》。
⑤ 《淮南子·精神训》。

形、神、气三者相互作用构成了生命的内在物质结构。三者各居其位，各守其职，生命就处于健康的状态，否则，三者失位，互相损伤，各种器官的功能就难以正常发挥。“夫形者生之舍也，气者生之充也，神者生之制也。一失位则三者伤矣，是故圣人使人各处其位，守其职，而不得相干也。故夫形者非安其所安也而处之则废，气不当其充而用之则泄，神非其所宜而行之则昧。此三者不可不慎守也……今人之所以眭然能视，訾然能听，形体能抗，而百节可屈伸，察能分白黑，视丑美，而知能别同异，明是非者，何也？气为之冲而神为之使也。凡人之志各有所在，而神有所系者，其行也，足蹪趎坎，头抵植木，而不自知也。招之而不能见，呼之而不能闻也，耳目非去之也，然而不能应者，何也？神失其守也。”[1] 淮南子认为，人若能使血气内守五藏，神守心舍，发挥神对身体管理和统帅作用，则各个耳目之官、四肢都能够正常运行，人能够分黑白，视美丑，辨同异，明是非，生命处于健康而富有生机的状态。

三　以神为主，神贵于形

在人的生命结构中，心是形体的主宰，精神是心的主要功能，如“心者形之主也，而神者心之宝也”。[2] 因此，精神起着主导作用。人之所以能视能听，辨别黑白、善恶、是非，形体富有活力，百节可以屈伸，在于“气为之冲，神为之使”。[3] “故神制则形从，形胜则神穷。”[4] “以神为主者形从而利，以形为制者神从而害。”[5] 因此，淮南子认为神贵于形，应突出精神在人的生命结构或生存状况中的主宰作用，以神制形，使人从动物式满足感官之欲以及放纵享乐的生活中解脱出来，有利于生命健康。人类生活的真正价值恰恰在于人对自我生活状况的理性审视与判断，以及对感性之我的控制和提升。唯有如此，人才能从动物的生存之状中超拔出来，人生的价值才有意义。正是由于神在生命结构中具有重要作用，所以，养生之本在于养神，“太上养神，其次养形。神清意平，百节皆宁，养性之本

① 《淮南子·原道训》。
② 《淮南子·精神训》。
③ 《淮南子·原道训》。
④ 《淮南子·诠言训》。
⑤ 《淮南子·原道训》。

也；肥肌肤，充肠腹，供嗜欲，养生之末也"。① 养神才能保持神清意平，发挥神对形的管理、协调和约束作用，使五官、百节、九窍各司其职、各安其位。否则纵情于感官之欲以及金钱、名利之嗜欲，精神外越而不能内守，就不能理顺生命内在结构的关系，影响人的身体健康以及相应的生存生活实践活动，"精神之越于外，智虑之荡于内，则不能漏理其形。是故神之所用远，所遗者近也"。② 人应摒弃五音、五色、五味等感官之欲、外在的嗜欲、聪明巧智对心神的影响，"聪明虽用，必反诸神，谓之太冲"③，"毋视毋听，抱神以静，形将自正"④，达到形正、神清、气和的人生境界，实现治身与治道的有机统一。

"昔公牛哀转病也，七日化为虎。其兄掩户而入觇之，则虎搏而杀之。是故文章成兽，爪牙移易，志与心变，神与形化。"⑤ 转病，指人死后会转化为动物的一种狂病。如果从科学的角度来看，人无论害什么病，人之形转化为老虎之形在逻辑上是不可能的，但人是从动物进化而来的，人身上"一半是天使，一半是魔鬼"，当人之形失去了"神"尤其是理性和道德的控制时，人的意志和心思也会改变，产生精神疾病，失去了理性的辨别能力和判断能力，动物身上的弱肉强食、争利避害、凶杀残暴的本性在人身上会再现。因此，具有人形之表和兽之心志的人，其与老虎在本质上没有多大差异。"是故形伤于寒暑燥湿之虐者，形苑而神壮；神伤乎喜怒思虑之患者，神尽而形有余。……是故伤死者其鬼娆，时既者其神漠。是皆不得形神俱没也。"⑥ 淮南子指出，有人形体病伤而精神依然高昂，有人精神失常或消竭而形体的活力犹存，夭死的人形体死亡而灵魂不能安宁，而寿尽天年的人精神宁静空寂。这些都没有达到形神俱没。质而言之，神与形在相互依存、相互制约的同时又各自保持功能上的独立性。但淮南子抬高人之神的功能和作用，特别强调其在生命中的主导作用，将人的神绝对化，认为人的神在人死亡时可以脱离形体而独立存在。"夫癫者趋不变，狂者形

① 《淮南子·泰族训》。
② 《淮南子·道应训》。
③ 《淮南子·诠言训》。
④ 《淮南子·诠言训》。
⑤ 《淮南子·俶真训》。
⑥ 《淮南子·俶真训》。

不亏，神将有所远徙，孰暇知其所为？故形有摩而神未尝化者……化者复归于无形也。不化者与天地俱生也。"① 如果将神理解为一种形成人之生命的精气，由人的精神转化而来精微之气在人死亡之后，返归自然，这有一定程度的客观合理性，但是淮南子却认为个体之精神可以脱离死亡之形体而永存，这是一种灵魂不灭的观点。这种灵魂不灭的观点与我国汉朝儒家因重视孝道而厚葬的丧葬文化和汉初道家追求精神自由的得道成仙文化密不可分。淮南子还从生命护养和圣人之治的角度提出用心体道、悟道、守道，以道来治身、治世，达到形神相调的境界。"夫圣人用心，仗性依神，相扶而得终始。是故其寐不梦，其觉不忧。"② 圣人用心体道、悟道，以神制形、以神养性，在日常的生活以及治国理政中能够达到形宁神安之境。"故圣人之治也，心与神处，形与性调，静而体德，动而理通。"③ 理想之治世，因自然之道，使人心与神相依，形与性相协调，这样体道、悟道、守道就成为形神相依相扶相谐的路径。

四　惜精养血，强神固本

《易传·系辞上》云："精气为物，游魂为变。"这里的精气是指阴阳相合之气，游魂是指消散的精气。精气为万物包括人形成的质料，万物因精气凝聚而生，因精气散而亡。老子在《道德经》中提到："道之为物，惟恍惟惚。惚兮恍兮，其中有象；恍兮惚兮，其中有物，窈兮冥兮，其中有精，其精甚真，其中有信。"精是恍惚无形的道所含的微小的、真实的原质，其实在性可以被人查验。庄子继承了这样的思想，"夫精，小之微也，夫精粗者期于有形者也"④，"精至于无伦，大至不可围"⑤，"至精，至小无内，至大无外"⑥。至精是形成万物最微小的物质，无形无状，但其可以囊括天地，其内部没有任何空间。精还指与人的形体相对的精神，如"夫形全精复，与天为一。夫天地，万物之父母也，合则成体，散则成始。形精不亏，是

① 《淮南子·精神训》。
② 《淮南子·俶真训》。
③ 《淮南子·本经训》。
④ 《庄子·秋水》。
⑤ 《庄子·则阳》。
⑥ 《庄子·天下》。

谓能移，精而又精，反以相天"。① 形体和精神能够保持完整，不因外在的变化而形亏神乱，精神高度专注，则能通于天道，顺应外界变化，达到人与天合一。《管子》一书对精气有更多的阐述，如"精也者，气之精也，凡人生也，天出其精，地出其形，合此以为人"。② 稷下道家认为，精是一种最精纯的气，是气中精华。天出其精，地出其形，两者相互依存、相互作用才能形成人的生命。精气隐没于天地之间，充于万物，人吸纳精气愈多，生命力便愈强，如"凡物之精，此则为生，下生五谷，上为列星，流于天地之间，谓之鬼神；藏于胸中，谓之圣人。……精存自生，其外安荣，内藏以为泉源，浩然和平，以为气源，渊之不涸，四体乃固。……抟气如神，万物备存……思之，思之，又重思之，思之而不通，鬼神通之，非鬼神之力，精气之极也"。③ 精气具有灵妙、神秘而不可测的变化功效。精气流于天地鬼神，藏于胸中，谓之圣人。人的生命精气充盈，富有活力，生机蓬勃而光彩焕发。内藏的精气成为生命的泉源，而心境宽广平和可成为存养精气的渊池。渊池不干涸，四肢则强壮；精气不枯竭，九窍便通畅。人精神高度专注，反复思考一个问题而不得其解，在精气神妙莫测之力的作用下，人所思考的问题会迎刃而解。有时神也指精气："有神自在身，一往一来，莫之能思。失之必乱，得之必治。敬除其舍，精将自来。"④ 人的生命之精是精神之源，人的生命失去精神控制，生命内部结构以及外在的行为必然混乱。这就需要人们摆脱嗜欲以及名利的影响和控制，保持内心的空明和洁净，这样精气将自充自盈。稷下道家将精气作为万物包括人之生命之元，同时将其作为万物得以存在变化之动力，"一气能变曰精"⑤，人有精气则生命有生机和活力，能思考，有智慧。人心去除杂念精气自来，而人之精气溢而不散，用而不泄，则可以形全精复，万物备存，达到天地与我共存之合一之境。

淮南子继承了老子、庄子、稷下道家的精气说，但其精气已失去宇宙原初之元气之含义。《天文训》指出，"天地之袭精为阴阳，阴阳之专精为

---

① 《庄子·达生》。
② 《管子·内业》。
③ 《管子·内业》。
④ 《管子·内业》。
⑤ 《管子·心术上》。

四时,四时之散精为万物。积阳之热气生火,火气之精为日;积阴之寒气为水,水气之精者为月。日月之淫为精者为星辰"。天地所含的精气融合产生阴阳,阴阳之精气融合而成为四时,四时散精而逐渐成为万物。如果说《管子·内业》的精气说还停留在哲学层面,那么淮南子则是在继承管子思想的基础上,结合科学发展的成果以及自己的思维建构,以精气来说明宇宙形成模式。淮南子在《精神训》中指出,"烦气为虫,精气为人",人是阴阳之气中的精气所形成的,而动物则是乱气形成的。从宇宙演化模式来看,这里"精"并不是像老子、管子所说的宇宙万物之元气或精纯之气,而是一种与混乱之气相对而言精巧有条理之气。

"精"有时与"神"同义,是天地孕育万物,使自然荣枯盛衰、生死变化的内在功能。《易传》中说"阴阳不测谓之神",是指由阴阳交互作用而引起的难以预测的变化无穷谓神。"列星随旋,日月递炤,四时代御,阴阳大化,风雨博施,万物各得其和以生,各得其养以成,不见其事而见其功,夫是之谓神。"[1] 神这里指自然所具有的化育万物而不见其迹之功能。淮南子继承了庄子、老子、《易传》以及《荀子》的思想:"天设日月,列星辰,调阴阳,张四时,日以暴之,夜以息之,风以干之,雨露以濡之。其生物,莫见其所养而物长;其杀物也,莫见其所丧而物亡。此之谓神明。"[2] 淮南子认为自然神化之功来自"精"之作用,"至精之象,弗招而自来,不麾而自往,窈窈冥冥,不为而功自成"[3],"刑罚不足以移风,杀戮不足以禁奸,至精为神。……至精之所动,若春气之生,秋气之杀,虽驰传骛置,不若此其亟"[4]。

这样"精"不仅指化生万物的质料,同时也是自然界盛衰之动力源泉,不见其形而见其德,不见其迹而见其功,正是精气产生了"神"之功。万物之间因精气相激相荡而产生感应效应。人形神志各处其宅则可以使生命之精气与天地形成的太一之精气相通,并进而通于天道产生天人感应的效应。这样,精与神就是自然万物普遍具有的,不能以物质与意识(精神)二元思维方式将其划为物质或意识,而是亚士多德所说质料因和动力因的

---

① 《荀子·天论》。
② 《淮南子·泰族训》。
③ 《淮南子·主术训》。
④ 《淮南子·主术训》。

统一，其具有排除外在神意、目的的自然主义特征。

精气是人之生命之元，个体生命中的形、神的作用与功能，都是"精"之作用，"精泄于目，则其视明；在于耳，则其听聪；留于口，则其言当；集于心，则其虑通"。① "精气"是一切身心活动之元，人的一切行为活动，不论生理上的貌、言、视、听，还是精神上的思虑，基本上都是"精气"灌注、留集的结果。有了精气，生命才得以活动并产生作用。精是生命之元，人耗精损神则会导致生命之元气的损伤，"形劳不休则蹶，精用不已则竭"。② 因此，人应惜精养神，"人有戒形而无损于心，有缀宅而无耗精"。③ 而要达到精全形复，人要"抱素守精，……弃聪明而反太素，休精神而弃知故"④（此处知故同"智故"，意为巧作，巧饰。后文都采用"智故"）。也即弃聪明智故使精神不离其道，"以死生为一化，以万物为一方，同精于太清之本，而游于忽区之旁，有精而不使，有神而不行，契大浑之朴，而立至清之中……此精神之所以能登假于道也"。⑤ 人打破生死的差别和执着，齐同变化，惜精养神，抱素守真，精气返归太清之本，精神与道同游，达到天人合一的仙人之境。体道之人，内不失精，神不失于心，则身体器官、机能协调，气血通畅，"今夫道者，藏精于内，栖神于心，静漠恬淡，讼缪胸中，邪气无所留滞，四支节族，毛蒸理泄，则机枢调利，百脉九窍莫不顺比，其居神者得其位也，岂节拊而毛修之哉！"⑥ 精气既是生命形成的质料，同时也是人之生命活动的动力之源，是生命结构中一切活动得以正常运行之前提。精尤其是心（作为生命活动中心枢纽）之"神明"得以呈现的物质基础和动力之源。精不离其内，人之精神可以旺盛充满，心神有效地调节四肢百节九窍的正常运转。这样，作为与形体相对之精神，精具有物质的属性，神具有意识的功能。精气是感官和心神发挥作用的物质基础。藏精于内，则耳聪目明言当神灵，百节九窍莫不顺比，精散而眼昏耳背言过神拙，四肢百节九窍不通。因此，保持一个人的生命健康就要养精护神。

---

① 《淮南子·本经训》。
② 《淮南子·精神训》。
③ 《淮南子·精神训》。
④ 《淮南子·精神训》。
⑤ 《淮南子·精神训》。
⑥ 《淮南子·泰族训》。

精气与血气的关系。淮南子认为精气内涵于宇宙未形成之前之太一之气，此气通于天道。在宇宙创生过程中，天地形成之后，精气是由天之轻清阳之气与地之重浊之气结合而形成的，人是阴阳四时之精散落所成的，动物是乱气所成的。由此看来，气在运动跌宕中产生的精气是人生命的元质，人的形体、心神、五官都依赖于这种精气。"是故血气者，人之华也，而五藏者，人之精也。夫血气能专注于五藏而不外越，则胸腹充而嗜欲省矣。"① "而精气通过流存于全身的血气体现出功能与实体性，血气是精气的具体表现形式，血气在精气的推动下，可以在体内随处聚集，流衍，成为构成人之生命之筋肉骨血乃至生命活动之基素。"② 人藏精于内，神不失于心，血气能驻于五藏而不外越，且在体内运行通畅，才能使感官的感知以及心的思虑功能正常发挥。反之，人之血气不能专于五藏，因嗜欲而外越，"精气"耗而不复，会导致人之身体机能失调，精神离散于形，进而影响精神之感知、判断、思虑、判别等意识活动。这样，淮南子看似二元的生命结构由气互相联系起来，气成为生命结构的核心要素。

从以上分析可知，淮南子将生命作为一个整体，从生命系统整体的平衡来分析生命基元，如形、神、气、志等各部分的功能和作用，以及它们之间的相互影响和相互制约。淮南子的生命结构论突出了神在生命中的主导和统帅作用，神的功能又在于能摒弃外在嗜欲的影响，精神内守而不外越，发挥感官的判断是非之能力和心之智的思考判断能力，趋福避祸。而在生命的整体系统中，气是生命的重要组成部分。人生命的精气来自创生宇宙万物的太一之精，此精具有运化万物而不见其迹的神明之功。生命的精气是体内血气畅通、均调的内在动力，也是生命各器官正常发挥功能的物质基础。"气"将人的生命各个部分连接成一个有机联系的和谐而富有生命的整体，赋予生命无限的生机和活力，促使生命存续和发展。

第二节　《淮南子》的养生观

保持健康的生命需要人不断惜生、护生和养生。养生是中国传统哲学

---

① 《淮南子·精神训》。
② 陈利桂：《秦汉时期的黄老思想》，（台北）文津出版社，1997，第83页。

致思的主题之一。作为先秦道家集大成之作的《淮南子》，其养生观达到了秦汉时代的最高水平。其养生哲学吸取了老庄哲学自然主义的生命价值观和儒家积极入世、乐天达命的思想，将个人生命的护养置于自然和社会相互交融的背景中，保持人与自然、个体与社会以及人的生命结构的和谐。具体包括：顺应自然和不易自然的自然主义的养生观；养神为主，形、神、气并养的生命和谐观；达性命之情、外化而内不化的社会养生观；自得其道、乐观知足的生命境界观等几个方面。

一　顺应自然，不易自然

人的生命与自然环境密切相关，人要保持身体健康就要顺应自然环境的变化规律。淮南子认为人的生命与万物一样，都是由气化生的，人来源于自然又复归于自然。"古未有天地之时，惟像无形，窈窈冥冥，芒芠漠闵，澒蒙鸿洞，莫知其门。有二神混生，经天营地，孔乎莫知其所终极，滔乎莫知其所止息，于是乃别为阴阳，离为八极，刚柔相成，万物乃形，烦气为虫，精气为人。是故精神天之有也，而骨骸者地之有也；精神入其门，而骨骸反其根，我尚何存？"① 淮南子将人之生命的产生置于天地万物演化的过程中，阴阳之气在不断运动中产生了万物，天之阳气形成人之精神，地之阴气形成人之骨骸，人的生命结束后复变为气，回归自然。人形成之后，人身上集了天地宇宙的所有信息，如"天地宇宙，一人之身"。② 人的生命构成要素、结构、产生的质料和动力都与天地宇宙相似，"是故圣人法天顺情，不拘于俗，不诱于人，以天为父，以地为母，阴阳为纲，四时为纪。天静以清，地定以宁，万物失之者死，法之者生"。③ 因此，人应法天顺情，顺应天地阴阳变化的规律。同时，人也要顺应生命本身之自然，精神内守，摒弃智故，达到身国同治，"圣人内修其本，而不外饰其末，保其精神，偃其智故，漠然无为而无不为也，澹然无治也而无不治也"。④ 从以上可以看出，淮南子的养生思想坚持自然主义的总原则，达到个体与宇宙、个体与社会、个体内部生命结构的和谐。具体而言，淮南子的养生思

① 《淮南子·精神训》。
② 《淮南子·本经训》。
③ 《淮南子·精神训》。
④ 《淮南子·原道训》。

想主要包括以下几个方面。

首先，顺四时阴阳，达性命和谐。人的生命来自于自然，人应顺应自然界四时变化的规律，随着自然的节律而变化。淮南子在《时则训》中指出，"仲夏之月……日长至，阴阳争，死生分，君子斋戒，慎身无躁，节声色，薄滋味，百官静，事无径，以定晏阴之所成。仲冬之月……日短至，阴阳争，君子斋戒，处必掩，身欲静，去声色，禁嗜欲，宁身体，安形性。"仲夏之月，正逢夏至，这一天黑夜最短，白昼最长，此后白昼渐短，黑夜渐长，尽管阳气最旺盛，但阴气渐渐生起，出现了阴长阳消的转机，人应顺应阴阳之气的变化规律，注意养生，节制声色嗜欲，保持饮食清淡，身体器官清净，心情平和宁静，遇事豁达不烦躁。仲冬之月，白昼最短，黑夜最长，此后白昼渐长，黑夜渐短，尽管阴气最旺盛，但阳气渐渐生起，人应隐掩安静，禁生嗜欲，使欲望清净，心性安宁，护守阴精使体内阳气逐增。人体是自然界的小宇宙，人内部的阴阳之气通过孔窍肢体与自然界的阴阳之气相通。"孔窍肢体，皆通于天。天有九重，人亦有九窍；天有四时以制十二月，人亦有四肢以使十二节；天有十二月以制三百六十日，人亦有十二肢以使三百六十节。故举事而不顺天者，逆其生者也。"① 天人之间存在着同构关系，人养生、护生应顺应天地阴阳四时运行规律，使"形神气志，各居其宜，以随天地之所为"。②

其次，尊道贵德，顺性命之自然。淮南子继承了先秦道家自然主义生命观，认为人的生命是道化生的结果，而虚静、素朴是道之特性。"平者，道之素。虚者，道之舍也。"③ "是故清静者德之至也，而柔弱者，道之要也，虚无恬愉者，万物之用也。"④ 淮南子认为宇宙的原初是没有分化的混沌状态，"洞同天地，浑沌为朴，未造而成，谓为之太一"。⑤ 这里的太一即道，太一的朴状也是道的特性。道是宇宙万物变化的根据，道的虚静、素朴之性也是人之生命的内在禀性。故而，"人生而静，天之性也"⑥，"清净

---

① 《淮南子·天文训》。
② 《淮南子·原道训》。
③ 《淮南子·诠言训》。
④ 《淮南子·原道训》。
⑤ 《淮南子·诠言训》。
⑥ 《淮南子·原道训》。

恬愉，人之性也"①。人身是道之所寄，身得则道得，道得则身全，"所谓自得者，全其身者也。全其身，则与道为一"。②因此，得道是护守性命自然之本，而保守清净恬愉、自然质朴之性又是个体生命护守道的前提，"所谓真人者，性合于道也。明白太素，无为复朴"③。淮南子要求人们保持生命的本然状态，按其天然的韵律而演奏歌唱，从而使生命得以绵延不绝，这是人的本然使命。"夫鱼相忘于江湖，人相忘于道术，古之真人，立于天地之本，中至优游，抱德炀和，而万物杂累焉，孰肯解构人间之事，以烦物其性命乎？"④性合于道之真人，能够摒弃俗世对自然生命的异化，使人之性命之自然与天地之自然相融相合，"静漠恬澹，所以养性也；和愉虚无，所以养德也。外不滑内，则性得其宜，性不动和，则德安其位。养生以经世，抱德以终年，可谓能体道矣。若然者，血脉无郁滞，五藏无蔚气，祸福弗能挠滑，非誉弗能尘垢，故能致其极"。⑤淮南子指出，人若保持"静漠恬澹，和愉虚无"之性，则能够排除一切祸福非誉之干扰，使血脉通畅，五藏无郁积之气，能够寿尽天年。

最后，顺应生死之变，超越生死之苦。庄子认为人之生是气之聚，人之死是气之散，"人之生，气之聚也，聚则为生，散则为死"。⑥淮南子继承了庄子自然主义的生死观，生死是一个自然而然的过程，不必为生而乐，因死而悲。"一范人之形而犹喜。若人者，千变万化而未始有极也，弊而复新，其为乐也，可胜计邪？……始吾未生之时，焉知生之乐也？今吾未死，又焉知死之不乐也？"⑦人的痛苦、烦恼常在于对"生"之执着，因贪生怕死而放纵自己的感官之欲，为延长生命绞尽脑汁追求有形的财富、权势、名利，也为亲人死亡离别之痛而困惑。人对生之贪恋加快了自然生命衰竭的过程，加剧了人世间为满足贪欲而对有限财富和资源的争夺，导致社会失序、资源枯竭与生态失衡，间接加快了人的死亡进程。因此，人应破除对生的贪恋和执着。淮南子认为，人的生命是自然之气的居所，人活着时，

---

① 《淮南子·人间训》。
② 《淮南子·道应训》。
③ 《淮南子·精神训》。
④ 《淮南子·俶真训》。
⑤ 《淮南子·俶真训》。
⑥ 《庄子·知北游》。
⑦ 《淮南子·俶真训》。

不断承受劳累之重负，死亡则使生命得以安息，从这个角度来看，死亡未尝不是一件乐事。因此，人应坦然面对自然生死，"夫造化者既以我为坯矣，将无所违之矣。吾安知夫剌灸而欲生者之非惑也？又安知夫绞经而求死者之非福也？或者生乃徭役也；而死乃休息也？天下茫茫，孰知之哉？其生我也不强求已，其杀我也不强求止。……吾生也有七尺之形，吾死也有一棺之土。吾生之比于有形之类，犹吾死之沦于无形之中也。然则，吾生也，物不以益众，吾死也，土不以加厚，吾又安知所喜憎利害其间者乎？"① 淮南子"齐生死"的达观态度让人破除对生的执着，看似恶生悦死的生命观却体现"贵己重生、全性保真"的自然主义养生观。

淮南子认为人是万物中最高贵的物种，"烦气为虫，精气为人"②、"蚑行喙息，莫贵于人"③。人的理性思维能力和道德修养将人与万物相别，人按照自己的意志去选择生命存在的方式，不断向外追求，通过积极有为实现"立德、立言、立功"的理想。但在此过程中，人往往背离了阴阳四时运行的规律和自然生命运行的规律，违逆人的自然之性，人成了满足功名利禄的工具，遗忘了自然本真的生命。无尽的贪欲、激荡的情绪以及对荣辱祸福的执着与困惑，加快了生命本身的衰竭，失去了自然生命的内在旨向。故而，淮南子指出："是故圣人以无应有，必究其理；以虚受实，必穷其节；恬愉虚静，以终其命。是故无所甚疏，而无所甚亲。抱德炀和，以顺于天。与道为际，与德为邻，不为福始，不为祸先，魂魄处其宅，而精神守其根，死生无变于己，故曰至神。"④ 圣人能够顺道贵德，超越有无、虚实、亲疏、祸福与生死，恬淡愉悦，精神内守，安然度过余生。这样的自然主义养生观，超越了个人对外在富贵、权势、名利的执着，而是追求"自得""得己"，"内有以通于天机，而不以贵贱、贫富、劳逸失其志德也。……所谓自得者，则全其身者也，全其身，则为道为一"。⑤ 从而使人在达道的过程中实现身全，即身形气志各安其位，性情欲和而有节。

① 《淮南子·精神训》。
② 《淮南子·精神训》。
③ 《淮南子·天文训》。
④ 《淮南子·精神训》。
⑤ 《淮南子·原道训》。

二 养神为主，形、神、气并养

以神制形，形从而利。淮南子认为形、神、气是生命的具体构成。"夫形者，生之所也；气者，生之充也；神者，生之制也。一失位，则三者伤矣。"① 形体是生命的居所，气是生命充满活力的源泉，神是生命的主宰。三者中任何一方失位，其他两者都会受到伤害。因此，形、神、气各居其位，"形神气志，各居其宜"。② 形体是神、气发挥作用与功能的物质载体，没有形体，神、气则成为无源之水与无本之木，但是形体、器官各部分的功能发挥依赖于"气之充，神之制"。在生命结构中，神起着主导作用，而"心者，形之主也，而神者，心之宝也"③，"以神为主者，形从而利，以形为制者，神从而害"④。因此，要充分发挥神在生命结构中的主导作用，保持身体健康。"治身，太上养神；其次，养形。……神清志平，百节皆宁，养性之本也。肥肌肤，充肠腹，供嗜欲，养生之末。"⑤ "夫圣人用心，仗性依神，相挟而得始终。"⑥ 养神是养生的重要环节和最高层次，肥肌肤、充肠腹是养生之末。因此，神清志平，才能使神、气、形各安其宜又相互协调、平衡。在养生的过程中，淮南子还指出不使形神无节制地使用，"形劳而不休则蹶，精用而不已则竭。"⑦ "精神劳则越，耳目淫则竭。"⑧ 人之生命系统本身是一个各种器官相互协调、平衡的系统，其具有自我组织、自我修复能力，但是无节制用形劳精使生命系统本身的自我修复能力受损，加快生命的衰竭。

一是以心制欲，损欲从性。淮南子指出，心是身体的君王和主宰，养生的关键在于治心，"心治则百节皆安，心扰则百节皆乱"。⑨ 耳目鼻口各得其所，"目好色，耳好声，口好味，接尔说之，不知利害嗜欲也；食之不宁

---

① 《淮南子·原道训》。
② 《淮南子·原道训》。
③ 《淮南子·精神训》。
④ 《淮南子·原道训》。
⑤ 《淮南子·泰族训》。
⑥ 《淮南子·俶真训》。
⑦ 《淮南子·精神训》。
⑧ 《淮南子·主术训》。
⑨ 《淮南子·谬称训》。

于体，听之不合于道，视之不便于性，三官交争，以义为制者，心也。……耳目鼻口，不知所取去，心为之制，各得其所"。① 因此，在养生的过程中人应充分发挥心之理性对耳目鼻口等感官之欲的协调、控制和管理作用，摒弃嗜欲，维护生命健康。淮南子一方面反对过度注重感官享受而养生的看法，"是故五色乱目，使目不明；五声哗耳，使耳不聪；五味乱口，使口爽伤；趋舍滑性，使行飞扬。此四者天下之所养性也，皆人累也"。② 另一方面反对儒家迫性拂情而使人的正常欲望不能正常发挥的做法，"凡治身养性，节寝处，适饮食，和喜怒，便动静，使在己者得，而邪气因而不生"。③ 淮南子主张发挥理性的作用，从损欲从性的角度要求人保持寝处有节，饮食有规，喜怒有度，动静适宜，将低层次的"肥肌肤，充肠腹"的养形进行提升。

二是回归自然，形神自由。养生需要给予身体以自由，使喜怒哀乐之情得以充分表达和释放，否则将一个人圈养起来，即使充分满足其感官之欲，其也不能健康长生。"故夫养虎豹犀象者，为之圈槛，供其嗜欲，适其饥饱，违其怒恚。然而不能终其天年者，形有所劫也。"④ 另外，淮南子指出人应在满足身体基本欲望的前提下，适度锻炼身体，吹呴呼吸，吐故纳新，吸阴阳之和，食天地之精，保持生命旺盛的生机和活力。"若吹呴呼吸，吐故纳新，熊经鸟伸，凫浴猿躩，鸱视虎顾，是养形之人也。"⑤ "王乔、赤松去尘埃之间，离群慝之纷，吸阴阳之和，食天地之精，呼而出故，吸而入新，蹀虚轻举，乘云游雾，可谓养性矣。"⑥ 但是这样的养形，并非仅仅"一吐一吸，时诎时伸"，而是"遗形去智，抱素反真"⑦，人在养气护神中达到了神、形、气相宜相合的状态，个人与大自然相通相融。

三是血气内藏，精神内守。淮南子在养生的过程中还非常重视气的护养。其认为人之五藏形体都是阴阳之气和合而成的，气在《淮南子》一书

① 《淮南子·诠言训》。
② 《淮南子·精神训》。
③ 《淮南子·诠言训》。
④ 《淮南子·主术训》。
⑤ 《淮南子·精神训》。
⑥ 《淮南子·泰族训》。
⑦ 《淮南子·齐俗训》。

有血气、志气、精气之分。"血气者、风雨也。……风雨非其时，毁折生灾。"① 人体内的血气不能正常运行则生命遭受损害。"是故血气者，人之华也，而五藏者，人之精也。夫血气能专注于五藏而不外越，则胸腹充而嗜欲省矣。"② 反之，"耳目淫于声色之乐，则五藏摇动而不定矣。五藏摇动而不定，则血气滔荡而不休矣。血气滔荡而不休，则精神驰骋于外而不守矣"。③ 气是流动的，养气就是通过意念使血气专注于五藏，省嗜欲，精神内守，使五藏血气充盈而不至于空虚。这样，才能耳聪目明，远离祸患，达到养生的目的。"嗜欲者使人之气越，而好憎者使人之心劳，弗疾去则志气日耗。"④ 嗜欲、好憎导致气越心劳，神气日益耗损。因此，养气应该省嗜欲、去好憎。"今夫道者，藏精于内，栖神于心，静漠恬淡，讼缪胸中，邪气无所留滞，四枝节族，毛蒸理泄，则机枢调利，百脉九窍莫不顺比，其所居神者得其位也，岂节拊而毛修之哉！"⑤ 淮南子以养神为主，形、神、气并养的养生理论又回到了道体，个体用心体道、悟道、得道才能栖神于心，保持生命自然之状，性情静漠恬淡，精气用而不竭，邪气无所留滞，四肢百节、百脉九窍处于正常运行之状。

三 达性命之情，外化而内不化

人是在特定的社会现实条件下存在的。因此，人必须正确认识人之性及其社会现实条件。"吾所谓得者，性命之情处其所安也。夫性命者，与形俱处其宗，形备而性命成，性命成而好憎生焉。"⑥ "性"是个体天然或潜在的自然特性，"命"是使人之性得以显现的有形生命，性命与形体都来源于道，形体是人的物质肉体，性命指人的性情、欲望、思虑等精神特质，是人的好恶、是非之心的发源地。"率性而行谓之道，得其天性谓之德。"⑦ 这里的性是人的自然本真的性情，率性而行能够达到真性与道的合一。但是，人的自然真性受到人自身以及所在环境的影响。人的感官、心志与外界环

① 《淮南子·精神训》。
② 《淮南子·精神训》。
③ 《淮南子·精神训》。
④ 《淮南子·精神训》。
⑤ 《淮南子·泰族训》。
⑥ 《淮南子·原道训》。
⑦ 《淮南子·齐俗训》。

境相互影响、相互作用，产生喜怒、好憎、忧患之情，使人神不能安、智不能平，如"且人之情，耳目应感动，心志知忧乐，手足之拂疾，辟寒暑，所以与物接也。蜂虿螫指而神不能憺，蚊虻噆肤而知不能平。夫忧患之来撄人心也，非直蜂虿之螫毒而蚊虻之惨怛也，而欲静漠虚无，奈之何哉？"①因此，人在现实中要保持静漠虚无之性是有一定的难度的。淮南子还认为，当人的耳目之官执着于外界某一方面的现象时，其他感官的功能就会被遮蔽，导致认识出现偏差，"夫目察秋毫之末，耳不闻雷霆之声；耳调玉石之声，目不见太山之高。何则？小有所志，而大有所忘也"。②而认识上的偏狭使人难以正确对待生活中的富贵、贫贱、忧患，导致人血气动荡，精神外越，性情飞扬，严重影响人的生命健康；另外，个体生命离不开其生存的外部环境，"今万物之来，擢拔吾性，攓取吾情，有若泉源，虽欲勿禀，其可得邪！今夫树木者，灌以潦水，畴以肥壤，一人养之，十人拔之，则必无余蘖，又况与一国同伐之哉！虽欲久生，岂可得乎？今盆水在庭，清之终日，未能见眉睫，浊之不过一挠，而不能察方员。人神易浊而难清，犹盆水之类也，况一世而挠滑之，曷得须臾平乎！"③淮南子在这里指出，人既是一个自然人，又是一个社会人。即使人有护守自然之道、保守自然之性的心志，但处在无道的浊世中，自己想保持神清意平、和愉宁静之性是不现实的。"性者，所受于天也；命者，所遭于时也。"④"古之圣人，其和愉宁静，性也；其志得道行，命也。是故性遭命而后能行，命得性而后能明。"⑤虚无恬淡、和愉宁静、质真素朴是产生宇宙本源的道之特性在人身上的流注，有形的物质形体与人的自然性情有机结合构成了人的性命，但是人的性命的形成、存在和发展离不开时代提供的条件。只有社会现实的道以自然之道为根据，生命个体以自然之道为本根使生命内部"形神气志，各安其位"，人才能在社会现实中保持虚无恬淡、和愉宁静和质真素朴之性。

人正确认识了自己的性命之情以及自身和环境加给自己的局限，在有

---

① 《淮南子·俶真训》。
② 《淮南子·俶真训》。
③ 《淮南子·俶真训》。
④ 《淮南子·缪称训》。
⑤ 《淮南子·俶真训》。

限的条件下尽性、尽力去做自己性情中所能做、所应做的事情，使自然之道、社会之道、个体生命之道相通相融，不因万物的变化、名利的得失破坏生命内部结构的和谐，"通性之情者，不务性之所无以为，通命之情者，不忧命之所无奈何；通于道者，物莫足以滑其调"①，不怨天，不忧人，坦然面对生活中的祸福，"是故知己者不怨人，知命者不怨天，福由己发，祸由己生"②。"是故明于性者，天地不能胁也；审于符者，怪物不能惑也。"③"原天命，治心术，理好憎，适情性，则治道通矣。原天命，则不惑祸福；治心术，则不妄喜怒；理好憎，则不贪无用；适情性，则欲不过节。不惑祸福，则动静循理；不妄喜怒，则赏罚不阿；不贪无用，则不以欲用害性；欲不过节，则养性知足。此四者，弗求于外，弗假于人，反己而得矣。"④人通达性命之情则可以动静循理，不妄喜怒，不以欲害性，养性知足。这就要求人知人事之道、明自然之理，"知天之所为，知人之所行，则由以任于世矣。知天而不知人，则无以与俗交；知人不知天，则无以与道游"。⑤不知天，则人不知道，不能认识自然素朴、和愉清净之性，不能与道优游。而不知人，人难以融入社会，参与社会实践活动。两者有机结合，人才能在社会制度和规范内及社会实践活动中谋得生存需要的物质生活资料，维持个人以及家庭物质生命的存在，承担各种社会角色的责任和义务。同时，应超越社会功名利禄对人的限制，体道反性，养性知足，保持出世的仙风道骨。"单豹倍世离俗，岩居谷饮，不衣丝麻，不食五谷，行年七十，犹有童子之颜色。卒而遇饥虎，杀而食之。张毅好恭，过宫室廊庙必趋，见门闾聚众必下，厮徒马圉，皆与伉礼。然不终其寿，内热而死。豹养其内而虎食其外，毅修其外而疾攻其内。故直意适情，则坚强贼之；以身役物，则阴阳食之。此皆载务而戏乎其调者也。"⑥单豹超脱尘俗，注重从身体养生，但直意适情，不能正确研判生命之外存在的自然风险，遇恶虎而被食之。张毅遵守社会礼仪道德规范，谨慎言行，然而为了外在的名利，生命

① 《淮南子·诠言训》。
② 《淮南子·缪称训》。
③ 《淮南子·精神训》。
④ 《淮南子·诠言训》。
⑤ 《淮南子·人间训》。
⑥ 《淮南子·人间训》。

长期被工具化开发和使用，导致身疲心累，阴阳之气的平衡被破坏，内热而死。淮南子的养生思想摒弃了庄子消极避世的个人主义倾向，而是在积极参与社会现实改造的实践活动中，既保持人的自然之真性情，实现生命结构的内在和谐，又从俗世束缚中超拔出来，在社会中养性全身，"得道之士，外化而内不化。外化所以入人也，内不化所以全其身也"。①

从以上淮南子达性命之情的角度进行分析，淮南子意识到作为现实中具体的人，守护自然之性，追求长生久视，需要正确认识自我以及实现自我的社会现实条件，克服自身和环境加给自己的局限，不怨天不忧人，"因时以安其位，当世而乐其业"。② 实现养内（养性命之自然）与养外（使自己的自然之性以社会文明和责任义务之形式表现出来）的有机统一，将生命之护养、性命自由之追求与个人的社会责任有机地结合起来，在自然与文明、个体与社会、自由与约束等的张力中护守个体性命之真情和全身长生，这是对庄子个人主义的养生思想的超越，其具有重要的意义。

四 自得其道，乐观知足

乐观知足是养生的重要途径。"外不劳形于事，内无思想之患，以恬愉为务，以自得为功，形体不蔽，精神不散，亦可以百岁。"③ 如果一个人在外不使身体被事务所劳，在内不让思想有过多的思虑，恬静快乐，悠然自得，形体不易衰老，精神不易耗散，则年寿可达百数之限。这些思想明确地表明恬愉对养生的重要作用。"喜则气和志达，荣卫通利"④ 说明精神乐观可使人体营运之气正常，气血和畅，生机旺盛，保持身心健康。喜乐与宗气的功能悠悠相连，如《延命金丹》云："凡欲身之无病，必须先正其心，使其心不妄求，心不狂思，不贪嗜欲，不着迷惑，则心君坦然。"这说明心神正、宗气行，喜乐才能表现于外，心才能不着迷惑。孔子也说："发愤忘食，乐以忘忧，不知老之将至云尔。"⑤ "不怨天，不忧人，上学而下

---

① 《淮南子·人间训》。
② 《淮南子·精神训》。
③ 《黄帝内经·素问·腹中论》。
④ 《黄帝内经·素问·腹中论》。
⑤ 《论语·子罕》。

达，知我者其天乎?"① 孔子乐观向上、不懈进取的生活态度被后学所继承，主张自足节制、淡泊名利，不断使生命向内求，保持自信乐观的心境。淮南子继承了中国传统文化中乐观知足的养生思想。

自求其道，以内乐外。中国古代的思想家充分肯定欲望存在的合理性。"我未见好德如好色者。"② "食色，性也。"③ "饮食男女，人之大欲也。"④ 人的欲望内在于生命深处，是生命结构中的重要构成部分。但是，人如果没有意识、没有思想，就感觉不到欲望带来的痛苦。哲学家叔本华认为，人的欲望是痛苦之源。人的欲求不得则必然痛苦。欲求满足之后尽管有暂时的快乐，但也伴随着空虚无聊的痛苦。因此，人摆脱生命痛苦的形式有三种：自杀从而断绝生命的欲望、追求艺术和哲学摆脱欲望的牵制、宗教的超越。叔本华的思想精髓在于他深刻地认识到了人不可能在欲望的满足中寻求永恒的快乐。淮南子乐观知足的思想与叔本华有相似之处。人处于世间难免因贫富、贵贱、荣辱、祸福、得失等反复无常的变化而产生悲乐忧伤之情，这些情绪起伏动荡严重损伤了人之身体健康。"人大怒破阴，大喜坠阳，大忧内崩，大怖生狂。"⑤ "人大怒破阴，大喜坠阳，薄气发喑，惊怖为狂，忧悲多恚，病乃成积。"⑥ 故而，淮南子指出，人应发挥理性对情绪的调控作用，保持喜怒哀乐有度、有节，"理好憎之情，和喜怒之节"⑦。由于人生的起伏变化、情绪的动荡起伏，人也要寻求与其情绪相当或相异的方式，以满足自己的欲望，但是耽于淫乐则危害生命健康，"是故五色乱目，使目不明；五声哗耳，使耳不聪；五味乱口，使口爽伤；趋舍滑心，使行飞扬。此四者，天下之所养性也，然皆人累也。故曰，嗜欲者，使人之气越；而好憎者，使人之心劳；弗疾去，则志气日耗。……夫人之所以不能终其寿命，而中道夭于刑戮者，何也？以其生生之厚。夫惟能无以生为者，则所以修得生也"⑧。淮南子认为，人应从情绪稳定和摒弃对生命有

---

① 《论语·宪问》。
② 《论语·子罕》。
③ 《孟子·告子上》。
④ 《礼记·礼运》。
⑤ 《淮南子·原道训》。
⑥ 《淮南子·精神训》。
⑦ 《淮南子·氾论训》。
⑧ 《淮南子·道应训》。

害的欲望两个方面护生、养生。这就需要人自觉地求道、守道，不断提升自己的生命境界，保持豁达乐观的心情。强行违逆生命的自然之欲和自然之情，是谓重伤，"不能自胜，而强不从者，此之谓重伤。重伤之人无寿类矣"。① 重伤则加快生命的衰竭和死亡。故而，淮南子指出人要摆脱自然情欲的牵制，使生命从外求转向内求，将求道愿望转化为自觉的生存实践方式，超越物我、贫富、贵贱、得失之分，进入无是无非、万物玄同的道境。"古之人有居岩穴而神不遗者，末世有势为万乘而日忧悲者。由此观之，圣亡乎治人而在于得道，乐亡乎富贵而在于德和。知大己而小天下，则几于道矣。"② 人只有不断追求道，认识到个人生命的价值贵于天下万物，才能摆脱贫富、贵贱对心神的牵制，达到道境。"吾所谓乐者，人得其得者也。夫得其得者，不以奢为荣，不以廉为悲，与阴俱闭，与阳俱开。故子夏心战而臞，得道而肥。圣人不以身役物，不以欲滑和，是故其为欢不忻忻，其为悲不惙惙，万方百变，消摇而无所定，吾独慷慨，遗物而与道同出。是故有以自得之也，乔木之下，空穴之中，足以适情；无以自得也，虽以天下为家，万民为臣妾，不足以养生也。能至于无乐者，则无不乐；无不乐，则至极乐矣！"③ 淮南子认为人要保持精神愉悦，应从向外追求富贵、权势，转为向内追求体道、悟道、守道。自得其道，则能自得质真素朴、恬愉宁静之性，不以奢侈的生活为荣，不以清廉的生活为悲，现实不需要自己，则顺阴而闭，现实需要自己，则顺阳而开，不以身役物，不以欲滑和，得之不喜，失之不忧，达到"无乐之极乐"之境。而以外乐内则"乐作而喜，曲终而悲。悲喜转而相生，精神乱营，不得须臾平。察其所以，不得其形，而日以伤生，失其得者也"。④ 人向外追求快乐和满足，导致"营其精神，乱其气志，失其情性"，人的情绪动荡起伏，精神外越，心神混乱不能平静，自然素朴、恬愉宁静之性逐渐迷失，影响人的肢体和器官的健康运行，甚至出现心理和精神疾病。而人自觉体道、悟道，通于天机，不以外在的贵贱贫富劳役而失去自然性命之情，"内有以通于天机，而不以

---

① 《淮南子·道应训》。
② 《淮南子·原道训》。
③ 《淮南子·原道训》。
④ 《淮南子·原道训》。

贵贱、贫富、劳役失其志德者也"。① 人自得其得，内心减少了愁烦、怨恨、不满、愤懑等不良情绪，也即去掉了自我的精神内耗，内心处于自得、自适、自在、自然的无乐之极乐的境界。

乐道安德忘贫，达观节欲知足。"达至道者则不然，理情性，治心术，养心和，持以适，道而忘贱，安德而忘贫，性有不欲，无欲而不得，心有不乐，无乐而不为，无益性者不以累德，而便性者不足以滑和。"② 达道之人能够安德忘贫，损欲从性，保持心态平和，内心快乐。"古之存己者，乐德而忘贱，故名不动志；乐道而忘贫，故利不动心。名利充天下，不足以概志，故廉而能乐，静而能澹。"③ 淮南子认为，人在乐德、乐道中能够摆脱贫富、名利等的变化对自己的牵制，保持恬淡愉悦的心境，"故达道之人，不苟得，不让福，其有弗弃，非其有弗索，常满而不溢，恒虚而益足。今夫雷水足以溢壶榼，而江河不能实漏卮，故人心犹是也。自当以道术度量，食充虚，衣御寒，则足以养七尺之形矣。若无道术度量而以自俭约，则万乘之势不足以为尊，天下之富不足以为乐矣"。④ 达道之人超越俗世的贫富、贵贱区分标准，坦然对待生活中的福患、得失，心常虚而易足，欲望简单，生活简朴，心平气和，精神内守，有利于养生。但是淮南子并不是对生活中的忧患采取逃避态度，而是以积极的心态去消除影响自己的祸患，也即在祸患出现的萌芽状态消灭之，同时以积极的心态面对祸患，"心有忧者，筐床衽席弗能安也，菰饭犓牛弗能甘也，琴瑟鸣竽弗能乐也。患解忧除，然后食甘寝宁，居安游乐"。⑤ 这样，淮南子将个体养生置于现实的环境中，积极消除、改变影响心态的因素，保持身体的健康。淮南子还认为，人应忧可忧者，乐可乐者。"自身以上，至于荒芒尔远矣，自死而天下无穷尔滔矣，以数杂之寿，忧天下之乱，犹忧河水之少，泣而益之也。龟三千岁，浮游不过三日，以浮游而为龟忧养生之具，人必笑之矣。故不忧天下之乱，而乐其身之治者，可与言道矣。……故知道者不惑，知命者

① 《淮南子·原道训》。
② 《淮南子·精神训》。
③ 《淮南子·诠言训》。
④ 《淮南子·氾论训》。
⑤ 《淮南子·诠言训》。

不忧。"① 从生命的长河中来看，人的生命是短暂的，人不能为不能改变的天下之乱而忧愁、烦闷，这是与自己不能改变的"命"相抗争，这对生命的健康发展是无益的。与其忧不可忧的无益之事，还不如治理好自己的身体，使"欲不妄求，心不狂思，不贪嗜欲，不着迷惑"，在达道、知命、治身中以豁达、乐观的态度面对人所面临的境遇和忧愁烦恼，将重视个体生命的固有价值与积极入世的社会价值结合起来。

淮南子将达道之人分为圣人、至人和真人三种。"圣人食足以接气，衣足以盖形，适情不求余；无天下不亏其性，有天下不羡其和。有天下，无天下，一实也。"②"夫圣人量腹而食，度形而衣，节于己而已。贪污之心奚由生哉！故能有天下者，必无以天下为也；能有名誉者，必无以趋行求者也。圣人有所于达，达则嗜欲之心外矣！"③ 圣人在积极参与改造现实的活动中，能以俭约自居，适情适欲，摆脱名利、权势对人的束缚，达到养生与治国的有机统一。"若夫神无所掩，心无所载，通洞条达，恬漠无事，无所凝滞，虚寂以待，势利不能诱也，辩者不能说也，声色不能淫也，美者不能滥也，智者不能动也，勇者不能恐也，此真人之道也。"④ 达道的真人心神虚静，通达万物，打破对自我的嗜欲和现象界的富贵权势的执着，不因是非、得失、美丑、智愚、祸患、勇怯而大忧大悲，在体道养性中摆脱了忧愁烦恼，有利于生命的健康和发展。"若夫至人，量腹而食，度形而衣，容身而游，适情而行，余天下而不贪，委万物而不利，处大廓之宇，游无极之野，登太皇，冯太一，玩天地于掌握之中。夫岂为贫富肥癯哉！"⑤ 达道的至人能够不贪恋外在的权力、财富，量腹而食，度形而衣，适情而行，身处现实的世俗世界，心却能在天地无穷之域遨游，达到精神的自由。圣人、真人、至人以道为生命之根，为现实生活中的人处理入世与出世、自由与秩序、必然与自由、现实与理想、个人与社会之间的矛盾提供了生命智慧，也为人的精神境界提升提供了人格范型。

---

① 《淮南子·诠言训》。
② 《淮南子·精神训》。
③ 《淮南子·俶真训》。
④ 《淮南子·俶真训》。
⑤ 《淮南子·精神训》。

小 结

淮南子养生思想以"道"本体论为依据，在人与自然、人与社会以及个体生命内部神、形、气以及性、情、欲的矛盾中达到"和而生"。无为与有为的有机结合是其养生之具体运作模式，无为是强调顺应阴阳四时运行的规律，顺应自然界无为的存在方式，在无以养生中养生。有为则是以养神为主，形、神、气并养，即充分发挥心之理性对感官之欲和自然之情的引导作用，外嗜欲，理情性，和喜怒，达到神清志平，心平气和，精气充盈，血气顺畅，百节九窍莫不顺比，与大自然之气相通的状态。"养神为主，形、神、气并养"是在"不易自然"基础上的积极有为，但此"有为"目的是在自然无为的基础上，将养神、养气和养形有机结合，使生命保持旺盛而有活力之状，如"夫精神气志者，静而日充者以壮，躁而日耗者以老。是故圣人将养其神，和弱其气，平夷其形，而与道沉浮俯仰。恬然则纵之，迫则用之。其纵之也若委衣，其用之也若发机"。[①] 精神恬静平和而日益充实，人的身体就强壮；反之，精神躁动烦恼而日益耗损，人的身体就衰老。因此，圣人注重调养自己的精神，柔和气志，平稳身体，和大道一起运转变化。该恬静时就使身体放松，就像垂放衣服那样轻便，使用它就如同击发弓弩那样迅疾。此一"有为"也是对生命存在状态的提升，是对个性自由、人格独立之讴歌，体现了对个体生命价值的重视。

淮南子认为，养生应自觉体道、悟道，以道为生命本根，摆脱因世俗的贫富、贵贱、得失的变换而产生的情绪动荡、感官刺激等损害生命健康的方式，贫而不怨，富而不骄，不倦不弃地提升生命境界，守护生命健康。淮南子还认为，人应在乐道、乐德中做到节欲知足。无论自己拥有的财产、权势产生多大变化，只求"量腹而食，度形而衣"，达到"心常满而不溢，恒虚而易足"，摆脱欲望的牵制带来的痛苦，在现实动荡变化中保持乐观知足的心态。一言以蔽之，淮南子认为，个体在养生的过程中如果没有体道、悟道的自觉意识，就很难从外在名利、权势的束缚中解脱出来，也即很难从低层次满足的感官之欲与宣泄自然之情的养生状态中超拔出来。而仅仅

---

① 《淮南子·原道训》。

养形、养气并不能达到养生之目的，故而养生状态之提升也是个体思想境界不断超越自身局限以及超越环境加给自己的局限，在认识身体结构、性命结构以及人的身体与自然界阴阳之气相互作用的关系中达到自得自适之状。

淮南子的养生思想不是消极避世的养生，而是积极面对现实生活中的祸患以及主动承担个人的社会责任，如"且夫圣人者不耻之贱，而愧道之不行，不忧命之短，而忧百姓之穷"。[①] 淮南子认为，人应清醒地认识到自己的"能所"和"所能"，"因时而安其位，当世而乐其业"[②]，在面对现实、接受现实的基础上爱业、乐业，积极参与社会现实的改造，以个人之力促进社会的和谐和进步。这种养生思想将生命的护养化于改造自然、改造社会的实践过程中，人在履行社会责任、追求功名利禄中却不被社会名利、富贵、权势所异化，超越了庄子养生思想中个人主义消极避世倾向以及儒家追求社会事功遗忘个体自然生命的倾向，使人在个人与社会、入世和出世、自由和秩序、无为与有为、必然和自由等诸多矛盾的张力中展开生命的创造过程。

---

① 《淮南子·修务训》。
② 《淮南子·精神训》。

第三章 《淮南子》的性命结构观

人的生命不仅包括物质的身体结构，还包括精神性的性命结构。性命结构由一个人精神内部性、欲、情三者有机统一组成。性命结构观是对人性、情、欲及其关系的根本看法和观点。人的自然之性是由宇宙本原之道所决定的人的素朴、虚静之性。欲望是指一个人的生命欲求，包括人的感官欲望、物质欲望和精神欲求。情是一个人内心所具有的喜怒哀乐情绪和真诚、仁爱的情感。这三者内在于人的生命构成，通过相互作用、相互制约，形成了人的精神结构。

第一节 《淮南子》的自然本性论

《淮南子》的自然本性论是在继承老子、庄子等先秦道家和黄老道家思想的基础上，吸收儒家人性可变的思想而形成的。淮南子的人性论具有自然主义的特征，淮南子从道体的素朴、虚无之性为人的守真抱朴、智虚守静的自然本性论奠定形而上学的根基，也为现实中的人以体道的圣人、真人为理想人格，实现生命的自我超越提供了形而上学的根基。淮南子还指出，由于受环境的影响，人保持真朴、虚静之性有一定难度，而"释学而循性"就像"释船渡河而碾冰"，为人们通过教育塑造人之性提供了现实依据。

一 守真抱朴的人性论

（一）自然素朴之性丧失

老子认为，朴是道体的特征，是天地未生之前大混而一的状态，"道，常无名、朴"。① 随着有形万物的产生，"朴散则为器"②，世界混沌一体的状态开始分化的有形万物（即器）。"始制有名，名亦即有。夫亦将知止，知止可以不殆。"③ 为了减少危险、风险，为人的生存、生活、生产提供依据，人开始为有形的万物命名。淮南子在继承此思想的基础上，结合当时科学技术发展的成果指出，"洞同天地，浑沌为朴，未造而成物，谓之太一。同出于一，所为各异，有鸟、有鱼、有兽，谓之分物。方以类别，物以群分，性命不同，皆形于有。隔而不通，莫能及宗。……稽古太初，人生于无，形于有，有形而制于物。能反其所生，若未有形，谓之真人。真人者，未始分于太一者也"。④ 淮南子认为，从混沌未分到有形万物的形成就是"朴"不断散失的过程，有形之人的存在受有形之物的制约，人根据实践活动需要对有形之物进行命名、归类，加剧了朴之散，使混而为一的世界隔而不通。唯有体道之真人能返其所生，达到混而未分的太一之道境，也即真人能在不可避免的自然朴散过程中守朴。这是淮南子从自然世界由整体到分化的角度来界定人的自然朴性，此朴性是对分裂的自然世界的整合，是人对有形世界束缚的摆脱。

淮南子认为，人类社会的历史发展过程就是人的自然之朴不断丧失的过程。宇宙在阴阳两个方面对立统一机制的作用下，从原初的混而未分的太一状态开始分化，形成了有形万物，物与物之间有了分际。但在人的意识并没有觉醒时，人们没有过分对有形的世界进行剖判、分割，分化的有形万物对人而言仍处于混而为一、纯朴未散的状态。随着人类意识逐渐萌芽发展，人为了生存的需要利用自己的智能不断对自然万物剖判离宗，自然之朴散失加剧，物与物、人与人、人与物逐渐被人为分割，随着人的分析、辨别等认识能力和改造自然、社会的实践能力的增长，人的素朴之行也逐渐丧失。如"至德之世……浑浑苍苍，纯朴未散，旁薄为一，而万物大优。是故虽有羿之知而无所用之。及世之衰也，至伏羲氏，其道昧昧芒芒然，吟德怀和，被施颇烈，而知乃始昧昧睐睐，皆欲离其童梦之心，而觉视于天地之间，是故德烦而不能一。乃至神农、黄帝，剖判大宗，窍领

① 《道德经》三十三章。
② 《道德经》二十八章。
③ 《道德经》三十二章。
④ 《淮南子·诠言训》。

天地，袭九窾，重九悤，提挈阴阳，嫥捖刚柔，枝解叶贯，万物百族，使各有经纪条贯。于此万民睢睢盱盱然，莫不竦身而载听视，是故治而不能和。栖迟至于昆吾夏后之氏，嗜欲连于物，聪明诱于外，而性命失其得。施及周室之衰，浇淳散朴，杂道以伪，险德以行，而巧故萌生……是故百姓曼衍于淫荒之陂，而失其大宗之本。夫世之所以丧性命，有衰渐以然，所由来者久矣"。① 淮南子认为，随着人类社会历史的发展，人类的意识不断发展，人类改造自然的智慧和能力不断提高，人的欲望超过了个人满足欲望的能力和基本需求，人的心神和聪明才智逐渐被外物所诱，人们逐步背道离德，浇淳散朴，巧故、伪诈萌生，人的素朴之性日益丧失，这一过程说明人的自然素朴之性与人为之性不能并举而不相伤，就像庄子以孔子的口吻指出："有人，天也，有天，亦天也，人不能有天，性也。圣人晏然体逝而终矣！"② 也就是人之自然素朴之性来自天然，人的人为之性是人改变生存环境的需要，也是人的生命生存、发展、成长的需要。因此，人不能保全自然素朴之性也是人的天性，唯有具有极高自觉意识的体道真人、圣人、至人才能守人之自然素朴之性。"所谓真人者，性合于道也。故有而若无，实而若虚，处其一，不知其二，治其内，不识其外，明白太素，无为复朴，体本抱神，以游于天地之樊。"③ "若此人者，抱素守精，蝉蜕蛇解，游于太清。……除秽去累，莫若未始出其宗，乃为大通。清目而不以视，静耳而不以听，钳口而不以言，委心而不以虑，弃聪明而反太素，休精神而弃智故。"④ 真人、至人能在分化的世界守护生命之道根，以道治身治心，去嗜欲，休精神，黜聪明，弃智故，在俗世中能超越感官之欲和俗世名利对人的束缚，顺自然之性而抱素守朴。

（二）复归自然素朴之性

老子对宰制人的素朴之性的礼仪、巧智等有为之行进行批判，指出："失道而后德，失德而后仁，失仁而后义，失义而后礼。礼者，忠信之薄，

---

① 《淮南子·俶真训》。
② 《庄子·山木》。
③ 《淮南子·精神训》。
④ 《淮南子·精神训》。

而乱之首。前识者，道之华而愚之始。"① 老子所处的时代，礼义已演变成繁文缛节，拘锁人心。同时，礼义为争权夺利者盗用，成为剽窃名位的工具，因此，老子反对脱离生命自然之本性的德、仁、义、礼等虚伪、浮华之行，而提出"上德不德。是以有德；上德无为而无以为，下德无为而有以为。上仁为之而无以为，上义为之而以有为上礼为之而莫之应"。② 人要在有为的文明形式中以"不德""无为"的方式存在，才能使人不失自然质朴之性。庄子继承了老子的此一思想。"建德之国，其民愚而朴，少私而寡欲，知作而不知藏，与而不求其报。"③ "夫至德之世，同与禽兽居，族与万物立，恶乎知君子小人哉！同乎无知，其德不离；同乎无欲，是谓素朴；素朴而民性得矣。"庄子认为，至德之世和建德之国，百姓少私寡欲，没有脱离生命的巧诈、智故，人质真而素朴。而仁义礼乐制度、工匠技术等一切人为文明都是对人的自然素朴之性的破坏，他提出"绝圣弃知，大盗乃止；摘玉毁珠，小盗不起；焚符破玺，而民朴鄙；掊斗折衡，而民不争；擿乱六律，铄绝竽瑟，塞瞽旷之耳，而天下始人含其聪矣！灭文章，散五采，胶离朱之目，而天下始人含其明矣。毁绝钩绳而弃规矩，攦工倕之指，而天下始人含其巧矣。削曾史之行，钳杨墨之口，攘弃仁义，而天下之德始玄同矣。"④ 庄子因"恐天下之淫其性。……恐天下迁其德也"⑤，主张抛弃一切人为文明，如知识、乐律、规矩斗衡、技术、雄辩之才、仁义道德规范以及圣人之名。淮南子继承了老子、庄子的此一思想，构想了一幅太初之治的图景。"太清之始也，和顺以寂漠，质真而素朴，其心喻而不伪，其事素而不饰。……道德定于天下而民纯朴，目不营于色，耳不淫于声。"⑥太清之始，道德定于天下，百姓和顺寂寞，质真素朴，目不营于五色，耳不迷于五声，内心愉悦而不虚伪，做事简单而不过分修饰。但是，"及至建律历，别五色，异清浊，味甘若，则朴散为器矣"⑦，"是故仁义立而道德迁

---

① 《道德经》三十八章。
② 《道德经》三十八章。
③ 《庄子·山木》。
④ 《庄子·胠箧》。
⑤ 《庄子·在宥》。
⑥ 《淮南子·本经训》。
⑦ 《淮南子·本经训》。

也，礼乐饰而纯朴散矣"①。随着社会的发展，人的理性辨别思维能力不断提升，人们对颜色、声音、味道进行剖判，建立仁义礼乐规范，则淳朴散，道德迁。淮南子像老子一样反对人为文明对人的素朴之性的侵蚀和异化，但其并没有像庄子那样将人性素朴与一切人为文明完全对立起来，而是反对伪饰以及脱离人的自然本性的刻意雕琢。"所谓天者，纯粹朴素，质者皓白，未始有杂糅者也。所谓人者，偶眭智故，曲巧伪诈，所以俯仰于世人而与俗交者也……循天者，与道游者也。随人者，与俗交者也。"② 庄子的抱素守朴是对人为创造的文明形式的批判、拒斥和对立，脱离了现实社会生存发展的根基。淮南子是在吸纳人为文明如机械技术、礼乐制度等的基础上护守人之素朴之性，是在俗世中通过抵制人为文明对人的素朴之性的侵蚀异化中护守人之素朴之性。淮南子除了从真人体道的角度为人持守素朴之性提供了超越的向度，还立足于现实中的圣人和修身养性的仙人为人持守真朴提供了可能的途径。"夫圣人之斫削物也，剖之判之，离之散之；已淫已失，复揵以一；既出其根，复归于门；已雕已琢，还反于朴。"③ 淮南子的此一思想指出，在生命前行的过程中，基于生存实践活动的需要，人必然要对自然世界的万物进行剖判，对人类社会立等级、别贵贱。这样，人的生命离生命之根越来越远，一体化的整全世界就存在了分化的可能，但已经剖盘分化的世界却内含着整合之可能，因为"物物者即道亡乎万物之中"，万物之分际由道来贯穿，因此"朴"散之后复归于朴是道体特征的内在要求，也是得道的圣人、真人、至人的内在使命。得道的圣人能在对宇宙本体之道的护守中自觉维护现实世界的和谐、有序，在自觉接受道德伦理规范对人的自然本性的雕琢中保持人的素朴之性。得道的真人、至人则能与现实世界保持必要张力，能在世俗世界的追求中自觉返归自然，"吹呴呼吸，吐故内新，遗形去智"，"抱素反真"之状④，超越有限的时间、空间对人的精神生命的限制，畅游于"万物浑然一体，各得其性"的天人合一之境。

随着人的智慧萌生、技能提高以及礼仪制度对人的素朴之性的雕刻，

---

① 《淮南子·齐俗训》。
② 《淮南子·原道训》。
③ 《淮南子·齐俗训》。
④ 《淮南子·齐俗训》。

人的素朴之性的丧失也是不可避免的，但是不可避免中却蕴含着复归于朴的逻辑可能，这是基于现实的生存实践活动对人的生存家园所造成的破坏以及人追求性命之真情、精神自由解放的价值诉求。这就要求人体道、悟道、用道，追求道境，以道之整全、齐同的视角看待世界，"以其知得心，以其心得其常心"①，"心以藏心，心之中又有心焉"②。人之素朴之性的护守在于心门是否开启，人用心悟道，可以在得到分别心（即人对自然万物和社会剖判之认识能力和智慧）之后，复归不起分别心的常心。此常心是形而上之超越本心以及心体去除蔽障之后的清静圆满之心，只有达到了这种心境才会使朴散而分割的世界恢复整全之朴，人的素朴之性因人之分别心而丧失后以其常心复归人性素朴。这样，人的素朴之性的复归和护守是立足于现实又超越现实，是人自觉接受社会伦理规范对人的塑造，积极承担人在现实境遇的责任，参与自然世界和社会世界的改造，自觉摒弃人在自然状态中的无知、粗俗野蛮、封闭狭隘，逐步实现由自然生命向社会生命的转化。同时，在社会生命形成的过程中，人能够抵制技术、知识、仁义、道德、礼节对人的生命的挟裹和异化，自觉返归自然状态下的纯真和素朴。人在本真之我的护守中不脱离社会之我，在本真之我和社会之我的双向互动、提升、转化中展开生命不断创造之历史进程，积极从事人类改造自然和改造社会现实的生存实践活动，以生命的自然、无为和和谐促进人与自然、人与社会的和谐。

（三）抱真守朴的自然人性论的现实意义

淮南子的抱真守朴的思想对当代人仍然具有现实启迪意义。在当今，科学技术日益发展，教育水平日益提升，市场经济竞争日益激烈，人的知识日益丰富，专业技能日益增强，人以自己所学的知识追求物质财富、功名、利禄，物质生活水平不断提升。但是，无尽的欲望追求以及激烈的竞争压力导致人处于高度紧张与痛苦之中，拥有知识和专业技能成为满足人之贪欲的外在工具，人生活于自己建构的物质的、功利的、名利化的世界却自以为真实，沉浮于身体之外的名利、权势难以克服生命内在的迷惑、紧张、恐惧和慌乱，

---

① 《庄子·德充符》。
② 《管子·内业》。

在感官欲望的刺激、满足中失去了深度思考与批判能力，过分追求个人自我价值的实现而导致人际关系的紧张，在对大自然的无限掠夺索取中失去对自然的感恩和敬畏，在对名利的无尽追求中无节制地透支个人的宝贵生命，在接受社会法律道德伦理的塑造中失去了自然真朴之性。

总之，淮南子关于人性素朴的设定和护守体现其立足社会现实、历史的自然主义和人本主义维度，是对人类、社会、自然之命运的终极关怀。在当今科学技术日益发展、人们的物质生活日益丰富的现实中，人在自己创造的社会之我中不断迷失自然本性，失去了内在生命的提升和超越动力，变得越来越庸俗化、功利化和工具化。人生活在自己虚构的梦境中，想当然地认为这是人性的本然之状。从具体的、现实的人的生存生活以及社会进步而言，人必须创造出使自然生命转为社会生命的技术技能、道德规范、聪明智慧，这是个体立足于社会现实、实现自我谋求发展、推动家庭兴旺和社会进步的必然要求。但是，当人没有自觉返归道根和自然真朴之性的意识时，可能这些人为的文明形式使人脱离了自然的本根，成为人谋名求利的工具，对人的自然真朴之性具有异化作用且加剧了世界的分裂、分化。抱真守朴既是人性提升和社会进步的内在要求，也是促进人与人、人与社会、人与自然和谐的必然要求。因此，淮南子的人性素朴的思想在当今仍然具有现实意义。淮南子抱真守朴的人性论思想给自然本性迷失的当代人提供了清醒剂，它启发人不断对自己的生存方式、生活方式进行反省，要求人保持自然生命的本真、素朴状态，摒弃自然生命的粗俗、野蛮，要求人在接受社会道德伦理规范塑造和知识技能提升而形成社会生命过程摒弃社会生命所拥有的知识、规范对人的异化作用，从而使人在自然生命和社会生命的互动和转化中实现生命的自我提升和超越。

二 致虚守静的人性论

（一）《淮南子》致虚守静的思想内涵

一是反性于初、游心于虚。道家认为，虚而无形是道体的特征。庄子的道体具有虚无无形的特征，"唯道集虚"①，"夫恬淡寂漠虚无无为，此天地

---

① 《庄子·人间世》。

之本而道德之质也"①。管子继承了此一思想，"虚无无形谓之道"。② 淮南子关于道体虚无的思想是庄子和管子思想的有机融合，"道出一原，通九门，散六衢，设于无垓坫之宇，寂寞以虚无"。③ 淮南子认为，从一而出的"道"散于六衢之内，作用于无有边际的宇宙之间，无象无声无形，以虚无的方式存在。虚无无形是道体的特征，也是道之所居，如："虚无者，道之所居也。"④ "虚无者，道之舍。"⑤ "虚者，道之舍也。"⑥ 淮南子还以光耀与无有的对话说明道体虽然"冥然忽然，视之不见其形，听之不闻其声，搏之不可得，望之不可极"，但道体超言绝象并非人的感官所能把握的，非绝对空无，而是实有的存在，是有之源，实之始，"是故有出于无，实出于虚"⑦。道体正因虚无无形无为才能遍流万物，成为万物生长、变化的根据。"虚无恬愉者，万物之用也。"⑧ 淮南子借助法天顺情，使形而上道体之虚无转化为人性之虚，"真人者，性合于道也"⑨。人应在悟道、体道、守道中，以圣人、真人为理想人格，不断提升精神境界，持守人的虚无之性，如："是故圣人之学，欲以反性于初，而游心于虚也。"⑩ "若夫真人，则动溶于至虚，而游于灭亡之野。"⑪ "稽古太初，人生于无，形于有，有形而制于物，能反其所生，若未有形，谓之真人。"⑫ 这样，人若能通过学习、修持，反性于初，游心于虚，则使本体之道的虚无无形之性在个体身上得以呈现，摆脱一切有形万物之束缚，达到精神遨游于无形的自由之境。

二是以虚受实，实而若虚。老子认为："涤除玄览，能无疵乎?"⑬ 人只有去除一切机心、成见的蔽障，断妄想，去私欲，保持心灵的宁静和清虚，才能正确地认识万物。庄子提出了用心若镜的思想，如"至人之用心若镜，

---

① 《庄子·刻意》。
② 《管子·心术上》。
③ 《淮南子·俶真训》。
④ 《淮南子·精神训》。
⑤ 《淮南子·俶真训》。
⑥ 《淮南子·诠言训》。
⑦ 《淮南子·原道训》。
⑧ 《淮南子·原道训》。
⑨ 《淮南子·俶真训》。
⑩ 《淮南子·俶真训》。
⑪ 《淮南子·俶真训》。
⑫ 《淮南子·诠言训》。
⑬ 《道德经》十章。

不将不迎，应而不藏，故能胜物而不伤"。① 管子指出，人性之虚需要通过修炼才能得道。"虚之与人也无间。唯圣人得虚道，故曰：'并处而难得'。虚者，无藏也。去知则奚率求矣？无藏则奚设矣？无求无设则无虑，无虑则反复虚矣。"② 人原本处于虚无无形之境中，由于意识的萌生以及生存活动的需要，人对虚无无形的世界进行有为的分割分化，人心之虚静本体因人之欲以及在实践中所形成的知、能、德而有所载，有所载则有主观成见和预设，使人不能以空明心境洞照自然万物与他人，进而影响人的生存实践活动。因此，人要修持本心使空明的心境得以呈现。荀子也指出："人生而有知，知而有志，志也者，藏也；然而有所谓虚，不以所已藏害其所变，不以所已藏害其所受，谓之虚。……虚则入。"③ 荀子认为人生而具有认识能力，有认识能力则心中必然具有学习而得到的各种潜意识的思想、观念和信息。虚则去除心中潜藏的记忆、信息、观念而客观正确认识不断变化的新事物，获得新知识和新信息。淮南子的思想是老子、庄子、管子和荀子思想的有机融合，"故圣若镜，不将不迎，应而不藏，故万化而不伤"。④ 淮南子将庄子超脱世俗的至人改为入世的圣人，要求现实中的人不断去除内心的污秽、嗜欲、智故和观念，在现实中用心若镜，不主动迎合、讨好世界万物，也不故意违逆世界万物，来之即应，应而不藏，内心始终若明镜一样，这样人才能正确客观地反映万物及变化规律，积极适应和参与自然世界和人类社会的变化而维持人的生存发展，不因扭曲万物的本来面目而伤物，伤物必然伤人。"是故圣人以无应有，必究其理，以虚受实，必究其节。恬愉虚静，以终其命。"⑤ 但是，淮南子并没有让自己滞于虚无之境，而是将守虚作为一种生存的方法和智慧，要求人以虚无之心积极应对万有的世界，探究万物之理，以虚无之心接受客观实在的世界万物，探求万物变化的规律，以恬淡、愉悦、虚静的心态坦然承担自己的人生使命，尽职尽责地做好分内之事。这样的人生态度与淮南子作为一个帝王宗室的后代、淮南国的诸侯王的现实处境相适应。但是，追求更多的自由发展空间是淮

---

① 《庄子·应帝王》。
② 《管子·心术上》。
③ 《荀子·解蔽》。
④ 《淮南子·览冥训》。
⑤ 《淮南子·览冥训》。

南王的现实要求和精神追求，因此，淮南子又继承了庄子追求精神自由的思想，"所谓真人者。……有而若无，实而若虚；……廓惝而虚，清靖而无思虑。以死生为一化，以万物为一方，同精于太清之本，而游于忽区之旁"。① 也即人在现实世界生活，应通过辛勤的劳作追求有形的财富，为自己的生存发展奠定基础。同时，不断提升人生的境界，"有而若无，实而若虚"，虚化拥有的财富、荣誉和权力，自觉抵制现实的物质对人的控制，淡然看待生死，一万物，同变化，齐生死，精神达到自由逍遥之境。

人心虚而无藏是对社会实践、文化传统以及认识活动中形成的偏见的不断涤除。以虚受实、实而若虚使人以虚之心境客观地洞照万物，使万物不断涌入，并处而不伤，顺随自然，应物不化，物见其物，人见其人，并在应物之同时不以物藏于心，有而若无，实而若虚。心虚而无藏是人在对自我认识能力、德性（包容万物）能力、实践能力等确认的基础上又不断破除人对"自我"之执着，使人在不断提升人作为异于万物之灵的主体性之尊贵地位的同时又破除人主体性的狂傲所导致的偏见以及对他人他物之伤害。"有而若无，实而若虚"是人在认识到人与万物之差异的基础上，从产生万物的本原及特性寻找其统一性、共同性，人若合道，则可"一万物，同变化，等贵贱，齐生死"，人若持守道体的虚无之性，能够不断摆脱外在物质东西、社会道德观念以及自我的束缚，便能够在本我、自我和大我的统一中展开人之创造本质。

三是去载则虚，藏精于心 。"智者，心之府也。"② 人心是心志、智慧所出之地，心志智慧通过神明得以体现。但是，人心负载了太多的巧诈智故、七情六欲必然遮蔽内心的智慧和神明。因此，人心达致虚静的状态要求人去除一切机心、成见的蔽障，断妄想，去私欲，保持心灵的宁静和清虚以及本然空明的心境。如："聪明虽用，必反诸神，谓之太冲。"③ "嗜欲不载，虚之至也。"④ "哀可乐者，笑可哀者，载使然也，是故贵虚。"⑤ 人若去嗜欲，弃智故，理好憎，返归虚无之性，与道体的虚无之性相合，可

---

① 《淮南子·览冥训》。
② 《淮南子·俶真训》。
③ 《淮南子·诠言训》。
④ 《淮南子·原道训》。
⑤ 《淮南子·齐俗训》。

以为道提供心舍。"节欲之本，在于反性，反性之本，在于去载，去载则虚，虚则平。平者，道之素。虚者，道之舍也。"①且人心达到虚静状态，可以静观万物循环往复之道，淮南子在《道应训》中以"尹需学御"之故事阐明老子的"致虚极，守静笃。万物并作，吾以观其复也"的道理。

"精气"是一切身心活动之元，人的一切行为活动，不论生理上的貌、言、视、听还是精神上的思虑，基本上都是"精气"灌注、留集的结果，有了精气，生命才得以活动，产生作用。管子认为，人应扫除内心的不洁。"虚其欲，神将留处；扫除不洁，神乃留处。"②"敬除其舍，精将自来。精想思之，宁念治之，严荣畏敬，精将至定。得之而无舍，耳目不淫，心无他图。"③去除感官之欲的干扰以及外在名利的贪图和执念，使内心处于虚静状态，心静则能得道，污浊之气通过皮肤毛孔排泄体外，胸中没有任何腐败污秽之物。"静则得之，躁则失之。心能执静，道将自定。得道之人，理丞而毛泄，胸中无败。"④得道之人能使精气留存体内，四肢强壮，九窍畅通，内无迷惑，外无灾害，生命富有生机。"精存自生，其外安荣，内藏以为泉源，浩然和平，以为气渊。渊之不涸，四体乃固；泉之不竭，九窍遂通。乃能穷天地，被四海。中无惑意，外无邪灾，心全于中，形全于外，不逢天灾，不遇人害，谓之圣人。"⑤

淮南子继承了管子的此一思想，认为人应使心神安静，弃聪明与智故，"抱素守精，弃聪明而反太素，休精神而弃知故"。⑥人贵虚守静，生命的精气充足，则形体康健、精神旺盛、气血通畅，"藏精于内，栖神于心，静漠恬淡，讼缪胸中，邪气无所留滞，四枝节族，毛蒸理泄，则机枢调利，百脉九窍莫不顺比"。⑦人的生命与自然界相互作用，心虚而守精可以使生命的精气与太一之精、天道相通，"守而勿失，上通太一，太一之精，通于天道"⑧，生命的元气自充自盈，生命充满生机和活力。

---

① 《淮南子·诠言训》。
② 《管子·心术上》。
③ 《管子·内业》。
④ 《管子·内业》。
⑤ 《管子·内业》。
⑥ 《淮南子·精神训》。
⑦ 《淮南子·泰族训》。
⑧ 《淮南子·主术训》。

　　四是通性命之情，安时而处顺 。淮南子继承了庄子的"虚室生白"①的思想，在心之虚静中体道、悟道，从而使内在的悟道之光通过有形的身体和无形的智慧向外发散。此白光因虚而生，虚而不屈，用而不竭，光而不耀。"是故神者智之渊也，渊清则智明。"② 淮南子还在《齐俗训》中指出："常欲在于虚，则不能为虚矣。若夫不为虚而自虚者，此所慕而不能致也。"虚是人经过长期的修持而达到的一种境界，是自然而然的，不为虚而虚自至，处于虚却不被虚所制，此虚是蕴含创生的生成因子，此虚也是内心有了欲、智、能之后的去载而致，此虚是对万物持一种开放包容的心态，是一种不将不迎、应而无藏、随顺万化而不伤的大道无为之境。淮南子的此一思想是对韩非子思想的继承，"故以无为无思为虚者，其意常不忘虚，是制于虚也。虚者，谓其意无所制也。今制于为虚，是不虚也。虚者之无为也，不以无为为有常，不以无为为有常则虚"。③ 刘安是汉高祖刘邦的后裔，他处于儒道思想互争、诸侯王的王权不断被削弱、无为政治向有为政治过渡的时代背景下，处于因父亲谋反自杀而家庭充满仇怨的家庭背景下，如何在这样的政治形势和家庭背景下实现保存王国的封地与权力以及使自己的学说能服务于当朝政治形势之需要，是其面临的迫切现实问题。因而，他虽然设定人性虚静，人要守虚，贵虚因循，但是性遭命而后能行。"静漠恬澹，所以养性也；和愉虚无，所以养德也。……有其人，不遇其时，身犹不能脱，又况无道乎？且人之情，耳目应感动，心志知忧乐，手足之拂疾痒，辟寒暑，所以与物接也。蜂虿螫指而神不能憺，蚊虻噆肤而知不能平。夫忧患之来撄人心也，非直蜂虿螫而蚊虻之惨怛也，而欲静漠虚无，奈之如何！"④ 淮南子认为，人的耳目之官和心之神志受到客观的自然环境和社会环境的影响。人若处在黑暗无道的社会背景下，对功名利禄的过分贪求以及对生存生活的担忧，必然导致人的情绪动荡不安。因此，人保持虚静恬淡的自然之性具有一定难度。尽管其从道体之虚无无形为人性虚无寻找根据，但是现实中的人要反归虚无无形之性必然会受到人的欲求，拥有的智识、技能以及道德仁义规范的约束，受到治理社会之道是否遵循自

---

① 《淮南子·俶真训》。
② 《淮南子·俶真训》。
③ 《韩非子·解老第二十》。
④ 《淮南子·俶真训》。

然之道的制约。因此，人性虚无在淮南子看来并非轻易能达到的。

淮南子将人性之虚无纳入社会现实的维度，尽管不能使人立即达到，但其为现实生活中的人指出了超越的维度。其要求人知性、知命，"知性者不忧，知命者不惑"①。"通性之情者，不务性之所无以为；通命之情者，不忧命之所无奈何"②，要求人以理性、冷静、达观的态度对待周遭现实中发生的一切，不怨天，不忧人，"治心术，理好憎，适情性，则治道通矣"。③在现实许可的条件下，人应在力所能及的范围内，将形而上之虚无道体、宇宙原初的虚无之状、人之本然虚无之性与形而下的有形、有限的现实世界、人的虚静恬愉之性的受限性、可变性等有机结合起来，使人在有形与无形、有与无、虚与实的转化、互动中展开个体生命之创造以及人之改造自然和社会的实践活动，实现生命的自我提升、自我超越、自我完善，以个人生命的生生不息推动社会的进步和发展。

（二）致虚守静的人性论的现实意义

淮南子的人之虚无之性的设定在当今仍具有现实意义。首先，在认识论上，人通过不断修持本心，去除内心负载的嗜欲、智故、主观化情绪，虚而无藏，可以使心体本然之虚静之境得以澄明，从而客观中立地认识人之外的客观世界。而"致虚极，守静笃，吾以观其复"指出人要摒弃一些有形知识对心体本然之性的蔽障，使心体在澄明之境下悟道。西方的哲学家伽达默尔认为，由于受个人与社会的价值立场、价值取向、偏好以及社会既有观念的影响，人在现实中所形成的思想、意见和观念都是"偏见"。伽达默尔的观点未免有点偏颇，但他指明了人在认识过程中难以避免已有知识结构、价值立场和个人偏好对认识形成的影响。淮南子提出的"以虚受实、实而若虚"的思想使人在认识活动和实践活动形成偏见的过程中不断外去偏见，不将不迎，应而不藏，也就是《庄子·庚桑楚》中所言的"以其知得其心，以其心得其常心"，心体要在实与虚的转化中推动认识的不断发展。其次，淮南子心性之虚静体现着人对生命本我之关注和热爱。

① 《淮南子·诠言训》。
② 《淮南子·诠言训》。
③ 《淮南子·诠言训》。

人常常去嗜欲，扫不洁，心体达致至虚之境，体内精气留存而不散，人的生命将散发出无限生机与活力。人心虚室生白，因虚而生智、能，用智、能而返归虚，人以虚静之神驾驭智、能，促使智、能源源不断地生成，为生命的存在和发展提供无尽的智慧和动力，却不会使智、能从自己生命本身外化出去，成为挟制生命的外在工具。再次，激励人不断提升精神境界。"虚乃大，大乃容"，虚可以使人之心境界由狭隘走向开放，以一种包容博大的胸怀容万物于一身，"天地宇宙，一人之身"。① "虚乃同，同乃实"，至虚之心境可以使人一万物，齐是非，等贵贱，以一种平等的心境看待众生万物，在彰显人之主体性之同时又使人虚己以游世、忘己，破除人对自我的狂傲。人以道之整合、齐同之视角看待自然与社会，顺随自然，以人观人，以物观物，物尽其性，人尽其人，物物而不为物役，体现对自然、他人、他物的尊重，这是对人的自我中心主义、工具主义、功利主义、现实中的不平等的超越。而真人不离其道，游于天地之间，无穷之野，为人从有限向无限、从有形向无形之超越提供了精神追求自由解放之明灯。最后，虚与实、性与命的关系体现着辩证法和历史唯物主义的思维方式和方法。以虚受实，实而若虚，反映了虚与实之间的相互依存、相互转化。而虚无之性与命之关系说明道体的虚无之性为人的虚无之性提供了根据，但只有当社会之道以自然之道为依据并使自然之道在社会上得以实施展现时，人之虚无之性才得以实现。没有脱离社会的抽象不变的人性，人性首先在社会上通过人与他所面对的他人、他物以及人与人之间社会关系的作用、互动得以实现，体现了人之自然性和社会性的辩证统一。

三　自然之性的可变论

（一）人性可变的思想来源

人之自然之性并不是抽象不变的，随着人所处的自然环境和社会环境的变化，人之自然之性也逐渐发生改变。孔子在《论语》中说："性相近也，习相远也。"② 人的本性是相近的，但由于后天生长的环境不同，形成

---

① 《淮南子·本经训》。
② 《论语·阳货》。

的习惯不同，人之性就相去甚远。孟子继承了孔子的思想，"故富岁，子弟多赖；凶岁，子弟多暴，非天之降才而殊也，其所以陷溺其心者然也。今夫大麦播种而耰之，其地同，树之时又同，浡然而生，至于日至之时，皆熟矣。虽有不同，则地有肥硗、雨露之养，人事之不齐也。故凡同类者，举相似也，何独至于人而疑之？圣人与我同类者"。① 孟子指出，不同的生长环境，人所表现的行为习性是不同的，关键在于人内心的主观选择。如果以尧、舜、禹作为自己行为的楷模，人在榜样力量的感化之下，发挥个体的主观能动性，能战胜不良环境对自己的影响，保持良好的习性。否则，人心陷溺于不良环境中不能自拔，成为环境的奴隶。荀子指出："蓬生麻中，不扶而直。白沙在涅，与之俱黑。兰槐之根，是为芷，其渐之潃。君子不近，庶人不服，非其质不美也，所渐者然也。故君子居必择乡，游必就士，所以防邪僻而近中正也。"② 人处在风气好、有利于成长的环境中则人之性不扶而直，反之处在污黑不堪的环境中，洁白清静之性也会受到污染。因而，荀子指出，人对于所处的环境和相交的朋友应有所选择。淮南子也继承孔子、孟子、荀子环境对人之性产生影响的思想，"静漠恬澹，所以养性也；和愉虚无，所以养德也。……非有其世，孰能济焉？有其人，不遇其时，身犹不能脱，又况无道乎！且人之情，耳目应感动，心志知忧乐，手足之攒疾痒，辟寒暑，所以与物接也。……蜂虿螫指而神不能憺，蚊虻噬肤而知不能平，夫忧患之来撄人心也，非直蜂虿之螫毒而蚊虻之惨怛也，而欲静漠虚无，奈之何哉！"③ 淮南子感叹，人的感官、心神由于受外界环境和社会环境的影响，在现实的生存境域中若要保持静漠虚无的自然之性有一定的难度。在此基础上，淮南子指出性与命的关系。"性者，所受于天也。命者，所遭于时也。有其材，不遇其世，天也。太公何力，比干何罪，循性而行指，或害或利。求之有道，得之在命。"④ 一个人的自然本性是上天赋予的，命者，是一个人生命展开所遭遇的时空。一个人有志向抱负和才能，没有遇到施展抱负才能的时代条件，这是天命。太公、比干都是循性而行志，但命运不同。这是以道求志，志向能否实现是天命。

---

① 《孟子·告子上》。
② 《荀子·劝学》。
③ 《淮南子·俶真训》。
④ 《淮南子·缪称训》。

"古之圣人，其和愉宁静，性也；其志得道行，命也；是故性遭命而后能行，命得性而后能明。"① 古代圣人尽管有着和愉宁静的天性，但他的志向和理想能否实现却取决于社会提供的机遇和条件。因此，人的和愉宁静遇上适宜的时代和条件，就能得到充分彰显，好时运与和愉宁静天性相结合就能彰显时运的清明。这些都说明个体性命与社会环境之间的关系。人不能脱离其所处的自然环境和社会环境而生存。一个人能体道、悟道、守道（此道是本体之道在个体生命身上的流注），有行道显性之志，如"率性而行谓之道，得其天性谓之德"②，但是没有能彰显自然之道、自然之性的社会环境，人的和愉宁静之性也难以持守。

人之性在总体上难以脱离其所处的环境，人正是在与环境的互动中使自己之性逐渐生成的，"夫素之质白，染之以涅则黑；缣之性黄，染之以丹则赤；人之性无邪，久湛于俗则易，易而忘本，合于若性。故日月欲明，浮云盖之；河水欲清，沙石秽之；人性欲平，嗜欲害之。唯圣人能遗物而反己。夫乘舟而惑者，不知东西，见斗极则寤矣。夫性，亦人之斗极也。有以自见也，则不失物之情；无以自见，则动而惑营"。③ 淮南子认为，人之性纯素洁白，就像可以使人判别方向之北斗。保持自然本性质真素朴、和愉宁静，就能客观观照万物。否则，自性不见，不能物见其物，人见其人。但是，人之素朴、虚静之性容易受到世俗环境和人的嗜欲的影响。因此，淮南子指出，"治欲者不以欲，以性；治性者不以性，以德；治德者不以德，以道"。亦即人应充分发挥心之理性对感官欲望的控制和协调功能，用心体道、悟道，在不可摆脱的环境中守己之性，不失道根。英国的哲学家洛克从认识论的角度提出了"白板说"。人之心灵是一块白纸，上面没有记号。在后期的生活以及生存实践活动中，随着经验的积累，心灵才有了观念。因此，经验是观念的唯一来源。淮南子认为，人性素白虚静与洛克的白板说有不谋而合之意，但洛克却是从白板分析外界对人的观念的影响，淮南子认为，人之素白虚静之性使人"神清意平，物乃可正"。④ 人要不断摆脱欲望和外界环境对个体认识的影响，明心见性以体道、悟道，正确认

---

① 《淮南子·俶真训》。
② 《淮南子·齐俗训》。
③ 《淮南子·齐俗训》。
④ 《淮南子·齐俗训》。

识外物，不断提高人生境界。从这一点可以看出两者在认识论方面的差异。洛克的白板说认为，人在认识的过程中是被动的，人在与外部世界接触的过程中，外部世界的图像、符号涂抹在心灵的白板上，就形成了各种观念。淮南子由内求返性，去除嗜欲、智故、礼节对虚静之心的遮蔽，保持神清意平，进而客观认识万物。洛克所代表的西方认识论指出，主体和客体是二元对立的，因而产生了物质与意识何者为第一性的问题之争。淮南子所代表的中国认识论是境界型整体直观体悟式思维，人与外部世界没有产生断裂而是有机联系在一起，如"六合之内，一人之身"，因此，认识了人之自性就可以认识宇宙万物。

（二）儒道结合的人性可变论

人的自然之性可以通过教育和学习的途径改变。孔子指出"性相近也，习相远也"[①]，人的自然本性是相近的，但是后天的习惯、风俗导致人具有差异性。但"有教无类"[②]、"笃信好学，守死善道"[③]、"日知其所亡，月无忘其所能，可谓好学也已矣"[④]，也即通过教化和日复一日的学习可以使"习俗"形式不同的人向善成圣。孟子继承了这样的思想，提出"人之不学而能者良能也，人之不学而知者良知也。仁义礼智非由外铄我也，我固有之"。[⑤] 人有天然的善性和固有的道德知识，由于个人私欲以及社会环境的影响，其善性就隐而不见，故孟子提出"谨庠序之教，申之以孝悌之义，颁白者不负戴于道路矣"[⑥]，"舜，何也？人也。予，何也？人也。有为者亦若是"[⑦]。由于人人都有善性，所以只要不断努力学习，每个人都有成圣的可能。荀子继承了孟子的习教迁性的思想，指出"于、越、夷、貉之子，生而同声，长而异俗，教使之然也"[⑧]，不同地方、不同民族的人风俗习惯具有差异在于教化不同。进而指出"君子博学而日参省乎己，则知明而行

① 《论语·阳货》。
② 《论语·卫灵公》。
③ 《论语·泰伯》。
④ 《论语·子张》。
⑤ 《孟子·告子上》。
⑥ 《孟子·梁惠王章句上》。
⑦ 《孟子·滕文公章句上》。
⑧ 《荀子·劝学》。

无过矣"①，"锲而舍之，朽木不折；锲而不舍，金石可镂"②，认为人通过恒久的学习、内省，可以智慧明达，行无过错，逐步成圣。

淮南子继承了儒家的教化和劝学思想，并对庄子"人性自然，不可损益"的观点进行批判和改造。庄子指出："彼至正者，不失性命之情。是合者不为骈，而枝者不为岐；长者不为有余，短者不为不足。故性长非所断，性断非所续，无所去忧也。……天下有常然。常然者，曲者不以钩，直者不以绳，圆者不以规，附离不以胶漆，约束不以缫索。"③ 庄子主张，天下至正者，顺从自然界万物本然之性，不以人为改变人之天然性情，任其性命真情自适自得。淮南子的人性可变易的思想是对庄子思想的批判性继承和发展，如："人性各有所修短，若鱼之跃，若鹊之驳，此自然者，不可损益。吾以为不然。夫鱼者跃，鹊者驳也，犹人马之为人马，筋骨形体，所受于天不可变。以此论之，则不类矣。夫马之为草驹之时，跳跃扬蹄，翘尾而走，人不能制，龁咋足以嚼肌碎骨，蹶蹄足以破卢陷匈，及至圉人扰之，良御教之，掩以衡扼，连以辔衔，则虽历险超堑弗敢辞。故形之为马，马不可化，其可驾御，教之所为也，马，聋虫也，而可以通气志，犹待教而成，又况人乎？"④ 淮南子指出，自然界一些动物的自然之性可以通过教化为人所用，人性各有修短但能通过教化、训练改变。《庄子·秋水》云："'何谓天？何谓人？'北海若曰：'牛马四足，是谓天；落马首，穿牛鼻，是谓人。'故曰，无以人灭天，无以故灭命，无以得殉名。谨守而勿失，是谓反其真。"⑤ 保持真性真情的真人是庄子追求的理想人格，人达至真人的境界应摒弃损害真性的一切行为，不以人事毁灭天然，不以造作毁灭天命，不因贪得毁坏声名，但这种追求难以使人融入世间，承担其各种社会责任。淮南子在继承庄子此一思想的基础上又对其进行改造，"所谓天者，纯粹朴素，质直皓白，未始有与杂糅者也。所谓人者，偶眦智故，曲巧伪诈，所以俯仰于世人而与俗交者也。故牛歧蹄而戴角，马被髦而全足者，天也；

---

① 《荀子·劝学》。
② 《荀子·劝学》。
③ 《庄子·马蹄》。
④ 《淮南子·修务训》。
⑤ 《庄子·秋水》。

络马之口，穿牛之鼻者，人也。循天者，与道游者也；随人者，与俗交者也"。① 从人的自然之性来分析，两者都认为人的自然之性是"纯粹朴素，未始有与杂糅者也"，如庄子认为："故素也者，谓其无所杂也；纯也者，谓其不亏其神。能体纯素，谓之真人。"② 二者不同之处在于对"人为"的理解，庄子反对一切塑造人性的人为形式，无论是人为的还是虚假的，包括礼仪制度、机械技术，"且夫待钩绳规矩而正者，是削其性者也；绳约胶漆而固者，是侵其德者也"。③ 庄子批判他们残德伤性，拔德乱性，尤其反对机械技术对人性的异化，如"有机械者必有机事，有机事者必有机心。机心存于胸中，则纯白不备；纯白不备，则神生不定；神生不定者，道之所不载也"。④ 经常从事机械技术劳动让人产生机心，使人失去了纯真、朴素的性情。而淮南子并不反对人为的文化文明，而是反对"偶睄智故，曲巧伪诈"的人为形式，仁义礼制这些文饰形式可以成为调节自然之性、彰显自然之质的形式，"人之性有侵犯则怒，怒则血充，血充则气激，气激则发怒，发怒则有所释憾矣。故钟鼓管箫，干戚羽旄，所以饰喜也；衰绖苴杖，哭踊有节，所以饰哀也；兵革羽旄，金鼓斧钺，所以饰怒也。必有其质，乃为之文"⑤。"文者，所以接物也。情，系于中而欲发于外也。以文灭情则失情，以情灭文则失文，文情理通，则凤麟极矣，言至德之怀远也。"⑥ 淮南子并没有将仁义礼制与人之自然之性情完全对立起来，而是在遵循自然之道、社会之理的基础上使人之自然之性、自然之情以文饰的形式表现出来，达到两者的有机统一。其还肯定了机械技术在推动人类社会进步中的作用，"地宜其事，事宜其械，械宜其用，用宜其人"⑦，"人莫欲学御龙，而皆欲学御马，急所用也"⑧。这些都说明技术的功用价值。但是淮南子也对人为文明对人之自然之性的异化表示忧虑，"故民知书而德衰，知数而厚

---

① 《淮南子·原道训》。
② 《庄子·刻意》。
③ 《庄子·骈母》。
④ 《庄子·天地》。
⑤ 《淮南子·本经训》。
⑥ 《淮南子·谬称训》。
⑦ 《淮南子·说山训》。
⑧ 《淮南子·说林训》。

衰，知券而信衰，知机械而实衰，巧诈藏于胸中则纯白不备，而神德不全矣"。① 淮南子还引用工倕啮指、后羿遭害、庆忌死于桃林等例子说明技术、技能对人之自然之性的异化。因此，淮南子认为人要以人之道对技术进行限制，但是其并不反对促进人类进步的人为文明，"天知所为，禽兽草木，人之所为，礼节制度，筑为而为宫室，制而为舟舆"。② 正是在这样的整体思想背景下，淮南子在继承孟子、荀子思想的基础上对庄子思想进行了改造，即为了促进现实社会中人的成长和进步以及社会的和谐稳定，可以通过学习教化对人的野蛮、粗鄙之性进行调教，改变其野性。

在现实世界中，能够实现身治与国治有机统一的"圣人"是淮南子追求的理想人格。人若成圣就要反对一切违背自然之性的"偶睗智故，曲巧伪诈"的行为，但是淮南子对通过教化改变人的自然天性而为人所用的行为给予充分肯定，这是现实中与人交往的必然要求。"因其宁家室、乐妻子，教之以顺，故父子有亲；因其喜朋友而教之以悌，故长幼有序。然后修朝聘以明贵贱，乡饮习射以明长幼，时搜振旅以习用兵也，入学庠序以修人伦。此皆人之所有于性，而圣人之所匠成也。故无其性，不可教训；有其性，无其养，不能遵道。茧之性为丝，然非得工女煮以热汤而抽其统纪，则不能成丝；卵之化为雏，非慈雌呕暖覆伏，累日积久，则不能为雏；人之性有仁义之资，非圣人为之法度而教导之，则不可使向方。"③ 人有好色之性、饮食之性、喜乐之性、悲哀之性。为了避免人因趋利避害本能导致社会的纷争、混乱、无序，社会需要形成一整套能体现人之自然之性的礼节制度。在古代，人长期受这些礼仪规范的熏陶，自觉抑制人趋利避害的本能及主观化的情绪，将人潜在的仁义之资如茧抽丝一样导引出来，将人的自然之性以社会规范的形式体现出来，实现从自然人逐步向社会人的转化，促使人的社会生命产生、完善以及社会的和谐有序。

淮南子将人分为三等："且夫身正性善，发愤而成仁，凭而为义，性命可说，不待学问而合于道者，尧、舜、文王也；沉湎耽荒，不可教以道，不可喻以德，严父弗能正，贤师不能化者，丹朱、商均也。夫上不及尧、

---

① 《淮南子·泰族训》。
② 《淮南子·泰族训》。
③ 《淮南子·泰族训》。

舜，下不及商均。此教训之所谕也。"① 淮南子指出"不待学问而合于道"
的尧、舜、文王和"不可教以道，不可喻以德"的丹朱等只是少数人。"凡
人之性，少则猖狂，壮则暴强，老则好利，一人之身，既数变矣。"② 人之
性在人生的不同阶段表现不同，少则狂，壮则暴，老则贪，大部分人都需
要且能够通过教育改变其自然之性，使其内在的"仁义之质"开显出来，
而"弃学而循性"的做法，只是"释船而欲蹍水渡河"的愚蠢做法。宝剑、
铜镜必须经过擦拭才能提高其性能，"夫纯钩、鱼肠始下型，击则不能断，
刺则不能入，及加之以砥砺，摩其锋锷，则水断龙舟，陆剸犀甲。明镜之
始下型，蒙然未见形容，及其粉以玄锡，摩以白旃，鬓眉微豪，可得而察。
夫学，亦人之砥锡也，而谓学无益者，所以论之过"。③ 人之学习就像砥砺
对于纯钩、玄锡对于明镜的作用，可以自拭神明，提升认识世界的能力。
人无论聪明还是愚笨，都要通过学习不断完善自己，"若知之所短，不若愚
之所修；贤者之所不足，不若众人之有余"。④ 淮南子认为，人即使非常聪
明，一旦停止学习，也可能一生碌碌无为。"知人无务，不若愚而好学。自
人君公卿至于庶人，不自强而功成者，天下未之有也。《诗》云：'日就月
将，学有缉熙于光明。'此之谓也。名可务立，功可强成，故君子积志委
正，以趣明师，励节亢高，以绝世俗。"⑤ 淮南子认为，学习知识可以使人
摆脱愚昧的状态，逐步迈向人生的光明自由之境；学习为人之道，可以使
人摆脱动物趋利避害本能的限制，不断提升道德境界，逐步成圣；学习技
术可以使人具有立身于世的本领并在事业上取得成功。"何圣人之寡也。独
专之意乐哉！忽乎日滔滔以自新，忘老之及己也。"⑥ 总之，学习可以使人
以圣人为楷模，超越时间对自己的限制，追求每天的进步、成长，让生命
处于"日滔滔而自新"的生生过程。

学习是人的存在方式，需要人终生为之。淮南子认为只要人勤学不倦，
习而不懈，普通百姓也可以掌握精湛的技艺。"夫宋画吴冶，刻刑镂法，乱

---

① 《淮南子·修务训》。
② 《淮南子·诠言训》。
③ 《淮南子·修务训》。
④ 《淮南子·修务训》。
⑤ 《淮南子·修务训》。
⑥ 《淮南子·缪称训》。

修曲出，其为微妙，尧、舜之圣不能及。蔡之幼女，卫之稚质，梱纂组，杂奇彩，抑墨质，扬赤文，禹、汤之智不能逮。"这都是"服习积贯之所致"。学习需要人长期专注于某一领域，积习靡久，精益求精，日臻完善，人就会成为该领域杰出人物。"昔者，苍颉作书，容成造历，胡曹为衣，后稷耕稼，仪狄作酒，奚仲为车，此六人者，皆有神明之道，圣智之迹，故人作一事而遗后世，非能一人而独兼有之。各悉其知，贵其所欲达，遂为天下备。今使六子者易事，而明弗能见者何？"① 淮南子以"鼫鼠五技而穷"的故事指出"工多技则穷，心不一也"。② 人心不能钻研、专一，对任何一门技术或学问浅尝辄止，则导致自己缺少立足于社会的专业化的技术和本领。"周室以后，无六子之贤，而皆修其业；当世之人，无一人之才，而知其六贤之道者何？教顺施续，而知能流通。由此观之，学不可已，明矣！"③ 周之后，没有一个人具有以上圣贤的贤德、才能，但大家都能修业、明德，就在于后人不断学习、传承六贤遗留下的技术、技能和贤德，推动社会物质文明和精神文明的进步。

总之，淮南子的人性可变的思想指出，人不能脱离其存在环境的影响，人的虚静、素朴之性因受人的情绪、欲望及环境的影响而改变。因此，人应以理性自觉抑制人的嗜欲以及不良环境对其自然之性的侵蚀，原心反性，抱真守朴，致虚守静。淮南子认为，保持人的素朴、虚静之性不仅能使人体悟宇宙本根、洞照万物的本然之状以及宇宙万物循环往复的规律，也能避免人"以身役物、因境失性"，心随外物和环境的变化而迷失自性。但淮南子片面地夸大社会环境对人之虚静、素朴之性的负面影响，没有看到社会环境对塑造人之性的积极作用。没有抽象不变的人性，人性都是在特定社会实践活动和社会交往关系中展开的。每个人在其所处的社会环境中，以实践活动共同体、社会交往共同体展开个人与自然、个人与社会、个人与他人之间的相互交往、相互依存、相互制约、相互斗争的关系，形成了人的各种智慧、能力和德性。但是，人如果没有原心反性的自觉，不能守护生命本根，后天形成的智、能、德会以异化的形式辖制生命。从此种意

---

① 《淮南子·修务训》。
② 《淮南子·诠言训》。
③ 《淮南子·修务训》。

义上而言，淮南子对人的自然之性的护守体现着对人的生命之终极关怀。淮南子认为，人之自然之性是可变的，教化、学习是改变人之性的重要途径。通过学习可以将人之仁义之资显明，使人明圣人之神明之道、圣智之迹，如"苍颉作书，容成造历，胡曹为衣，社稷耕稼，仪狄作酒，悉仲为车"，积极参与改造自然和改造社会的实践活动，满足人的生存生活的需要，同时，以理性的自觉约束人之自然之欲和自然之情，保持虚静素朴之性，提升人们直觉体道和洞照万物的智慧，故《诗》云："日就日将，学有熙于光明。"

通过以上对淮南子人之自然之性的研究可以看出，人之自然之性即虚静、素朴的不可遗失、不改可变性与人之自然之性的可改变性相得益彰。淮南子认为，道是生命之根，道的虚静、素朴之性是道之性在人身上的流注。因此，人应永恒守护虚静、素朴之性。另外，淮南子认为人之性是可以改变的。其人性可变性包含三层含义，一是指保持人的虚静素朴之性的可改变性以及通过学习使人明心见性；二是指由于构建和谐、有情有义的情感共同体的需要，可以通过教化学习仁义礼制等道德知识，将人人具有的潜在仁义之资彰显出来，引导人成为圣人；三是指人可以通过学习科学知识，把握世界存在的状态，从混乱中把握有序，摆脱愚昧，走向自由光明，而学习技术可以为人提供立足于世的本领，为人的生存发展提供物质技术基础。但是，淮南子认为，人后天学习的自然科学知识、技术知识和道德知识对人的自然本性具有侵蚀和异化作用。因此，以自然之性的稳定性、不变性提升约束可塑的人之性，同时使人的素朴、虚静之性在社会环境的变化中获得丰富的内涵。人的生命正是在人之性的变与不变中展开自我创造历程的，不变的虚静、素朴之性是对自然本根的护守，而人性可改变性是社会环境的需要及自我成长之内在要求。人在与自然、与社会的外部矛盾冲突及生命内部理性、情感与欲望的内部矛盾冲突中，积极参与改造自然和改造社会的生存生活活动，展开人从必然到自由、从自在到自为、由黑暗到光明的历程。这一过程既体现了人满足声色之欲、功名之欲望的盲目冲动的生命意志，又体现了理性自我对生命意志的自我设计、导引、调控、提升。这一过程了既体现了人立足生存、生活的需要，在社会性的实践活动和交往活动中学习自然知识、德性知识和技术知识的必然性，又体现了生命个体以"回归本根，返归自然之性"的形式抑制德性、知识、技能对生命的挟裹和异化的自觉意识，进而实现生命的自我生存、自我发展、自我超越，使人的生命处于日滔滔而自新的生成过程中。

第二节 《淮南子》的生命欲求论

春秋战国时期我国古代文化就开创了非欲的传统，压制人的感性欲望以及物质利益的追求以适应当时社会政治形势的需要。春秋战国时期统治者的贪欲导致诸侯国之间不断发生兼并战争，社会动荡不安，民不聊生。且上层统治者纵情于耳目之娱，社会风气败坏。《史记·孟子荀卿列传》反映了这一时期的社会现实，"邹衍睹有观者淫侈，不能尚德，若大雅整之于身，施及黎庶矣。乃深观阴阳消息而作怪迂之变，大圣之篇十余万言"。① 战国时期天下大乱，说起来应归于上层王侯的嗜欲膨胀。② 而且，随着社会的发展及技术的进步，过度膨胀的社会财富诱发了人的贪欲，于是出现了个人欲望与社会提供之间的紧张③，引起了社会秩序崩溃、天下大乱的现象。无论是维护仁义礼制的儒家，还是认为仁义礼制束缚人性自由的道家，他们在提倡节欲方面是一致的，他们都认为统治者的贪欲是社会风气败坏、天下混乱的主要原因。

淮南子对人之自然欲望的阐述继承了庄子提出的损欲从性、以欲养性、外物反己、养身贵于养形等思想，继承了荀子以理性调节、控制欲望、取与有度而不失其节的思想，继承了管子治心术、发挥心体对感官欲望的调节和控制功能的思想，反对儒家不本其所欲而禁其所欲的"迫性情，钳阴阳"的舍本求末思想。因此，淮南子的自然欲望论的思想是对老子、庄子、管子、孟子、荀子思想的融合，体现了自然主义和人本主义的合流。

一 寡欲少求，无为而治

荀子指出："若夫目好色，耳好听，口好味，心好利，骨体肤理好愉佚，是皆生于人之情性者也。"④ 淮南子继承了荀子的此一思想，"夫人之所

① 《史记·孟子荀卿列传》。
② 葛兆光：《中国思想史》，复旦大学出版社，2001，第158页。
③ 葛兆光：《中国思想史》，复旦大学出版社，2001，第159页。
④ 《荀子·正名》。

受于天者，耳目之于声色，口鼻之于芳臭，肌肤之于寒燠，其情一也"。①
因此，满足耳目口鼻的感官之欲以及肌肤的寒暖等基本欲求是人的本能，
难以非而去之，只能从而顺之。"欲知人道，从其欲。"② 淮南子还对儒家不
从人之自然欲望出发，而禁止人之所欲的舍本求末的做法进行了批判。"今
夫儒者，不本其所欲而禁其所以欲，是不原其所以乐而闭其所乐，是犹决
江河之源，而障之以手也。夫牧民者，犹畜禽兽也，不塞其圃垣，使有野
心，系绊其足，以禁其动，而欲修生寿终，岂可得乎！"③ 淮南子认为："推
其志，非能贪富贵之位，不便侈靡之乐，直宜迫性闭欲，以义自防也。虽
情心郁殪，形性屈竭，犹不得已自强也。故莫能终其天年。……故儒者非
能使人弗欲，而能止之；非能使人勿乐，而能禁之。"④ 以义约束人对名利
的追求，这些非欲、禁欲的做法违背了人的自然属性，导致"迫性拂情，
而不得其和"，加快了生命的衰亡速度。欲望内在于人之生命的基本构成，
是人的天然本能。人应创造条件不断满足人生存的基本欲求和感官之欲，
满足人的物质生活和精神生活的需要。统治者应在承认人的基本欲求合理
性的基础上，规范和引导人满足欲求的行为和活动，促进个人的发展和社
会的进步。

淮南子在继承荀子"从人欲"思想的基础上又继承了老子的清心寡欲、
顺应自然而治欲的思想。老子认为，"我无欲而民自朴"⑤，"不贵难得之货，
使民不为盗；不见可欲，使民不乱。是以圣人之治也，虚其心，实其腹，
弱其志，强其骨，常使民无知无欲"⑥。老子对统治者提出要求，要淡泊名
利，减损感官之欲，无为而治，使民心简单、民性纯真素朴，出现"智者
不敢妄为"的治世局面。而"祸大于不知足，咎莫大于欲得"⑦。人贪得无
厌会给个人的生命带来无尽的祸患。"五色令人目盲，五音令人耳聋，五味
令人口爽，驰骋畋猎，令人心发狂，难得之货，令人行妨，是以圣人为腹

---

① 《淮南子·俶真训》。
② 《淮南子·缪称训》。
③ 《淮南子·精神训》。
④ 《淮南子·精神训》。
⑤ 《道德经》五十七章。
⑥ 《道德经》三章。
⑦ 《道德经》四十六章。

不为目，故去彼取此。"① 人纵情于感官之欲，影响人的感官功能的正常发挥，纵情于物质之欲，则使人心神外驰，行为发狂。因此，统治者无为而治，清心寡欲，不追求难得之祸和感官之欲的满足，则能减少社会的纷争。

淮南子认为："欲知人道，从其欲。勿惊勿骇，万物将自理，勿扰勿攖，万物将自清，谓之天道。"② 统治者应顺从人欲，使人的基本欲求得到满足，但是不要过分惊骇和扰攖百姓和万物，这样就能顺应天道也即自然万物的自理、自清的自组织功能，这要求统治者应无为而治、少欲，"洞然无为而天下自和，憺然无欲而民自朴"。③ 百姓淡然无欲、朴实无华而行为正当。"太清之始也，和顺以寂寞，质真而素朴，其心喻而不伪，其事素而不饰。"④ "道德定于天下而民纯朴，目不营于色，耳不淫于声。"太清之始，道德定于天下，百姓和顺寂寞，质真素朴，目不营于五色，耳不迷于五声，内心愉悦而不虚伪，做事简单而不过分修饰。

但是，淮南子并没有像老子那样，忽视现实的物质条件对人的欲望的制约，"物丰则欲省，求澹则争止"⑤，物质资源丰富则人的欲望就会减少，而人物欲淡泊就会减少与他人之间的纷争。一方面，统治者应鼓励老百姓积极发展生产，创造更多的社会物质财富，满足百姓的基本需求。"耕之为事也劳，织之为事也扰，扰劳之事而民不舍者，知其可以衣食也，人之情不能无衣食，衣食之道，必始于耕织，万民之所公见也。"⑥ 这就要求统治者顺应民意、民欲，采取激励措施，调动百姓从事生产劳动的积极性，创造物质财富，减少社会纷争。另一方面，统治者应不断提升个人以及民众淡泊名利的精神境界，自觉约束个人及民众对物质的追求。因此，统治者应寡欲少求，无为而治，"而立烦乱则下不定，口多求则下交争，故圣人求寡而易澹，事省而易治"。⑦ 否则，统治者贪得无厌将导致社会矛盾尖锐。为了使天下百姓免受饥寒交迫之苦，淮南子要求统治者根据每年的岁收征收租税满足其欲望，取与有节，自养有度，"人主租敛于民也，必先计岁

① 《道德经》十二章。
② 《淮南子·缪称训》。
③ 《淮南子·本经训》。
④ 《淮南子·本经训》。
⑤ 《淮南子·齐俗训》。
⑥ 《淮南子·主术训》。
⑦ 《淮南子·主术训》。

收，量民积聚，知饥馑有余不足之数，然后取车舆衣食供养其欲。……故有仁君明王，其取下有节，自养有度，则得承受于天地，而不离饥寒之患矣"。①

二　去载反性，安民足用

淮南子在《本经训》中构建了一个太清之始、圣人清静无为而治的社会太清图景："太清之始也，和顺以寂漠，质真而素朴，闲静而不躁，推而无故，在内而合乎道，出外而调于义，发动而成于文，行快而便于物。其言略而循理，其行侻而顺情，其心愉而不伪，其事素而不饰。……通体于天地，同精于阴阳，一和于四时，明照于日月，与造化者相雌雄。是以天覆以德，地载以乐，四时不失其叙，风雨不降其虐，日月淑清而扬光，五星循轨而不失其行。"② 太清之始，人和顺寂寞，质真素朴，欲望少而简，循自然之道、社会之义行事，四时运行有序，五星运行有轨，风调雨顺，社会和谐稳定。但到了衰世，统治者欲望膨胀，加紧对自然资源的掠夺和榨取，"逮至衰世，镌山石，鐻金玉，擿蚌蜃，消铜铁，而万物不滋，刳胎杀夭，麒麟不游，覆巢毁卵，凤凰不翔，钻燧取火，构木为台，焚林而田，竭泽而渔。人械不足，畜藏有余，而万物不繁兆萌牙，卵胎而不成者，处之太半矣。积壤而丘处，粪田而种谷，掘地而井饮，疏川而为利，筑城而为固，拘兽以为畜，则阴阳缪戾，四时失叙，雷霆毁折，雹霰降虐，氛雾霜雪不霁，而万物燋夭"。统治者竭其所有、穷其一切的违逆做法，导致自然失序，万物不生，百姓生活困顿，"民之专室蓬庐，无所归宿，冻饿饥寒死者，相枕席也"。③ 于是，天人感应现象出现，松柏竹子枯死，大江河川干涸，害虫遍野，鸟类不生，"夷羊在牧，飞蛩满野，天旱地坼，凤皇不下"。在《本经训》中，淮南子还详尽列举统治者沉溺于金、木、水、火、土等五个方面物质享受而导致的后果，指出，"此五者一，足以亡天下矣"，要求统治者"闭四关，止五遁"，"圣人节五行，则治不荒"④，"故圣人之治也，心与神处，形与性调，静而体德，动而理通，随自然之性而缘不得

① 《淮南子·主术训》。
② 《淮南子·本经训》。
③ 《淮南子·本经训》。
④ 《淮南子·本经训》。

已之化，洞然无为而天下自和，憺然无欲而民自朴"①。在我国两千多年的封建社会中，皇帝的权力超出法律，皇帝能否具有道德自律以节制自己的欲望对社会产生深远的影响。在执政初期，统治者能够节制自己的欲望，轻徭薄役，鼓励发展生产，关心人民生活，以缓和阶级矛盾。随着政权稳固、物质财富积累逐渐增多，统治者贪欲逐渐膨胀，大搞土木建设，生活奢靡，加紧了对人民的剥夺，导致社会阶级矛盾激化，加快了王朝衰亡速度，中国封建社会就在一盛一衰中创造着、破坏着已创造的物质文明、政治文明和精神文明。因而，皇帝的欲望对中国社会变迁起着决定性影响，这在《淮南子》一书中也有体现，"治君者不以君，以欲；治欲者不以欲，以性；治性者不以性，以德；治德者不以德，以道"②，淮南子要求统治者从性损欲，以德治性，尊道贵德。"故为治之本，务在宁民。宁民之本，在于足用。足用之本，在于勿夺时。勿夺时之本，在于省事。省事之本，在于节用。节用之本，在于反性。反性之本，在于去载。去载则虚，虚则平；平者，道之素也；虚者，道之舍也。能有天下者，必不失其国；能有其国者，必不丧其家；能治其家者，必不遗其身；能修其身者，必不忘其心；能原其心者，必不亏其性；能全性者，必不惑于道。"③ 淮南子将儒家的修身齐家治国平天下的思想与道家的原心反性的思想有机融合，指出齐家治国平天下者在于修身，修身在于得道，得道则能原心反性，原心反性要求统治者节欲、寡欲。统治者节欲、省事、不扰民，则人民资材足用，社会安居乐业。

三　损欲从性，养性知足

《淮南子》的性是指人本来的倾向性。"人生而静，天之性也。"④ "清静恬愉，人之性也。"⑤ "古之圣人，其和愉宁静，性也。"⑥ 由此可见，淮南子认为，人之天性所趋向的状态在于清静恬愉。清静恬愉也指无垢，清

---

① 《淮南子·本经训》。
② 《淮南子·齐俗训》。
③ 《淮南子·诠言训》。
④ 《淮南子·原道训》。
⑤ 《淮南子·人间训》。
⑥ 《淮南子·俶真训》。

纯而无杂秽，亦人寡欲少求，无忧苦，亦无好恶，故"人之性无邪……人性欲平"①，"清静者，德之至也"②，故"率性而行谓之道，得其天性谓之德"③。人遵循天性而行谓之道，得到天性则谓之德。但是，人的天性受到欲望和外界环境的影响，现实中的人难以保持清净恬愉之性。"人性安静，而嗜欲乱之。"④ "嗜欲者，性之累也。"⑤ 嗜欲不仅伤性，同时会加快生命的衰竭和死亡。"是故五色乱目，使目不明；五声哗耳，使耳不聪；五味乱口，使口爽伤；趣舍滑心，使行飞扬。此四者，天下之所养性也，然皆人累也。故曰：嗜欲者使人之气越，而好憎者使人之心劳，弗疾去则志气日耗。"⑥ 五色、五声、五味以及对物欲的追求损性累德，导致人血气外越，而情绪动荡不安则使人劳神费精。因此，人应理性控制自己的欲望。一个人如果失去理性，放纵自己的欲望，取与无度、不合道义，最终给自己带来牢狱之灾和刑戮之患，"人多欲亏义"⑦，"今人所以犯图圄之罪，而陷于刑戮之患者，由嗜欲无厌，不循度量之故也"⑧。而人能抵挡感官之欲的诱惑，气志虚静恬淡，清心寡欲，五藏血气充盈，精神内守，则能以理性的思维和长远的眼光，望往世，视来生，分析个人的行为所导致的后果，可以避祸趋福。

由于人的清净恬愉之性容易受到嗜欲的侵蚀，这就需要人自觉地护养清净恬愉之性。"静漠恬淡，所以养性也；和愉虚无，所以养德也。外不滑内，则性得其宜；性不动和，则德安其位。养生以经世，抱德以终年，可谓能体道矣。若然者，血脉无郁滞，五藏无蔚气，祸福弗挠，诽誉弗垢，故能致极。"⑨ 人的清净恬愉之性决定了欲望在人的性命结构中的地位，如果人节欲、寡欲，不以欲损性，性得其宜，和以养德，气顺血畅，祸福、诽誉不载于心，则能养生经世，抱德终年。护养人的清静恬愉之心，必须

---

① 《淮南子·齐俗训》。
② 《淮南子·原道训》。
③ 《淮南子·原道训》。
④ 《淮南子·俶真训》。
⑤ 《淮南子·原道训》。
⑥ 《淮南子·精神训》。
⑦ 《淮南子·缪称训》。
⑧ 《淮南子·氾论训》。
⑨ 《淮南子·俶真训》。

发挥精神的理性主导、协调、控制作用。心是五官之主。"心者形之主也。而神者心之宝也。"① "心之于九窍四支也，不能一事焉，然而动静视听皆以为主者，不忘于欲利之也。"② 九窍四肢只有在心的统率下才能发挥正常的功能。"心治则百节皆安，心扰则百节皆乱。故心治者，支体相遗也。"③ "夫人之所受于天者，耳目之于声色也，口鼻之于芳臭也，肌肤之于寒燠，其情一也。或通于神明，或不免于痴狂者，何也？其所为制者异也。"④ 心神能够发挥对欲望的引导、调节作用，内心虚静平和则能通于神明。否则，人心神外驰、纵欲失性则导致行为的痴狂。"圣人胜心，众人胜欲；君子行正气，小人行邪气。内便于性，外合于义，循理而动，不系于物者，正气也。重于滋味，淫于声色，发于喜怒，不顾后患者，邪气也。邪与正相伤，欲与性相害，不可两立，一置一废。故圣人损欲而从事于性。……目好色，耳好声，口好味，接而说之，不知利害嗜欲也。食之不宁于体，听之不合于道，视之不便于性。三官交争，以义为制者，心也。"⑤ "是故圣人不以人滑天，不以欲乱情。"⑥ 人应效法圣人和君子，以心治欲，从性损欲，使欲望内便于性，外合道义，循理而行，不为物役，形成人生命的正气。而纵于耳目声色之欲以及喜怒哀乐之情，不知利害，不顾后果，则为邪气。欲望与人的理性常常处于相交争的状态。体道之圣人，心不失主，以道守心、治心，知道自己性格和能力的局限以及生存环境对自己的限制，不刻意追求超过自己能力和性情的东西，不以主观的好恶肆意挥洒个人的好憎之情，不贪求对生命的正常运行无用的东西，不违背道德伦理规范而满足自己的欲望，动静循理，养性知足，如："原天命则不惑祸福，治心术则不妄喜怒，理好憎则不贪无用，适情性则欲不过节，不惑祸福则动静循理，不妄喜怒则赏罚不阿，不贪无用则不以欲用害性，欲不过节则养性知足。"⑦ "是故圣人审动静之变，而适受与之度，理好憎之节，则养性知足。"⑧ 这样，

① 《淮南子·精神训》。
② 《淮南子·主术训》。
③ 《淮南子·齐俗训》。
④ 《淮南子·俶真训》。
⑤ 《淮南子·诠言训》。
⑥ 《淮南子·原道训》。
⑦ 《淮南子·诠言训》。
⑧ 《淮南子·氾论训》。

圣人通过治心体道之功夫，根据时势与动静之变，权衡利害，取与有度，不放纵欲望而伤性乱情，在心之理性的制约下使性、情、欲处于一种相互引导、相互制约的平衡状态。保持清静恬愉之性既是人实现生命长生久视的需要，也是自然道德的内在要求，"率性而行为之道，得其天性谓之德"。① 但是，保持清静恬愉之性并不是对人的正常欲望和情绪、情感的无限压制，而是在心之理性的制约下，在从人之欲的前提下使欲望以一种自然而然的晓厉害、懂节制的形式表现出来，不以欲乱情，不以欲滑和，理性、情感和欲望相互作用、相互牵制达到生命的和谐状态，不损伤他人、他物，也不给自己带来祸患，促进人与自然、人与社会的和谐。这体现了《淮南子》对自己生命的热爱和珍惜，也把对他人、社会的责任融入生命的自我超越过程。

四　体道返性，神清意平

淮南子认为，人之性是本然而清纯无杂的，保持人性的清静能使人洞观万物而不伤物。但由于人所处的社会环境和嗜欲的影响，人之性本然澄明状态被遮蔽，"人之性无邪，久湛于俗则易。易而忘本，合于若性。故日月欲明，浮云盖之，河水欲清，沙石秽之；人性欲平，嗜欲害之。惟圣人能遗物而反己。夫乘舟而惑者，不知东西，见斗极则寤矣；夫性，亦人之斗极也。有以自见也，则不失物之情；无以自见，则动而惑营"。② 唯有圣人能轻物而重己，遗物而反己，反己则能自见其性；自见其性，则能客观地认识万物。而反性就要求人自觉地求道、问道、悟道。"不闻道者，无以反性。"③ "是故凡将举事，必先平意清神。神清意平，物乃可正。……为是释术数而任耳目，其乱必甚矣。夫耳目可以断也，反情性也；听失于诽誉，而淫于声色，而欲得事正则难矣。"④ 人体道反性，保持神清意平则能客观认知万物，治身则健，治国则安。耳目之官既是满足人的欲望的门户，也是人认识世界的通道，而人的耳目声色之欲、对世俗名利的贪欲过重就会阻塞人认识世界的通道，心神外驰，人失去了对外物正确的认识和判断，

① 《淮南子·齐俗训》。
② 《淮南子·齐俗训》。
③ 《淮南子·齐俗训》。
④ 《淮南子·齐俗训》。

如："夫血气能专于五藏，而不外越，则胸腹充而嗜欲省矣。胸腹充而嗜欲省，则耳目清、听视达矣。耳目清听视达谓之明。五藏能属于心而无乖，则勃志胜而行不之僻矣。勃志胜而行之不僻，则精神盛而气不散矣。精神盛而气不散则理，理则均，均则通，通则神，神则以视无不见，以听无不闻也，以为无不成也。"① 血气集中于五藏而不外越，则胸腹血气充足，嗜欲减少，六根清净，耳聪目明。五藏属于心，心神专一而不乱，则人能理性地控制自己的行为。行不失矩，则人不必浪费精神，精神会旺盛。精神旺盛则生命之气集聚而不散，气血通畅，均匀流通到各个部位。气血通畅则能达到"以视无不见，以听无不闻也，以为无不成"的神化之境。淮南子的此一思想是对老子思想的继承，"五色令人目盲，五音令人耳聋，五味令人口爽"。② 但淮南子从血气、五藏以及人的精神的关系指明，减少嗜欲对人感官认知和心神判断分析功能产生重要影响。"夫人之所受于天者，耳目之于声色也，口鼻之于芳臭也，肌肤之于寒燠，其情一也。或通于神明，或不免于痴狂者，何也？其所为制者异也。是故神者智之渊也，渊清则智明矣；智者心之府也，智公则心平矣。人莫鉴于流沫而鉴于止水者，以其静也；莫窥形于生铁，而窥于明镜者，以睹其易也。夫唯易且静，形物之性也。由此观之，用也必假之于弗用也。是故虚室生白，吉祥止也。夫鉴明者，尘垢弗能埋；神清者，嗜欲弗能乱。"③ 淮南子认为，人的神志有效协调、控制感官和四肢的活动，内心虚静、平和，自觉抵制感官之欲和世俗功名利禄对人的诱惑，以心治身，则神清意平，可以客观公正认识外物。同时，人内心处于虚静状态，则可以"致虚极，守静笃，吾以观复"，即可以从天地万物的变化中观察其循环往复不变的规律。

淮南子认为："夫孔窍者，精神之户牖也。"④ 人的感官是精神通向世界的门户和通道。人的嗜欲过重，则人认识外界的通道被阻塞，人处在极端不自由的黑暗中。因此，人在满足自己的基本欲求时应阻塞嗜欲的门户，"塞其兑，闭其门"⑤，达到耳目清、听视达之状，正确地察知人周围的世

---

① 《淮南子·齐俗训》。
② 《道德经》十二章。
③ 《淮南子·俶真训》。
④ 《淮南子·精神训》。
⑤ 《道德经》五十二章。

界，这就为世界向人的自由绽放提供了可能。同时，人还要通过自觉地修心，达到与神明相通的自由之境。"心不忧乐，德之至也；通而不变，静之至也；嗜欲不载，虚之至也；无所好憎，平之至也；不与物散，粹之至也。能此五者，则通神明，通于神明者，得其内者也。"① 神明是混动无形的宇宙产生万物的动力，是大自然造化万物而不见形迹的功能。自然界的任何一物都是自然神明之体现，正是神明之道将万物联系成一个有机的整体。但人与自然神明相通的通道却由于人之嗜欲以及喜怒哀乐忧悲之情绪的动荡而被遮蔽或阻塞。因此，人内心不忧乐、通达而不变、外嗜欲、去好憎、内心专一则能达到至德、至静、至虚、至平、至粹的境界，这使人具有"见人之所不见，听人所未听"之"神明"之智，开启与道之神明、自然之神明相通的通道，也使人在现实活动中产生"行而不见其影，成而不见迹"的神明之功，如"若夫神无所掩，心无所载，通洞条达，恬漠无事，无所凝滞，虚寂以待，势利不能诱也，辨者不能说也，声色不能淫也，美者不能滥也，智者不能动也，勇者不能恐也，此真人之道也"。② 达到此一境界，心无所载、所累、所滞，人不为势利所诱，不为辨者所说，不为声色所淫，不为美者所滥，不为智者所动，不为勇者所恐，达到超然物外的真人自由之境。

五 内修道术，外物反己

欲望是一个人生命不可或缺的组成部分。但是欲望无节无度会损害人的身体。"治身，太上养神，其次养形。神清志平，百节皆守，养生之本也；肥肌肤，充肠腹，供嗜欲，养生之末也。"③ 养生重在养神与养性，神清意平，百节皆安。人要维持生命的存续必须满足生命基本欲求，而一切超过生命需求的欲望都要摒弃。"不行礼义，一不祥也；嗜欲无止，二不祥也；不听强谏，三不祥也。"④ "嗜欲连于物，聪明诱于外，而性命失其得。"⑤ "以神为主者，形从而利；以形为制者，神从而害。贪饕多欲之人，

---

① 《淮南子·原道训》。
② 《淮南子·俶真训》。
③ 《淮南子·泰族训》。
④ 《淮南子·人间训》。
⑤ 《淮南子·俶真训》。

漠于势利，诱慕于名位，冀以过人之智，植于高世，则精神日以耗而弥远，久淫而不还，形闭中距，则神无由入矣。……是以天下时有盲妄自失之患，此膏烛之类也，火逾然而消逾亟。"① 人不能正确认识自己的能力以及外在客观条件的限制，嗜欲无止，逐于势利，诱于名位，精于算计，生命精气日耗，精神外越而不返，内心失去了精气自充、自盈、自生、自长的功能，生命元气日益丧失，加速自己生命的衰竭，给自己和他人带来祸患。因此，人应以神制形，发挥理性对欲望、谋利之智的协调控制作用，这样才有利于生命的健康。"是故圣人内修道术，而不外饰仁义，不知耳目之宣，而游于精神之和。"② "圣人有所达，达则嗜欲之心外矣。"③ "静漠恬澹，所以养性也；和愉虚无，所以养德也。外不滑内，则性得其宜；性不动和，则德安其位。养生以经世，抱德以终年，可谓体道矣。若然者，血脉无郁滞，五藏无蕴气，祸福弗能挠滑，非誉弗能尘垢，故能致其极。"④ 人能有效地控制自己的欲望，淡泊名利，和愉虚无，不为外在仁义礼节所累，耳目之官不被外物所诱，生命的性、情、欲各处其宜，各安其位，生命内部没有不必要的冲突和挣扎，血脉畅通，五藏血气顺畅，能够经国济民，抱德终年。淮南子尽管认识到物质基础是人养生的前提，但是无论富贵还是贫贱都应以珍惜生命、爱惜生命为前提，"虽富贵不以养伤身，虽贫贱不以利累形。"⑤ 即虽富贵但不因过分追求感官之欲、物质之欲而伤身，虽贫贱但不因急于改变状况而过分辛劳、透支生命。总之，欲望是人之生命过程展开不可缺少的动力。在生命展开过程中，人受欲望的驱动不断提升认识能力、专业化技术水平、社会化的交往合作能力，实现生命的自我完善和发展。但在此过程中，人应在满足物欲的过程中不断提高精神境界，不使欲望成为宰制生命的外在形式，这就需要人自觉抵制外在的物、名、利、权等对生命的物化、异化和同化，外物反己。

人之生命是道之所托，道得则身得，道丧则身丧。人为生存和发展不可避免要追求财富、名誉、权力，但这些都是人在生命奋斗、拼搏过程中

① 《淮南子·原道训》。
② 《淮南子·俶真训》。
③ 《淮南子·俶真训》。
④ 《淮南子·俶真训》。
⑤ 《淮南子·道应训》。

通过长期努力而外显的结果。一个人如果过分追求世俗眼中的功成名就等外在的东西，甚至超越了身体的承受力、客观条件的限制，违背了社会道德规范，则会加快生命的衰亡，也会给家庭和社会带来无序和混乱。因此，人应求道、体道和悟道，以道托举生命之体，以道约束个人主义的功利欲望追求，在道的护守中不断提升个人的生命境界。"故达道之人，不苟得，不让福，其有弗弃，非其有弗索，常满而不溢，恒虚而易足。今夫雷水足以溢壶榼，而江河不能实漏卮，故人心犹是也。自当以道术度量，食充虚，衣御寒，则足以养七尺之形矣。若无道术度量而以自俭约，则万乘之势不足以为尊，天下之富不足以为乐矣。"① 富贵、功名、利禄这些有形的东西是每个人都乐意追求的。人拥有了这些东西能够改善生存生活的条件，可以得到周围之人的赞誉，也有了较高的发展平台。但是，这些外在的东西对人具有异化的作用，即人满足自己的物欲，得到富贵、功名、利禄之时可能导致质真素朴、虚静恬喻之性的迷失、精神家园的荒芜以及生命的庸俗化、物化，生命变得扁平、单一僵化，失去了自我提升、自我超越的向度。人也会随着这些外在东西的得与失而痛苦，就像叔本华所言，由于人的欲望永远得不到满足，一个具体欲望满足之后，新的欲望随之就会产生。并且，欲望得到满足的同时，空虚、无聊随之而来。由于人的欲望内在于人的生命构成，难以从生命中去除，人生注定是痛苦的。叔本华认为摆脱欲望无止境给人带来的痛苦需要通过学习哲学和艺术或信仰宗教，人从精神上进行超越。淮南子则认为，人应以道术衡量个人的祸福得失，合道的财富、名利、荣誉，有之不弃，得之不喜。不合道的名、权、利，其有弗索，失之不忧。物欲淡泊，生活俭朴，内心恒虚易足，超越外在有形的物质欲望对生命的宰制。"圣人不以身役物，不以欲滑和，是故其为欢不忻忻，其为悲不惙惙，万方百变，逍遥而无所定，吾独慷慨遗物，而与道同出。是故有以自得之也，乔木之下，空穴之中，足以适情；无以自得也，虽以天下为家，万民为臣妾，不足以养生也。"② "天下之要，不在于彼而在于我，不在于人而在于我身，身得则万物备矣！彻于心术之论，则嗜欲好

---

① 《淮南子·氾论训》。
② 《淮南子·原道训》。

憎外矣。……所谓自得者，全其身者也。全其身，则与道为一矣。"① 圣人在满足自己欲望的同时自觉抵制被物所异化的可能，遗物与道同出，不为外物所诱，不为名利所动，性、情、欲毕得而又和谐相处，与万物融为一体。因此，人应在求欲、外嗜欲、淡泊物欲、摒弃物欲对生命异化的过程中，自觉展开生命的创造过程和生命境界的提升过程。

小　结

淮南子认为，欲望是人之生命不可或缺的组成部分，应本其所欲，而不能禁其所欲。但是，人之性虚静恬愉，不能以欲伤性、损性，以欲养情而不以欲乱情，不以欲滑和，使人性、情、欲处于和谐的状态。淮南子还对不知利害、取与无度的嗜欲之行进行了批判。嗜欲是性之累和性之害，要发挥心之官对耳目感官的统帅作用，发挥心之理性对欲望的控制、调节作用，满足人的基本欲望但不使欲望伤性损命。淮南子指出，人"虽富贵不以养伤身，虽贫贱不以利累形"，也即欲望的满足和追求应以生命健康为基础。人应理性分析个人的能力以及外在条件，追求个人能力范围内的东西，满足生命的基本欲求，固神守精，精神内守，使得生命精气充足，血脉通畅，富有盎然生机与活力。淮南子还指出人的欲望对生命有物化的可能性。人要在不断求道、体道的过程中外物反己，形全精复，与道为一，自觉抵制物化的东西对人的奴役。淮南子还对统治阶级的贪欲进行批判，认为统治者的贪欲造成自然失序，社会失范，人民生活极端困苦。因此，淮南子要求统治者将内在修身与治国联系起来，以性治欲，以德治性，以道治德，去欲反性，反性于平，使道流注于人身，自身得道才不会因贪欲而丧国，统治者应顺从民欲，满足百姓的基本欲求，同时节欲而不扰民，向百姓征税时取予有度而不伤民，达到无为而治的治世局面。

淮南子的自然欲望论是沿着此一思路展开的：反对禁欲而顺欲→反对统治者贪欲、嗜欲→通过治心理性控制欲望达到性、情与欲之间的平衡→外嗜欲使耳目清、听视达，使心去欲持虚并与道之神明相通→从生命护养和境界提升反对贪欲、嗜欲以及欲望对人的物化。此一过程始终贯穿一条

① 《淮南子·原道训》。

主线即求道、悟道、体道的意志不变。对人而言，人对感官之欲以及对名、权、利的物欲要知足，但人求道、守道的欲望却要不知足，这就需要将人物质层面的知足与精神层面的不知足有机统一起来。一方面，人在生命展开过程中要追求知识、能力、德性，使生命处于"日滔滔而自新""日孳孳而成辉"的创造过程，这是生命的内在创造本质决定的，也是人的精神境界不断提升的内在要求。因此，人应在生命的自我生成、创造、超越方面永远处于不知足的状态。另一方面，在以道推动生命自我提升、超越、创造的过程的特定阶段，人要知足。知足是节制自己的感官之欲、物质之欲，不追求"性命"存在条件不具备以及保持自然素朴虚静之性不允许的东西，根据时势取予有度、喜怒有节、动静循理，外化而内不化，即"内有一定之操，而外能诎伸、嬴缩、卷舒、与物推移"①。知足不是一种消极逃避现实、物欲得不到满足的精神自慰，而是体现了对生命的观照。知足之人能够以心治欲，能够调节、控制、提升人的自然欲望，自觉抵制财富、权力对人的侵蚀，不断提高人的生命境界，使生命内部性、情、欲达到和谐而有生机的状态。这样，人在欲望的知足与不知足的交替中展开了生命的创造和超越过程，不知足体现了欲望在生命展开过程中的内在生命冲动以及人不断创造、超越的本质，而知足则体现着对生命自我的关注，不使欲望从个人之生命之流中外化出去。

但是，淮南子的自然欲望论也有不合理的因素。其认识到趋利避害是人和动物共有的本能，人与动物的区别在于礼节制度。但其没有分析人的欲望和礼节制度的关系。尽管其认识到，"凡人之所以生者，衣与食也"②，"耕之为事也劳，织之为事也扰。扰劳之事而民不舍者，知其可以衣食也。人之情不能无衣食，衣食之道，必始于耕织，万民之所公见也"③。淮南子认为，物质生产实践活动是满足人自身欲望、促进生存和发展的前提，但是百姓的物质生产实践活动对社会文明的促进作用其却没有提及。其也认识到"物丰则欲省，求澹则争止"④。一个社会物质财富越丰富，人的物质欲求越低；人物欲淡泊，则物质财富的争夺将会停止。因此，人类社会只

① 《淮南子·人间训》。
② 《淮南子·泰族训》。
③ 《淮南子·主术训》。
④ 《淮南子·齐俗训》。

有创造更多的社会物质财富，不断满足人的物质需求，社会才会长治久安。但是，如何限制人因物质欲望追求而进行的争斗，维持社会的和谐稳定，淮南子却没有指明。而且，通过治心、修身和养性，不断提升人欲望的精神境界只是上层知识分子迎合统治阶级需要的权谋之策，而对处在社会底层、为了满足基本的生存需求苦苦挣扎的平民百姓而言，提升欲望、修身养性只是无益于生存的精神慰藉。

淮南子认识到，为了满足统治者的贪欲必然会进行大兴土木、大炼铜铁等物质生产实践活动，这一方面促进了社会文明的进步，另一方面也造成资源的大量消耗、生态的破坏，以及对下层群众的剥削和压榨。因此，淮南子构建了一套天人感应的思想体系和节欲省事的道德规范体系，对统治者满足欲望的活动进行约束、限制、规范和引导。同时，淮南子还指出，人民群众为满足自己生存发展欲望必然要从事耕织活动即改造自然的物质生产活动，但由于资源的有限性以及人的逐利性，人与人之间会发生争夺。如果没有道德自律和礼仪制度的约束，那么人的欲望将会破坏物质生产实践活动所创造的成果。由于历史和阶级的局限性，淮南子难以从社会历史整体和进步的视角看到满足人民群众的生存生活欲望的物质生产活动对社会历史发展所产生的影响和作用。马克思主义的唯物史观告诉我们，为满足人民群众的生存生活欲望的物质生产活动可以推动社会历史的发展。但由于生存压力以及人剥削人的私有制的存在，人民群众的欲求与统治者的欲求会产生极大的冲突。当统治者的欲望有利于人民群众改造自然和社会的物质生产实践活动，即统治者的欲望与人民群众的欲望一致时，欲望有利于社会的发展。而当统治者为了满足自己的贪欲与人民群众的生存欲望产生严重的阶级冲突、干扰了正常的物质生产实践活动时，人民群众在生存压力之逼迫下会走上推翻统治者的道路。在这种情况下，满足人民群众生存生活需要的物质生产活动和社会革命运动在不同程度上推动着社会历史的进步。当社会发展到一定程度，人民群众有了足够的财富即生存欲望得到满足，物质生活条件得到极大提高时，统治者也应不断调整有利于人民群众生存发展的政治经济政策，限制、规范人民为满足物欲进行的物质生产活动，以道德规范和精神文化提升人民群众的欲望。否则，人会逐渐被物化，人的欲望失去冲破经济理性、政治理性、科技理性的冲力，失去自我超越的能力，在这种情况下，人之欲望将会庸俗化、世俗化，人活在当下感官欲望的满足过程中，人的欲望仅仅是为了满足单纯的经济利益、政治权力及社会的影响力，人失去了对现实反思、批判的功能，个人盲目的从众行为让人难以抵制整个社会物化潮流对人的挟裹，人逐渐在丰富的物欲享受中苟且过活，人失去了对精神意义和精神境界的追求，人的生命将变得扁平和单一，这需要构建利于人民群众利益的社会经济、政治制度。

改革开放以来，随着中国特色社会主义市场经济体制的变革，不同的社会阶层的生产方式、生活方式、利益分配方式都发生了巨大变化。从政治管理者的角度来看，有政治追求的官员牢记党的初心和使命，在为百姓谋利益、为国家和社会进步做贡献的前提下，通过合法的途径谋求合理的收入报酬，满足个人及家庭生存发展的欲望。

党的十八大以来，党中央不断对党员干部进行马克思主义理论的教育，开展"群众路线""两学一做""三严三实""不忘初心，牢记使命""四史教育"等活动，通过严厉惩处腐败行为，完善权力监督机制，使广大党员的精神面貌和工作作风产生极大改变，政界利用权力资源无序逐利的欲望得以规范和约束。国家通过立法严厉查处一些商人制假、贩假等危害人民利益的非法行为，使商界人士的谋利行为逐步得到规范。在文化界和教育界，国家不断进行师德师风、科研诚信道德教育活动，并通过严格立法、执法对一些违背法律和道德行为的进行惩处，从而使文化界和教育界的人士的逐利行为得以规范。党中央还在全社会严厉打击村霸、市霸等黑恶势力，使其失去了存在的空间和社会条件，社会秩序混乱的状况得以改变。国家宣传部门还借助一些大型的活动如抗美援朝纪念日、抗日战争纪念日、脱贫攻坚大会、疫情表彰大会等广泛开展学习英雄人物、模范人物、先进人物、道德模范人物的感人事迹，大力宣传优秀传统文化、革命文化和社会主义先进文化，尤其是党的十八大以来党的创新理论，以及马克思主义在思想文化领域的指导地位不断巩固，逐步形成了向上、向善的良好社会风气。党的十八大以来，在党中央的坚强领导之下，党中央牢记为人民谋幸福、为民族谋复兴的初心和使命，围绕全面实现社会主义现代化的百年奋斗目标，全面深化改革、全面从严治党、全面依法治国，各个阶层的满足感官之欲、物质之欲的活动逐步得到有效的规范、约束和引导，人的精神境界不断提高，社会逐步处于一种理性平和、和谐有序、团结进取的发展状态。但是，人的欲望的约束只是处于不敢、不能、不想的状态，还没有从被动的外在约束转化为内在的自觉和自律。并且，在激烈和繁重的竞争和生存压力下，当今人的性、情与欲之间的冲突日益剧烈，人的生命内部分裂、紧张和冲突导致人的心理、精神和身体处于病态中。这就需要在马克思主义理论的指导下，立足党带领人民进行革命、建设和改革的实践，将马克思主义追求全人类解放的解放文化与中国古代重视生命、爱惜生命、提升生命的"生生文化"有机结合，将马克思主义追求每个人自由全面发展的价值追求与中国古代文化自觉成人的价值追求有机结合，构建具有民族特色的、适合当今社会发展需要的、可以提升人的精神境界的、安放人的精神家园的新文化生命体，使中华儿女在新时代新文化的熏陶下自觉约束个人的感官之欲、对功名利禄的物欲追求，克服物欲追求的极端个人主义、拜金主义，通过努力奋斗满足自然物质生命对美好生活的要求，满足社会生命遵守制度与道德伦理规范的要求，增强社会生命承担责任、义务的能力，满足精神生命安放灵魂、提升精神境界的内在精神需求，使每个个体生命处于生生之样态，以个体生命的生生促进家庭兴旺、社会进步和民族复兴。

第三节 《淮南子》的自然真情论

人之自然之情既指人与外物相接触而产生的喜怒哀乐忧悲之情，也指内心发出的自然而然且能感化他人的情感。《淮南子》的自然真情观是在继承儒家和道家真情思想的基础上形成的自然真情论。淮南子对人之自然情的阐释也是从人之自然之情绪和人之自然情感两个角度阐明的。前者要求人从心之理性和外在规范控制人的主观之情，不以情伤身，不以欲乱情，使生命健康而富有生机，促进社会和谐有序。后者要求人以理性回归人之自然真情，以至真至诚的情感感天地、化万物。同时，要求人从现实利益动机和后果理性出发，分析爱之对象的差异性，将仁和智有机结合。

一 尊道贵德，节情养性

荀子在《正名》中说："性之好恶、喜怒、哀乐，谓之情。"① 在《天

① 《荀子·正名》。

论》中指出："天职既立，天宫既成，形具而神生，好恶、喜怒、哀乐臧焉，夫是之谓天情。"① 也即人的好恶、喜怒、哀乐之情是人不学而能的自然之情。"性者，天之就也，情者，性之质也；欲者，情之应也。"② 荀子认为，情是性之质，而欲是情之应。有其性必有其情，性是情产生的基础。有其欲，情必为之应，也即欲望是人之情产生的条件。性、情、欲是人性命结构中的构成部分，但心之理性应节欲、导情，情随意地释放而不禁必然伤身以及导致家庭、社会的混乱无序。淮南子继承了荀子的思想。"人之情……喜怒也。"③ "人生而静，天之性也。感而后动，性之害也。……知与物接而好憎生焉。"④ 人之自然之情源自人之感官与外物接触而引起的内心情绪的波动。淮南子认为，人之性清静恬愉，而人之自然之情不加控制、引导则会损伤人之清静恬愉之性，导致行为无常。"凡人之性，心和欲得则乐，乐斯动，动斯蹈，蹈斯荡，荡斯歌，歌斯舞，歌舞节则禽兽跳矣。人之性，心有忧丧则悲，悲则哀，哀斯愤，愤斯怒，怒斯动，动则手足不静。人之性有侵犯则怒，怒则血充，血充则气激，气激则发怒，发怒则有所释憾矣。"⑤ 淮南子认为，人心态平和，欲求得到满足则高兴，高兴则手舞足蹈，没有节制就像会产生像禽兽一样的行为。人之情可以由忧转悲、由悲转哀、由哀转怒。人由外部激发引起的愤怒之情使气血冲冠，导致极端行为，产生难以预料的后果，为人带来遗憾。"率性而行为之道，得其天性谓之得。"⑥ 人之性是道根之性在人身上的体现。因此，人应尊道贵德，守护人之自然之性。但是，人的喜、怒、哀、乐、好、恶之情背道离德，使人之天性隐而不显。"夫喜怒者，道之邪也；忧悲者，德之失也；好憎者，心之过也；嗜欲者，性之累也。人大怒破阴，大喜坠阳，薄气发瘖，惊怖为狂，忧悲多恚，病乃成积，好憎繁多，祸乃相随。故心不忧乐，德之至也；通而不变，静之至也；嗜欲不载，虚之至也；无所好憎，平之至也；不与物散，粹之至也。能此五者，则通于神明。通于神明者，得其内者也，是

① 《荀子·天论》。
② 《荀子·正名》。
③ 《淮南子·本经训》。
④ 《淮南子·本经训》。
⑤ 《淮南子·原道训》。
⑥ 《淮南子·齐俗训》。

故以中制外，百事不废，中能得之，则外能收之。中之得则五藏宁，思虑平，筋力劲强，耳目聪明，疏达而不悖，坚强而不鞼，无所大过，而无所不逮，处小而不逼，处大而不窕，其魂不躁，其神不娆，湫漻寂寞，为天下枭。"① 人的喜怒哀乐忧悲好憎之情背道离德，无度无节会导致人阴阳之气失调，精神失常，行为失度，内病外患接踵而至。这就需要人尊道贵德，心有所定，外嗜欲，和喜怒，去忧乐，使内心神明与道之神明相通。内心得道，心中有主，以中制外，五藏宁，思虑平，耳聪目明，内心通达，无论处在何种境况人都能达到内心安适、神定魂静之状。

淮南子还指出，人应发挥心之理性对自然之情的协调、控制、引导作用。"心者形之主也。"② "心者，身之本也。"③ "心之于九窍四支也，不能一事焉。然而动静听视皆以为主者，不忘于欲利之也。"④ "耳目鼻口，不知所取，心为之制，各得其所。"⑤ "心者，五藏之主也，所以制使四支，流行血气，驰骋于是非之境，而出入于百事之门户也。"⑥ 因此，心是身体的主宰。心之官主思，心是人的自然之情的发源地，具有判断是非的能力。人的好恶、喜怒、哀乐之情是人的感官与外物接触而产生的情绪反映。人能够有效控制、协调感官和四肢的行为，则能摆脱自然之情对人的控制。因此，人应发挥心之主宰功能。"人之情，思虑聪明喜怒也。故闭四关，止五遁，则与道论。"⑦ 也即阻塞耳目鼻口嗜欲的通道，从心之思维即是非、明辨、察知的具象思维能力升华为道的视角，从错综复杂联系的整体以及发展变化的态势观察现象万物，人可以理好憎、和喜怒、少忧怨，逐步摆脱主观主义情绪、情感的牵制。"是故圣人审动静之变，而适受与之度，理好憎之情，和喜怒之节。好憎理，则忧弗近；喜怒节，则怨弗犯。"⑧ 淮南子还对儒家迫性拂情的做法提出了批评，认为达道者则"理情性，治心术，养以和，持以适，乐道而忘贱，安德而忘贫，性有不欲，无欲而不得，心

---

① 《淮南子·原道训》。
② 《淮南子·精神训》。
③ 《淮南子·泰族训》。
④ 《淮南子·主术训》。
⑤ 《淮南子·诠言训》。
⑥ 《淮南子·原道训》。
⑦ 《淮南子·本经训》。
⑧ 《淮南子·修务训》。

有不乐，无乐而不为，无益情者，不以累德，而便性者，不以滑和，故纵体肆意，而度制可以为天下仪"。① 达道者超越是非之见以及俗世的贫富贵贱标准，协调情、性、欲之间的关系，安贫乐道，不以情累性，不以欲滑和，保持恬愉宁静。

二 自得其道，返性安情

人之乐情不在于乐外，而在于乐内。因为乐外，"乐作而喜，曲终而悲。悲喜转而相生，精神乱营，不得须臾平"。② 而乐内则是自得其性，"吾所为乐者，人得其自得也。夫得其自得者，不以奢为荣，不以廉为悲，与阴俱闭，与阳俱开"。③ 人自得天性不以奢侈为荣，不以清廉为悲，顺从阴阳运行的规律，与阴俱毕，与阳俱开。"不以身役物，不以欲滑和，其为欢不忻忻，其为悲不惙惙，吾独慷慨遗物，而与道同出。是故有以自得之也，乔木之下，空穴之中，足以适情；无以自得也，虽以天下为家，万民为臣妾，不足以养生。能至于无乐者，则无不乐。无不乐则至极乐矣。"④ 人自得其性，达到大己而小天下的道境，"不以身役物，不以欲滑和，不以欲乱情"，可以从世俗的贫贱得失而产生的喜怒哀乐之情中解脱出来。而达到这种境界则需外好憎、齐是非、同变化、齐生死，内与天机神明相通，外与天地万物为一。"天下之要，不在于彼而在于我，不在于人而在于我身，身得则万物备矣。彻于心术之论，则嗜欲好憎外矣。是故无所喜而无所怒，无所乐而无所苦，万物玄同也。无非无是，化育炫耀，生而如死。所谓自得者，全其身者也。全其身，则与道为一矣……吾所谓得者，性命之情处其所安也。……是故不以康为乐，不以慊为悲，不以贵为安，不以贱为危，形神气志，各居其宜，以随天地之所为。"⑤ 人若自得道，以道心治身，则能摆脱嗜欲好憎对人之捆绑和束缚，不以当下的康慊、贵贱而情绪动荡起伏，性命之情自得自适，形神气志各居其宜，处于和谐的状态。

淮南子对人的自然之情的分析体现人不断超越自我、不断提升自我的

---

① 《淮南子·精神训》。
② 《淮南子·原道训》。
③ 《淮南子·原道训》。
④ 《淮南子·原道训》。
⑤ 《淮南子·原道训》。

自觉意识。第一层境界是人由喜怒哀乐好憎等自然之情的无度、无节导致人之内疾外患,逐渐过渡到圣人理好憎、和喜怒、安贫乐道、至德至乐之境。但这种境界人还没有从世俗世界中超脱出来。第二层境界,随着人自觉体道、悟道和守道,人由世俗的现实世界逐步达到齐生死、同变化、无非无是、无喜怒、无哀乐、与万物为一的天地之境。人由第一层境界向第二层境界的提升体现着主体自我由外向内、由内扩散到宇宙万物,由宇宙万物返回我身的过程,这种由外向内、由内向外互相激荡的过程使人不断由狭隘的小我提升为大我。这种境界的提升尽管是人之生命的不断超越和日新,但通过逆向的回复(远离宇宙本根的过程中返回本根,失去自然本性的过程中返归质真素朴、虚静恬愉之性)达致,使人内在的本然之情性得到自然而然的显明。这种境界的提升体现了人之理性由不自觉到自觉的过程,但此理性并不只是对人之自然之情极端的压制,而是在顺其自然之情的基础上,在生命与外界的矛盾冲突,生命内部性、情、欲的激荡中达到平衡,"和以反中,形性相苞"①,也就是以内心之和达到社会之和、自然之和,人以外物之和谐反归内心平和中正,使神、形、情两相护养。淮南子对人的自然情性的超越并不是从现实社会中抽离,而是在现实中超越现实,进而回归现实,在是非中超越是非,但又以道心观是非、理是非,立足于人之生存根基,即名、权、利之追逐,但又摆脱这些东西对人的奴役与物化。因此,淮南子对人之自然之情的提升体现着理想与现实、人与自然、人与社会的互相交融。

三 以文饰情,文情理通

淮南子在《本经训》中指出礼乐产生的根源和目的:"阴阳之情,莫不有血气之感,男女群居杂处而无别,是以贵礼。性命之情,淫而相胁,以不得以则不和,是以贵乐。"礼乐的产生是对人之自然之情的约束和调节,达到人之生命内在之和与社会之和的协调。"故钟鼓管箫,干戚羽旄,所以饰喜也;衰绖苴杖,哭踊有节,所以饰哀也;兵革羽旄,金鼓斧钺,所以饰怒也。必有其质,乃为之文。"②"有喜乐之性,故有钟鼓管弦之音;有悲

---

① 《管子·白心》。
② 《淮南子·本经训》。

哀之性，故有衰绖哭踊之节。……喜音而正雅、颂之声，故风俗不流。"① "乐者，所以致和，非所以为淫也；丧者，所以尽丧，非所以为伪也。"② 礼乐之根本在于使人的自然之情以恰当的形式表现出来，使人的性、情、欲处于和谐状态，并以个人生命的和谐促进社会的和谐。如果礼乐形式脱离此一目的成为脱离生命的虚假伪饰或失去自然之情提升和超越的功能，就应遭到唾弃。"礼者，体情而制文者也。"③ "礼者，实之华而伪之文也。"④ "文胜则质掩。"⑤ 因此，不能以文灭情。喜怒哀乐既是一种主观的情绪，又是发自内心的情感，情绪强调了外界对人心之情所产生的影响，情感则偏重于人之内心之情由外激发而产生。"且喜怒哀乐，有感而自然者也，故哭之发于口，涕之出于目，此皆愤于中而形状于外者也。譬如水之下流，烟之上寻也。夫有孰推之者！故强哭者虽病不哀，强亲者虽笑不和，情发于中而声应于外，故厘负羁之壶餐，愈于晋献公之垂棘，赵宣孟之束脯，贤于智伯之大钟。故礼丰不足以效爱，而诚信可以怀远。"⑥ 人之喜怒哀乐之情是由外景相接触而发自内心的自然而然的情感，礼物只是表达情感的媒介，丰厚的礼品不足以表达情感，而情真意诚则可以感人。"文者，所以接物也，情系于中而欲发于外者，以文灭情则失情，以情灭文则失文，文情理通，则凤麟极矣。"⑦ 淮南子强调文情并重，以文载情、显情，而情通过文饰的形式表现出来。从自然之情与礼乐的关系来看，淮南子重点从两个方面展开：首先，从人之自然情绪来说，礼乐的文饰是为了约束、调节人之主观自然之情，使人的自然之情经过理性的过滤以修饰的形式表达出来，以达到性、情、欲的和谐，促进社会和谐的有机统一；其次，从人之情感的角度，礼乐是形式，是为了表达人内心真实、真诚的情感，礼乐形式是对人之自然情感的本然呈现，没有理性控制的意蕴。但两个层次最终目的是不能脱离人之自然情性，也即礼乐在于提升人的主观情绪，表达人的至真情感，不能脱离人之虚静恬愉之性，致性尽情，使人自得自适，而不使

----

① 《淮南子·泰族训》。
② 《淮南子·泰族训》。
③ 《淮南子·齐俗训》。
④ 《淮南子·氾论训》。
⑤ 《淮南子·诠言训》。
⑥ 《淮南子·齐俗训》。
⑦ 《淮南子·缪称训》。

礼乐成为限制人之真性、真情的外在形式。

四　至德不德，仁智结合

淮南子关于仁爱之情的看法是从创造万物的道体而来的，天道、水德是人之仁爱至德之根据。淮南子在《原道训》中指出："夫太上之道，生万物而不有，成化像而弗宰。蚑行喙息，蠕飞蠕动，待而后生，莫之知德；待之后死，莫之能怨。得以利者不能誉，用而败者不能非，收聚蓄积而不加富，布施禀授而不益贫。"道生万物却不占有，化育万物却不主宰。道自有自足，收聚蓄积而不加富，广施万物却不益贫，因此，道具有广德、上德的特性。"天下之物，莫柔弱于水。……上天则为雨露，下地则为润泽，万物弗得不生，百事不得不成，大包群生而无好憎，泽及蚑蛲而不求报，富赡天下而不既，德施百姓而不费，行而不可得穷极也，微而不可得把握也。……有余不足，与天地取与，授万物而无所前后。是故无所私而无所公，靡滥振荡，与天地鸿洞，无所左而无所右，蟠委错紾，与万物始终。是谓至德。"① 水大包群生，泽及万物，德施百姓，其德广大无私，其施爱而不求报，但水之德与仁并不因万物之得到而有所缺失，其用而不竭、不费。"天道无亲，唯德是予。"② 因此，人应效法道体、水德、天道之纯粹、无私、广博、不留痕迹、不求回报之爱。

仁是人之为人最重要的高贵品质。"凡人之性，莫贵于仁。……国之所以生存者，仁义是也。"③ 仁义是一个国家存亡之本。"仁者，百姓之所慕也；义者，众庶之所高也。"④ 仁义是人之为人应有的特质，但并非人人轻易而能达至的，因而其是众人所仰慕追求的对象。关于什么是仁，淮南子指出："所谓仁者，爱人也。……仁莫大于爱人。"⑤ 爱是仁的基质，仁者都是广施爱心的人。仁爱情感产生是无条件、无目的的，"慈父之爱子，非为报也，不可解于心。圣人之养民也，非求用也；性不能已，若火之自热，冰之自寒。夫有何修焉。……故虽亲父慈父，不加于此，有以为，则恩不

---

① 《淮南子·原道训》。
② 《淮南子·诠言训》。
③ 《淮南子·主术训》。
④ 《淮南子·说林训》。
⑤ 《淮南子·修务训》。

能接矣。……故送往者，非所以迎来也；施死者，非专为生也。三月婴儿，未知利害，而慈母之爱渝焉也。……君子诚仁，施也仁，不施也仁；小人诚不仁，不施也不仁，施也不仁。善之由我，与其由人若，仁德之盛者也。"① 淮南子认为，爱是一种自然而然的情感，这种爱是就像慈母之爱，没有任何外在的目的和动机。当一个人的行为具有仁爱之心，无论这种爱是否实施出来，其都是仁的。反之，一个人的行为不出于爱的动机，无论其在行动上体现如何，都是不仁。淮南子强调的爱是一种至真至诚的爱，强调爱的动机的纯粹性，反对将仁作为虚假的、谋利的伪饰形式。"仁者，积恩之见证也。"② "善行归乎仁义。"③ "情系于中，行形于外。"④ 一个人的爱心必须通过日常善行体现出来，这种善行不断积累，将仁爱的品质内化于人的生命结构之中，通过行动体现出来，才能成为真正的仁者。一个人只要内心具有仁爱之心，其行为背离了最初的良善动机，也不会遭怨，反之，如果脱离了爱之动机，虽忠也遭祸患，"凡行戴情，虽过无怨；不戴其情，虽忠来恶。……苟向善，虽过无怨。苟不向善，虽忠而患"。⑤ 淮南子强调爱、善的动机相对于后果的优先性，如果行为背离了这个动机，无论产生什么样的结果，其行为都要遭到唾弃。在人类社会领域，淮南子继承了儒家的思想，将人的爱心由家庭逐步外推，"孝于父母，弟于兄嫂，信于朋友"⑥。

"遍爱群生而不爱人类，不可谓仁。仁者，爱其类也。"⑦ 淮南子虽然强调仁爱之德，应包容万物，但是其强调具有仁爱之心应将对人类的爱高于其他动物。对自然万物具有爱心却不爱自己的同类，不是真正的仁者。因此，淮南子的仁爱思想强调爱有差等。

淮南子还强调爱与智应有机结合，"凡人之性，莫贵于仁，莫急于智。仁以为质，智以行之，两者为本"。⑧ 仁是一个人性命中最高贵的品质，而

---

① 《淮南子·缪称训》。
② 《淮南子·缪称训》。
③ 《淮南子·缪称训》。
④ 《淮南子·缪称训》。
⑤ 《淮南子·缪称训》。
⑥ 《淮南子·主术训》。
⑦ 《淮南子·主术训》。
⑧ 《淮南子·主术训》。

智是一个人解决急难问题的智慧和方法。一个人在生命展开的过程中应以仁为质,以智行事,两者是一个人立身的根本。"遍知万物而不知人道,不可谓智;遍爱群生而不爱人类,不可谓仁。仁者,爱其类也,智者,不可惑也。仁者,虽在断割之中,其所不忍之色可见也;智者,虽烦难之事,其不安之效可见也。"① 智慧之人既要察知万物,更要懂得人世间的道理,仁者广爱万物,更要爱人类。人在任何场合都应将仁爱之心与理性智慧有机结合,有爱而无智慧,则难以达到爱的效果。有智而无爱,则智可能成为危害他人的工具和手段。这就需要考虑爱之实施的具体条件或方式,"有道者不失时与人"②,有道之人在帮助别人时充分考虑受助之人所处的时机。淮南子还以徐偃王行仁义使国灭亡,而周伯昌行仁义灭纣为例说明仁爱要与智慧有机结合,善于根据时势而权变。行仁爱要求人有宽恕之心,"有诸己而不非诸人,无诸己而不求诸人"。③ 自己具有爱心爱行而不对别人不合乎爱的行为妄加非议,自己做不到的善行,也不要求别人做到,"内恕反情,人心所欲,其不加诸人,由近知远,由己知人。此仁智之所合而行也"。④ 人应按照"己所不欲,勿施于人"与"己之所欲,不加诸人"的原则严格要求自己,宽以待人,由近及远,由己及人,逐步将爱心从个人的具体行为扩展到他人、他物。行施仁爱还要人从事物存在发展的全局和大势出发,分清主次、大小,做出正确的决断,"小有教而大有存也,小有诛而大有宁也。唯恻隐推而行之,此智者所独断也",从而避免行小仁而失大局、乱大局。"故仁智错,有时合,合者为正,错者为权,其义一也。"⑤ 这样,以智达仁,以仁约束智,人以理性的智慧实施爱,仁智时合时错,合者为正,错者为权,根本在于能否维护人之为人的仁爱之质,是否有利于事物和谐有序发展。"善行由我,与其由人若,仁德之盛也。故情胜欲则昌,欲胜情则亡。"⑥ 成仁由自己做起,严格要求,对个人求利的欲望进行理性约束,这样就能使社会的仁德达到鼎盛之境。

---

① 《淮南子·主术训》。
② 《淮南子·主术训》。
③ 《淮南子·主术训》。
④ 《淮南子·主术训》。
⑤ 《淮南子·主术训》。
⑥ 《淮南子·缪称训》。

淮南子关于仁爱之情的思想，以太上之道、水德、天道为例，强调仁爱情感的广博、无私、不留痕迹、不求回报、施之不竭等特点，进而为人之仁德提供形而上学的依据。具体而言，主要有以下几点。首先，从仁爱实施的对象来看，仁爱应是普遍的、无条件的，但在具体的、现实的条件下，爱是有差等的，人应从爱亲做起，逐步将爱心推及朋友、君臣以及万物，尤其强调"遍爱群生不爱人类不可谓仁"。其次，从仁爱的实施者而言，人应遵循"己所不欲，勿施于人"的原则，以道德规范为依据，加强自我修养，将自我修身、维护家庭亲情、朋友友情、君臣忠诚有机结合起来，构建和谐圆融的人际关系，为人的生命成长提供广阔的空间。再次，从仁爱之情实施的方式而言，仁爱之情的产生是自然而然的，具有无目的性、无条件性，但其本质目的不外乎维护人之为人自然而然的真爱之情，同时，人应在克服人之自私、偏狭之情的基础上以内在自律和外在约束的方式使人之情不断提升和超越，在仁之纯粹、无私、无迹以及仁爱之差异性、可变性的张力中展开人之生命日新月异的历程，展开人类改造自然、改造社会的实践活动。最后，应合理处理情感与理智、情感与欲望的关系，自觉提升情感的高度。淮南子指出，一个人生命展开的过程应将仁爱的情感与理性的智慧有机结合起来，以仁爱约束智，以智达仁，以理性的智慧表达爱、实施爱。同时，淮南子指出，一个人能以理性情感战胜欲望，则能促进事业兴盛、家族兴旺、社会繁荣昌盛；反之，欲望控制了人的情感，情感成为满足个人欲望的奴隶，则会导致事业衰败、家族衰落和社会倒退，如"情胜欲则昌，欲胜情则亡"[1]。因此，人应在爱的牵系下、在沉甸甸的责任约束下展开自己丰富、充实而又愉悦的生命历程。

五 至诚而化，真情而感

人之至诚之情的思想起源于孟子。孟子在《离娄·章句上》指出："是故，诚者，天之道也；思诚者，人之道也。至诚而不动者，未之有也；不诚，未有能动者也。"诚是真实无妄，天之道至诚则能化育万物，天之道是人之道的依据，人应充分彰显天之诚，即人应有天之至真至善的爱的情感，以诚化育天地万物。《中庸》进一步发展了孟子关于人之情至诚的情感，

---

[1] 《淮南子·缪称训》。

"诚者，天之道。诚之者，人之道。诚者，不勉而中，不思而得，从容中道，圣人也。诚之者，择善而固执之者也"。人择善而从，持之以恒，逐步能够达到不勉而中、不思而得、从容中道的至圣之境。"唯天下至诚谓能尽其性，能尽其性则能尽人之性，能尽人之性则能尽物之性，能尽物之性则可以与天地参矣。"只有至诚之人，才能将自己的天赋本性发挥到极致；能将自己的本性发挥到极致，就能将他人的本性发挥到极致；能将他人的本性发挥到极致，就能将万物的本性发挥到极致；能够将万物的本性发挥到极致，则可以赞助天地万物的化育；能赞助天地万物的化育，就可以与天地并列为三了。这样，诚将自我与他人、他物合诸一身，使人类万物之本性在自己身上充分体现出来，他人他物身上也体现着自性，并使自我的创生自觉融入宇宙生生不息的过程。"至诚之道，可以前知。祸福将至，善必先知之，不善必先知之。故至诚如神。"至诚之人由于能明人之性物之性，能明万物之理和宇宙创生的神秘力量，使自己的至诚之心与他人、他物产生感通，不仅能与宇宙神明相通，并且能使神明之效在自己身上得以充分体现，能见人之所未见，能明人之所未明。人至诚则能尽己性，尽己性则能化育万物，从而成己、成人、成物。个人成为宇宙之道、人类之性和万物之性的彰显者，同时，人类万物也彰显了己之性。人以至诚之性参天地化育万物，生生不息，博厚配地，高明配天，消明德于无迹、无为之中，达到天人合一之境。

诚从两个角度展开，一方面，指至精之气所产生的精诚感通力量，主要从精神方面论述；另一方面，指至诚之情所产生的感化力量，主要从情感方面论述。前者侧重天人感应，后者侧重人与人之间的感应。淮南子以师旷奏《白雪》之音而神物为之下降和庶女叫天而雷电为之下降为例，说明"夫瞽师、庶女，位贱尚菜，权轻飞羽，然而专精厉意，委务积神，上通九天，激励至精"[1]。人之精神专一，意志坚定，精力集中，全神贯注，上通九天，以精诚感动神灵。淮南子还以"武王伐纣，遇阳侯之波兴风作浪，武王怒之使风平浪静"为例说明精诚感应的原因："夫全性保真，不亏其身，遭急迫难，精通于天。"淮南子在《主术训》中指出："汤之时，七年旱，以身祷于桑林之际，而四海之云凑，千里之雨至。抱质效诚，感动

---

[1] 《淮南子·览冥训》。

天地，神谕云外；令行禁止，岂足为哉！故圣王之精形于内，而好憎忘于外，出言以副情，发好以明旨。……业贯万世而不壅，横扃四方而不穷。禽兽昆虫与之陶化，又况执法施令乎？"① 淮南子认为，圣人治国外好憎、理情性，抱质效诚，能够感天动地，化育万物，这寄托了人们对公平、公正、合理的社会现实的向往。统治者只要尊道贵德，体察民情民意，坚守正义，为民兴利除害，抱质效诚，感动天地，其在困阻之时便能得到神的福佑，而达到治世太平之境则会出现祥瑞之应。"故圣人者，怀天心，声然能动化天下者也。故精诚感于内，形气动于天，则景星见，祥风至，黄龙下，醴泉出，嘉谷生，河不满溢，海不溶波。"② 由精诚产生的天人感应是对人自然之道、社会之道的护守，这既是至精至诚的精神产生的感通力量在天人之间的沟通与融贯，也是无形之精气所产生的感应，如"天之与人有以相通，万物有以相连，精祲有以相荡也"③。由精神产生的天人感应可以在一定程度上抑制上层统治者的贪欲，统治者对天的信仰以及敬畏会约束规范自己的行为，使其不违背自然规律和社会规律。

　　淮南子认为至精至真至善之情感能够产生感应和感化力量。"昔雍门子以哭见于孟尝君，已而陈辞通意，抚心发声，孟尝君为之增欷歍唈，流涕狼戾不可止。精神形于内，而外谕哀于人心，此不传之道也。"④ 人如果有了悲惨经历就会在内心的精神世界形成悲情，此悲情潜藏于生命深处，一旦触景通过语言或歌声流露出来，就会引起同类经历的人之共鸣。"勇士一呼，三军皆辟，其出之也诚。……感乎心，明乎智，发而成形，精之至也。可以形势接，而不可以昭誋。"⑤ 淮南子指出，人内心至真至诚之情能够产生意想不到的感化效果，作用于人心，改变事物发展的形势。"故两心不可以得一人，一心可以得百人。男子树兰，美而不芳，继子得食，肥而不泽，情不相与往来也。"⑥ 人之至诚至真之情感生于内而形于外，能与他人产生感通作用，达到不言而喻的效果，故"怀情抱质，天弗能杀，地弗能埋也，

---

① 《淮南子·主术训》。
② 《淮南子·泰族训》。
③ 《淮南子·泰族训》。
④ 《淮南子·览冥训》。
⑤ 《淮南子·览冥训》。
⑥ 《淮南子·缪称训》。

声扬天地之间，配日月之光，甘乐之者也"。① 人之真诚之情不自扬而显示于天地之间，与日月同光。"情先动，动无不得；无不得则无菁（郁结阻塞），发着而后快。"② 人的情感内心活动起来，通过一定的方式表达出来，这样便不会凝结壅塞，心情便会愉悦。情除了能产生感化作用外还能产生感知作用，"雍门子以哭见孟尝君，歌哭，众人之所能为也；一发声，人人耳，感人心，情之至也"。③ 人与人之间由于真情存在，所以能相互沟通感知，远远超出用智慧去认知世界的范围。"目见其形，耳听其声，口言其诚，而心致之精，则万物之化咸有极矣。"④ 人之耳听目见之明与人之真诚之情相合可以使心达致万物化育之精微之处，与自然之神明相通，至真至善至诚的情感能够以无形力量穿越天地之间，感化人与万物。

从以上对孟子、《中庸》、淮南子关于诚的论述可以看出，孟子和《中庸》都将人之诚上升为天道，以天道说人道，诚作为天之道贯穿万物始终，是一种化育万物的生生不息的力量。而人应效法天道之诚，首先自明其诚，将万物之诚在自己身上充分体现出来，他人他物身上也体现着自己的诚性，参天地之化育万物，尽万物之理，弥伦天地之本，效法天之高明，地之厚德，与自然之神明相通。孟子和《中庸》之诚在空间上破除了人与人、人与万物之间的蔽障，使人与人、人与物相通相融相合，而在时间上将人之生命置于宇宙万物生生不息之流程中，从而将自我的创造、超越的品质以不断升华的形式体现出来，在展开人之为人之本质的同时，将成己、成人、成物作为人之为人之重任，因诚之性达到天人合一之境。而淮南子对"诚"之分析并没有从人之性、天道的角度分析，其重点在于阐明精诚所产生的感应、感化力量，其立足于社会现实中的个人，人由精神所产生的天人感应是对社会不公正现实的思想回应，寄托了其对统治者尊天道、持公正、体民爱民的愿望和理想。淮南子还从发生学的角度，以具体的个例分析人之至真至诚的情感所引起的人与人之间的心灵共鸣和感知，以及他人所产生的感化作用。而这种真诚之情的产生是自然而然的，没有任何外在目的，其并不故意彰显却从言行中不自觉地流露出来，声扬天地之间，与日月齐

---

① 《淮南子·缪称训》。
② 《淮南子·缪称训》。
③ 《淮南子·缪称训》。
④ 《淮南子·缪称训》。

明。人也因这种真诚情感的释放扩散而达到崇高的精神自由之境。且这种至诚至真情感是在对个人私欲的摒弃中达致的，是对人之善质和爱之情感的吸纳。人在至诚之情的追求中，既使自我的真性真情得到彰显，也使人的厚德、仁善之性在个体身上得以澄明，至诚中又体现着一种大我，至诚是人之真我和大我的统一。

第四章 《淮南子》的生命智慧观

人在生命的展开过程中，必然要认识宇宙本根之道、人及自然万物，把握自然界的变化规律，形成认识之智；在改造自然、社会的实践活动中，形成生存发展的实践之智；在处理人类社会各种错综复杂的关系以及解决矛盾、冲突时，形成生存之智。认识之智、实践之智、生存之智三者有机结合构成了人的生命智慧，在三者的共同作用下生命向健康、良性、上升的方向发展。

第一节 《淮南子》的生命智慧形成原因

淮南子认为，人是宇宙演化过程中，偶然出现的一个物种，但是"蚑行喙息，莫贵于人"①，"烦气为虫，精气为人"②。人，作为万物之灵，不同于万物的是，人在改造自然和社会的生存实践活动中使自己的认识能力和实践能力不断提高，为个人生命的存在和发展形成必要的智慧。这种生命智慧是在一定的目的和动机推动下而不断产生、发展的。具体而言包括以下几个方面。

一 追求光明的心理动机

人与动物为了能在自然环境中存在下去都具有探求自然的动机，如"鹊巢知风之所起，獭穴知水之高下，晖目知晏，阴谐知雨"③，动物对自然的探索仅仅是"趋利避害"本能的推动，它对自然的认识也仅局限于其本

---

① 《淮南子·天文训》。
② 《淮南子·精神训》。
③ 《淮南子·缪称训》。

能范围之内，但人与动物不同的是，人除了趋利避害之本能推动外，还具有探求光明与自由的乐趣的心理需求，如"凡人之所以生者，衣与食也。今囚之冥室之中，虽养之以刍豢，衣之以绮绣，不能乐也，以目之无见，耳之无闻。穿隙穴，见雨零，则快然而叹之，况开户发牖，从冥冥见炤炤乎！从冥冥见炤炤，犹尚斯然而喜，又况出室坐堂，见日月光乎！见日月光，旷然而乐，又况登泰山，履石封，以望八荒，视天都若盖，江河若带，又况万物在其间者乎！其为乐岂不大哉"①。虽然人的生命的存在离不开吃、穿、住、行的基本物质资料。但是，如果将人囚于暗室之中，即使人吃着山珍海味，穿着绫罗绸缎，住着金碧辉煌、雕龙画凤的宫殿，也难以有幸福感。因为，这阻塞了人了解外界信息的通道，让人的生命处于极端不自由的状况。而随着物质生产的不断满足，人的生存视域不断扩大，从"穿隙穴，见雨零""开户发牖，从冥冥见炤炤乎""出室坐堂，见日月光"到"况登泰山，履石封，以望八荒，视天都若盖，江河若带"，人内心的快乐不断增强。因此，人所具有的探求自然光明的渴望推动着人对自然认识的范围不断扩大。且光照范围不同也影响着人们对自然范围的认识，如"受光于隙照一隅，受光于牖照北壁，受光于户照室中无遗物，况受光于宇宙乎！天下莫不藉明于其前矣。由此观之，所受者小，则所见者浅，所受者大，则照着博"②。淮南子认为，人的耳目之官是获得自然光明的通道。人外嗜欲、弃好憎，内心如明镜一样，则可以接受自然之光的照射，且人心接受光线的范围和强度与人认识自然的广度和深度密切相关。随着人对自然的认识广度和深度的增强，人认识自然的能力也提高，心体所产生的光又以同样的亮度洞照自然万物。淮南子以光为隐喻，说明人因探求光明而产生心理愉悦是人认识自然的动力之源。人正是在此动力之推动下，通过理性的思索和经验的察知去探求大自然的神奇和奥秘，摆脱人因黑暗而产生的恐惧和焦虑。

二 生存实践活动的需要

人在其生存的自然环境中时常面临着动物侵袭、寒冷、饥饿以及突如

---

① 《淮南子·泰族训》。
② 《淮南子·说山训》。

其来的自然灾害。为了适应环境，满足自己生存的需要，人类必然要从事改造自然的生存实践活动，并且还"以群的联合力量和集体行动来弥补个体自卫能力的不足"①，即以社会群体的形式参与生存实践活动，并寻找人类实践活动可以依循的法则。"古者，民茹草饮水，采树木之实，食蠃蟜之肉，时多疾病毒伤之害，于是神农乃始教民播种五谷，相土地宜燥湿肥烧高下，尝百草之滋味，水泉之甘苦，令民知所辟就。当此之时，一日而遇七十毒。尧放讙兜于崇山，窜三苗于三危，流共工于幽州，殛鲧于羽山。舜作室，筑墙茨屋，辟地树谷，令民皆知去岩穴，各有家室。南征三苗，道死苍梧。禹沐浴淫雨，栉扶风，决江疏河，凿龙门，辟伊阙，修彭蠡之防，乘四载，随山刊木，平治水土，定千八百国。"② 人从自然界获取野菜、果实、水、动物的肉等现成的生活资料，并通过"筑墙茨屋""辟地树谷，播种五谷""决江疏河""平治水土"等改造自然的生存实践活动，为自己的生存、生活和发展创造有利条件。《要略》中所总结的《天文训》《地形训》《时则训》等篇充分说明了人类生存实践活动对认识自然的推动作用，如 "《天文》者，所以和阴阳之气，理日月之光，节开塞之时，列星辰之行，知逆顺之变，避忌讳之殃，顺时运之应，法五神之常，使人有以仰天承顺，而不乱其常者也。《地形》者，所以穷南北之修，极东西之广，经山陵之形，区山谷之居，明万物之主，知生类之众，列山渊之数，规远近之路，使人通回周备，不可动以物，不可惊以怪者也。《时则》者，所以上因天时，下尽地力，据度行当……以知祸福，操舍开塞，各有龙忌，发号时令，以时教期，使君人者，知所以从事"③。《天文训》建立了以太阳、月亮、木星、北斗星等星体的运转规律为根据的天文历法，使人以此来安排日常生产、生活活动，并且建立了阴阳、五行、天干、地支等有机关联的宇宙模式，人一出生就置身于此宇宙模式之中，按照这个模式避忌讳，顺时应，仰天承顺而不乱其常。《地形训》则汇总了全国名山、大川、风向、河流，并察看了各地地形、土壤、水质以安排农业生产活动，列举人生活所必需的植物、动物与矿物资源，并且开通运输路线以互通有无；《时则

---

① 《马克思恩格斯选集》（第4卷），人民出版社，2012，第42页。
② 《淮南子·修务训》。
③ 《淮南子·要略》。

训》则是根据每个月的物候、气象、天象、天体运行规律来安排农业、工业、商业等的管理活动。总之，以《天文训》《地形训》《时则训》为例，可以发现人类生存生活、实践的需要推动人们从事认识活动和实践活动，增强了人们认识自然、改造自然的能力，形成了生命存在发展所需要的智慧。

三　重在知人、知己的认识传统

"知人、知己"是中国古代文化的主要认识传统，知天是为了知人，知人首先知己。孔子在《论语·颜渊》中云："樊迟问知。子曰：'知人。'"① 孟子在《尽心章句上》中云："尽其心者，知其性也。知其性，则知天矣。"② 他还认为人心有四善端，人心向内求知其善性则能知自然万物。老子云："知人者智，自知者明。"③ "圣人自知不自见。"④ 而荀子指明"知者"逐层递进的三种境界是"知者使人知己"、"知者知人"和"知者自知"⑤，从而开始了由外求知人转向内求知己的过程。庄子云："吾所谓聪者，非谓其闻彼也，自闻而已矣；吾所谓明者，非谓其见彼也，自见而已矣。"⑥ 自先秦诸子以来，中国文化逐渐形成了"重在知人，知人又在于自知"的"内求心性"的认识传统，而这种传统使我国古代文化具有伦理化的特色。

淮南子也继承了这一传统思想，如"所谓知者，知人也，知莫大于知人"⑦。"知天之所为，知人之所行，则有以任于世矣。知天而不知人，则无以与俗交；知人而不知天，则无以与道游。"⑧ 淮南子强调知天和知人的有机结合，但知天是为了"以与道游"，即为了提高自己的人格境界，而不是为了求得关于外界的知识。境界型知识的追求必然导致内求式的认识传统，如"所谓明者，非谓其见彼也，自见而已；所谓闻者，非谓闻彼也，自闻

---

① 〔美〕安乐哲、罗思文：《〈论语〉的哲学诠释》，余瑾译，中国社会科学出版社，2003，第117页。
② 杨伯峻：《孟子译注》，中华书局，2005，第301页。
③ 《道德经》三十三章。
④ 《道德经》七十二章。
⑤ 《荀子·子道》。
⑥ 《庄子·骈拇》。
⑦ 《淮南子·泰族训》。
⑧ 《淮南子·人间训》。

而已；所谓达者，非谓知彼也，自知而已"①，"是故圣人之学也，欲以返性于初，而游心于虚也。达人之学也，欲以通性于辽廓，而觉于寂漠也"②。这说明学习的最终目的是通过明心见性而达到精神的自由与超越。"夫乘舟而惑者，不知东西，见斗极则寤矣；夫性，亦人之斗极也。有以自见也，则不失物之情；无以自见，则动而惑营。"③人之性本是虚静、素朴、无邪的，但是由于人之嗜欲以及风俗习惯的影响，人的自然之性不断发生变化，从而人遗忘人之本性，不能正确认识万物。这样原心反性除了具有个体精神自由解放的动机，还具有认识论的内涵，"是故明于性者，天地不能胁也；审于符者，怪物不能惑也"④。

在淮南子看来，原心返性、治身养性是其自然主义生命价值观的体现，如"原天命，治心术，理好憎，适情性，则治道通矣。原天命则不惑祸福，治心术则不妄喜怒，理好憎则不贪无用，适情性则欲不过节。……欲不过节则养性知足"⑤。通过原天命、治心术及适情性，人摆脱了感官之欲和社会名利等带来的困惑，达到了性命结构性、情、欲之间的和谐。《诠言训》通过原心返性、体道、悟道使"贵身"与治家、治国密切联系起来。如"夫纵欲而失性，动未尝正也，以治身则危，以治国则乱，以入军则破"⑥，"故古之治天下也，必达乎性命之情"⑦。

探求光明的心理动机、生存生活实践的需要以及重在知人的认识传统共同推动淮南子在认识活动、实践活动以及生存生活中形成认识道、物以及外界变化的认识方式、无为而不为的实践智慧、辩证法的生存智慧以及见本知末的生存智慧。

第二节　《淮南子》的认知方式

人的认识能力和智慧来自对主体之外的客观对象的认识。不同的认识

---

① 《淮南子·齐俗训》。
② 《淮南子·俶真训》。
③ 《淮南子·齐俗训》。
④ 《淮南子·本经训》。
⑤ 《淮南子·诠言训》。
⑥ 《淮南子·齐俗训》。
⑦ 《淮南子·俶真训》。

对象为认识主体提出了不同认识方式的要求。但认识对象又不是具体的经验物体和经验现象，而是体现于经验世界的普遍的东西，如道、物与事物的变化或联系等。下面从因虚守静而悟道、以镜观物和研几而知化三个方面分析淮南子的认识之智。

一 因虚守静而悟道

春秋战国时期，随着人对自然认识的发展，先秦诸子已从对物象的认识发展到对产生万物、贯通万物的"道"的认识，而道的超经验性又决定了人不能靠感官经验和理性思维去把握它。因而，保持内心的虚静并在静观中靠内心的直觉去悟道就成为一种主要的认识方式。而此节主要探讨以下问题：心之虚静与道有什么样的关系？如何通过保持内心虚静而悟道？因心之虚静体悟的"道"有何特征？认识道的最终目的何在？由认识道而发展起来的"直觉体悟"认识方式具有什么样的优缺点？本节围绕着以上诸多问题展开研究。

"因虚守静悟道"最初是由老子提出的。老子指出："致虚极，守静笃。万物并作，吾以观复。夫物芸芸，各复归其根。"① 老子认为通过致虚守静的功夫可以体察宇宙中万物循环往复的道，此"道"即是宇宙之根，也是万物循环变化的规律。庄子从道体之虚的特性提出"心斋""坐忘"等体道之认识方式。他从道体之虚静特征为人心之虚静寻求本体论的根据，如"唯道集虚"②，虚而无形是道体之特性，因此，人要"无为名尸，无为谋府，无为事任，无为知主。体尽无穷，而游无朕，尽其所受乎天，而无见得，亦虚而已"③，即人要去除名利之心、有为的智故和主观的偏见才能使心虚。"虚者，心斋也"④，而心达到了虚静，心之虚与道之虚相合，人便可以自然地体道、悟道。而此道是万物之本源，但又不离经验物，庄子在《知北游》中指出"道无所不在，在蝼蚁，在稊稗，在瓦甓，在屎溺"。道打破了有形物之间的界限，"物物者与物无际，而物有际者，所谓物际者

① 《道德经》十六章。
② 《庄子·人间世》。
③ 《庄子·应帝王》。
④ 《庄子·人间世》。

也；不际之际，际之不际者也"①，道与物无际，物与物的分际由道来贯通，这样人以虚静的心体在万物的生灭变化中体察到了产生万物、遍于万物、贯通万物的道。

管子进一步突出了人心之"虚"在认识道中的作用以及致虚的途径。"虚无无形谓之道"②，道体之虚无、无形的特征为人内守虚静提供了认识论的根据，"虚之与人也无间，唯圣人得虚道，故曰并处而难得。人皆欲知，而莫索之，其所以知，彼也；其所以知，此也。不修之此，焉能知彼？修之此，莫能虚矣。虚者无藏也。故曰去知则奚率求矣？无藏则奚设矣？无求无设则无虑，无虑则反覆虚矣"③，"不用区区者虚也，人而无良焉，故曰虚也"④，"虚其欲，神将入舍。扫除不洁，神乃留处"⑤。虚道与人本无间，人心原本是虚静的，后来人由于思虑、嗜欲而不能识道，因此，人要通过修心，去智与故，无思无虑，这是淮南子对庄子的"无思无虑始知道，无处无服始安道，无从无道始得道"⑥思想的继承。

荀子对人因虚守静而悟道也有论述，他在《解蔽》篇中指出："人何以知道？曰：心。心何以知？曰：虚，壹而静。心未尝不藏也。然而有所谓虚；心未尝不两也，然后有所谓壹；心未尝不动也，然而有所谓静。人生而有知，知而有志；志也者，藏也；然而有所谓虚。不以所已藏害其所受，谓之虚。心生而有知，知有所异；异也者，同时兼知之；同时兼知之，两也；然而有所谓壹；不以夫一害此，谓之壹。心，卧则梦；偷，则自行；使之，则谋；故心未尝不动也；然而有所谓静。不以梦剧乱知，谓之静。……未得道而求道者，谓之虚、壹而静。作之，则将须道者之虚，虚，则入；将事道者之壹，壹，则尽；将思道者之静，静，则察。知道，察；知道，行；体道者也。虚、壹而静，谓之大清明。"⑦荀子与老子、庄子、管子不同的是，他从人认识事物的过程中阐明藏与虚、两与壹、动与静的关系，指出人心之虚、静在认识道方面的必要性，没有经过这一阶段，人

---

① 《庄子·知北游》。
② 《管子·心术上》。
③ 《管子·心术上》。
④ 《管子·宙合》。
⑤ 《管子·心术上》。
⑥ 《庄子·知北游》。
⑦ 《荀子·解蔽》。

心所认识的事物是割裂的，内心具有的成见智谋、印象会影响对事物的客观认识。荀子的心之虚静识道超越了老子、庄子、管子的理性认识和感性认识的分裂局面，是直观体悟和经验察知的有机结合。

淮南子继承老子、庄子、管子、荀子以心之虚静体道悟道的认识方式。人心之虚静而悟道是基于道体之虚无特性，"虚无者，道之舍"①，虚无是道体之特性，也是道之居所。人只有通过学习而达到返性于初、游心于虚的境界，"是故圣人之学，欲以反性于初，而游心于虚也"②，而在此境界中，人之虚无之性与道之虚无之性合而为一，"所谓真人者，性合于道也"③。淮南子还在《道应训》中引用"尹需学御"的例子说明老子所说的"致虚极，守静笃，万物并作，吾以观其复"的道理，人在学习时外去一切有形具体的知识束缚，使心体处于虚旷之状，静思冥想，逐渐就能体察具体的、变化的、有形的知识背后的常道。体道也不是摒弃一切实践活动的空思冥想，而是在实践或学习活动中经过长时间的凝神静虑之后而悟道，如："大司马捶钩者，年八十矣，而不失钩芒。大司马曰：'子巧邪？有道邪？'曰：'臣有守也，臣年二十好捶钩，于物无视，非钩无察也。'"④ 捶钩者得道的根本在于物无视，非钩无察，用神专一。淮南子认为，人只有外去一切有形知识的束缚，使内心保持虚静的状态，长期用神以一，才能体悟宇宙本原的道以及日常技能实践活动中的"道"。

因虚守静而悟道在客观上促进了人对宇宙整体和万物本质的认识。道与物的关系是根与末、源与流的关系。因此，认识道的最终目的是"既知其母，以知其子"⑤，"自今及古，其名不去，以阅众甫。吾何以知众甫之状哉？以此"⑥。老子认为道是万物产生之源，贯穿宇宙万物生灭变化的始终，把握了古已有之的"道"，就能掌握现存的具体事物，认识自古以来的元始状况。淮南子继承了老子的此一思想，"道者物之所导也"⑦，"夫道有经纪

---

① 《淮南子·俶真训》。
② 《淮南子·俶真训》。
③ 《淮南子·精神训》。
④ 《淮南子·道应训》。
⑤ 《道德经》五十二章。
⑥ 《道德经》二十一章。
⑦ 《淮南子·缪称训》。

条贯，得一之道，连千枝万叶"①，"万物之总，皆阅一孔；百事之根，皆出一门"②，"天地运而相通，万物总而为一。能知一，则无一之不知也；不能知一，则无一之能知也"③。道是天地万物产生、运动、变化的根源，也是万物在运动变化中有机相连的根基。因此，人们在认识世界万物时，首先应认识万物变化的根源——"道"，才能把握万物的本质及变化规律。"道之得也，以视则明，以听则聪，以言则公，以行则从"④，"故通于道者，如车轴，不运于己，而与毂致千里，转无穷之原也。不通于道者，若迷惑，告以东西南北，所居聆聆，一曲而辟，然忽不得，复迷惑也，故终身隶于人辟，若倪之见风也，无须臾之间定矣"⑤。道是心，是主，是认识万物之根据，人心得道则耳聪目明，能够正确地认识万物，道的本根性使人能从道的视角把握事物的本质、规律以及不同事物之间的联系，道的统一性则使人从整体认识自然，打破物物分际的状态，使分割的世界复归一体。得道也是一统天下的政治要求，如"故得道之宗，应物无穷。……由此观之，则人知之于物也，浅矣。而欲以遍照海内，存万方，不因道之数，而专己之能，则其穷不达矣。故智不足以治天下也"⑥。

从以上的分析可以看出，淮南子认为，因虚守静悟道的认识方式是人精神自由解放的前提，也是人虚己以游世、以不化待化之生存智慧，同时是贵身、保国、拥有天下之根基。体道、悟道可以使人正确认识万物，并把握世界的统一性。但是这种体悟式认识方式使人对经验世界的认识始终处于模糊不清的笼统阶段，缺乏对经验万物形成之理的具体剖析。以心之虚静体道、悟道反映了中国哲学的特色，"中国传统哲学一般承认自然界的先在性，并且建立了宇宙本体论。但这仅仅是一个前提，自然界并不是作为认识的对象而存在，而是转化为人的内部存在，在人的心灵中就内涵着自然界的普遍法则"⑦。道的虚无之性内在于人的虚静本性中，只要人们认识了自己内心虚静之性，就认识了道，"只要认识了人之所以为人，也就认

① 《淮南子·俶真训》。
② 《淮南子·原道训》。
③ 《淮南子·精神训》。
④ 《淮南子·齐俗训》。
⑤ 《淮南子·齐俗训》。
⑥ 《淮南子·主术训》。
⑦ 蒙培元：《论中国哲学主体思维》，《哲学研究》1991年第3期。

识了天之所以为天，自然之所以为自然"①。这种体悟式识道方式使人超越感性经验和理性思维，人心在澄清虚静状态下达到道之顿悟，是人之虚静之性与道体之虚无之性的合一。但是淮南子对道之作用和功能的论说具有夸大的倾向，如"不知一，则无一之能知也，能知一，则无一之不知也"。因虚守静而悟道不能代替感官对事物原理之观察、剖析、分析、实验、察验，而这些是认识事物内部结构原理所必要的，直观体悟也难以代替逻辑分析的精确、清晰、条理化，而这是使感官经验所获得的知识进行理论升华、体系化必不可少的。本根之道的整全、无限使其具有超言绝象的特征，但是物象层面上的"道"与本根的"道"具有不同的特征，现象领域的"道"是事物运动变化的规律，也是事物的本质，对规律、本质的把握需要对万物以及以物与物之间的联系进行有效的观察分析，这样才能获得正确的认识。然而，道体所负载的多重内涵如本根性、统一性、弥漫性、规律性、运动性等却使本体的道与现象领域之道纠缠在一起，以本根道之模糊性、直观性代替了现象领域"道"之可分析性、条理性，从而使经验领域的"道"陷入本根"道"之神秘性、模糊性的窠臼中而不能自拔，使人对自然现象物理的认识始终停留在不可言说、神秘化层面难以向前发展，影响了人对自然细节的认识，而人认识自然的能力要向前发展必须突破这个神秘、模糊的阶段。但是不能否认对道的体悟之认识方式具有创造性、灵感性和跳跃性等特征，也即人不必经过感官经验、逻辑分析等阶段直接洞察事物之本质。没有这种心之虚静对道之顿悟，人之认识始终处于僵化、呆板、模仿、零散之阶段，但这种体悟式认识方式过分强调人之心性的不可分割性，不能在人的精神整体中区分出或抽象出一个纯思辨领域，忽视了对事物概念的把握以及对思想理论的系统化。

二 以镜观物

心之虚静对道的认识表现为直观、体悟，而对物的认识则表现为以镜观物。这种认识方式将人之心比喻为无尘埃染于其上的镜子或静止的水，认为心只有保持空明如镜才能照澈万物。《道德经》云："涤除玄鉴，能无疵乎？"陈鼓应注："玄鉴，比喻心灵深处明澈如镜。高享说：玄鉴者，内

心之光明，为形而上之镜，能照察事物，故谓之玄览。"① 也就是说人要不断涤除心中的瑕疵、杂念，使心之本然之澄明呈现出来才能正确认识事物的客观面目。庄子继承了此一认识传统，他在《天道》中云："水静则明烛须眉，平中准，大匠取法焉。水静犹明，而况精神，圣人之心静，天地之鉴也，万物之镜也。"水平是万物取法的准绳，人内心只有保持极端静止的状态才能洞照天地万物。老子的比喻主要强调通过涤除杂念而保持心之本明，而庄子则强调的是通过静修，"万物无足以铙心者，故静也"②，也就是使人在现实世界中排除他物、他人以及功名利禄的诱惑而使心保持静止状态，才能客观反映万物。荀子以水喻心来说明人对外物的认识，如"人心譬如槃水，正错而勿动，则湛浊在下，而清明在上，则足以见须眉，而察肤理矣；故微风过之，湛浊动乎下，清明乱乎上，则不可以得本形之正也。心亦是矣。故导之以理，养之以清，物莫之倾，则足以定是非，决嫌疑矣；小物引之，则其正外易，其心内倾，则不足以决庶理矣"③，"水动而景摇，人不以定美恶"④。荀子将人之心比作水，水清则可以"见须眉，而察肤理"，但由于人之情欲、文化传统以及社会现实因素的影响，人心容易受扰动，受扰动则内心躁动不安，人难以定是非、辨美恶。因而，荀子提出"导之以理"及"养之以清"。荀子的"以镜观物"超越老子、庄子机械镜像反映式的认识论而引入感性认识和理性认识，理性认识表现在对先王之理论重新诠释上，并以其中之理"定是非，辩美恶"，感性认识表现在"以赞稽之，万物可兼知也"⑤，也就是把握道之后，认真考察万物，则可兼知万物。

淮南子继承了老子和庄子"以镜观物"的认识方式，如"人莫鉴于流沫，而鉴于止水者，以其静也；莫窥形于生铁，而窥于明镜者，以睹其易也。夫唯易且静，形物之性也"⑥，"夫镜水之与形接也，不设智故而方圆曲

---

① 陈鼓应：《老子注译及评介》，中华书局，2003，第98页。
② 《庄子·天道》。
③ 《荀子·解蔽》。
④ 《荀子·解蔽》。
⑤ 《荀子·解蔽》。
⑥ 《淮南子·俶真训》。

直弗能逃也"①，"清之为明，杯水见眸子；浊之为暗，河水不见太山"②，止水明镜，才能形物之性，也即能反映事物之本然面貌，人心要取法水之静，镜之平正，才足以明是非，辨万物。"神者，心之宝也"③，"是故神者智之渊也，渊清则智明矣"④。而《齐俗训》云："神清意平，物乃可正，若玺之抑埴。正与之正，倾与之倾。……夫性，亦人之斗极也。有以自见也，则不失物之情；无以自见也，则动而惑营。"淮南子认为，人外嗜欲，弃好憎，保持虚静之性，则人心神清意平智明，能够正确地反映外物。

但是淮南子从人自身和社会现实两个角度指出，人之心保持水清鉴明存在困难，《俶真训》云："水之性真清则土汨之，人性安静而嗜欲乱之。……今盆水在庭，清之终日，未能见眉睫；浊之不过一挠，而不能察方员。人神易浊而难清，犹盆水之类，况一世而挠滑之，曷得须臾平乎！"嗜欲使人之神易浊难清从而不能形物之性，并且由于社会整体的政治、经济、文化环境对人产生的影响，人心也难以保持平静，不能正确地反映外物。于是淮南子提出"诚得清明之士，执玄鉴于心，照物明白，不为古今易意，擳书明指以示之，虽阖棺亦不恨矣"⑤。"执玄鉴于心"中的"执"说明了"玄鉴"对于"心"的外在性，这已不只是固守"心平如镜，神清如水"，而是对"本心如镜"思想的超越。淮南子摒弃了老子"以镜观物"的非现实性，而吸取了荀子"以镜观物"的社会历史、文化因素。

淮南子认识到人神易浊而难清的特性，提出执"玄鉴"于心。此"玄鉴"是人心之主，"此本无所主于中，而见闻舛驰以外者也，故终身而无所定趋"⑥，"中有本主以定清浊，不受于外而自为仪表也"⑦，人心中有主则自行决定与自己有关的一切事情，不为外物所影响。《修务训》云："故有符于中，则贵是而同今古；无以听其说，则所从来者远而贵之耳。"心中有主则尊重物之实情，不为古今而易意。而"玄鉴"的形成是通过耳目之感官对外物的观察、改造自然的实践活动以及对古人思想理论的学习等多种

---

① 《淮南子·原道训》。
② 《淮南子·说山训》。
③ 《淮南子·精神训》。
④ 《淮南子·俶真训》。
⑤ 《淮南子·修务训》。
⑥ 《淮南子·氾论训》。
⑦ 《淮南子·氾论训》。

途径。首先，人心之主来自耳目视听的感官认识。如"今夫盲者行于道，人谓之左则左，谓之右则右，遇君子则易道，遇小人则陷沟壑。何则？目无以接物也"①，"通于物者不可惊以怪，喻于道者不可动以奇，察于辞者不可耀以名，审于形者不可遁以状"②。精通事物、通晓道理、明察言辞、审察物形等都是心中之主所形成的因素，这种认识渗入了人之观察、辨别、分析、察验等认识方法。其次，人心之主通过学习而获得。如"闲居静思，鼓琴读书，追观上古，及贤大夫，学问讲辩，日以自娱，苏援世事，分白黑利害。穷道本末，究事之情，立是废非"③。这样，通过学习上古圣贤之道、交流争鸣，分清是非利害。最后，人心之主还来源于人们对日常生存实践活动所形成的物性、物势的把握，淮南子在《泰族训》中指出人在自己生存实践活动中逐渐掌握水的下流之势，利用疏导之法减少了水灾，掌握了地质的情况并种植五谷，因树木之性而制造器具，因动物之性而为人所用。"是故圣人举事也，岂能背道理之数，诡自然之性，以曲为直，以屈为伸哉"。④ 人所从事的任何实践活动都不能违背自然规律以及物之自然之性。从以上三个方面的分析中可以发现，人心之"外玄鉴"来源于人们对外物的观察、审思、明辨，来源于对现实问题的思考，来源于人们改造自然的生存生活及生产实践活动，这样的认识是人在现实的社会实践活动中借助历史遗留下来的思想文化、科学技术成果，通过人的思维建构而形成的，是历史、现实、未来视域的融合。人借助后天形成的"玄鉴"去观察万物，体现了"观察渗透理论"的深刻思想，这样，淮南子就完成了"以镜观物"认识方式的内外转化，即以内在本明玄鉴观照万物转化为将外在形成的玄鉴执于心而观照万物。

观物的"内玄鉴"与"外玄鉴"是相互依存和相互制约的。"内玄鉴"即人内心之本明通过理性抑制嗜欲、智故和偏见并抵制现实的影响，从而发挥其正确反映外物的功能，但其作用只能在特定的历史现实条件下和特定的环境中发挥作用，它对外物的认识是主体对外物的机械反应，具有表象、直观的特征，使主体对万物的认识合于客体，它是以丧失认识主体的

---

① 《淮南子·氾论训》。
② 《淮南子·修务训》。
③ 《淮南子·修务训》。
④ 《淮南子·主术训》。

主观能动性为代价的。"外玄鉴"扬弃了"内玄鉴"的机械模仿、静止的特征，以历史、现实为依据，综合了实践因素、感官认识万物的作用以及心之明辨、分析的功能，充分发挥了人认识自然的主观能动性，但是"外玄鉴"作为渗透在观察之先的理论，要使这种理论的"合理性"控制在一定限度之内，否则会歪曲事物的本来面目。"内玄鉴"与"外玄鉴"并不是割裂的，而是相互影响的，"内玄鉴"只有转化为外玄鉴，才能使获得的认识超越表象、直观的特征并向纵深细节的物理方面发展，"外玄鉴"只有在转化为"内玄鉴"，即先在的理论认识"合于符中"并保持心之本然的清静后，才能正确认识自然万物。

三　研几而知化

（一）对"几"与"机"含义的考察以及研几型认识方式的界定

关于几，《尔雅·释诂》说："几，危也。"这是几最早的含义，接着从"危"引申出"接近""几乎""差点就……""悬乎地……"等含义。而《说文》的解释是："几，微也，殆也。"由此可见，"几"字的含义有"微""近""幼弱""生命力""重要而不安全"等。[①] 在这基础上，"几"引申出了"初"的含义，如《易·系辞》说："几事不密。""几"与变化之始有关。《易·系辞下》云："几者，动之微，吉之先见者也。君子见几而作。"《周易·乾·象》曰："知至至之，可与言几也。""几"就是事情发生之前的几微之处，也即一些细微的先兆。《易·系辞》里的"几"含义已达到抽象哲理水平，已经有"见微知著，以小知大"的意思，既近于信息，也指实事。《易·系辞上》云："夫《易》，圣人之所以极深而研几也。"韩康伯以道家解《周易》，曰："极未形之理则曰'深'，适动微之会则曰'几'，'几'是离无入有，在有无之际。"[②]《庄子·齐物论》云："通也者得也，适得而几矣，因是已。""几"意为"尽"。《管子·水地》云："万物莫不尽其几，反其常者。""几"意为"终"。《淮南子·缪称训》："君子几。""几"之意为终。明代的方以智对"几"之含义进行了明确解

---

① 李志超：《机发论——一种有为的科学观》，《自然科学史研究》1990 年第 1 期。
② 郑开：《道家形而上学研究》，宗教文化出版社，2003，第 56 页。

释："何谓几？曰：变也者，合二而为一也；轮也者，首尾相衔也。因有动静往来，无不交轮，则真常贯，合于几可征矣。"①"真常贯合于几"的意思是事物的存在、运动、规律集中体现在"几"上，但"几"又是极细微、难以认识和变化的端倪。"几者，微也，危也，权之始也，变之端也，忧悔吝者存乎介。"从以上的考察可以看出，"几"处于有、无之间，是有无变化之枢纽，同时也是阴阳、动静转变的关节点。知几就可知先天，可把握事物变化之关键环节。

几有时也与"机"通用，几即"机"，本义是机械装置中绕轴而动的部件，如杠杆。由机械的含义逐步向外引申。《说文》指"发"，由此而有"发动之所由"，即机关的含义。《战国策·秦策》云："听者存亡之机。"机即机要。《黄帝内经·素问·离合真邪论》说："知机道者不可挂以发。"机为动之微，即机兆。《庄子·至乐》称："种有机，得水则为继……万物皆出于机，皆入于机。""机"意为群有之始、动之所宗。

从以上对"几"与"机"含义的考察，可以看出，无论是"几"还是"机"，都可以指事物变化的机微，是事物从无到有、从有到无变化的枢纽，是事物阴阳、动静变化的关节点。研几型认识方式，也就是人从机微把握事物之间的联系、变化的动态，预测事物变化的结果，它包括见微知著、见始知终、原终察始、以小知大、由近知远、视阴入阳、视阳入阴，即通过"研几"而知化。淮南子的"研几型"认识方式是《庄子》和《易经》二者的有机融合。

（二）研几型认识方式发展的两个阶段

研几型认识方式形成经过以下两个阶段，第一阶段，由通几、观几而执几；第二阶段，由内在的几外化成一种对变化预测、推知的认识能力。

第一阶段，由通几、观几而执几。

几或机是事物运动、转化、变化的关节点和关键所在，普遍存在于自然万物之中。《道藏》中关于《庄子》的注文说："道生一气，气变而有形，形变而有生，生者气之聚，万物之出于机者也。生变而有死，死者气之散，

---

① 转引自 孔令宏《中国古代科学技术思想中的机变论》，《自然辩证法研究》2004 年第 6 期。

万物之入于机者也。"① 机是万物由无到有、由有到无之"奇点"。机就像机械装置中的一个机关，不引则处于隐而不显的状态，一发则万物之得失、兴衰、存亡皆在其中，而不以人的意志为转移，"机者得失之变，使天地万物人理为之否泰、兴亡、损益、可否、盛衰，皆机之变也"②。人与万物的实有状态是自然之机之体现，而人与宇宙创生之机、万物之机都是相通的。人与万物不同的是人是有意识的动物，能有目的地把握自然之机而为人所用，而"执几"并不是先天而具备的能力，而是需要自觉地、有意识地努力，这主要包括以下几个方面。

首先，人要闭绝嗜欲，精神内守。人的感官和孔窍是人与天机相通的门户，但由于人逐于耳目之欲，精神驰骋于外，人与自然之机相通的通道被阻塞。因此，庄子在《大宗师》中云："其耆欲深者，其天机浅也。"淮南子继承了庄子的思想，"此齐民之所为形植黎累忧悲而不得志也，圣人处之，不为愁悴怨怼，是何也？是内有以通于天机也，而不以贵贱贫富劳逸失其志德者也"③，也就是人只有外去世俗贵贱贫富、杜绝嗜欲，才能使人本身的天机与自然之天机相通。

其次，超越一切有形知识的束缚和感观认识的局限性而直接领悟。淮南子在《道应训》中以秦穆公与伯乐谈论相马术来表明如何观几："良马者，可以形容筋骨相也。相天下之马者，若灭若失，若亡其一。……若堙之所观者天机也，得其精而忘其粗，在内而忘其外，见其所见而不见其所不见，视其所视而遗其所不视。"九方堙观马是观到了马之天机，即马所显现"若隐若现、若亡其一"的特性背后的"天机"，而这种"观几"是通过外去感官观察对马之精粗、形状、毛色、牝牡等外在表象的认识之后，人心对马之天机的直观洞察。这种洞察力是一种超经验、超逻辑的纯粹意识理性直观，是人在长期的实践中通过经验的积累又损去经验的束缚之后，探赜索隐，钩深致远，从而达到的对物之天机的透视。

再次，超越是非对待，执道若环，执守环中，是非若轮。

庄子在《齐物论》中指出，人要从是非对待中超拔出来，"彼是莫得其

---

① 《道藏》第 13 册，上海书店等影印本，1988，第 595 页。
② 《道藏》第 2 册，上海书店等影印本，1988，第 762 页。
③ 《淮南子·原道训》。

偶，谓之道枢。枢始得其环中，以应无穷。是一亦无穷，非亦一无穷。故莫若以明"，"是以圣人和之以是非而休乎天均，是之谓两行"①，是与非之变化是无穷无尽的，人要以空明的心之境去观照事物的实况，超越彼此对立而把握道枢，亦即执机于心。淮南子继承了庄子的思想，"至是之是无非，至非之非无是，此真是非也。若夫是于此而非于彼，非于此而是于彼者，此之谓一是一非也。此一是非，隅曲也；夫一是非，宇宙也"②。其既坚持去除成见的真是真非，又指出是非是在彼此对待下形成的，人要超越一曲是非，从宇宙之视野看是非，而从宇宙之视野看是非就像庄子所说的内执道枢，从"是就是是，非就是非"达到了"无是无非，亦是亦非"的境地。"故圣人之道，宽而栗，严而温，柔而直，猛而仁。太刚则折，太柔则卷，圣人正在刚柔之间，乃得道之本"③，"此相为论，譬犹冰炭钩绳也，何时而合！若以圣人之为中，则兼而并之，未有可是非者也"④。人要超越是非对待，以道之视角纵观天地万物，兼覆万物，使物无弃物、人无弃人，人物各得其性，各尽其宜，是中有非，非中有是，从而达到"万物玄同，无非无是"之境界。另外，把握道枢也要超越"叩宫而宫应，弹角而角动"之单向思维，"故叩宫而宫应，弹角而角动，此同音之相应也。其于五音无所比，而二十五弦皆应，此不传之道也"⑤，超越了现象领域是非二元对立、因果决定论形而上学的认识方式、方法，则可以执道于心，执几于胸，就像掌握控制运转之车轴，"轴不运而三十辐各以其力旋。能致千里者，乃不动者也"⑥，动则万物皆应，以不动制动，达致千里，转于无穷，使人超越"一曲之隅"而应万万之际。

最后，人之悟几也来源于长期的观察、思考所积累的经验认识。如《易·系辞》云："《易》与天地准，故能弥纶天地之道。仰以观于天文，俯以察于地理，是故知幽明之故；原始反终，故知死生之说。"也就是说，执几要仰观天体运行规律，俯察于地理，中察知人之死生的道理，才能知

---

① 《庄子·齐物论》。
② 《淮南子·齐俗训》。
③ 《淮南子·氾论训》。
④ 《淮南子·齐俗训》。
⑤ 《淮南子·齐俗训》。
⑥ 《淮南子·泰族训》。

"由幽到明，由明到幽"之几，淮南子继承了《易经》此一思想。淮南子在《要略》中指出作书的目的："夫作为书论者，所以纪纲道德，经纬人事，上考之天，下揆之地，中通诸理，虽未能抽引玄妙之中才，繁然是以观终始矣。"这一段指出"纪纲道德，经纬人事，上考之天，下揆之地，中通诸理"都是人执几之必要条件。

从以上的分析中可以看出，人之知几、通几需要闭绝嗜欲、精神内守以通天机，同时在长期的学习中摆脱日常经验之束缚，直接洞察天机。执几还要人超越是非，以道之视角进行思维，道之思维即像"太极图"所表现的对立面相互依存、相互蕴含、相互转化之环状思维那样，是执中之思，即在对立面双方之相互制约中执守中道，道之思维也是对单向性思维的超越，如"处静持中，运于璇枢，以一合万，若合符者也"①。执几也是长期对天文、地理现象之观察以及对人之生死的体察，这样才能通过对现象的观察而掌握事物运行变化的规律，从而执几于心。"几"是万物生灭变化之枢纽，现象领域生灭变化之规律是"机"运行之后的再现，"几"也是规律之成因与事物本质形成的机理，只有"执几"才能转化成智，即进一步察知事物、对事物变化进行预测。

第二阶段，从执几到研几知化。

执几、通几的"几"与"机"体现的是大自然的造化之几，此"几"在现象领域的运化在本与末、内与外、显与微、大与小、终与始、远与近、同与异等一系列对子的相互联系、相互制约、相互转化中体现出来。"研几而知化"的第二阶段则是通过对这一系列对子的变化、联系的机微的把握，进而对不同事物发展、变化的态势以及不同经验现象之间的联系进行推知。其主要表现在以下几个方面。

研几而知化体现于见本知末与推其源知其流。淮南子常以树根与枝叶之关系比喻道与万物之关系："夫道有经纪条贯，得一之道，连千枝万叶。"②"今夫万物之疏跃枝举，万事之茎叶条蘖，皆本于一根而条循千万也。"③万物之生长变化皆本于一根，因此，知道了事物之本根，万物莫不

①《淮南子·主术训》。
②《淮南子·俶真训》。
③《淮南子·俶真训》。

知。其还用一些现象去说明这个认识方法的可靠性，如"马齿非牛蹄，檀根非椅枝，故见其一本而万物知"①。

研几还表现在一种知"物之化"之能力。"几"是万物之生长变化所蕴含的信息和动力机制，它决定万物的兴衰、生灭、变化。因此，人可以通过研几而知化。"化"又分为事物内部之渐进的转变或变形和事物外部突然的、彻底的、根本的改变。而此处的"物之化"主要是针对不同类事物外部形态的变化，如"夫虾蟆为鹑，水蛆为蟌蟌，皆生非其类，唯圣人知其化"②。这种知化仅是人因"执几"而对不同类生物之间的联系以及变化的根由进行推知，其所获得知识大多是不可靠的，而对具体事物内部之渐变机理、机制则不关注，如"耳目之察不足以分物理"③。

研几式认识还表现在由显探幽、由外知内。"千年之松，下有茯苓，上有兔丝；上有丛蓍，下有伏龟。圣人从外知内，以见知隐也"④，"故蛇举首尺，而修短可知也；象见其牙，而大小可论也。薛烛庸子，见若狐甲于剑而利钝识矣；臾儿、易牙，淄、渑之水合者，尝一哈水而甘苦知矣。……故未尝灼而不敢握火者，见其有所烧也；未尝伤而不敢握刃者，见其有所害也。由此观之，见者可以论未发也，而观小节可以知大体矣"⑤。

研几型认识方式能够根据事物的开始推知其最终归宿，如"圣人之设政施教也，必察其终始，必原其本末，不苟以一事备一物而已矣。见其造而思其功，观其源而知其流，故博施而不竭，弥久而不垢。夫水出于山而入于海，稼出于田而藏于仓，圣人见其所生，则知其所归矣"⑥。"福之萌也绵绵，祸之生也分分。祸福之始萌微，故民曼之。唯圣人见其始而知其终。"⑦ 圣人能够原终察始，原本知末，观其源而知流，见其所生则知其所归。

此外，研几表现在一种从事物发展的显露出来的隐微迹象中能预测到事物变化、转化和发展的结果。如"故《易》曰：'履霜，坚冰至。'圣人

① 《淮南子·说林训》。
② 《淮南子·齐俗训》。
③ 《淮南子·览冥训》。
④ 《淮南子·说山训》。
⑤ 《淮南子·氾论训》。
⑥ 《淮南子·泰族训》。
⑦ 《淮南子·缪称训》。

之见终始微言"①。还表现在"以小知大，以近知远"之推知能力，如"尝一脔肉，知一镬之味；悬羽与炭，而知燥湿之气：以小明大。见一叶落，而知岁之将暮，睹瓶中之冰，而知天下之寒：以近知远"②。研几型认识方式还表现在以微知著，关注事物量变之积累所引起的质变，如"圣人处于阴，众人处于阳，圣人行于水，众人行于霜"③，"阳气起于东北，尽于西南；阴气起于西南，尽于东北。阴阳之始，皆调适相似，日长其类，以侵相远，或热焦沙；或寒凝水，故圣人谨慎其所积"④。阴阳变化是一个逐渐积累的过程，圣人从阳中阴之萌、阴中阳之萌来推知阴阳变化之极致所导致的热焦沙、寒凝水之现象，因此，圣人能以微知著，关注事物量变积累所引起的质变，能够从事物之负面观察其正面意义，立足于负面，利用负面向正面转化的态势达到正面。

研几型认识方式第二阶段是通过研微而推知、言化，其"几"体现在本与末、整体与部分、质变与量变、异与同、本质与现象、阴与阳、明与暗、终与始等一系列范畴的动态变化中。而推知变化的根据是体道之圣人借助对道的"感悟"而具有的抽象思辨能力以及对积累的感性经验之概括能力而总结出的一般原则，又以这些原则对自然现象之间的联系进行解释。这种研几型认识方式体现了感性认识和理性认识的有机结合，其感性认识体现淮南子对各种现象长期观察积累的经验的概括总结，其理性认识体现在淮南子对本与末、本质与现象、质变与量变、整体与部分等辩证逻辑思想的有效运用。通过观几、通几而执几以及研几而知化两个阶段，人可以洞察现实生活的变化机微，分析变化、适应变化、引导变化，做到化凶为吉、避祸趋福、避恶趋善、开物成务，在错综复杂的变化和各种关系的交错中引导人的生命向积极、向上、向善的方向健康和良性发展。

第三节 《淮南子》自然无为的实践智慧

"自然以其博大的胸怀对她的万物善而待之，无不充足地向每一生灵提

---

① 《淮南子·齐俗训》。
② 《淮南子·说山训》。
③ 《淮南子·说林训》。
④ 《淮南子·诠言训》。

供一起必要的手段，如生存需要的甲、壳、发、毛皮、羽、鳞、绒、丝、刺等等，用爪、牙、角武装他们以进攻和自卫，并教会它们生来就会干的事，如奔跑、筑巢、飞翔等。"① 而人类作为自然界的一个物种，没有动物厚厚的羽毛、快速奔跑的腿、锋利的牙齿，面对自然灾害、其他物种侵袭以及维持自己生存的需要，人必须以社会团体的形式改造自然，将自然界的资源、能源加工成人们需要的物质生存资料，改变自然的原貌以使其更适合人类居住。同时，为了避免人的趋利避害本能导致社会混乱和冲突，人需要从事社会实践活动，构建社会制度和社会规范，使人在和谐的社会关系中生产、生活。而人在改造自然、改造社会的实践活动中，必然要将认识层面的思想、观念、方式转化为服务于实践活动的智慧。

一　实践是人的存在方式

马克思指出，实践是人的存在方式。人在劳动实践中逐步形成了动物不具备的精神属性和道德属性。人必须运用自己发明创造的工具对自然界的资源、能源进行加工，获得吃、穿、住、行的物质生存资料，必须改造自然，为人的生存发展创造一个良好的生态环境。《淮南子》一书中有很多这样的思想。

首先，人类通过改造自然创造一个有利于人类生存发展的自然环境。人来源于自然，是自然界发展到一定阶段的产物，但是其生存的自然环境并不是天然有利的。淮南子指出："往古之时，四极废，九州裂，天不兼覆，地不周载，火爁炎而不灭，水浩洋而不息，猛兽食颛民，鸷鸟攫老弱。于是女娲炼五色石以补苍天，断鳌足以立四极，杀黑龙以济冀州，积芦灰以止淫水。苍天补，四极正，淫水涸，冀州平，狡虫死，颛民生。背方州，抱圆天，和春阳夏，杀秋约冬，枕方寝绳，阴阳之所壅沈不通者，窍理之，逆气戾物伤民厚积者，绝止之。"② 人类作为自然界的一个普通物种，为了生存下去必须与自然环境的种种灾难进行斗争，改造自然，创造有利于人类生存的自然环境，在这一过程中，人的认识自然、改造自然的能力也不断提高，人的生存状态从"自在"转向"自为"。

---

① 何乃言编《生与死》，广东人民出版社，1993，第80页。
② 《淮南子·览冥训》。

其次，人通过改造自然获取生存资料和生活资料。淮南子认为，"古者，民茹草饮水，采树木之实，食嬴蚌之肉，时多疾病毒伤之害，于是神农乃始教民播种五谷，相土地宜燥湿肥墝高下，尝百草之滋味，水泉之甘苦，令民知所辟就。当此之时，一日而遇七十毒……放讙兜于崇山，窜三苗于三危，流共工于幽州，殛鲧于羽山。舜作室，筑墙茨屋，辟地树谷，令民皆知去岩穴，各有家室。南征三苗，道死苍梧。禹沐浴淫雨，栉扶风，决江疏河，凿龙门，辟伊阙，修彭蠡之防，乘四载，随山刊木，平治水土，定千八百国"①。人从自然界获取野菜、果实、水、动物的肉等现成的生活资料，并通过"筑墙茨屋""辟地树谷""播种五谷""决江疏河""平治水土"等改造自然的生存实践活动，为自己的生存、生活和发展创造有利条件，正像马克思所说的，"自然界是人为了不致死亡而必须与之处于持续不断的交互作用过程的、人的身体"②，自然界为人类提供了生存所必需的生产、生活资料。于光远先生也认为，"人制造和使用工具后，从被动地适应自然，接受布施，忍耐自然灾害到积极地运用工具同自然斗争，通过劳动创造自己所需要的资料，将自然灾害减少到最低限度"③。

再次，人类通过制造和使用工具，提高了自己改造自然的能力。工具的改进有利于人们解难去患，去害就利。淮南子在《氾论训》中指出，机杼做衣民得以掩形御寒，而从剡耜到耒耜耰锄、从木钩到斧柯、从甄到桔槔，这些都使"民逸而利多"，方舟的发明使"地势有无，得相委输"，以牛马驾车使"民以致远而不劳"，"以铸金锻铁以为兵刃，猛兽不能为害"。"故民迫其难则求其便，困其患则造其备，人各以其所知，去其所害，就其所利。"人们在改造自然的过程中，从在自然界采集食物以改善生活，到加工自然物作为生产工具，又到利用自然力和物理原理制造生产生活用具和交通工具，工具的不断制造和发明不仅解决了人们的生存生活问题，为人类开辟了广阔的自由空间，同时推动了社会不断进步。于光远先生也认为④，人类制造并使用工具之后，大大提高了人在同自然做斗争中的地位，得到以前没有的利益。

---

① 《淮南子·修务训》。
② 《马克思恩格斯文集》（第1卷），人民出版社，2009，第161页。
③ 于光远等主编《自然辩证法百科全书》，中国大百科全书出版社，1994，第767页。
④ 于光远等主编《自然辩证法百科全书》，中国大百科全书出版社，1994，第767页。

最后，人制造工具后，创造了第三种自然物——延长人体器官的工具。人通过自己创造的人工自然物延长人的自然肌体和活动器官，放大人的劳动器官、感觉器官和思维器官的功能，不断提高利用、改造自然的能力。卡普指出："人不断地以工具生产自我，其实用性和力量有待增强的器官是支配性的因素，所以工具的适当形式只能导源于器官。"① 舒普也说："工具确实是器官的延伸，社会则是身体的延伸。"② 这样的思想在《淮南子》中也有体现，如"射者数发不中，人教之以仪则喜矣"③，在射击过程中，瞄准仪弥补了人视力的不足，有助于射中目标。在测量高低、权衡轻重和瞄准远近时，人们乐于借助测量仪器弥补感官之不足，如"人欲知高下而不能，教之用管准则说；欲知轻重而无以，予之以权衡则喜；欲知远近而不能，教之以金目则快射"④，"故假舆马者，足不劳而致千里；乘舟楫者，不能游而绝江海"⑤。技术是人体器官的延伸，可以放大人的肢体器官，弥补器官及体力之不足。技术工具延长和放大人体器官的作用体现了技术活动在本质上是主体客体化和客体主体化的双向作用和生成过程，是自然界变成人和人变成自然界的现实环节，一部人类的技术史就是"社会人的生产器官的历史"⑥。于光远先生认为，"人掌握了工具，四肢五官延长了，体力扩大了，与自然界斗争的能力增强了"⑦。

总之，"凡人之所以生者，衣与食也"⑧。衣食是人的物质生命存在之本，而"衣食之道，必始于耕织"⑨。因此，人必须从事耕劳之事，为维持物质形体的存在提供基本生活资料。而在从事生产维持生活的过程中，人逐步具备了动物不具备的能力与特征，"天之所为，禽兽草木；人之所为，礼节制度，构而为宫室，制而为舟舆是也"⑩。人与动物的区别在于人能够运用自己制造的工具发展生产、方便生活，能够通过构建礼仪制度和规范

---

① Carl Mitcham, *Thinking Through Technology*, The University of Chicago Press, 1994.
② R. 舍普等：《技术帝国》，刘莉译，生活·读书·新知三联书店，1999，第 138 页。
③ 《淮南子·泰族训》。
④ 《淮南子·泰族训》。
⑤ 《淮南子·主术训》。
⑥ 巨乃歧、邢润川：《技术思想与技术批判的现代考量》，《科学技术与辩证法》2004 年第 4 期。
⑦ 于光远等主编《自然辩证法百科全书》，中国大百科全书出版社，1994，第 767 页。
⑧ 《淮南子·泰族训》。
⑨ 《淮南子·主术训》。
⑩ 《淮南子·泰族训》。

约束人在劳动实践中的谋利行为和活动。总之，人类是在有目的的社会劳动实践中，逐步形成了运用工具改造自然谋得生活资料的能力、社会化的合作交往能力，开始了从动物到人的自我生存、自我发展、自我完善的过程。

二　无为为之合于道

古代中国人在改造自然的实践活动中形成了道法自然的思想。老子认为，"人法地，地法天，天法道，道法自然"①。自然就是自然而然、不加人为干预。"道常无为而无不为"②，"生而不有，为而不恃，长而不宰，是谓玄德"③。而庄子继承了老子"道常无为"的思想，如"夫恬淡寂漠虚无无为，此天地之本而道德之质也"④。老子、庄子都认为"无为"是本根道体的特征，而管子也继承了老子和庄子的无为思想，如《心术上》指出，"以无为之谓道"，"必知不言、无为之事，然后知道之纲纪"。

淮南子秉承老子、庄子和管子的思想，如"夫太上之道，生万物而不有，成化像而弗宰。跂行喙息，蠉飞蠕动，待而后生，莫之知德；待之后死，莫之能怨"⑤，"道出一原，通九门，散六衢，设于无垓坫之宇，寂寞以虚无。非有为于物也，物以有为于己也。是故举事而顺于道者，非道之所为也，道之所施也"⑥。太上之道，通往九天之门，散于宇宙空间之中，寂寞虚无，生万物而不占有，成化像而不主宰，万物因之而生，没有人知道它的功德，因之而死，没有人怨恨它。但是，淮南子之道的"无为"特性缺少了老庄的超越性，成为一种"术"，《诠言训》云："无为者，道之体也；无为制有为，术也。"⑦刘安作为诸侯王，他关心的不是社会之外的本真自然。在西汉王朝权力不断集中的情况下，如何保持诸侯国的权力和地位以及使自己的理论适合形势的需要是他关心的问题。因此，他的无为观摒弃了老子、庄子人在自然面前的被动性，他将无为作为一种方法、手段，

---

① 《道德经》二十五章。
② 《道德经》三十七章。
③ 《道德经》十章。
④ 《庄子·刻意》。
⑤ 《淮南子·原道训》。
⑥ 《淮南子·俶真训》。
⑦ 《淮南子·诠言训》。

在遵循道之自然无为的基础上，积极有为，达到维持人的生存生活的目的。因此，他的无为观不是人"凝滞不动""听其自流，待其自生"，而是积极地参与改造自然、改造社会的生存实践活动。如"夫无为，则得于一也。一也者，万物之本也，无敌之道也"①，"所谓无为者，不先物为也；所谓无不为者，因物之所为。所谓无治者，不易自然也；所谓无不治者，因物之相然也"②。这样，无为就是因物之自然而为，这体现了对物之规律的遵循。违背自然规律的有为以及顺应自然规律而没有发挥人的事工作用，都不是淮南子所说的无为，如"若夫以火熯井，以淮灌山，此用己而背自然，故谓之有为。若夫水之用舟，沙之用鸠，泥之用輴，山之用蔂，夏渎而冬陂，因高为田，因下为池，此非吾所谓为之"。③淮南子的"无为"是人在改造自然的实践活动中既顺应自然之道，又发挥主观的能动性，如"夫地势水东流，人必事焉，然后水潦得谷行；禾稼春生，人必加功焉，故五谷得遂长。听其自流，待其自生，则鲧、禹之功不立，而后稷之智不用"④，从而达到改善自然环境、为民造福除害的目的。

淮南子对道家的无为思想做了积极的解释，认为整个物质世界是按照自己的规律而运动的，人只有通过"究于物、合于道"，认识自然，顺应自然，积极改造自然，才能达到"为民造福除害"的目的。其实践观体现了"自然的合规律性运动和人的目的两者被看作是内在必然地和谐一致的"⑤。

三 因自然之性、自然之势而为

在古希腊，自然万物之本性或依据蕴藏在事物内部，并且是支配事物生长、发育的原理和力量。⑥ 而《淮南子》中的"自然"是自然物之性和物之势的统一，而"性"指自然物本然的、内在的属性，"势"是指事物属性的发挥所必须依赖的形势或由事物属性所导致的不依赖于人的意志的必然趋势，如"员者常转，窾者主浮，自然之势也"⑦，"夫舟浮于水，车转于

① 《淮南子·诠言训》。
② 《淮南子·原道训》。
③ 《淮南子·修务训》。
④ 《淮南子·修务训》。
⑤ 李泽厚：《中国美学史》（第1卷），台湾谷风出版社，1986，第520页。
⑥ 参见陈其荣《自然哲学》，复旦大学出版社，2005，第37页。
⑦ 《淮南子·原道训》。

陆,此势之自然也"①。自然物之属性内存于自然物之中,其属性的显发多依赖于"势"。事物内在的本性与适合其本性的"势"相互依赖,其所在的势造就了其内在的本性,而其本性的维持也离不开其所在的"势"。

关于物之性与势的关系,可以分为以下几个方面。首先,性能的发挥依赖于适当的条件和形势,无其"势"物之性就失去了可依赖的载体。"置猿槛中,则与豚同,非不巧捷也,无所肆其能也。……乌号之弓、豁子之弩,不能无弦而射;越舲蜀艇,不能无水而浮。"② 这些都说明了"势"对事物性能发挥的限制作用。其次,事物之本性和潜能决定了一定要有与之相匹配的"势"。如"夫螣蛇游雾而动,应龙乘云而举,猨得木而捷,鱼得水而骛"③,"今曰稻生于水,而不能生于湍濑之流;紫芝生于山,而不能生于盘石之上;慈石能引铁,及其于铜,则不行也"④。因此,事物的内在属性以及其属性存在和发挥的条件决定了人要"修道理之数,因天地之自然"⑤。再次,人改造自然的实践活动要坚持因物之性和物之势的有机统一。"禹凿龙门,辟伊阙,决江濬河,东注之海,因水之流也。后稷垦草发菑,粪土树谷,使五种各得其宜,因地之势也。……夫物有以自然,而后人事有治也。故良匠不能斫金,巧冶不能铄木,金之势不可斫,而木之性不可铄也。埏埴而为器,窬木而为舟,铄铁而为刃,铸金而为钟,因其可也。驾马服牛,令鸡司夜,令狗守门,因其自然也。"⑥ 禹治理洪水利用水势向下之特点而采用疏导的方法,神农教人播种五谷因"苗"之自然之性和地之势,工匠冶金因金属物之自然属性。"是故圣人举事也,岂能拂道理之数,诡自然之性,以曲为直,以屈为伸哉"⑦,"今夫徙树者,失其阴阳之性,则莫不枯槁。故橘树之江北,则化而为枳,鸲鹆不过济,貃渡汶而死,形性不可易,势居不可移也"⑧。因此,因性和因势二者不可偏废。最后,人要善于寻找外在的条件而用"势",从而使性能发挥到极致。"故水激则

---

① 《淮南子·主术训》。
② 《淮南子·俶真训》。
③ 《淮南子·主术训》。
④ 《淮南子·说山训》。
⑤ 《淮南子·原道训》。
⑥ 《淮南子·泰族训》。
⑦ 《淮南子·主术训》。
⑧ 《淮南子·原道训》。

悍，矢激则远。夫栝淇卫箘簬，载以银锡，虽有薄缟之缴，腐荷之矰，然犹不能独射也。假之筋角之力，弓弩之势，则贯兕甲而径于革盾矣"①，"夫竹之性浮，残以为牒，束而投之水则沉，失其体也；金之性沉，托之于舟上则浮，势有所支也"②。"因自然"不仅要因物之性与"势"，而且要寻找限制物之"性"和"势"起作用的条件。物势论的引入使自然的概念走出了老子、庄子过分强调自主性、自我性、本真性的封闭窠臼，而自然物性实现的外在条件就是物之自然的内在构成。

从物势论的角度考察自然，自然就是自然物之"性"与"势"的有机统一，自然物没有"势"，其性难以存在并体现出来，自然之势造就了自然物之性，而自然物之性也依赖于一定的自然之势。物势论意义上的自然为人的实践活动提供了依据和原则，即"修道里之数""循自然之性，因自然之势"，从而可以将"六合"之内的万物制而用之，"六合之内，一人之制"③，"因天地之自然，则六合不足均也"④。物性和物势有机统一的自然内涵是科学技术发展状况在思想领域的反映，同时进一步促进了人对自然物的认识和利用。

四　自然而然的生存方式

非外力干预的自然而然是从存在本身而言的，让自然是其所是、本真地呈现出来。自然的此一含义是从老子发端的，老子认为道生万物是一个自然而然的过程，《道德经》第四十二章云："道生一，一生二，二生三，三生万物。""道"之"生"表现为"让—在场"，即使当下的事物绽放的存在机制。道生万物，纯任自然，大化流行，物各自成，万物的生成消灭没有任何目的性和规定性。人应效法道自然而然创生万物的过程，"人法地，地法天，天法道，道法自然"⑤。而自然的本真存在状态过程便昭示了人驱除了自我的狂执、虚假之后的本真无为的人生观和"无为而治"的管

---

① 《淮南子·兵略训》。
② 《淮南子·齐俗训》。
③ 《淮南子·本经训》。
④ 《淮南子·原道训》。
⑤ 《道德经》二十五章。

理思想，"悠兮其贵言，功成事遂，百姓皆谓：我自然"①，"处无为之事，行不言之教。生而弗有，为而弗恃，功成而弗居"②。

庄子继承了老子的自然观念，如"莫之为而常自然"③，"夫水之于汋也，无为而才自然矣"④。自然意味着万物不被干扰之下的自然而然的生长、消亡的变化过程，"物之生也，若骤若驰，无动而不变，无时而不移。何为乎？何不为乎？夫固将自化"⑤，"夫春气发而百草生，正得秋而万宝成。夫春与秋，岂无得而然哉？天道已行矣"⑥，而这种自然而然的万物化生过程就是天道的运行。但庄子又赋予"自然"新的内涵，即自然物之固有性状、秩序、规律的自我实现，如"天之自高，地之自厚，日月之自明"⑦，"夫天地固有常矣，日月固有明矣，星辰固有列矣，禽兽固有群矣，树木固有立矣"⑧。而从功用来看事物，则万物各得其性、各得其用的状态就是"自然而然"，也即道，"唯达者知通为一，为是不用而寓诸用。……因是已，已而不知其所以然，谓之道"⑨。庄子的"自然"概念与老子的"自然"概念之不同在于，其主要关注物之自然的具体内涵（物之化、物之性和物之规律）以及物的自然如何实现的问题，《应帝王》云："汝游心于淡，合气于漠，顺物自然而无容私焉，而天下治矣。"物自然的存在论基础使庄子对自然采取不干涉、无为的态度，顺物性自然及自然物之化，使万物各尽其性、各尽其序、各显其能。

淮南子秉承老庄的自然的意蕴，吸收当时自然科学的发展成果，展示了"道"生万物的自然而然的过程，没有任何外在目的和神意，《原道训》云："夫太上之道，生万物而不有，成化像而弗宰。"万物化生过程也是"莫见其为而功自成"，是没有他因作用、自然而然、待至条件达至的化生，"是故春风至则甘雨降，生育万物，羽者妪伏，毛者孕育，草木荣华，鸟兽

---

① 《道德经》十七章。
② 《道德经》二章。
③ 《庄子·缮性》。
④ 《庄子·田子方》。
⑤ 《庄子·秋水》。
⑥ 《庄子·庚桑楚》。
⑦ 《庄子·田子方》。
⑧ 《庄子·天道》。
⑨ 《庄子·齐物论》。

卵胎，莫见其为者，而功既成矣。秋风下霜，倒生挫伤，鹰雕搏鸷，昆虫
蛰藏，草木注根，鱼鳖凑渊，莫见其为者，灭而无形。……由此观之，万
物固以自然，圣人又何事焉？"① 这段话说明事物现象之所以如此，是因为
事物现象本来就是如此，本来如此而果真即如此，这就是如其所如，也就
是存有本真，此一物或如本真又可名曰"自然"。② 故曰："天致其高，地致
其厚，月照其夜，日照其昼，阴阳化，列星朗，非其道而物自然。故阴阳
四时，非生万物也；雨露时降，非养草木也；神明接，阴阳和，而万物生
矣。故高山深林，非为虎豹也；大木茂枝，非为飞鸟也；流源千里，渊深
百仞，非为蛟龙也：致其高崇，成其广大，山居木栖，巢枝穴藏，水潜陆
行，各得其所宁焉。"③ 淮南子穷尽自然界常见的一切现象来说明自然秩序、
万物生化及存在状态的非目的性和非意志性，万物各安其所安的状态本身
就是自然。天道化生万物是无为、没有任何目的和意志的，如"是故至道
无为，一龙一蛇，盈缩卷舒，与时变化。……道出一原，通九门，散六衢，
设于无垓钻之宇，寂寞以虚无。非有为于物也，物有为与己也。是故举事
顺于道者，非道之所为也，道之所施也"④。而本真无为的自然观决定了人
无为的人生观，"唯灭迹于无为，而随天地自然者，唯能胜理"⑤，"勿惊勿
骇，万物将自理；勿挠勿撄，万物将自清"⑥。然而，在本真意义上，淮南
子的无为观却富有新的含义，"所谓无为者，私志不得入公道，嗜欲不得枉
正术，循理而举事，因资而立，权自然之势，而曲故不得容者，事成而身
弗伐，功立而名弗有，非谓其感而不应，攻而不动者"⑦。无为不仅是一种
改造自然、改造社会的方法，更是一种人生境界，是去除了私心、嗜欲、
智故的无心而为，更是"事成而身弗伐，功立而名弗有"的人生境界，"然
而不彰其功，不扬其声，隐真人之道，以从天地之固然"⑧。"故圣人不以行
求名，不以智见誉。法修自然，己无所与。虑不胜数，行不胜德，事不胜

① 《淮南子·原道训》。
② 陈德和：《淮南子的哲学》，台湾南华管理学院，1999，第82页。
③ 《淮南子·泰族训》。
④ 《淮南子·俶真训》。
⑤ 《淮南子·诠言训》。
⑥ 《淮南子·缪称训》。
⑦ 《淮南子·修务训》。
⑧ 《淮南子·览冥训》。

道。……人有穷而道无不通，与道争则凶。故《诗》曰：'弗识弗知，顺帝之则。'有智而无为，与无智者同道；有能而无事，与无能者同德。其智也，告之者至，然后觉其动也；使之者至，然后觉其为也。有智若无智，有能若无能，道理为正也。故功盖天下，不施其美，泽及后世，不有其名，道理通而人伪灭也。"①淮南子的"无为"并不是消极的无所作为，而是顺应自然之道理的"有为"，是对"行无为之事"而求名、求誉的伪行的批判，真正的无为是"用智却若无智""有能却若无能"，这是对庄子"绝善弃智""绝巧弃利"的扬弃。"何谓无为？智者不以位为事，勇者不以位为暴，仁者不以位为患，可谓无为矣。"②这样，淮南子将无为自然中所具有的积极含义开显出来，填补了社会与自然的断裂，人不再是游方于社会之外的自然的显现者，而是在社会中担任三重使命，即自然的展现者、改造者和良好社会秩序的建构者，从而使老子、庄子自然无为的人生观走出了狭隘的个人主义的窠臼。通过以上分析，淮南子的"无为"已经不是庄子的"虚静恬淡寂漠无为"，而是因自然而为、合于道的有为，如"无为为之而合于道，无为言之而通乎德……达于道者，反于清净，究于物者，终于无为"③。"无为"成为道的基本内容和要求，但已不是固守自然而然的本然状态、过程和特性，而是以无为作为自己的生存方式和精神超越的途径，是"化掉情欲心识的缠结与意识形态的坚持之后，所积淀净化出来之无执的为、无心的为、无有偏好私意的为"④。

淮南子认为，自然是一个排除任何目的和意志作用的不加人为、外力干预的自然而然、化生万物的过程，同时也是万物"各得其性、各得其用"的本然的不加人为干涉的自然状态，是动态自然和静态自然的有机统一。"无为"是存在论维度自然的突出特征，也是本真之人的人生观和价值取向，但是，老子、庄子在突出天地万物自然而然的化生过程和存在状态时，也使人之生成创造的本性、实践的主体性失落于自然之中，加剧了自然与文明的冲突。而淮南子的无为并不是人在自然面前的无所作为，而是法自然之有为，使人在自然与文明的张力域中展开人类积极参与改造自然与社

① 《淮南子·诠言训》。
② 《淮南子·诠言训》。
③ 《淮南子·原道训》。
④ 陈德和：《淮南子的哲学》，台湾南华管理学院，1999，第85页。

会的实践活动。

第四节 《淮南子》的生存智慧论

人在生命展开的过程中，在不同的阶段以及不同的自然环境和社会环境中必然遇到许多错综复杂的矛盾以及许多急难之事，这就需要人们将长期生存生活的经验进行概括总结，形成处理矛盾、问题的生存智慧。《淮南子》是秦汉时期人们生存智慧和生活经验的高度概括和总结。下面从辩证法的生存智慧和见本知末的生存智慧两个方面进行阐明。

一　辩证法的生存智慧

马克思主义哲学认为，任何一个事物内部各要素以及事物之间矛盾双方存在着相互依存、相互转化、相互制约、相互斗争的关系。矛盾的同一性和斗争性相互作用，共同推动事物的发展。淮南子在《道应训》中，以无为之口指出道"可以弱，可以强；可以柔，可以刚；可以阴，可以阳；可以窈，可以明"。这是道之数，即道是强弱、柔刚、阴阳、窈明等对立面相互依存的矛盾统一体，是万物变化之源。"夫道者，覆天载地，廓四方，柝八极，高不可际，深不可测，包裹天地，禀授天形。原流泉浡，冲而徐盈，混混滑滑，浊而徐清。……约而能张，幽而能明，弱而能强，柔而能刚。"[1] 无形之"道"弥漫于天地之间，在运动中具有由约转张、由幽到明、由弱到强、由柔到刚的转化能力，推动宇宙万物处于生成、变化的过程和状态。体道之人是道的彰显者，能够利用道之一体两面、相互依存、相互渗透的关系，"所谓道者，体圆而法方，背阴而抱阳，左柔而右刚，履幽而戴明"[2]，使自己在与外界的相互作用中保持和谐圆融的关系，为生命的存在发展创造有利的空间。"事或欲与利之，适足以害之；或欲害之，乃反以利之。利害之反，祸福之门户，不可不察也。"[3] "众人皆知利利而病病也，唯圣人知病之为利，知利之为病也。"[4] 圣人能够认识到利和病相互依存的

---

① 《淮南子·原道训》。
② 《淮南子·兵略训》。
③ 《淮南子·兵略训》。
④ 《淮南子·修务训》。

关系，在一定条件下，从短期、表面看来的对人的生存发展有利的因素，随着时间、地点和条件的变化反而转为不利的因素，反之亦然。圣人能够把握损与益、利与害相互转化的机理。圣人是道的化身，具有辩证法生存智慧，能够同时具有矛盾双方的宽与栗、严与温、柔与直、猛与仁两种对方特性，在两种特性的矛盾运动中保持中道。淮南子在《人间训》中以人与孔子的对话指出，颜回有仁，子贡有辩，子路有勇，而"丘能仁且忍，辩且讷，勇且怯"，也即孔子的三个弟子拥有的只是仁、辩、勇一个方面，而孔子仁而能忍、辩而若讷、勇而不敢，从而为自己的生存发展带来广阔的空间。"故圣人之道，宽而栗，严而温，柔而直，猛而仁。太刚则折，太柔则卷，圣人正在刚柔之间，乃得道之本。"① 不懂道的人则行事为人容易走极端，"不称九天之顶，则言黄泉之府，是两末之端议"。② "今不知道者，见柔懦者侵，则矜为刚毅；见刚毅者亡，则矜为柔懦。"③ 没有智慧的人不知道矛盾双方的对立统一的关系，只见矛盾的一方而不见另一方，容易在行动上将矛盾激化，为自己和他人带来麻烦。圣人利用内含于道的对立面相互转化的关系，能够察知对立面双方变化的机微，随时而变，随势而应，引导事物向良性的方向发展，终身无所困，如"是故圣人者，能阴能阳，能弱能强，随时而动静，因资而立功，物动而知其反，事萌而察其变，化则为之象，运则为之应，是以终身而无所困"。④ 得道圣人能够持守道之一体两面特性，根据不同时势或阴或阳、或柔或刚、或幽或明、或屈或伸，因时势变化各取其宜。"是故圣人论事之局曲直，与之屈伸偃仰，无常仪表。时屈时伸，卑弱柔如蒲苇，非摄夺也；刚强猛毅，志厉青云，非本险也，以乘时应变也。"⑤ 故而"置之前而不挈，错之后而不轩，内之寻常而不塞，布之天下而不窕"。⑥ 圣人能够根据事物在不同时间和空间的变化，或柔或刚，或伸或屈，因时势而变，无论在什么样的境遇下都能够灵活机智地生存生活。

① 《淮南子·氾论训》。
② 《淮南子·修务训》。
③ 《淮南子·氾论训》。
④ 《淮南子·主术训》。
⑤ 《淮南子·氾论训》。
⑥ 《淮南子·人间训》。

道也具有复反的特性，指对立面之间的相互转化，物极必反。"天地之道，极则反，盈则损。五色虽朗，有时而渝，茂木丰草，有时而落，物有隆杀，不得自若。"① "夫物盛而衰，乐极生悲，日中而移，月盈而亏。"② 淮南子认为，圣人能够深刻把握物极必反、物盛而衰的道理，他能从矛盾的阳面、正面，如坚强、聪明、巧辩、勇敢、富贵等方面看到与之相对应的阴面、反面，如柔弱、愚、陋、畏、俭的意义，在持守阳面、正面的同时持守阴面、反面，"是故聪明睿智，守之以愚；多闻博辩，守之以陋；武力毅勇，守之以畏；富贵广大，守之以俭；德施天下，守之以让。故老子曰：'服此道者不欲盈。夫唯不盈，故能弊而新成'"。③ 引导人的生命处于生生不息、不断有新质生成的状态。淮南子指出，在事物发展到实力非常强大时，人为了事物避免向衰落方面转化，应学会守柔、守弱，如"故兵强则灭，木强则折，革固则裂，齿坚于舌而先之敝。是故柔弱者生之干也，坚强者死之徒也，先唱者穷之路也，后动者达之原也。……是故欲刚，必以柔守之，欲强，必以弱保之"。④ 引导人超越道之"物极必反"对人的限制，使人处于长盛不衰、长盈不亏的发展态势，"夫物未尝有张而不弛，成而不毁者也，惟圣人能盛而不衰，盈而不亏"。⑤

淮南子引用诸多的历史故事来阐明道之内部矛盾着的双方相互转化的道理。如淮南子在《道应训》中引用周文王的历史故事说明此理。周文王行仁义而被商纣王囚禁，被释放之后，"乃为玉门，筑灵台，相女童，击钟鼓，以待纣之失也。纣闻之，曰：'周伯昌改道易行，吾无忧矣。'乃为炮烙，剖比干，剔孕妇，杀谏者。文王乃遂其谋"。这个故事说明周文王在商纣王残暴无道时，独行仁义、砥砺品性而遭到囚禁和压制。而他复出之后，为了实现长远的理想和目标，采取黑化自我的形式而存在，使得商纣王放松警惕，最终他谋划推翻了商纣王的暴政，建立了周朝。淮南子以此故事阐明老子的"知其荣，守其辱，为天下谷"的深刻道理。淮南子在《道应训》中讲述了赵襄子与知伯作战的故事。赵襄子因有为"社稷忍辱"的品

---

① 《淮南子·泰族训》。
② 《淮南子·道应训》。
③ 《淮南子·道应训》。
④ 《淮南子·原道训》。
⑤ 《淮南子·泰族训》。

格而被立为继承人。赵襄子与知伯饮酒、遭侮辱而忍之。之后，知伯在晋阳攻打赵襄子，襄子疏队而击之，大败知伯，破其首以为饮器。淮南子认为，一个人在实力达到一定程度时，不能为了个人目的过分彰显自己的刚和雄，而应以爱心和道义约束自己的行为。当自己受到侮辱时，能从大局和道义的角度忍让对方，以柔弱的方式对待对方，化解矛盾。但当对方一而再、再而三地挑衅、侮辱、攻击自己时，抓住战机，一举灭之，从而永久扫除自己生存发展的障碍。淮南子借此阐明老子的"知其雄，守其雌，其为天下谿"的道理。在《道应训》中，淮南子认为，赵襄子之所以能不争而胜，在于其始终占据道义的一方，中牟在襄子父死而未葬时侵略赵国，违背道义在先。在赵襄子反抗中牟入侵时，中牟的围城自坏十丈。赵襄子坚持"不乘人于利，不迫人于险"的义利观，待其城墙修好而战，体现了其宽恕忍让的精神。正是赵襄子的大爱精神感动了中牟，其主动请降，这说明老子的"夫唯不争，故天下莫能与之争"的道理。淮南子在《道应训》中指出，孙叔敖为了免除三怨，即"爵高者士妒之，官大者主恶之，禄厚者怨处之"，要求自己做到"吾爵益高，吾志益下；吾官益大，吾心益小；吾禄益厚，吾施益博"，其以此故事说明老子的"贵以贱为本，高以下为基"的道理。孙叔敖的故事说明，人为了避免爵高、官大、禄厚而导致的自我狂傲以及周围人的羡慕、嫉妒和仇恨，必须降高为卑，降贵为贱，虚心、谨慎行事，体恤乡邻，广施爱心。淮南子在《道应训》中引用越王勾践的故事，"越王勾践与吴战而不胜，国破身亡，困于会稽。愈心张胆，气如泉涌，选练甲卒。然而请身为臣，妻为妾，亲执戈，为吴兵先马走，果禽之于干遂"，从而说明老子"柔之胜刚也，弱之胜强也，天下莫不知，而莫之能行"的道理。越王勾践的故事说明当一个人与对立的一方产生矛盾，而个人不具备与对方对抗的条件时，就要采取忍辱负重、柔弱地顺从对方的方式，在时间、空间的运动变化中慢慢积存实力，待实力具备时，抓住时机，一举打败对方，从而为自己的生存发展创造空间。淮南子在《道应训》中以方九埋相马"得其精而忘其粗，在内而忘其外，见其所见而不见其所不见，视其所视而遗其所不视"，从而说明老子"大直若屈，大巧若拙"的道理。《道应训》引用"厘负羁厚待逃亡的晋国公子重耳。重耳返国伐曹，负羁之里免遭攻击"的故事，从而说明老子"曲则全，枉则直"的道理。

　　淮南子以上述历史故事说明老子的辩证法中对立面相互转化的思想，即事物都包含相互依存、相互作用的矛盾双方。我们必须对事物的两端都加以彻察，必须从正面去透视负面的意义。对于负面意义进行把握，使其显现出正面的内涵。也即为了使事物发展趋势处于不断生成创造的态势，为了避免人的主体性过分张扬而导致社会关系紧张和冲突，淮南子强调在矛盾的正面、阳面中持守负面、阴面，采取"以退为进""以柔胜刚""以弱胜强""以静制动"等柔性化的生存方式。这种柔性生存方式是人在仁义之道价值规范的引导下，在对影响生存发展的客观条件、自我实力和发展态势进行全面分析和把握的基础上，为了实现长远发展，因形势不同而采取的灵活、机智的生存发展策略。但是淮南子也像老子那样，过分强调守柔、守雌、守后、守弱、守不敢，片面地扩大了事物对立面中阴面的意义，使道中内在刚健、雄性之力量受到抑制，进而影响事物发展。

　　任何事物都是在矛盾双方相反相成的运动中不断向前发展。但是这种运动变化发展到一定程度又有复归本根的趋向，故老子指出，"反者道之动"。①"有物混成……周行而不殆。……强字之曰道，强为之名曰大，大曰逝，逝曰远，远曰反。"②"致虚极，守静笃。万物并作，吾以观复。夫物芸芸，各复归其根，归根曰静，静曰复命。复命曰常，知常曰明，不知常，妄作凶。"③万物在循环往复中不断脱离本根又不断返归本根，展开自己生、长、盛、衰的变化规律，人内心只有处于虚静的状态才能静观万物循环往复的运动变化规律。淮南子继承了老子辩证法的复返思想，在《道应训》中，其引用了尹需学御的例子阐明老子的"致虚极，守静笃，万物并作，吾以观其复"的思想。淮南子充分利用复返的思想，指出人要不断打破一切有形束缚，返归无形，立于宇宙之初，如"稽古太初，人生于无，形生于有，有形而制于物。能返其所生，故未有形，谓之真人。真人者，未始分于太一者也"。④人从道之无中产生，有形的生命生于气，一旦形成必然受到有形万物的制约，这就需要从有形万物的束缚中超拔出来，返归于无形，若有若无，若实若虚，打破一切"间隔"，以无形畅游于有形之中，达

────────────

① 《道德经》四十章。
② 《道德经》二十五章。
③ 《道德经》十六章。
④ 《淮南子·诠言训》。

到"正本而返自然"之自由乐境。"是故圣人托其神于灵府，而归于万物之初。视于冥冥，听于无声。冥冥之中，独见晓焉；寂寞之中，独有照焉。其用之也以不用，其不用也而反能用之；其知也乃不知，其不知而后能之。"① 圣人使自己的心神返归万物之初，与道之神明相通，能够洞见宇宙万物的信息，知人所不知，见人所不见。

淮南子还指出人要返归宇宙创生之时的自然真朴之性，"原心反性，则贵矣。"② 人之性是清静无邪的，但由于欲望与外物的诱惑，人本然之性处于遮蔽状态，"原人之性，芜秽而不得清明者，物或埏之也。……人之性无邪，久湛于俗则易。易而忘本，合于若性。人性欲平，嗜欲害之。惟圣人能遗物而反己"③。人能遗物反己，性之本然清静之性得以澄明，从而使人能够以物观物，以人观人，"有以自见也，则不失物之情"。④ 反性要求人弃聪明，绝智故，外好憎，使人在清醒中带着糊涂，活着却打破对生的执着，生命结束时返归未生，与造化万物的道同为一体，如："弃聪明而反太素，休精神而弃知故，觉而若昧，生而若死，终则反本未生之时，而与化为一体。"⑤ "慧不足以大宁，智不足以安危，与其誉尧而毁桀也，不如掩聪明而反修其道也。"⑥ 淮南子认为："人生而静，天之性也。感而后动，性之害也。物至而神应，知之动也。知与物接而好憎生焉，好憎成形而知诱于外，不能反己，而天理灭矣。"⑦ 虚静是人之性。人受外物的影响，必然扰乱清净之性。物体进入人的感官视野范围之内，信息传递到大脑，开始产生认知反映。在反映中形成的观念与外界相联系，人就产生好憎之情。好憎之情一旦产生，人的心志就会被外物所诱，不能返归人的自然本性，天道就隐而不见。淮南子还指出，人通过知识、技术对自然万物分解、剖判，制成人所需要的器物，但自然界在人的技术面前变得支离破碎，失去了原有的整全面貌，人也在技术化的活动中失去了原初的自然真朴之性，如"夫圣人之所削物也，剖之判之，离之散之；已淫已失，复揆以一；既出其根，

---

① 《淮南子·俶真训》。
② 《淮南子·缪称训》。
③ 《淮南子·齐俗训》。
④ 《淮南子·齐俗训》。
⑤ 《淮南子·精神训》。
⑥ 《淮南子·主术训》。
⑦ 《淮南子·原道训》。

复归其门；已雕已啄，还反于朴"。① 因此，人要通过自觉地摒弃后天的智故、知识、技术对人的自然之性的异化，返归虚静、真朴，"是故圣人之学也，以返性于初，而游心于虚也"。② 而人返归宇宙万物之初，固守道根，不失清静自然真朴之性，才能使人见其人，物见其物，万物各复其根，"夫圣人者……消知能，修太常，堕肢体，黜聪明，大通混冥，解意释神，漠然若无魂魄，使万物各复归其根"。③ "是所谓真人者，性合于道也。故有而若无，实而若虚，处其一不知其二，治其内不识其外。明白太素，无为复朴，体本抱神，以游于天地之樊。"④ 真人能返归人的素朴、虚静之性，与道之性相合，能够突破有形万物的限制，有而若无，实而若虚，从而使人达到"返性于初，游心于虚"的真人之境。

生生不息的创造态势是宇宙创生的实然状态，但是在其创生过程中，有脱离本根而异化的可能性，而"无根"之创造，其力量又是有限的。因此，宇宙万物的创生就像老子所说"大曰逝，逝曰远，远曰反"，即在进与反的互动中展开创生过程，其创生不断有新质生成。而对人来说返归本根，是人之生成、创造本性所决定的，只有在本根的固守中，生命之生成之态才会处于生生不息中。而反朴归真则是人理性、自主、自觉地抑制人为创造文明形式的潜在异化，使人在人为之进和自觉之返中自由地展开人之生命创造过程，不断超越自身作为一个物种的局限以及外在命运加给自己的局限，使人之生命不断得到升华。

二　见本知末的生存智慧

本与末是中国古人把握事物的本质与现象、原因与结果、内容与形式、主要矛盾与次要矛盾之间关系的一对范畴。中国古人通过本末关系的思维方式把握错综复杂的联系中的内在的、本质的、必然的联系。淮南子认为，在人的生命结构系统中，心是本，而感官是末；心之神是本，由外物刺激而产生的欲望是末。因此，应发挥心之神对欲望的引导作用，如"夫鉴明者，尘垢弗能理，理清者，嗜欲弗能乱。精神已越于外，而事复返之，是

① 《淮南子·齐俗训》。
② 《淮南子·俶真训》。
③ 《淮南子·览冥训》。
④ 《淮南子·精神训》。

失之以本，而求之于末也"。① 人的感官与心神逐于外物，却要求神情意平是一种背本求末的行为。此处的本末关系是因果关系，解决问题要抓住引起事情变化的根本原因。淮南子认为凡事要以本求末，本失而求之于末，犹如"以汤止沸，沸乃不止，诚知其本，则去火而已矣"②，"不直于本，而事之于末，譬犹扬堁而弭尘，抱薪以救火"③。因此，人在特定历史时期，在诸多错综复杂的关系中，要分析什么是本，什么是末，做任何事情要抓根本、关键和要害，离本求末犹以汤止沸和抱薪救火。"故终年为车，无三寸之辖，不可以驱驰；匠人斫户，无一尽之楗不可以闭藏，故君子行斯乎其所结。辟若伐树而引其本，千枝万叶则莫得弗从也。"④ 而抓住了本其他问题就迎刃而解。

本末相互依存，相互影响。淮南子以树根与树枝比喻本末关系，"根浅则末短，本伤则枝枯"⑤，树根扎入地基不深，则树难以长成枝繁叶茂的大树，树根伤则树枝干枯，因此，本伤则末损。反之，"故羽翼美者伤骨骸，枝叶美者害根茎"。⑥ 过分追求枝叶的繁华则伤树之根茎，过分追求羽翼的丰美，则害鸟之骨骸，这是因末伤本。因此，"本末，一体也，其两爱之，一性也。先本后末谓之君子，以末害本谓之小人，君子与小人性非异也，所在先后而已矣。草本洪者为本，而杀者为末，禽兽之性，大者为首，而小者为尾。末大于本则折，尾大于要则不掉矣。故食其口而百节肥，灌其本而枝叶美，天地之性也，天地之生物也有本末，其养物也有先后"。⑦ 本末一体，人处理问题时应该先分清本末，将解决根本问题放在重要的地位，根本问题解决之后，枝节问题迎刃而解。但是，也不能忽视末节问题，末节问题解决不好也能影响根本问题的解决。在一个系统中，人应充分认识本末在系统中的地位和作用，合理安排其在系统中的位置和次序，应先本后末，而不能以末害本。同时，末也不能大于本，"故末不可以强于本"⑧。

淮南子在《泰族训》中以本末来处理道与仁义、仁义和法律之间的关

---

① 《淮南子·俶真训》。
② 《淮南子·缪称训》。
③ 《淮南子·主术训》。
④ 《淮南子·本经训》。
⑤ 《淮南子·泰族训》。
⑥ 《淮南子·说山训》。

系。淮南子认为，顺百姓自然之性、以无为之道引导百姓是本，以仁义之术对百姓进行教导是末。"孔墨之弟子，皆以仁义之术教导于世，然而不免于偏。身犹不能行也，又况所教乎？是何则？其道外也。夫以末求返于本，许由不能行也，又况齐民乎！"仁义之术脱离无为之道，即仁义成为脱离生命本性的虚假形式，加重了人的负担，不能有效行之。"故仁义者，治之本也，今不知事修其本，而务治其末，是释其根而灌其枝也。且法之生也，以辅仁义，今重法而弃义，是贵其冠履而忘其头足也。故仁义者，为厚基者也，不益其厚而张其广者毁，不广其基而增其高者覆。……国之有民也，犹城之有基，本之有根，根深则本固，基美则上宁。"① 淮南子以树根与树枝、头足与冠履、地基与房屋来说明仁义和法治的关系。仁义如树根，法治如树枝，不重仁义而务求法治就是"释其根而灌其枝"；仁义如头足，法治如冠履，法治的产生是为了限制人们为恶，目的是引导人向善，重治法而弃义则如"贵其冠履而忘其头足"。仁义如地基，皇帝的政权则如地基上的房子，地基厚而宽，则房屋能建的面积大而楼房高，否则容易毁坏、坍塌，因此，统治者应广施爱心，其厚爱百姓则能稳固政权，巩固统治，而以法律对人民进行约束则是脱离根本而求末的做法，不能产生预期的效果。在国与民的关系上，民是国家政治统治之本、是基，只有厚基、广基、固基，政权才能稳固、发展，违背人民的利益而巩固政权则是背本求末的做法，"失本则乱，得本则治"。② 淮南子还认为，"心者，身之本也"，③ 人之器官、孔窍、骨节是末，"故心治则百节皆安，心扰则百节皆乱"。④ 因此，治身在于治心，外嗜欲，和喜怒，平好憎，达到心神安稳，则身体的各种器官就能健康运行，而心神不一，贪欲无度，喜怒无常，好恶偏狭且不理智，身体的各种器官功能不能正常发挥，就会百病丛生。

淮南子还以连锁式推理的形式将本末关系有机联系起来，达到执一而应万、见本而知末的效果。连锁式推理有前溯式连锁推理和后衍式连锁推理两种。前溯式的连锁推理是对要达到某一目的应如何做或对已发生的某一现象原因的分析，强调前因。例如淮南子以前溯式连锁推理方法将治心、

---

① 《淮南子·泰族训》。
② 《淮南子·泰族训》。
③ 《淮南子·泰族训》。
④ 《淮南子·缪称训》。

修身、宁民、足用、勿夺时、省事、节用、反性、去载、容道连接成一个环环相扣的整体，进而说明为政之本在于以道为本，实行无为而治。"故心者身之本，身者国之本也。""为治之本，务在于安民，安民之本，在于足用。足用之本，在于勿夺时；勿夺时之本，在于省事。省事之本，在于节欲。"① "反性之本，在于去载。去载则虚，虚则平。平者，道之素也；虚者，道之舍也。能有天下者，必不失其国；能有其国者，必不丧其家；能治其家者，必不遗其身；能修其身者，必不忘其心；能原其心者，必不亏其性；能全其性者，必不惑于道。"② "未有能摇其本而静其末，浊其源而清其流者也。"心是身之本，身是国之本。治国在于治身，治身在于治心。统治者治心则去载即寡欲，去载则人能返归虚静素朴之性，返性则能节用，节用则会省事而不扰民，省事则不影响百姓按时发展农业生产，勿夺时则百姓生活富裕，百姓生活富裕则社会安定，政治稳固。这种前溯式的单线连锁推理，在于寻求事物存在、发展、变化的根本和关键因素，将不同事物以"本"为中心有机地联系起来，从而达到"执一而应万，握要而治详"③ 的效果。

淮南子还采用后衍式的连锁推理分析诸多现象、环节的根本原因，对最终结果发展趋势进行推测，强调后果。淮南子在《精神训》中从正反两个方面论证血气专于五藏、五藏属于心、精神内守形骸而不外越逐次所产生的结果，最后达到"耳目精明，望于往世之前，而视于来事之后，忧患不能入也，而邪气不能袭"的目的。通过对后果的分析，其指出人的神、形要各得其位，并充分发挥精神在生命结构中的主导作用。后衍式因果推理的目的在于"见本而知末，观指而睹归"④，对后果的逐层推衍使人重视产生结果的根本原因，从而防患于未然或达到自己所期望的目的。

从以上对淮南子关于本末关系之论述可以发现本末关系是淮南子处理一系列关系的思维方式。首先，凡事要原本而求末，而背本求末是一种"抱薪而救火"的做法。其次，本末一体，相互影响，本制约末，末也影响本。末不能强于本，末也不可大于本。末强于本或末大于本，则必然导致

---

① 《淮南子·泰族训》。
② 《淮南子·诠言训》。
③ 《淮南子·人间训》。
④ 《淮南子·人间训》。

本伤。本伤也必然伤末。再次，在处理问题的先后顺序上，凡事要先本后末，则"灌其本则能枝叶美"。最后，见一本则万物知，淮南子将道比作万物之本，"万物之总，皆阅一孔，万事之根，皆出一门"。① 因此，人不知一则一物不知，知一则无物不知。人认识到"道"在事物发展中的重要性，则能立道为本，"本立而道行，本伤而道废"。道之本，但是在不同的关系中又有根本和末节，如仁义和法治，仁义为本，法治为末；仁爱和礼节，仁爱是本，礼节为末。如"故事亲有道，而爱为务；朝廷有容矣，而敬为上；处丧有礼，而哀为主；用兵有术矣，而义为本"。在不同的成对的关系链条中，根本确立，则道行。淮南子提出应以道通仁义礼乐，以道驭智，以道驭技。这里涉及了本末不同层次的问题，道是一级之本，仁、义、礼、乐、技、智、能都是末，仁、义、礼、乐、技、智应以道为基础，彰显人的自然本性。而在道之下的末中又有本与末，只有二级之本确立，不以本害末，才能保证一级之本确立。同样，在二级之末中又有本末，只有三级之本确立，不以本害末，才能保证二级之本确立……因此，在错综复杂的层级关系中，保证每一级的本之根本地位的确立是"道"行的前提条件，而任何一级中以本害末、以本伤末则会产生连锁效应，导致整个本末关系的链条向坏的方向发展。在这种关系中有两种上下贯通的途径，首先是由上至下，先保证一级之本，根深基厚才能保证其下层级关系的稳固性，依次每层级都是如此；其次由下至上，保证各层次"本"之稳固，既要要处理好本层次的本末关系，同时又要处理好同上层级之间的本末关系，不以本级的本害上级的末。在本末关系中任何一个交节点，既是本又是末，这样淮南子的本末关系已不只是简单二元对立平面关系式的辩证思维，而是辩证思维与系统思维的有机融合，同时也为人们在大一统中央集权不断巩固的时代背景下，处理错综复杂的关系提供了思维范式和方法。本末关系也是存在于任何事物中的主要矛盾和次要矛盾之关系，客观地存在于自然界万物中，但是本末关系也是人们思维建构的结果，是靠心之思对感官所观察到事物错综复杂的关系进行升华、提炼。但是经过人心提炼的本末关系又可以为一种思维模式，人们利用这种思维模式去把握现实世界之联系，如"见本而知末，观指睹归，执一而应万，握要而治详，谓之术"。③ 见本知

---

① 《淮南子·诠言训》。

末是人的生存智慧，是人从事任何实践活动的要领，也是人步入"置之前而不挈，错之后而不轩，内之寻常而不害，布之天下而不窕"①之境的谋略。

三 趋福避祸的生存智慧

福与祸是人的生命展开过程中必然遇到的问题。每个人都渴望自己能过上幸福的生活，避免祸患。那么，如何理解福与祸，如何避免祸患而求得幸福呢？我们逐一分析。

（一）祸患产生的原因分析

第一，嗜欲无度。淮南子认为，天下有三不祥，"不行礼义，一不祥也；嗜欲无止，二不祥也；不听强谏，三不祥也"。②嗜欲无度将给自己、家人及社会带来灾难和祸患。淮南子在《精神训》中指出，耳目纵情于声色之欲，五藏摇动不定，血气动荡不休，精神驰骋于外而不返，五官失去了判断风险和祸患的能力，祸福来而不知。反之，耳目清明，物欲淡泊，内心通达不为外物所诱惑，五藏血气充盈而不外泄，精神内守形骸而不外越，可以反思往世的教训，可以预测事情的结果，自觉地约束控制行为，就可以免除祸患。淮南子认为，"患生于多欲"③，"今人所以犯囹圄之罪，而陷于刑戮之患者，由嗜欲无厌，不循度量之故也"。④人嗜欲无度，不循法度则让人遭受刑戮之患。"衰世则不然，一日而有天下之富，处人主之势，则竭百姓之力，以奉耳目之欲。志专在宫室台榭，陂池苑囿，猛兽熊罴，玩好珍怪。是故贫民糟糠不接于口，而虎狼熊罴厌刍豢，百姓短褐不完，而宫室衣锦绣。人主急兹无用之功，百姓黎民，憔悴于天下，是故使天下不安其性。"⑤统治者躁而多欲，竭百姓之力而满足自己的贪欲，追求感官和物质的享受，导致民不聊生，必然引起百姓的反抗，这是给自己、国家、百姓带来祸患的根本原因。"昔者智伯骄，伐范、中行而克之，又劫

---

① 《淮南子·人间训》。
② 《淮南子·人间训》。
③ 《淮南子·缪称训》。
④ 《淮南子·氾论训》。
⑤ 《淮南子·主术训》。

韩、魏之君而割其地，尚以为未足，遂兴兵伐赵。韩、魏反之，军败晋阳之下，身死高梁之东，头为饮器，国分为三，为天下笑。此不知足之祸也。老子曰：'知足不辱，知止不殆，可以修久。'此之谓也。"① 人贪欲无度，将会给自己带来灾祸，而节欲知足，行有所止，可以使自己免遭侮辱，避祸长生。

第二，积累怨恨，喜怒无节。

淮南子认为，人之性清静恬愉，而人喜怒无度，则会损伤自然本性。"圣人节五行，则治不荒。凡人之性，心和欲得则乐，乐斯动，动斯蹈，蹈斯荡，荡斯歌，歌斯舞，歌舞节则禽兽跳矣。人之性，心有忧丧则悲，悲则哀，哀斯愤，愤斯怒，怒斯动，动则手足不静。人之性有侵犯则怒，怒则血充，血充则气激，气激则发怒，发怒则有所释憾矣。"② 淮南子认为，人之欲得到满足则高兴，高兴则手舞足蹈，没有节制就会产生像禽兽一样的行为。人之情可以由忧转悲、由悲转哀、由哀转怒。人由外部激发引起的愤怒之情导致气血冲冠，导致极端行为，产生难以预料的行为后果，为人带来遗憾。

淮南子指出，"凡行带情，其过无怨；不带其情，虽忠来患"。③ 一个人凡行事为人带有仁爱之情，即使有过错也不会招致怨恨，反之，不带仁爱之情，虽忠诚于他人或事业，也必然给人带来祸患。"积爱成福，积怨成祸"④，"其施厚者其报美，其怨大者其祸深。薄施而厚望，畜怨而无患者，古今未之有也。是故圣人察其所以往，则知其所以来者。"⑤ 一个人有仁爱之心，乐于帮助别人，不仅能避免祸患，而且能给人带来福分，在人群中获得很高的声望。反之，一个人心中长期积累对他人、社会的不满情绪，没有节制地发泄自己的爱憎情感与喜怒情绪，将给自己或他人带来祸患。"诸御鞅复于简公曰：'陈成常、宰予二子者，甚相憎也。臣恐其构难而危国也。君不如去一人。'简公不听。居无几何，陈成常果攻宰予于庭中，而

① 《淮南子·人间训》。
② 《淮南子·原道训》。
③ 《淮南子·缪称训》。
④ 《淮南子·人间训》。
⑤ 《淮南子·缪称训》。

弑简公于朝。此不知敬小之所生也。"① 简公不听诸御鞅的劝说，对陈成常、宰予两人之间的仇恨听之任之，导致陈成常在庭中攻击宰予，自己被弑而亡。淮南子在《道应训》中引用了郈氏斗鸡而使家族灭亡的故事说明此理。鲁国的季氏和郈氏两家斗鸡，季氏因斗鸡失败，而非常恼怒，便乘机侵占了郈家的宅院，还修建了房屋、围墙。而郈昭伯因愤怒而在鲁昭公面前诋毁季平子："祭祀襄公庙堂时，季氏只用两人跳祭舞，其余的都去为季氏祖庙起舞了。季氏大逆不道、目无君王，（这种情况持续的时间）已很久了，如不杀季平子，以后一定会危及国家。"鲁昭公不听子家驹的劝说，不能正确认识季氏家族的情况，如群众基础深厚、德高望重、兄弟团结、实力强大等，而派郈昭伯率军去攻打季氏。季氏与仲孙氏、叔孙氏联合抵抗，郈昭公战败被杀死，鲁昭公出逃到齐国避难。从这个历史故事来看，季氏和郈氏两家斗鸡而结下冤仇，季氏愤怒而占领郈氏的宅院。而郈氏在仇恨情绪的左右下，不能正确分析季氏和自己的力量，通过诋毁季氏的方法取得鲁昭公的支持，带兵攻打季氏，却导致个人死亡，昭公出逃避难。上面两个故事都说明，人们不能被内心积累的怨恨所控制，不顾矛盾双方力量的差异，通过非理性的手段肆意发泄自己的愤怒，否则会导致国破家亡。"祸生而不蚤灭，若火之得燥，水之得湿，浸而益大。痈疽发于指，其痛遍于体。故蠹啄剖梁柱，蚊虻走牛羊，此之谓也。"② 因此，人应防止内心的怨恨、喜怒等不良情绪的无限蔓延，从而给自己、家族和社会带来灾难。

第三，个人的专长、技能对人的辖制。

人必须在个人生命发展的过程中通过学习、训练、积累不断提高专业化的技术本领，从而战胜外界的风险，谋得个人需要的物质生存资料，为个人的生存发展谋得广阔的自由空间。但是，人常因自己的所长给生命带来祸患。淮南子强调，"夫善游者溺，善骑者堕，各以其所好，反自为祸"③，"羿死桃部不给射，庆忌死剑锋不给搏"④。淮南子引用了共工的故事说明此道理，"共工以强大之力与高辛争为帝，遂潜于渊，宗族残灭，继

---

① 《淮南子·人间训》。
② 《淮南子·人间训》。
③ 《淮南子·原道训》。
④ 《淮南子·说山训》。

嗣绝祀”[1]，“以巧斗力者，始于阳，常卒于阴”[2]。技术、技能是人的生命存在发展的工具、方法和手段，但是，随着人专业技能的提高，人会忽视专业技能使用环境存在的危险因素及技能内在的副作用，从而因个人的擅长之技陷入困境。同时，随着个人技术、技能水平的提高，人会为了个人眼下物质利益而随意使用自己的技能，导致“能愈多而德愈薄”，而失去了道德支撑的技能必然给人带来祸患，“昔者，苍颉作书而天雨粟，鬼夜哭；伯益作井而龙登玄云，神栖昆仑：能愈多而德愈薄矣。故周鼎着倕，使衔其指，以明大巧之不可为也”。[3] 这就需要人固守生命之根，确立正确的道德观念，自觉约束技术和技能的使用。

第四，缺乏忧患意识和防微杜渐的思维。

在生命展开的过程中，外界环境必然存在着影响生命长期存在、发展的风险因素。如果缺乏风险防范意识以及应对风险的准备，则风险的到来必然给人带来灾难与祸患。“同日被霜，蔽者不伤。愚者有备，与知者同功。夫爝火在缥烟之中也，一指所能息也；唐漏若鼷穴，一抔之所能塞也。及至火之燔孟诸而炎云台，水决九江而渐荆州，虽起三军之众，弗能救也。”[4] 风险的发展是逐步积累的，这就需要人在平时形成风险防范意识，并通过训练提高应对风险的技能和方法。“事者，难成而易败也；名者，难立而易废也。千里之堤，以蝼蚁之穴漏；百寻之屋，以突隙之烟焚。《尧戒》曰：‘战战栗栗，日慎一日。’人莫蹪于山，而蹪于蛭。是故人皆轻小害易微事以多悔。患至而后忧之，是犹病者已惓而索良医也，虽有扁鹊、俞跗之巧，犹不能生也。”[5] 成就功业难，但功业衰败容易；树立名望难，但名声败坏容易。千里之堤，常常溃于一个小穴，百尺高的房屋被焚烧常从家里一个烟头似的火苗开始。人应该小心谨慎，防止小的祸患蔓延发展。但是人往往轻视小害、忽视小事中存在的风险因素，这会导致大的祸患产生。“两家斗鸡，季氏金距，郈公作难，鲁昭公出走。故师之所处，生以棘楚，祸生而不蚤灭，若火之得燥，水之得湿，浸而益大。痈疽发于指，其

---

① 《淮南子·原道训》。
② 《淮南子·诠言训》。
③ 《淮南子·本经训》。
④ 《淮南子·人间训》。
⑤ 《淮南子·人间训》。

痛遍于体。故蠹啄剖梁柱，蚊虻走牛羊，此之谓也。"① 郗氏和季氏因斗鸡而作难正是因为缺乏防微杜渐思维和风险防范意识，两家的矛盾不断恶化和升级，最终带来灾难和祸患。因此，人应该理性分析不同阶段存在的祸患因素，及时将祸患消灭在萌芽之中，"圣人者，常治无患之患，故无患也"。②

第五，为了争名夺利而失义、争先、逞强、用刚。

生命中的祸患有的是天灾，有的是人祸。而人祸的出现是由人的行为逐步导致的。人若对行为的结果缺乏前瞻性的预知，听之任之，不良行为、做法的长期积累必然为个人的生存发展带来祸患。"故兵强则灭，木强则折，革固则裂，齿坚于舌而先之弊。是坚强者，死之徒也。先唱者，穷之路也。……先者则后者之弓矢质的也。"③ 淮南子认为，人逞能、逞强、争强、争先而不顾后患是导致灭亡、穷困的祸患之源。《道应训》指出，赵襄子为赵氏一朝拿下翟国的两个城市而担忧，同人问之，则曰："江、河之大也，不过三日，飘风暴雨，日中不须臾。今赵氏之德行无所积，今一朝两城下，亡其及我乎！孔子闻之，曰：'赵氏其昌乎！'夫忧，所以为昌也；而喜，所以为亡也。胜非其难也，持之者其难也。贤主以此持胜，故其福及后世。"淮南子指出，人因势力强大而能打败对手，但是如果过分逞强而无德性，则会为国家、个人带来祸患。在《道应训》中淮南子以魏武侯李克的话，指出吴国数战数胜是其败亡的原因："'数战则民疲，数胜则主骄。以骄主使疲民，而国不亡者，天下鲜矣！骄则恣，恣则极物；疲则怨，怨则极虑；上下俱极，吴之亡犹晚矣！夫差之所以自到于干遂也。'老子曰：'功成名遂，身退，天之道也。'"人在功成名就之时，应谦虚谨慎，戒骄戒躁，功成而身退，这样才会免为自己带来祸患。淮南子在《道应训》中指出，不行礼仪是天下三不祥之一。晋公子重耳肋骨连成一片。曹君在晋公子穷困遇难之时，不听劝说，"遇之无礼，必为国忧"，故意使重耳祖胸捕鱼，重耳回国之后起师伐曹，曹国灭亡。这是过分逞能而非礼所导致的灭亡。淮南子在《道应训》中引用了白公的故事，白公因攻打荆国，不能将府库的财物施散给别人，且不听石乙的劝告，"不义得之，又不能布施，

---

① 《淮南子·人间训》。
② 《淮南子·说山训》。
③ 《淮南子·原道训》。

患必至矣！不能予人，不若焚之，毋令人害我"，之后，叶公攻府而入，擒白公，"乃发大府之货以予众，出高库之兵以赋民"。淮南子指出，白公非法掠夺他国财物，而又不能施散财物，他的至贪至愚是招来祸患的主要原因，故老子曰："持而盈之，不如其已。揣而锐之，不可长保也。"总之，淮南子指出，无论是普通人还是国君，行事为人没有深厚的道德底蕴，不懂得辩证法的生存智慧，过分逞强、用刚、显能，知进而不知退，一味追求完美、盈满，是产生祸患的主要原因。

第六，不能正确认识自己以及与外界环境的关系。

"天下有三危：少德而多宠，一危也；才下而位高，二危也；身无大功而受厚禄，三危也。"[1] 对于一个处在社会团体中的人而言，应正确认识自己得宠是否与德性相匹配。如果少德而多宠，缺乏群众的根基和支持，在受宠之时必然遭到他人的嫉妒。而在失宠或因领导位置的改变而使自己处于孤立无援的境地时，甚至会遭到敌对势力的攻击和迫害。因此，修德是一个人立身的根基，可以免除祸患。人还应该正确认识自己的才能与当下的岗位是否相适应。如果才能低下，却因个人的卑躬屈膝、行贿受贿而获得一定位置和权力，则不能顺利完成高位所要求的任务。这不仅不利于自己和单位的发展，甚至会给自己和单位带来灾难。人还要正确认识个人的俸禄所得与付出的劳动是否相匹配。如果身无大功却得到厚禄，必然遭受别人的嫉妒、怨恨、攻击，将会给自己带来灾难和祸患。因此，人应在法律、道德的范围内，通过合法的劳动得到自己应得的成果。

（二）趋福避祸的途径和方法

要实现生命的健康永续发展，人必须理性分析人在生命不同阶段存在的祸患因素，形成正确的生命观、价值观，采取科学的方法避免祸患的产生，实现身全、神全和性全。

第一，不断提高生命的境界，以心治欲，以理导情。

淮南子指出，心君是身体的君王和主宰，减少祸患必须发挥心之理性对欲望、情绪、情感的协调、控制和引导等作用。"五藏能属于心而无乖，则勃志胜而行不僻矣。勃志胜而行之不僻，则精神盛而气不散矣。精神盛

---

[1] 《淮南子·人间训》。

而气不散则理，理则均，均则通，通则神，神则以视无不见，以听无不闻也。"① 心作为形体的主要器官，是五藏之主，能够统率身体的四肢使血气通畅运行，能够判断是非、美丑并对发生的众多事情进行分析、判断和决策。如果心之理性能够统帅五藏，人精神旺盛，精气用而不泄，均调顺畅，则人具有"以视无不见，以听无不闻"的认知功能，可以对行为后果进行清晰判断。纵情于耳目之官，则是导致祸患的主要因素。因此，人应发挥心之义对嗜欲的制约作用，使耳目鼻口各得其所，"目好色，耳好声，口好味，接尔说之，不知利害，嗜欲也；食之不宁于体，听之不合于道，视之不便于性，三官交争。以义为制者，心也。……耳目鼻口，不知所取去，心为之制，各得其所"。② 心之官也是人的自然之情的发源地，具有判断是非的能力。人的好恶、喜怒、哀乐之情是人的感官与外物接触而产生的。人能够有效控制和协调感官、四肢，则能摆脱自然之情对人的控制。因此，人应发挥心之主宰功能。"人之情，思虑聪明喜怒也。故闭四关，止五遁，则与道论。"③ 也即人应阻塞耳目鼻口嗜欲的通道，从心之思维即是非、明辨、察知的具象思维能力升华为道的有机辩证思维，即从错综复杂联系的整体以及动态发展变化的态势观察现象万物，理好憎，和喜怒，少忧怨，逐步摆脱主观主义情绪、情感的牵制，"是故圣人审动静之变，而适受与之度，理好憎之情，和喜怒之节。好憎理则忧弗近，喜怒节则怨弗犯"。④ 这样，圣人通过治心体道之功夫，根据时势与动静之变，权衡利害，取与有度，不放纵欲望而伤性乱情，从而减少祸患和灾难。

"圣人胜心，众人胜欲。君子行正气，小人行邪气。内便于性，外合于义，循理而动，不系于物者，正气也。重于滋味，淫于声色，发于喜怒，不顾后患者，邪气也。邪与正相伤，欲与性相害，不可两亏，一置一废，故圣人损欲而从事于性。"⑤ "是故圣人不以人滑天，不以欲乱情。"⑥ 纵于耳目之欲以及喜怒哀乐之情，不知利害，不顾后果，是生命中的邪气。人

---

① 《淮南子·精神训》。
② 《淮南子·诠言训》。
③ 《淮南子·本经训》。
④ 《淮南子·氾论训》。
⑤ 《淮南子·诠言训》。
⑥ 《淮南子·原道训》。

的生命若被邪气主导，则会导致祸患和灾难。因此，人应不断提升人生境界，效法君子和圣人，以心治欲，从性损欲，使欲望的满足内便于性，外合道义，循理而行，不为物役，增加生命的正气，减少祸患的发生。而欲望与人的理性常常处于相交争的状态。体道之圣人，心不失主，以道守心、治心，知道自己性格和能力的局限以及生存环境对自己的限制，不刻意追求超过自己能力和性情的东西，不以主观的好恶肆意挥洒个人的好憎之情，不贪求对生命的正常运行无用的东西，不违背道德伦理规范而满足自己的欲望，动静循理，养性知足，如："原天命，治心术，理好憎，适情性，则治道通矣。原天命则不惑祸福，治心术则不妄喜怒，理好憎则不贪无用，适情性则欲不过节。不惑祸福则动静循理，不妄喜怒则赏罚不阿，不贪无用则不似欲用害性，欲不过节则养性知足。"① "理情性，治心术，养以和，持以适，乐道而忘贱，安德而忘贫，性有不欲，无欲而不得，心有不乐，无乐而不为，无益情者，不以累德，而便于性者，不以滑和，故纵体肆意，而度制可以为天下仪。"② 达道者超越是非之见以及俗世的贫富贵贱标准，协调情、性、欲之间的关系，安贫乐道，不以情累性，不以欲滑和，恬愉宁静，使人达到无乐而极乐的幸福之境。

第二，培养正确的人生价值观，自觉引导、管控人的逐利行为。

淮南子认为，树立正确的价值观念是人趋福避祸的基础。"故誉生则毁随之，善见则怨从之。利则为害始，福则为祸先。唯不求利者为无害，唯不求福者为无祸。侯而求霸者必失其侯，霸而求王者必丧其霸。故国以全为常，霸王其寄也；身以生为常，富贵其寄也。能不以天下伤其国，而不以国害其身者，为可以托天下也。"③ 人往往在追求名誉、利益、富贵的过程中给自己带来祸患，给国家带来灾难。身体只是某一特定阶段，富贵、名利、荣誉的寄托的物质载体，人应珍惜生命，不能为了生命之外的东西给自己带来灾祸。淮南子在《道应训》中指出，翟人攻击邠地，大王亶父不忍百姓因战争而遭受祸患，指出不以所养害其所养，曰："翟人之所求者地也，无以财物为也。"随之丢掉拐杖而去，百姓成群结队跟着他，在岐山

---

① 《淮南子·诠言训》。
② 《淮南子·精神训》。
③ 《淮南子·诠言训》。

成立了国家。淮南子指出，大王亶父重视生命，虽富贵不以养而伤身，虽贫贱不以利而累形，从而阐明老子的"贵以身为天下，焉可以托天下；爱以身为天下，焉可以寄天下矣"的思想，这是一种贵身而小天下的思想，有利于约束统治者的权欲、物欲，有利于百姓的幸福、安康。

淮南子珍惜个人的生命，但生命的存在应以彰显仁义之道为前提。"尧之有天下也，非贪万民之富而安人主之位也。以为百姓力征，强凌弱，众暴寡，于是尧乃身服节俭之行，而明相爱之仁，以和辑之。是故茅茨不翦，采椽不斫，大路不画，越席不缘，大羹不和，粢食不毇，巡狩行教，勤劳天下，周流五岳。岂其奉养不足乐哉，举天下而以为社稷，非有利焉。年衰志悯，举天下而传之舜，犹却行而脱屣也。"①尧治理天下，非贪万民的财富而奉养个人的私欲，看到百姓之间以强凌弱、以众欺弱，社会纷争不断，他乘坐的车子不加绘画，蒲草席垫不镶花边，祭祀用的食物不调五味，吃的主食不舂捣细，巡视狩猎只为推行教化，辛劳地奔波于三山五岳，为人民创造一个幸福、和谐、安康的社会环境。他在年劳志弱、精力不济之时，不恋权位，传位给舜。尧以个人的行为为统治者树立了爱民、仁爱、勤政、节俭的典型，淡泊物欲，造福自己也造福百姓。孙叔敖协助楚庄王打败晋国，拒绝受封地。其将亡，对孩子说，王若封地，拒绝肥沃之地，而接受贫瘠充满沙石的丘陵之地。孙叔敖死，王果封其子以肥沃之地。其子辞而不受，而受贫瘠的丘陵之地。孙叔敖淡泊名利的做法避免了历史上"战争胜而功臣亡"的悲剧，创立了楚国父子二人两代拥有爵禄的历史。

上面的历史故事说明，人汲汲追求眼前的、局部的物质利益，且不择手段，会给自己的生命带来灾祸。这就需要人坚持生命至上、仁义至上的价值观自觉规范个人的行为，淡泊名利，自觉约束和控制个人的行为，不因追逐名利给自己和他人带来祸患和灾难。

第三，运用辩证法的思维，培养内敛低调、因世而变的生存智慧。

一个人在生命发展的过程中会突然遇到困难、风险、挑战。因此，人必须增强个人应对困难、变化的能力。"所谓其事强者，遭变应卒，排患扞难，力无不胜，敌无不凌，应化揆时，莫能害之。"这样才能排患除难、战胜敌人。但是，"得在时，不在争；治在道，不在圣。土处下，不在高，故

---

① 《淮南子·主术训》。

安而不危；水下流，不争先，故疾而不迟"。① 人在自己的能力、势力增强时，过分争名逐利、逞强用刚、追求盈满、追求完美则会给自己带来祸患。"故得道者志弱而事强，心虚而应当。所谓志弱而事强者，柔毳安静，藏于不敢，行于不能，恬然无虑，动不失时，与万物回周旋转，不为先唱，感而应之。是故贵者必以贱为号，而高者必以下为基。托小以包大，在中以制外，行柔而刚，用弱而强，转化推移，得一之道，而以少正多。是故欲刚者必以柔守之，欲强者必以弱保之。积于柔则刚，积于弱则强；观其所积，以知祸福之乡。"② 这就要求得道者在势力、能力达到一定程度时，性情安静，藏于不敢，行于不能，因时而动，欲刚而守柔，欲强而守弱，高而若低，贵而若贱，智而若愚，巧而若拙，盈而若虚，避免一个人随着势力、能力的增强而过分张扬自己、追名逐利而为自己带来祸患。淮南子还引用孙叔敖免除三怨的故事说明道理，人有三怨："爵高者，士妒之；官大者，主恶之；禄厚者，怨处之。"③ 而免除三怨的方法在于："吾爵益高，吾志益下；吾官益大，吾心益小；吾禄益厚，吾施益博。是以免三怨。"④ 这也印证了老子的"贵必以贱为本，高必以下为基"的道理，要求人在获得一定的爵位、俸禄、权力之时，不张扬自己，甚至为暴、为患，应以贵而若贱、高而若下的方式处事，免除他人的羡慕、嫉妒和愤恨，防止给自己带来灾难和祸患。

人应以仁义之道约束自己的求利行为，但是在不实行仁政的时代，固守仁义而不知权变则给人带来祸患。"仁者，百姓之所慕也；义者，众庶之所高也。为人之所慕，行人之所高，此严父之所以教子，而忠臣之所以事君也。然世或用之而身死国亡者，不同于时也。夫徐偃王为义而灭，燕子哙行仁而亡。……非仁义儒墨不行，非其世而用之，则为之禽矣。"⑤ 淮南子以"徐偃王为义而灭，燕子哙行仁而亡"的例子说明在世道混乱的时代，固守仁义，不知道以"和光同尘"的智慧掩盖自己的光芒，必然导致灾难和祸患。"狂谲不受禄而诛，段干木辞相而显，所行同也，而利害异者，时

① 《淮南子·原道训》。
② 《淮南子·原道训》。
③ 《淮南子·道应训》。
④ 《淮南子·人间训》。
⑤ 《淮南子·人间训》。

使然也。故圣人虽有其志，不遇其世，仅足以容身，何功名之可致也！知天之所为，知人之所行，则有以任于世矣。知天而不知人，则无以与俗交；知人而不知天，则无以与道游。……豹养其内而虎食其外，毅修其外而疾攻其内。故直意适情，则坚强贼之；以身役物，则阴阳食之。此皆载务而戏乎其调者也。"① 人是在特定的自然环境和社会环境中存在的，人要减少祸患，实现全生、全性，就必须在人与自然、社会的互动中，正确认识自然界和人类社会的规律、自然万物之性以及生命存在的风险，在人与环境的相互适应、相互斗争中达到人与环境的和谐共生，完成人的使命和责任。"得道之士，外化而内不化。外化所以入人也，内不化所以全其身也。故内有一定之操，而外能诎伸、赢缩、卷舒，与物推移，故万举而不陷。所以贵圣人者，以其能龙变也。"② 这就需要人在坚持仁义道德规范以及内在的操守的基础上，随着外界环境的变化而诎伸、赢缩、卷舒，避免陷入祸患和灾难的困境之中。

第四，培养人研几而知化的思想，自觉逢凶化吉、趋福避祸。

人要避免祸患必须增强忧患意识、风险防范意识，有意识地培养研几而知化的思维。也即人从事物发展的萌芽阶段就能够预测事物发展的结果，从而将风险、祸患消灭在萌芽阶段，引导事物向良好的方向发展。"鲁以偶人葬而孔子叹，纣为象箸而箕子唏。故圣人见霜而知冰。"③ 孔子看到鲁人用木板和陶瓷制成木偶为人陪葬而感叹，看到纣王用象牙制成筷子而唏嘘不已。因此，圣人踩在霜上就预感到坚冰时代必将到来，也即圣人能从微小的变化中看到事情的结局。"故未尝灼而不敢握火者，见其有所烧也；未尝伤而不敢握刃者，见其有所害也。由此观之，见者可以论未发也，而观小节可以知大体矣。"④ 人应预测将来发生的事，从小节知大体。"夫水出于山而入于海，稼出于田而藏于仓，圣人见其所生，则知其所归矣。"⑤ 圣人能够原终察始，原本知末，观其源而知流，见其所生则知其所归。人还应该以小明大，以近知远，如"尝一脔肉，知一镬之味；悬羽与炭，而知燥

---

① 《淮南子·人间训》。
② 《淮南子·人间训》。
③ 《淮南子·说山训》。
④ 《淮南子·汜论训》。
⑤ 《淮南子·泰族训》。

湿之气：以小明大。见一叶落，而知岁之将暮，睹瓶中之冰，而知天下之寒：以近知远"。圣人还能够从事物微小的量变中看到质变的结果，"阳气起于东北，尽于西南；阴气起于西南，尽于东北。阴阳之始，皆调适相似，日长其类，以侵相远，或热焦沙；或寒凝水，故圣人谨慎其所积"①。阴阳变化是一个逐渐积累的过程，人从阳中阴之萌、阴中阳之萌来推知阴阳变化之极致所导致的热焦沙、寒凝水现象。因此，圣人能以微知著，从事物微小的量变预测事物将引发的质变，从局部的变化中预测整体的变化，从当下的变化预测事物的未来，从事物的开始预测事物发展的结局。

人应通过原始察终、以小见大、以近知远、见本知末，洞察事物变化的极微之处，做到化凶为吉、避祸趋福、避恶趋善、开物成务，在错综复杂的变化和各种关系的交错中引导人的生命向积极、向上、向善的方向健康和良性发展。因此，人应谨慎行事，顺时而动，纵有万剑来射，但严防戒备，祸患也不会滋长。人应少计福，多虑祸，"圣人敬小慎微，动不失时。百射重戒，祸乃不滋。计福勿及，虑祸过之"②。人应深居简出以避辱，精心安处以待时机，"是故圣人深居以避辱，静安以待时。小人不知祸福之门户，妄动而绁罗网，虽曲为之备，何足以全其身！譬犹失火而凿池，被裘而用箑也。且唐有万穴，塞其一，鱼何遽无由出？室有百户，闭其一，盗何遽无从入。夫墙之坏也于隙，剑之折必有齿，圣人见之密，故万物莫能伤也"③。人若不知祸福转换的几微之处，轻举妄动，自投罗网，纵然周密防范，也难以避祸而保全自身。墙的倒塌是由一条小缝开始的，剑的折断是从缺损之处开始的，圣人能够看到祸患产生的根源，在祸患萌芽之时，阻断祸患发展的势头，避免为自己带来致命的灾难。淮南子在《人间训》里讲述了子朱担任太宰这个职务时伺候令尹子国用饭的故事。子朱从令尹子国无视自己的存在而将杯子里凉水倒入热汤里，认识到令尹子国是举止轻浮、傲慢无礼之人，长期为他服务，必将遭到他的侮辱。因此，他辞官而去。第二年，令尹子国果然找碴打了郎尹三百大板。这个故事告诉人们，人应从微小的事情看到事物发展的结局，避祸趋福。"是故人皆轻小害，易

① 《淮南子·诠言训》。
② 《淮南子·人间训》。
③ 《淮南子·人间训》。

微事，以多悔。患至而后忧之，是犹病者已倦而索良医也。"① 人往往忽视小事、轻看小害而酿成大祸，常常悔恨不已。产生祸患而后悔，就如有病了才去找医生，即使遇到良医也难以让病人活命。"江水之始出于岷山也，可搴塞衣而越也，及至乎下洞庭，骛石城，经丹徒，起波涛，舟杭一日不能济也。是故圣人者，常从事于无形之外，而不留思尽虑于成事之内。是故患祸弗能伤也。"圣人总是在事物还没有出现时便研究它，而不等事物形成以后再去操心费神，盘算应对的方法和手段，故祸患不能伤害他。

第五，探究自然之道与万物之理，法自然而行之。

人在自然环境、社会环境中生存，维持生命存在，实现趋福避祸，必须探究自然之道以及万物之理，在顺应自然的基础上利用自然，否则就会遭到自然的惩罚。"夫道者，无私就也，无私去也，能者有余，拙者不足，顺之者利，逆之者凶。"② 道是独立存在的，不以任何人的意志为转移，顺应道之规律，对人的生存发展有利，否则就会产生祸患和灾难。"是故圣人法天顺情，不拘于俗，不诱于人。以天为父，以地为母，阴阳为纲，四时为纪。天静以清，地定以宁，万物失之者死，法之者生。"③《天文训》说："人主之情，上通于天。故诛暴则多飘风，枉法令则多虫螟，杀不辜则国赤地，令不收则多淫雨。"枉行政令则导致国危世乱，国危世乱又导致异常天象出现。"逆天暴物，则日月薄蚀，五星失行，四时干乖，昼冥宵光，山崩川涸，冬雷夏霜。"④ 这样，由阴阳之气体现的天道运行规律成为人们行为的依据，人们按照不同时节、不同方位而颁布不同的政令，政令顺，阴阳之气运行正常，人们就会安居乐业，风调雨顺；反之，就会给人民带来灾难和祸患。因此，人应效法天道化育万物而不求报的公正无私的特性，顺天道而举事。"天设日月，列星辰，调阴阳，张四时，日以暴之，夜以息之，风以干之，雨露以濡之。其生物也，莫见其所养而物长，其杀物也，莫见其所丧而物亡：此之谓神明。圣人象之，故其起福也，不见其所由而福起；其除祸也，不见其所以而祸除。"⑤ 人效法天道自然无为而行，就会

---

① 《淮南子·人间训》。
② 《淮南子·览冥训》。
③ 《淮南子·精神训》。
④ 《淮南子·泰族训》。
⑤ 《淮南子·泰族训》。

产生道之神明的功效，"不见其所由而福起，不见其所以而祸除"。"故道不可以劝而就利者，而可以宁避害者。故常无祸，不常有福；常无罪，不常有功。圣人无思虑，无设储，来者弗迎，去者弗将。人虽东西南北，独立中央。故处众枉之中，不失其直；天下皆流，独不离其坛域。故不为善，不避丑，遵天之道；不为始，不专己，循天之理；不豫谋，不弃时，与天为期；不求得，不辞福，从天之则。不求所无，不失所得，内无旁祸，外无旁福。祸福不生，安有人贼！"① 不能用因循道而必然获利来规劝人，而可以用因循道而平安来规劝人。圣人顺从自然，无思虑，无储备，来者不迎，去者不留。他傲然屹立于天地之中，不卑躬屈膝，不随波逐流。他不刻意为善，不有意避丑，遵循天理而行；他不刻意谋划，也不错失良机，而是遵循天道。他不求得，也不求失，而是遵循天则。人无得无失，无福无祸，则不会有任何伤害。

淮南子认为，个人是生祸致福的主要原因，避祸趋福就必须发挥人的理性思维的作用。"夫祸之来也，人自生之；福之来也，人自成之。祸与福同门，利与害为邻，非神圣人，莫之能分。凡人之举事，莫不先以其知规虑揣度，而后敢以定谋，其或利或害，此愚智之所以异也。晓自然以为智，知存亡之枢机，祸福之门户，举而用之，陷溺于难者，不可胜计也。使知所为是者，事必可行，则天下无不达之途矣。是故知虑者，祸福之门户也；动静者，利害之枢机也。百事之变化，国家之治乱，待而后成。是故不溺于难者成，是故不可不慎也。"② 祸与福、利与害相互依存、相互转化，其几微之处，非一般人能辨别。因此，人凡行事必须通过揣度，分析事情的利害以及可能产生的结果，进行详细周全的谋划，有目的、有计划的行事。但是，淮南子又指出人的理性的有限性，即使人们了解社会的规律，知道存亡的枢机和祸福转换的机理，但陷入灾难的人仍不计其数。如果大家预先知道自己要做的事正确而且行得通，那么天下就没有不通的路了，而事实并非如此。我们不能因此而否定人理性揣度在趋福避祸方面的作用。因此，智慧思虑是祸福的根由，行为举止是利害的关键。百事的变化、国家的治乱以及人的祸福都有待正确的思想和行动促成。

① 《淮南子·诠言训》。
② 《淮南子·人间训》。

第六，培养豁达乐观的人生态度，坦然面对人生中的祸福。

人对祸福应有豁达乐观的人生态度。淮南子在《道应训》中，引用塞翁失马的故事指出，祸福相互转化的几微难以把握，祸福之转而相生，其变难见也。淮南子在《泰族训》中指出，勾践退守会稽山，修明政事，谋划复国，毫不懈怠，因为勾践知道祸可以转为福。赵襄子伐狄人两次取胜却面有忧色，因为他害怕福转化为祸。"圣人见祸福于重闭之内，而虑患于九拂之外者也。"① 圣人能从重重障碍中看到福，而在发展最兴盛和稳定的时候忧虑祸患的到来。当人处于幸福的状态时，一定要认识到这种状态是暂时的，防止人因得意失去风险防范意识，客观分析存在的潜在风险因素，进而规避风险，化解风险。当人处于祸患的状态时，要认识到人所遇到的祸患也是暂时的，人内心充满坚定的信念和乐观的人生态度，正确分析导致祸患的主客观因素，接受祸患，变不利因素为有利因素，改变事情发展的态势。"圣人不为可非之行，不憎人之非己也；修足誉之德，不求人之誉己也；不能使祸不至，信己之不迎也；不能使福必来，信己之不攘也。祸之至也，非其求所生，故穷而不忧；福之至也，非其求所成，故通而弗矜。知祸福之制，不在于己也，故闲居而乐，无为而治。"② 圣人不做令人非议的事情，但不憎恨别人对自己的非议；修足令人赞誉的德行，但不求别人的美誉；不能使祸患不至，但自己不主动招祸；不能使福必来，但不排斥降临的福；知道祸福的临界不在于自己，故能闲居而乐。"福莫大于无祸，利莫大于不丧。"③ 淮南子认为，人最大的幸福莫过于平安、健康而没有祸患，最大的利益莫过于现有的利益不丧失。"圣人守其所以有，不求其所未得。求其所无，则所有者亡矣；修其所有，则所欲者至。"④ 圣人守着自己的获得之道，不刻意追求所未得的东西。如果一味追求所无的东西，则所拥有的东西也会失去。而修所得东西之道，则所求的东西自然会来到。"君子为善，不能使福必来；不为非，而不能使祸无至。福之至也，非其所求，故不伐其功；祸之来也，非其所生，故不悔其行。内修极而横祸至者，皆天也，非人也。故中心常恬漠，累积其德，狗吠而不惊，自信其情。故知

① 《淮南子·泰族训》。
② 《淮南子·诠言训》。
③ 《淮南子·诠言训》。
④ 《淮南子·诠言训》。

道者不惑，知命者不忧。"① 君子认为，福之至，不是自己努力得来的，则不炫耀自己的功劳；祸之至，不是自己的行为导致的，则不为自己的行为后悔。个人修道积德还遭遇横祸，则是天命。因此，内心常恬淡、淡漠，不断积累善行，不因外物外界的影响而改变自己守道修德之志，对个人的性情充满自信。因而，知道者不忧，知命者不惑。"原天命则不惑祸福，不惑祸福则动静循理。"② 知天命使人能够理解祸福产生的原因，坦然接受必然承受的命运。知天命就是知道家庭、社会给自己提供的生命发展的有利条件和不利条件、自己能力的有利方面和不利方面、自然规律和社会规律，因时安位，当世乐业，选择自己在现有条件基础上能够做的事情，不遗余力而为之，不与自己能力不能改变的东西抗拒，避免为自己和家人带来灾难和祸患。"福生于无为，患生于多欲，害生于弗备，秽生于弗耨。圣人为善若恐不及，备祸若恐不免。蒙尘而欲毋眯，涉水而欲无濡，不可得也。是故知己者不怨人，知命者不怨天。福由己发，祸由己生。"③ 淮南子认为，人的幸福来自于保持清净恬愉之性，顺任自然无为，而祸患在于人过分追求超过基本需求、个人能力和社会条件的东西，危害在于缺乏风险防备的意识，饥馑在于不勤劳发展生产。圣人认识到，"福由己发，祸由己生"，即个人是导致福祸的内在原因。因而他能够清晰地认识自己的能力、现实状况以及客观条件，辛勤劳作，防范风险，不怨天不尤人，终生行善避恶，避免祸患，保持生命的长生。

　　从以上对淮南子祸福观的论述可以看出，淮南子认为，人之祸是自己招致的，人之福是自己创造的。人贪欲无度、喜怒不节、满腹怨恨、逐利无度、性情张扬、缺乏忧患意识是造成祸患的主要原因。而减少生命的祸患需要发挥人之理性的作用，外嗜欲，节喜怒，外好憎，以爱化怨。同时需要人合理运用辩证思维方法，形成低调内敛及因时而化的生命智慧，运用研几而知化的思维培养防微杜渐的忧患意识，正确认识自然之道和万物之理，顺应规律而行事，以生命至上、以义导利的价值观自觉约束人的行为，以豁达乐观的人生态度对待人生祸福，在避祸中实现全生，在全生中增强人的幸福感。

---

① 《淮南子·诠言训》。
② 《淮南子·诠言训》。
③ 《淮南子·原道训》。

第五章　自然与人为

人之自然包括以下几个方面。首先，指人的素朴、虚静之性；其次，指人顺应自然无为的存在方式；最后，指达到"齐生死、同变化、一万物"的天人合一之境。而人为指人改变其自然之性，以仁、义、礼、乐、智、技等形式而存在的行为方式。人的生命诞生之后，必然要以积极、主动有为的方式存在，展开生命的创造过程。这就需要人形成智，以智认识世界，从混沌的世界梳理出规律和秩序，满足人追求光明、自由的精神需求以及生存生活的需要；需要人以形成的智为基础，发明创造工具和技术，改造自然谋得生存生活需要的物质资料；需要人以仁、义、礼、乐的方式存在，约束人的趋利避害行为，协调、控制人的欲望、情绪和情感，构建和谐的社会关系，为群体的长远存在奠定道德基础。因此，人之人为是人之生命存在发展的必然组成部分，人的生命展开的过程也是人脱离人之自然之性的过程。但是，随着生命向前运动，人离生命之根越来越远，仁、义、礼、乐、智、技等人为的存在方式逐步失去了生命之根即道的约束，仁、义、礼、乐成为挟裹生命的虚假之饰，有为的智与技成为侵蚀人的虚静、素朴之性的外在工具，加剧了人与人之间的冲突，导致人的生命以病态的、不自然的不可持续的方式存在，加速了生命的衰竭和死亡。这就需要人们从中国古代典籍中吸取相关思想精髓，正确处理人之自然与人为的关系，在自然生命和社会生命的张力域中展开人的自我完善、自我超越、自我提高的过程。

第一节　原自然而轻人为

关于人之自然与人为的关系，淮南子继承先秦道家的思想，从道与德、仁义以及道与智、巧、能等关系进行论述。

一　重自然，轻人为

宇宙本原之道具有素朴、自然、无为的特性，而人与万物是道体之性在人身上的流注，返归素朴、虚静之性，效法天道自然无为是由本根之道所决定的。因此，老子认为人应效法道之自然无为之性，以自然无为的方式存在，"人法地，地法天，天法道，道法自然"。①　"道常无为，而无不为"②，"悠兮贵言，功成事遂，百姓皆谓，我自然"。自然、无为是人处事的方式和准则，只有人的生命以自然无为的方式展开，人之素朴之性才得以保持。但是，人在生命前行的过程中，必然要发挥人的主观能动性以有为的方式存在。人之生存本能以及肢体器官适应环境的不完备性决定了人必须具有智、技、能，人之趋利避害的本能以及群体而居的生存方式要求人们以仁、义、礼、乐的方式存在，以此控制此欲望，协调与他人的纷争。然而人为的智、技、能与德、仁、义却使人之自然素朴之性具有异化的可能。因此，老子指出，由道至德、仁、义就是"道"逐渐丧失、亏损的过程，"上德不德，是以有德；下德不失德，是以无德；上德无为而无以为，下德无为而有以为，上仁为之而无以为，上义为之而有以为。上礼为之莫之应，则攘臂而扔之。故失道而后德，失德而后仁，失仁而义，失义而后礼"。③　"大道废有仁义，智慧出有大伪，六亲不认有孝慈。"④　老子约生活于公元前 571 年至公元前 471 年，当时礼崩乐坏，诸侯征战，上层人士的道德、仁义、礼节失去了真实情感，其成为约束本真性情的虚伪之饰和繁文缛节。因而，废除有为的仁德、礼义成为人保持自然之性的应有之意。老子认为，人在后天成长过程中形成的智、巧对人的自然之性也有侵蚀的可能，"常使民无知无欲，使夫智者不敢为也。为无为，则无不治"。⑤　"古之善为道者，非以明民，将以愚之。民之难治，以其智多。故以智治国，国之贼；不以智治国，国之福。"⑥　"民多利器，国家滋昏；人多伎巧，奇物滋

---

① 《道德经》二十五章。
② 《道德经》三十七章。
③ 《道德经》三十八章。
④ 《道德经》十八章。
⑤ 《道德经》三章。
⑥ 《道德经》六十五章。

起。"① 老子认为，百姓多智多技是导致社会纷争的重要因素。因此，统治者应采取政策，限制奇技淫巧的使用和开发，"绝圣弃智，民利百倍。绝仁弃义，民复孝慈。绝巧弃利，盗贼无有，此三者以为文不足。故令有所属，见素抱朴，少私寡欲"。② 统治者一切有为的道德、仁义、礼智、技巧等人为形式与天道的自然、无为相违背，都是奴役人自然之性的利器，导致道失朴散，"朴散则为器"③，人也成为失去道根的具相的有形之"器"，道德、仁义、礼智、技巧成为追求功名、利禄的外在工具，导致生命的形式化、工具化，也加剧了社会混乱和冲突。因而，老子要求回归自然，拒斥一切人为文明的存在方式，回到小国寡民的状态，"小国寡民。使有什伯之器而不用；使民重死而不远徙。虽有舟舆，无所乘之；虽有甲兵，无所陈之。使民复结绳而用之。甘其食，美其服，安其居，乐其俗。邻国相望，鸡犬之声相闻，民至老死，不相往来"。④ 老子从政治的角度为统治者提出"无为而治"的方略，以一切虚假、巧诈、伪善、智故的方式治国将导致人民的素朴之性丧失，加剧社会的混乱和纷争。这体现了老子对人的生命的自然主义和人本主义的终极关怀，但是他在反对人之人为形式时，将人之自然与文明对立起来，认为人只有反对人为文明、拒斥文明才能回归自然，这不利于社会文明的进步。

老子认为，道的运行规律总是向相反的方向运动，"反者，道之动。弱者，道之用"。⑤ 对于具体的道与德而言，其中蕴含的正面因素与反面因素相互依存，"明道若昧，进道若退，夷道若纇，上德若谷，大白若辱，广德若不足，建德若偷，质真若渝，大方无隅，大器晚成。夫唯道，善贷且成"。⑥ 道和德的显现不是外炫的，而是返照的，它以深邃、内敛、冲虚、含藏等特性存在，辅助万物，成就万物。因而，为了使个人的价值发挥到极致，人应效法道的存在方式，"大成若缺，其用不弊。大盈若冲，其用不穷。大直若屈，大巧若拙，大辩若讷"。⑦ "知其雄，守其雌，为天下溪。为

① 《道德经》五十七章。
② 《道德经》十九章。
③ 《道德经》二十八章。
④ 《道德经》八十章。
⑤ 《道德经》四十章。
⑥ 《道德经》四十一章。
⑦ 《道德经》四十五章。

天下溪，常德不离，复归于婴儿。知其白，守其黑，为天下式。为天下式，常德不忒，复归于无极。知其荣，守其辱，为天下谷。常德乃足，复归于朴。"① 老子要求人在彰显生命中刚健、完满、正直、荣耀、大巧、大辩的一面时，要守着柔弱、欠缺、弯曲、羞辱、笨拙、木讷等另一面，以相反的一面存在，避免物极必反。对于管理者而言，这样的治国方式可以实现"大制不割"，减少社会的混乱和纷争，保持社会的公正有序。对于个人而言，低调、内敛、含藏的出世方式有利于人在社会创造的文明世界中保持生命原初的素朴之质和蓬勃生机，实现生命的长生久视，这体现了老子对生命的热爱。"名与身孰亲？身与货孰多？得与亡孰病？甚爱必大费；多藏必厚亡。故知足不辱，知止不殆，可以长久。"② 在老子的思想中，生命的价值至高无上，人过分追求名利、财货的有为之行导致生命的无限耗费和透支，加快了生命的衰竭，"是以圣人去甚，去奢，去泰"③，他呼吁人应抱真守朴，致虚守静，淡泊名利，节欲知足，保持生命的尊严，实现生命的长生久视。

二　重自然，反人为

（一）内守自然之性，外从自然之理

老子从"无为而治"的政治视角和个体生命长生久视的养生视角对人之自然与人为的关系进行分析，要求统治者以无为之为治世修身。庄子则从保持人之自然的真性真情和实现精神的自由解放对人之自然和人为之关系进行阐释。庄子也像老子那样，认为自然无为是人之为人的在世方式，循天理，顺物性，应变化，使人之自然与自然之自然相合。如"汝游心于淡，合气于漠，顺物自然而无容私焉，而天下治矣"。④ 人静漠恬淡，不以主观的偏私违逆自然之性，不以主观的意志干预万物自然而然的变化过程。"夫水之于汋也，无为而才自然。至人之于德也，不修而物不能离焉，若天

---

① 《道德经》二十八章。
② 《道德经》四十四章。
③ 《道德经》二十九章。
④ 《庄子·应帝王》。

之自高，地之自厚，日月之自明，天何济焉。"① 天之高、地之厚、日月之明及水之涌流是一个没有任何外力推动、没有任何主观目的意志参与的自然变化过程，具有至德的至人秉承了自然万物的自然无为之性，不需要刻意修饰，万物莫不受其影响。人与万物是自然之道在人身上的流注，"道者，德之钦也；生者，德之光也；性者，生之质也。性之动，谓之为；为之伪，谓之失"。② 道为德所尊崇，生是德的光辉，性是生的本质。性之动，为人之人为。人违背了自然本性而为，则谓伪。庄子认为，人之德与性是道之自然无为之性在人身上的流注，是自然万物的生化之性在人身上的澄明，但由于人天性上所具有的无尽欲望、世俗功名利禄对人的诱惑及社会规范对人的自然本性的遮蔽，人所有的自然本真之性难以彰显。人应摒除一切主观有为的造作之迹，以无为的在世方式参与自然万物的运化过程，自觉地彰显人之自然之性。"知天之所为，知人之所为者，至矣。知天之所为者，天而生也；知人之所为者，以其知之所知，以养其知之所不知，终其天年而不中道夭者，是知之盛也。虽然，有患。夫知有所待而后当，其所待者特未定。庸讵知所谓天之非人乎？所谓人之非天乎？"③ 这说明，人既要知天又要知人。知天之所为是知道哪些是不假外力而先天存在的本性、本能，知人之所为是知道自己智力的有限性以及已知之知的边界性和局限性，以已知之知去探求自然规律与生死变化之理，涵养性情，尽享天年。而且，自然与人为的界限是人根据自己的认知划分的，而人的认知又是相对的、不确定的。因此，人之自然与人之人为之间没有截然分明的界限。"小人殉财，君子殉名。其所以变其情，易其性，则异矣；乃至于弃其所为而殉其所不为，则一也。故曰：'无为小人，返殉尔天；无为君子，从天之理。若枉若直，相而天极；面观四方，与时消息。若是若非，执而圆机；独成而意，与道徘徊。无转而行，无成而义，将失而所为。无赴而富，无殉而成，将弃而天。'"④ 庄子要求人不要以世俗的财货和名誉而殉身，应内守自然之性、外从自然之理行事，不孜孜以求富贵和功名利禄，是非曲直听任自然，顺应自然之序而变，执守环中，与道谐行。只有这样，人才

① 《庄子·田子方》。
② 《庄子·庚桑楚》。
③ 《庄子·大宗师》。
④ 《庄子·盗跖》。

能不失自己的真性情。

（二）反对擢德塞性之行，自得性命真情

庄子在护守人之自然之性，享尽天年，追求个人精神自由解放之时，反对违背人之自然之性的有为之行。"性之动，谓之为；为之伪，谓之失。"① 即仁、义、礼、智、信、能都是性之动，是人为之表现，当这些与人为形式人之自然相合也即不脱离人的自然本性时都是值得肯定的。反之，当这些人为形式宰制人的自然之性或者成为虚假的伪饰时，就失去了存在的价值。因此，庄子对一切有为的道德之行，如礼、义、知、仁、信等进行重新阐释，"故曰，至礼有不人，至义不物，至知不谋，至仁无亲，至信辟金"。② 至礼没有人我之分，至义没有物我之分，至知不用谋略，至仁不露爱迹，至信不用金钱作质证。"夫德，和也；道，现也。德无不容，仁也；道无不理，义也；义明而物亲，忠也；中纯实而反乎情，乐也；信行容体而顺乎文，礼也。彼正而蒙已德，德则不冒，冒则物必失其性也。"③ 德就是生命内部各要素之间、人与人之间、人与自然万物之间达到的和谐之状。道则顺应自然物之性与理，达到万物有条理、有秩序之状。仁是以爱兼物，无所不容。义是自然之道、社会之道、人之道能够通达、顺畅。忠是义理彰明，万物前来追随。礼是人之行为诚信显明，仪容得体，合于一定的礼仪、节度和表征。乐是人心淳厚、朴实返归本真。庄子对儒家的仁、义、忠、乐、礼等道德行为进行自然主义诠释，认为人一切有为之为都是在顺应自然之道及万物自然之性基础上显现的人之真性、真情的行为或形式，人能自正性命之情，有德而不有意外显，则人得其人，物得其物。

庄子对一切拨德乱性之有为之行进行了有力的批判。"夫至德之世，同与禽兽居，族与万物并，恶乎知君子小人哉！同乎无知，其德不离；同乎无欲，是谓素朴；素朴而民性得矣；及至圣人，蹩躠为仁，踶跂为义，而天下始疑矣；澶漫为乐，摘僻为礼，而天下始分矣。故纯朴不残，孰为牺尊？白玉不毁，孰为珪璋？道德不废，安取仁义？性情不离，安用礼乐？

---

① 《庄子·庚桑楚》。
② 《庄子·庚桑楚》。
③ 《庄子·缮性》。

五色不乱，孰为文采？五声不乱，孰应六律？夫残朴以为器，工匠之罪也；毁道德以为仁义，圣人之过也。"① 庄子认为，至德之世，人与万物处于混沌一体的状态，百姓无知无欲，民性素朴。随着人类社会的发展，人的意识开始萌芽，工匠技术水平不断提高，剖判万物，立贵贱，别君子小人，混沌的世界开始分化，百姓欲望躁动，争名夺利，素朴之性逐步丧失。于是，统治者开始构建一套仁义、礼乐等规范协调人们之间的纷争和冲突，但人为创造的文化形式又进一步挟裹了人的自然素朴之性。人创造的工匠技术能够提高人类改造自然的能力，满足人们生存生活的需要，为人们提供了广阔的生存空间，但工匠技术不断激发人的欲望，加剧了人与人之间的利益冲突，导致人的本真素朴之性日益丧失。"是故骈于明者，乱五色，淫文章，青黄黼黻之煌煌非乎？而离朱是已。多于聪者，乱五声，淫六律，金石丝竹黄钟大吕之声非乎？而师旷是已。枝于仁者，擢德塞性以收名声，使天下簧鼓以奉不及之法非乎？而曾史是已。骈于辩者，累瓦结绳窜句，游心于坚白同异之间，而敝跬誉无用之言非乎？而杨墨是已。故此皆多骈旁枝之道，非天下之至正也。"② 五色乱目使目不明，五声乱耳使耳不聪，以仁义求名拨德乱性，游心于明辨是非、坚白等无用之言论使人的自然之性不得显明。因而，庄子提出了摒弃一切有之为的思想，如："吾所谓藏者，非仁义之谓也，藏于其德而已矣；吾所谓藏者，非所谓仁义之谓也，任其性命之情而已矣；吾所谓聪者，非谓闻其彼也，自闻而已矣；吾所谓明者，非谓其见彼也，自见而已矣。夫不自见而见彼，不自得而得彼者，是得人之得而不得其得者也，适人之适而不自适其适者也。"③ 完善之人是自得其性命真情、自得其得、自适其适的人，而人有为的圣知、礼乐、智巧乱人之真性情。因此，庄子提出："故绝圣弃知，大盗乃止；掷玉毁珠，小盗不起；焚符破玺，而民朴鄙；掊斗折衡，而民不争；殚残天下之圣法，而民始可与论议；擢乱六律，铄绝竽瑟，塞瞽旷之耳，而天下始人含其聪矣；灭文章，散五采，胶离朱之目，而天下始人含其明矣。毁绝钩绳而弃规矩，攦工倕之指，而天下始人有其巧矣。削曾、史之行，钳杨、墨之口，

---

① 《庄子·马蹄》。

② 《庄子·骈拇》。

③ 《庄子·骈拇》。

攘弃仁义，而天下之德始玄同矣。彼人含其明，则天下不铄矣；人含其聪，则天下不累矣；人含其知，则天下不惑矣；人含其德，则天下不僻矣。彼曾、史、杨、墨、师旷、工倕、离朱者，皆外立其德而爚乱天下者也，法之所无用也"①。庄子认为曾史之孝、杨墨之辩、工倕之巧、离朱之明、瞽旷之目都是过分向外炫耀自己的才能，乱天下之性情。这些都是过分向外求知造成的。"上诚好知而无道，则天下大乱矣。……天下每每大乱，罪在于好知。故天下皆知求其所不知而莫知求其所已知者，皆知非其所不善而莫知非其所已善者，是以大乱。"② 庄子认为好知而无道是天下大乱之原因，人应不断地对已知进行反思，认清已知之知的局限性及其边界，分析社会流行的价值取向和价值规范对自然生命的存在、成长以及社会的和谐稳定所产生的影响。"古之治道者，以恬养知；知生而无以知为，谓之以知养恬。知与恬交相养，而和理出其性。"③ 人要以恬静涵养智慧，智慧生成却不以智巧谋利，不以仁义伪饰自身，以恬静质朴自守，人之内部神、气、形和谐，性、情、欲和顺，身体健康而富有生机。

（三）摒弃仁义礼乐机械之事，返归自然素朴之性

庄子指出，有的机械技术对人之素朴之性具有同化作用，应反对机械技术的滥用，"有机械者必有机事，有机事者必有机心。机心存于胸中，则纯白不备；纯白不备，则神生不定；神生不定者，道之所不载也。吾非不知，羞而不为也"④。庄子认为，人是道之虚静、素朴之性彰显的物质载体。人保持虚静素朴之性才能使人之道与自然之道合一。而机械技术的结构和原理对人之心具有潜移默化的同化作用，使人产生机巧伪诈之心。具有机心的人逐于世俗功名利禄心神动荡不安，导致人丧失虚静素朴之性。"技进乎道，道艺合一"是庄子技术思想的灵魂，庄子以庖丁解牛、梓庆削镰、大马锤钩、轮扁斫轮等故事，阐述技道合一的技术思想。在技艺的操作中，既彰显了人之自由自得自然之性，又彰显了天之道和物之理，达到以天合天、物我两忘的自由之境。庄子提出以天兼道、以道兼德、以德兼义、以

① 《庄子·胠箧》。
② 《庄子·胠箧》。
③ 《庄子·缮性》。
④ 《庄子·天地》。

义兼事、以事兼技的逐层递进的统观思想，"故通于天者，道也；顺于地者，德也；行于万物者，义也；上治人者，事也；能有所艺者，技也。技兼于事，事兼于义，义兼于德，德兼于道，道兼于天。故曰：古之畜天下者，无欲而天下定，无为而万物化，渊静而百姓定，故曰：通于一而万事毕，无心得而鬼神服"。① 技术或技能既要使技事合一，又要技艺合一，即技术彰显人之自然之性与合用的社会功能紧密结合起来，技合于事，事合于义理，义理合于德，德合于道，道合于天。这样庄子由追求个人真性之自得自适和精神之解放，逐渐从人之天然自然转化到社会自然，即如何在社会中循道贵德，不失其性命真情，合于自然。

"故道不可致，德不可至。仁可为也，义可亏也，礼相伪也。故曰：'失道而后德，失德而后仁，失仁而后义，失义而后礼。礼者，道之华而乱之首也。'"② 道、德、仁、义、礼之产生顺序是后者产生于前者之失，并且这一相继产生过程也是人在人为中逐渐丧失自然之素朴性的过程。"无为名尸，无为谋府，无为事任，无为知主。尽其所受天，而无见得，亦虚而已。"③ 庄子指出人体会大道，应循道效德，摒弃仁义礼乐，顺任万物之性和自然之理，固守人之自然之性，灭绝有为之智巧、智谋和求名之心思，绝弃专断之行，才能保持空明心境。"则天地固有常矣，日月固有明矣，星辰固有列矣，禽兽固有群矣，树木固有立矣。夫子亦放德而行，循道而趋，已至矣，又何偈偈乎揭仁义，若击鼓而求亡子焉？意，夫子乱人之性也！"④ 天地有固有的运行法则，人也有天然的真朴之性，人应循道依性而行，仁义治标不治本，还会乱人之性。"通乎道，合乎德，退仁义，宾礼乐，至人之心有所定矣。"⑤ 人之行为只有通道合德，摒弃仁义礼乐的形式的束缚，才能达到心定性平。

从以上的分析可以看出，人之自然指在本性上保持人之自然、素朴、虚静、本真之性；在行为方式上效法自然之道和万物之理，顺时而待势，不拘泥于主观的是非曲直，执道环中，顺物应化，以自得自适的方式存在；

① 《庄子·天地》。
② 《庄子·知北游》。
③ 《庄子·应帝王》。
④ 《庄子·天道》。
⑤ 《庄子·天道》。

在境界上达到人我、物我不分，以人之天合自然之天的天人合一之境。人之人为包括人之知、智、谋、技、仁、义、礼、乐等人为形式，这些人为形式是个人以及家庭生存发展的需要及调节由此产生纷争和冲突的推动而形成的。但是，人之所为之性具有内在异化人之自然真朴之性、疏离生命自身之可能。因此，庄子提出对这些人为形式要有道之约束。

对于人之知，庄子指出，知不离道，并且他对已知之知进行批判性反思，指出已知之局限以及边界，使人达到知与恬交相养，不以已知使恬静之性丧失，灭知于无迹之中的状态。"不以辩饰知，不以知穷天下，不以知穷德，危然处其所而反其性已，又何为哉？道不可小行，德不可小识。"①庄子认为，真正的智慧有大道的负载，不是机智、辨术，这些都扰乱人的自然本性。这样，知就成为内在于人之生命自身，涵养人之自然之性的无为之知，知在表现方式上自然而然，不是有意外显的机智、辨知，而是顺道之智，顺物之自然之知，不以知困德乱性，不以智而扰乱天下。人应"绝圣弃知"②，"去知与故，循天之理，不思虑、不豫谋"③，"无为知主，无为谋府"④。庄子之知是人去除了思虑、预谋、计策、智故、辨术等小知小识，把握了宇宙之本以及自然大化流行之道，在实践上以自然无为的方式行事的大知。"朝菌不知晦朔，蟪蛄不知春秋。"⑤ "夏虫不可语于冰，笃于时也；井蛙不可语于海，拘于虚也；曲士不可语于道，束于教也。"⑥ 庄子让人们认识到特定时间、空间的人所获得"小知"的局限性，"小知不及大知，小年不及大年"⑦，"物无非彼，物无非是。自彼则不见，自是则知之"⑧。正是小知的局限性和个人立场的差异，加剧了人世间的是非冲突，这就需要人看到不同事物之间的相互对待、相互转化的关系，"欲是其所非而非其所是，则莫若以明"⑨。应以虚静空明的心境体道、悟道，从宇宙大

① 《庄子·缮性》。
② 《庄子·缮性》。
③ 《庄子·刻意》。
④ 《庄子·应帝王》。
⑤ 《庄子·逍遥游》。
⑥ 《庄子·秋水》。
⑦ 《庄子·逍遥游》。
⑧ 《庄子·齐物论》。
⑨ 《庄子·齐物论》。

道彼此关联以及转化的视角，看到是非之间的相互依赖，调和人世间的是非冲突，保持"是以圣人和之以是非，而休乎天钧，是之谓两行"①，促进人与人之间的和谐。

关于人有为的技术与无为之道的关系，庄子指出，技术是彰显道之载体，是彰显人之自然真性之艺。具有大道的有技之人，在彰显技术时，应与自然无间无碍，人之天应与自然之天相合。而对具有功效却导致人产生机心、丧失素朴之性的机械技术，庄子从保持人的自然之性的角度反对使用机械技术。而对人有所专的技艺、技能，庄子指出，人应循自然之道、万物之理以及人之自然之情而行技艺之事。这种技能的实施依赖于统治者实施"无为而治"的方略，以自然之道作为社会之道的根据，为人"各得其能，各尽其性"提供宽松而自由的社会环境。"夫残朴以为器，工匠之罪也"②，"攦工倕之指天下始人含其巧矣"③，工匠技术如果失去了道之载体而沦为器，工具化的技术也就失去了展现自然之道与人之自然之性的功能。匠人之巧不可过分彰显，技巧过分宣扬反而成为宰制人的自然之性之工具，扰乱天下人之性情。

而对于仁义、礼乐，庄子从自然的角度对其重新诠释，认为"至仁无亲""德无不容，仁也"。至仁是一种包容宇宙万物而没有偏私、没有目的的自然之爱。"至礼有不人""信行容体而顺乎文，礼也"，这表明礼是真诚之情内蕴其中、仪容得体而合乎一定节度的行为。而至礼是没有人我区分的。庄子以理释义，"道无不理，义也"，义指道通畅、顺达，而至义没有物我之分。乐之功能"中纯实而反乎情"，即保持人内心之淳厚朴实反其自然之真性。庄子对世俗的仁、义、礼、乐之标准进行理性的审视与批判，如仁义之行拨德乱性，礼义相伪是道之华而乱之首，而音乐使人性情飞扬，五色文采乱人之身。并且指出道、德、仁、义、礼之产生是一个前失而后生之过程，同时指出"义兼于德，德兼于道，道兼于天"，循道而趋，放道而行，"通于道，合于德，退仁义，宾礼乐"。总之，仁、义、礼、乐，这些人之有为之为，要以循德贵德为依据，要合乎人之自然之性，合德通道，

---

① 《庄子·齐物论》。
② 《庄子·马蹄》。
③ 《庄子·缮性》。

否则世俗之仁义礼乐就失去了存在的价值与合理性。

总之，人之自然之性是人之生命之质，而知、智、谋、技、仁、义、礼、乐等人为之为，是性之动。也即人之自然之性，只能通过人为之为使人之生命处于生成状态中。但是人为之为却疏离生命之质，存在异化人之自然之性的可能。因此，这些有为之为要在自然之道的统摄之下，以显现人之自然真性、使性命达到和谐（包括人自身之和谐，人与他人、人与自然的和谐）为目的。知、技、巧内藏而不外显，凝生命之深度，去除故意造作和伪饰，在遵道循德中使生命之自然得以绽放。但是庄子在护守人之自然之同时，忽视人之社会和历史维度，使人围绕人之自然真性自由旋转。人为的智、技、仁、义、礼、乐是生命存在的必要形式。人之自然之性只有借助于人为的知与技，即人与外界对象展开的必要的认识活动和实践活动，才具有了其得以依托的认识、观念、智慧及物质基础。人之自然之性只有在具体的社会中以符合仁、义、礼、乐等规范的形式，才能获得其存在的社会基础和条件。人脱离人为的智、技、仁、义、礼、乐等人为存在方式，片面强调虚静、素朴之性，只会导致生命的静止化、抽象化、片面化，不利于人生命的全面发展。

庄子指出，自然之道是社会之道的根据，这具有一定的合理性。但他忽视了两者的差异。自然之道是没有意识的宇宙体现的客观规律，也是创生万物之本原，是有意识的人在自己的生存实践活动中结合科学技术文化的成果进行建构显现的结果。自然之道体现于宇宙自然万物错综复杂的联系以及运动变化发展的过程，它是客观的、不以人的意志为转移的。而社会之道既是事实层面的社会运行规律，又指价值层面的协调人与人关系的社会规范。社会中每个人都是有意识的个体，人有自己的理性、情感，欲望、价值和目的。正因如此，社会规律既具有不依赖于人的客观性，同时其离开了有目的、有情感、有意志的人的活动，就难以呈现出来。正是因为自然规律与社会规律的差异性，所以进入社会历史层面，完全以自然之道为治国理政的依据，忽略了人的目的、情感、意志在社会活动中的作用，必然导致人的实践活动的结果背离人的自然本性以及人自身的生存价值。社会规范之道具有适合当下社会现实需要性的可变性、主观性，又有彰显人之本性的不变性和客观性。庄子忽视了社会之道的主观性及具体历史现实性，从而使人成为摆脱各种社会关系的抽象人。庄子指出，为了保持人的生命之根和自然真朴之性，人应自主自觉自由地驾驭人的精神，在时间维度以回返倒退的逆向形式，回到万物产生之初，在空间维度破除有形万物之限制，达到与道畅游的天人合一之境。对于庄子而言，空间上的跳跃和时间上的回溯最终是为了护守人之自然之性，追求精神之自由解放，但其付出的代价却是对人创造的文明的彻底拒斥，这对人本身的发展和社会历史的发展的消极影响是不言而喻的。

庄子以道通有形万物之迹，以"休乎天均""和以天倪""止于天府"，达到"天地与我并生，万物与我为一"之无间无碍之境，但是他在和自然之际却在无意中制造了新的断裂，即人之自然与人之文明、人之自然和人之社会的裂痕。人之自然与人之人为是相互影响、相互推动的。人之素朴、虚静之性并非僵化、固定不变的。人只能通过人为创造出来的仁、义、礼、乐、智、技使人素朴、虚静之性以无为自然的方式彰显出来，人的自然生命在具体的社会现实中才能获得存在的价值和意义，社会也只有在人的有目的、有计划、有选择的人为实践活动中才能展开动态的社会历史发展过程。但是，人之人为没有道的约束，失去了自然根基，反而成为异化生命的形式，人之人为创造出来的文明反而成为历史进步的惰性力量，这就要在人之自然与人之人为之间保持必要张力。不能因为人之人为所具有的对人之自然异化的可能性或人创造的文明所具有的负面效应而拒斥一切文明形式，返回结绳记事、鼓腹而乐的原始社会，也不能对人之人为产生盲目的狂热和迷信，过分张扬以人的利益为中心的主体性。人之人为是人之生命本身和社会进步的力量，人在人为之为中脱离原初的粗俗、野蛮而进入文明状态。人通过人为之为提高自己的认识能力和实践能力，创造维持生存发展的物质生活资料，创造协调人类各种关系的制度和礼仪规范形式，促进社会物质文明和精神文明的进步。但是，脱离人的自然之性和宇宙本根的人为之为，将使人为之为成为辖制生命的外在形式，导致人与人、人与自然、人与社会关系的紧张和断裂。

人之自然与人之人为能否成为有利于个体生命进步发展的积极、有效力量，能否成为促进历史进步的动力，关键在于人自身有没有一种理性的自觉，即自主地掌控人类自身命运的意识，使人之自然与人之人为、自然与社会在良性的互动中展开人之生命日新月异、生生不息的创造历程，在参与社会实践活动中共同推动社会的进步。这种理性自觉依靠人不断地对人之自然、人之人为进行批判性反思，反思人之自然、人之人为所具有的积极意义和消极影响，反思人之人为所创造的文明之局限，也依靠人之自我处理生命内部的理想与现实、本真与虚假、理性与情欲、利己与利他等一系列内部冲突的能力。这种理性是人本主义的，立足于每个个体之自我实现和自我创造，立足于对人类生命的终极关怀。无论是人之自然，还是人之人为，都将人之生命的价值与自由作为一切行动的目的。

第二节　自然与人为的张力

　　淮南子继承了老子和庄子关于自然与人为的思想，摒弃了老庄过分强调自然而忽视人为的思想，企图在自然与人为之间保持必要张力。《淮南子》一书中的人之自然，首先指人之自然素朴之性，"太清之始也，和顺以寂寞，质真而素朴"。① "明白太素，无为复朴"②，"已雕已琢，复反于朴"③。太清之始，人质真素朴，和顺淡漠。随着人生命的展开以及社会历史的发展，人的质真素朴之性必然被技术、仁义礼乐等人为形式所雕琢，这就需要人自觉地返归真朴之性。另外，淮南子认为，人之自然也指人的清净之性，"清静恬愉，人之性也"④，"古之圣人，其和愉宁静，性也"⑤。人之自然还指人自然无为的处世方式。但淮南子的自然无为已失去了老庄的消极含义，而是顺自然的积极有为，"所谓无为者，不先物为也，所谓无不为者，因物之所为。所谓无治者，不易自然也；所谓无不治者，因物之相然"。⑥ 这样，无为就是因物之性、物之理、物之势而为，与无为相对的是人为，就是顺自然规律以及顺物之性的积极有为。"无为者，非谓其凝滞而不动也，以其言莫从己出也。"⑦ 这里指出，无为并不是凝滞不动的行为，而是指人说话行事非从主观意愿而顺应物体的自然之性和自然规律而为。

---

① 《淮南子·本经训》。
② 《淮南子·精神训》。
③ 《淮南子·原道训》。
④ 《淮南子·人间训》。
⑤ 《淮南子·俶真训》。
⑥ 《淮南子·原道训》。
⑦ 《淮南子·主术训》。

"何谓无为？智者不以位为事，勇者不以位为暴，仁者不以位为患，可谓无为也。"① 可见，无为并不因个人的位置和权势而行事，而是以自然规律和自然规矩而为。"圣人掩明于不形，藏迹于无为"②，无为也是人内敛其明、德，动于无形，灭于无迹的生存智慧。"'无为者，寂然无声，漠然不动，引之不来，推之不往，如此者，乃得道之像。'吾以为不然。……以五圣（神农、尧、禹、汤）观之，则莫得无为，明矣。……由此观之，则圣人之忧劳百姓甚矣。故自天子以下至于庶人，四肢不动，思虑不用，事治求澹者，未之闻也。……若吾所谓无为者，私志不得入公道，嗜欲不得枉正术，循理而举事，因资而立，权自然之势，而曲故不得容者。事成而身弗伐，功立而名弗有，非谓其感而不应，迫而不动者。夫以火熯井，以淮灌山，此用已而背自然，故谓之有为。若夫水之用舟，沙之用鸠，泥之用辀，山之用蔂，夏渎而冬陂，因高为田，因下为池，此非吾所谓为之。"③ 淮南子以圣人的事迹为例，从行为的价值立场来看，无为不是为了个人的"私志"和"嗜欲"，是为了人民和国家利益，遵循自然之理、社会公道、公平正义基础上的积极有为。从无为的方式上来看，无为并不是静止不动的不作为，不是"用己而背自然"的人为做作，而是在遵循自然之道、万物之性、万物之理、自然之势的基础上充分发挥了人的主观能动性的积极有为。从人的生命自然之性来看，无为不是为了个人目而运用智谋、技巧的故作有为，而是在保持人的自然素朴、虚静之性的基础上顺应人之自然之性而为，这就需要达到道境，以道为事，寂寞虚无，如"至道无为，……寂寞虚无，非有为于物也，物以有为于己也。是故举事顺于道者，非道之所为也，道之所施也"④。从人的人生境界来看，无为排除了个人过分追求功名而达到"事成而身弗伐，功立而名弗有"的内敛、含藏的生存境界。淮南子在继承发展老子、庄子无为思想内涵的基础上，分析了道与仁义、礼乐、智知、技术之间的关系。

① 《淮南子·诠言训》。
② 《淮南子·诠言训》。
③ 《淮南子·修务训》。
④ 《淮南子·俶真训》。

一 以道为本，仁义礼乐为末

老子指出，由道至德、仁、义就是"道"逐渐丧失、亏损的过程，"上德不德，是以有德；下德不失德，是以无德；上德无为无以为，下德无为而有为，上仁为之而无以为，上义为之而有为。上礼为之莫之应，则攘臂而扔之。故失道而后德，失德而后仁，失仁而义，失义而后礼"。① "大道废有仁义，智慧出有大伪，六亲不认有孝慈。"② 老子约生活于公元前 571 年至公元前 471 年，当时礼崩乐坏，诸侯征战，上层人士的道德、仁义、礼节失去了真实情感，成为约束本真性情的虚伪之饰和繁文缛节。因而，废除有为的仁德、礼义成为人保持自然之性的应有之意。

庄子对一切拨德乱性之有为进行了有力的批判："夫至德之世，同与禽兽居，族与万物并，恶乎知君子小人哉！同乎无知，其德不离；同乎无欲，是谓素朴；素朴而民性得矣；及至圣人，蹩躠为仁，踶跂为义，而天下始疑矣；澶漫为乐，摘僻为礼，而天下始分矣。故纯朴不残，孰为牺尊？白玉不毁，孰为珪璋？道德不废，安取仁义？性情不离，安用礼乐？五色不乱，孰为文采？五声不乱，孰应六律？夫残朴以为器，工匠之罪也；毁道德以为仁义，圣人之过也。"③ 庄子认为，至德之世，人与万物处于混沌一体的状态，百姓无知无欲，民性素朴。随着人类社会历史的发展，人的意识开始萌芽，工匠技术水平不断提高，剖判万物，立贵贱，别君子小人，混沌的世界开始分化，百姓欲望躁动，争名夺利，素朴之性逐步丧失。于是，统治者开始构建一套仁义、礼乐等规范来协调人们之间的纷争和冲突，但人为创造的文化形式又进一步挟裹了人的自然素朴之性。

与老子、庄子一样，淮南子也认为德—义—礼—乐是一个前者失后者生的过程："是故仁义礼乐者，可以救败，而非通治之至也。夫仁者所以救争也，义者所以救失也，礼者所以救淫也，乐者所以救忧也。神明定于天下而心反其初，心反其初而民性善，民性善而天地阴阳从而包之，则财足而人澹矣，贪鄙忿争不得生焉。由此观之，则仁义不用矣。道德定于天下

---

① 《道德经》三十八章。
② 《道德经》十八章。
③ 《庄子·马蹄》。

而民纯朴，则目不营于色，耳不淫于声，坐俳而歌谣，被发而浮游，虽有毛嫱、西施之色，不知说也，掉羽、武象，不知乐也，淫泆无别不得生焉。由此观之，礼乐不用也。是故德衰然后仁生，行沮然后义立，和失然后声调，礼淫然后容饰。是故知神明然后知道德之不足为也，知道德然后知仁义之不足行也，知仁义然后知礼乐之不足修也。今背其本而求其末，释其要而索之于详，未可与言至也。"① 淮南子认为，道是社会治理之本，道衰德散才会有仁义礼乐的产生，但仁义礼乐可以求败，却不是治理社会的最佳方式和手段，而以无为之道治国，则民性素朴、善良、少欲，生活简朴，社会减少纷争。因此，淮南子认为，道是治国之本，仁义礼乐是治国之末，应以本统末。"是故以道为竿，以德为纶，礼乐为钩，仁义为饵，投之于江，浮之于海，万物纷纷孰非其有。"② 因此，淮南子并没有像老子、庄子那样否定仁义礼乐存在的社会价值与功能，而是以道德为根本对仁义礼乐进行规范和约束。

为了使一切人为形式以自然为根基，淮南子从自然主义的角度对仁、义、礼、乐、德的内涵与功能进行诠释。"所谓仁者，爱人也……故仁莫大于爱人。"③仁是一种爱的情感，"仁者积恩之见证也"④。仁者是具有感恩之心和爱心的人。"今夫积惠重厚，累爱袭恩，以声华呕符妪掩万民百姓，使知之欣欣然乐其性者，仁也。"⑤ 统治者的仁政体现在将长期积累的持重宽厚的恩惠惠及百姓，将积累的声誉和荣耀爱抚百姓，使百姓乐于保全自己的自然之性。慈父爱子、圣人养民是出于一种纯粹的自然而然的情感，不带有任何目的。"慈父之爱子，非为报也，不可解于心。圣人之养民，非求用也。性不能已，若火之自热，冰之自寒，夫有何修焉。"⑥ "故事亲有道矣，而爱为务。"⑦ 敬老孝亲尽管有各种方法和方式但必须有爱有情。"君子诚仁，施也仁，不施也仁；小人诚不仁，不施也不仁，施也不仁。"⑧ 君子

① 《淮南子·本经训》。
② 《淮南子·俶真训》。
③ 《淮南子·泰族训》。
④ 《淮南子·泰族训》。
⑤ 《淮南子·俶真训》。
⑥ 《淮南子·缪称训》。
⑦ 《淮南子·本经训》。
⑧ 《淮南子·缪称训》。

之仁是内在于生命的特质，它不依赖于所施对象的状况。淮南子所述之仁是一种自然而然的没有任何目的、条件成分涵盖其中的真诚仁爱之情。这种情感如火之自热、冰之自寒，是不需要外力强制和约束而自发自觉的心理取向和行为，是不加人为修饰的真性情的流露和体现。

淮南子对"义"的内涵也进行了重新诠释。"举大功，立显名，体君臣，正上下，明亲疏，等贵贱，存危国，继绝世，决絜治烦，兴毁宗，立无后者，义也。"① 义是人以仁爱之心和社会规范约束个人趋利避害的本能、减少社会纷争等行为，此行为是人从家庭、社会的大局出发，遵循社会公理、公义行事，使家庭有规，社会有序。同时，有义之人能站在他者的情感、心理的角度使自己的行为满足众人之需，"为义者，必以取予明之。"② "义者比于人心而合于众适者也。"③ "义者所以合君臣、父子、兄弟、夫妻、朋友之际也。……为义者，布施而德，君臣以相非，骨肉以生怨，则失礼义之本也。"④ 否则，人广施恩德却导致亲人之间相互埋怨，君臣之间冲突不断，就失去了礼义之本。"义者，循理而行宜也。……义者宜也。"⑤ "宜载乎义之谓君子，宜遗乎义之谓小人。人以义爱，以党群。"⑥ 义是处于社会群体中的人在"施恩布德"的爱心的统摄之下，根据时势、循理而行的行为，是仁爱、循理、合宜三者之统一。

礼是人以群居方式存在时为了别尊卑、异贵贱、约束人因趋利避害本能冲突而设立的规范形式，如"夫礼者所以别尊卑，异贵贱"。⑦ 淮南子也像老子、庄子那样反对礼义的虚假化和形式化，礼义必须以表达自然真情、调节自然情绪、守护自然之性为基础，"事亲有道矣，以爱为务。朝廷有容矣，而敬为上；处丧有礼矣，而哀为主。"⑧ "必有其质，乃为之文。"⑨ 淮南子认为，人事亲、效君、处丧等人间之事要以礼仪形式表达对亲人和上

① 《淮南子·俶真训》。
② 《淮南子·齐俗训》。
③ 《淮南子·缪称训》。
④ 《淮南子·齐俗训》。
⑤ 《淮南子·齐俗训》。
⑥ 《淮南子·缪称训》。
⑦ 《淮南子·齐俗训》。
⑧ 《淮南子·本经训》。
⑨ 《淮南子·本经训》。

级的爱、敬、哀等感情。"故礼者，实之华而伪之文也，方于卒迫穷遽之中也，则无所用矣。是故圣人以文交于世，而以实从事于宜，不结于一迹之途，凝滞而不化。"① 礼之文是人结交于世的需要，是人的社会属性的体现。但是采用什么样的礼仪形式必须以个人的生存发展的实际状况、与客观对象的感情、交往的深度的同而不同，如"礼者，实之文也。……故礼因人情而为之节文。……礼不过实，仁不溢恩也，此治世之道也。古者非不知繁升降槃还之礼也，蹀《采齐》《肆夏》之容也，以为旷日烦民而无所用，故制礼足以佐实喻意而已矣。……礼者，体情制文者也"②。因此，淮南子认为，礼是人与人之间进行交往的中介形式，礼应以佐实喻意为本，可以表达施礼者与受礼者之间的情感，达到人与人之间的和谐。从总体上而言，文与质、文与实内在于人之生命构成，礼应以实为质、以实为本，礼以载情，"文胜则质掩"③，脱离生命自然之性和自然之情的形式化之礼将会导致礼仪的形式化和外在化，导致社会风气的虚化，加重个人和家庭的经济负担，也导致人的虚伪、偏狭。

淮南子认为，乐的产生是为了让人神定心安，协调人之内部性情冲突，达到性、情、欲的和谐，保持人的自然恬静和愉之性，"神农之初作琴，以归神，及其淫也，反其天心"。④ 但是由于"五音使人耳聋"，音乐美妙的旋律扰乱人心，使心神外驰而不知返，人逐步失去了自然之性，这就需要人返归天性。"夫人相乐，无所发贶，故圣人为之作乐以和节之……居者无食，行者无粮，老者不养，死者不葬，赘妻鬻子，以给上求，犹弗能澹；愚夫蠢妇，皆有流连之心，凄怆之意，乃始为之撞大钟，击鸣鼓，吹竽笙，弹琴瑟，则失乐之本矣。"⑤ 音乐是为了表达人内心自然喜悦之情，而内心之喜悦产生于人之基本生存需要得到保障，而百姓因生存问题忧愁不堪，撞大钟，击鸣鼓，则失去了音乐之本。"今夫《雅》、《颂》之声，皆发于词，本于情，故君臣以睦，父子以亲。今取怨思声，施之于弦管，闻其音者，不淫则悲淫则乱男女之辨，悲则感怨思之气，岂所谓乐哉！…… 不调

① 《淮南子·氾论训》。
② 《淮南子·缪称训》。
③ 《淮南子·诠言训》。
④ 《淮南子·泰族训》。
⑤ 《淮南子·本经训》。

乎《雅》、《颂》者，不可以为乐。"① 靡靡之音使人乱性扰情，而高雅的音乐可以调节人的主观情绪，陶冶人之情操，升华人之自然情感，使人返归天性，达到人与人之间关系的和谐。

淮南子认为："闭九窍，藏心志，弃聪明，反无识，芒然仿佯于尘埃之外，而消摇于无事之业，含阴吐阳，而万物和同者，德也。"② 德是精神内守、闭绝情欲、敛藏聪明而反归无识之素朴愚状，也是芒然徜徉于世俗之外的精神境界，"清静者，德之至也"。③ 清静是人之德达到的最高境界。"德者，性之所扶也"④，"得其天性为之德"⑤，德就是道之大混而朴、虚无之性在人身上的流注，人得道之性则为德。但正像庄子所说的，人不能保持自然之性是人之天性，因为受自然情欲的影响以及人对功名利禄的贪求，人在改造生存环境中锻炼起来的聪明之智使人心神外逐，自然之性迷而不返，人只有靠理性，摒嗜欲，弃聪明，理情性，才能使和愉清静自然素朴之性失而复返，达到人与万物合同之境。

淮南子也像老子和庄子那样，指出道德散而礼仪生，"是故道散而为德，德溢而为仁义，仁义立而道德废矣"。⑥ 道之展开过程也是道之不断缺失和亏损的过程。"故道灭而德用，德衰而仁义生。故上世体道而不德，中世守德而弗坏也，末世绳绳乎唯恐失仁。"⑦ "性失然后贵仁。道失然后贵义，是故仁义立而道德迁矣，礼乐饰则纯朴散矣。"⑧ 从上世、中世到末世就是道散灭而德用、德衰而仁义礼乐立、礼乐饰而淳朴散的过程。但淮南子并没有像庄子那样反对一切人为创造的仁义礼乐等形式，而是"故以道为竿，以德为纶，礼乐为钩，仁义为饵，投之于江，浮之于海，万物纷纷孰非其有"。⑨ 淮南子以形象的钓鱼活动为喻，使道德、仁义、礼乐各尽其性、各尽其能，将人之自然和人之人为有机地融合起来。但是他们之间的

---

① 《淮南子·泰族训》。
② 《淮南子·俶真训》。
③ 《淮南子·原道训》。
④ 《淮南子·缪称训》。
⑤ 《淮南子·齐俗训》。
⑥ 《淮南子·俶真训》。
⑦ 《淮南子·缪称训》。
⑧ 《淮南子·齐俗训》。
⑨ 《淮南子·俶真训》。

关系还有主次、本末之分。本是人之自然之性，末是人之仁义、礼乐所表现出来的社会之性。"本立而道行，本伤而道废。"① 人守护自然之性才能使道行而无阻，道通则仁义、礼乐等人为形式才不会成为挟裹人生命的外在形式。人应"以质立文，以文显质"，使本真素朴的自然生命与受仁义礼乐教化的社会生命在有效的互动中保持平衡，自觉展开生命提升、超越的过程。

二　以道驭智，以智显道

智是人心所具有的悟性运作之能力，故曰："是故神者智之渊也，渊清则智明矣；智者心之府也，智公则心平矣。"② "神清者，嗜欲弗能乱。"③ 人摒弃嗜欲，保持体宁神清，才能使内心之智得以显明，"虚室生白"④，内心产生的光才能照彻万物。人内心产生的洞察照彻万物的智慧依赖于人的虚静素朴之性，脱离了人的自然之性，这种智就转化为俗世的机巧、诈伪的智故，"所谓天者，纯粹朴素，质直皓白，未始有与杂糅者也。所谓人者，偶眭智故，曲巧伪诈，所以俯仰于世而与俗交者也"⑤。所以淮南子提出："世故圣人内修其本，而不外饰其末，保其精神，偃其智故。"⑥ "偃其聪明，而抱其太素"⑦，"消知能，修太常，隳肢体，绌聪明，太通混冥，解意释神，漠然若无魂魄，使万物各复归其根"⑧。"弃聪明而反太素，休精神而弃知故，觉而若昧，生而若死，终则反未生之时，而与化为一体。死之与生，一体也。"⑨ "是故灭欲则数胜，弃智则道立矣。"⑩ 要求人通过内在的修炼，摒弃嗜欲，弃聪明与智故，护守道根，反归人的自然素朴之性。"道智则惑有心德险，有目心眩。"⑪ "圣人不为谋府，不为智主，藏明于无

① 《淮南子·齐俗训》。
② 《淮南子·俶真训》。
③ 《淮南子·俶真训》。
④ 《淮南子·俶真训》。
⑤ 《淮南子·原道训》。
⑥ 《淮南子·原道训》。
⑦ 《淮南子·俶真训》。
⑧ 《淮南子·览冥训》。
⑨ 《淮南子·精神训》。
⑩ 《淮南子·诠言训》。
⑪ 《淮南子·主术训》。

形，藏迹于无为。"①　"是故至人之治也，掩其聪明，灭其文章，依道废
智。……夫任耳目以听视者，劳形而是明；以知虑为治者，苦心而功。"②
淮南子认为，人依道废智，以道驭智，以智显道，这样智才不会成为宰制
人的自然之性的外在工具，才能在具体的生存生活中转化为人的生存智慧
与能力。

　　"凡人之举事，莫不先以其知规虑揣度，而后敢以定谋，其或利或害，
此愚智之所以异也。"③　智是一种事前筹划，是以决策权衡利害的智慧。有
智而无方法，难以解决现实矛盾，"有智而无术，虽钻之不通"④。术是人见
微知著、见本知末、原始察终、执一应万、纲举目张的应对变化、顺应大
势、把握总局的能力，"见本而知末，观指而睹归，执一而应万，握要而治
详，谓之术"⑤。"物之可备之，智者尽备之，可权者，尽权之，此智者所以
寡患也。"⑥　智是一种从全面、联系、变化的角度，考察事物的方法。人若
掌握了这种方法，则可以将一些导致祸患的因素消灭在萌芽之中。智还必
须与仁相结合，"遍知万物，不知人道，不可谓知；遍爱群生，不爱人类，
不可谓仁。智者，不可惑也；仁者，爱其类也。仁者，虽在断割之中，其
所不忍之色可见也；智者虽烦难之事，其不暗之效可见也。内恕反情，心
之所欲，其不加诸人，由近知远，由己知人，此仁智之所而行也，小有教
而大有存也，小有诛而大有宁也，唯恻隐推而行之，此智者之所独断也。
故仁智错，有时合，合者为正，错者为权，其义一也。人之性，莫贵于仁，
莫急于智，仁以为质，智以行之。"⑦　智除有道作为根据外，还要以自然仁
爱真诚为基础，将自然生命的智转化为处理社会关系的智慧，不使自己的
智成为为自己谋名利而危害他人的工具手段，将自己仁爱之心以由近及远、
由己及人之形式外推以约束自己的智，同时智也增加了仁爱的情感理性。

　　淮南子还认为人之智经历了一个"大混为一、主客不分"→"知乃萌
芽，离其童心"→"主客相分，人剖判万物，万物相分"→"聪明透于外，

----

① 《淮南子·诠言训》。
② 《淮南子·原道训》。
③ 《淮南子·人间训》。
④ 《淮南子·主术训》。
⑤ 《淮南子·人间训》。
⑥ 《淮南子·主术训》。
⑦ 《淮南子·主术训》。

嗜欲连于物"→"朴散道失，伪诈萌生"的过程。如："至德之世……浑浑苍苍，纯朴未散，旁薄为一，而万物大优，是故虽有羿之知而无所用之。及世之衰也，至伏羲氏，其道昧昧芒芒然，吟德怀和，被施颇烈，而知乃始昧昧睐睐，皆欲离其童蒙之心，而觉视于天地之间，是故其德烦而不能一；乃至神农、黄帝，剖判大宗，窍领天地，袭九窾，重九𤏳，提挈阴阳，嬥捖刚柔，枝解叶贯，万物百族，使各有经纪条贯，于此万民睢睢盱盱然，莫不竦身而载听视。是故治而不能和下。栖迟至于昆吾、夏后之世，嗜欲连于物，聪明诱于外，而性命失其得。施及周室之衰，浇淳散朴，杂道以伪，俭德以行，而巧故萌生。……夫世之所以丧命，有衰渐以然，所由来者久矣。"① 人之智是人的意识。随着意识萌生和发展，人逐渐脱离童蒙期，以其智观察自然万物。为了改造自然、满足人的生存需要，人必然剖判万物，提挈阴阳，从大自然混沌之状梳理出秩序。但是随着人的基本生存需要的满足以及认识能力的提高，人的贪欲、嗜欲不断被激发，人的智开始过分张扬、逐步外显，成为满足人贪欲的手段，人心神外越、血气动荡不休、自然真朴之性逐步丧失，人的生命逐渐被自我开发的智所异化。

从以上淮南子对人之智的分析可以看出，人心是人之智产生的物质基础，内心处于虚静的状态则可以客观反映外物，人之智的产生也是人类生存生活需要推动的结果。道是智之本，是智之据，没有道之约束，智将转化成智故、巧诈，人将丧失其素朴之性。因而，人应弃智立道，以道驭智。智还要与术相辅。术是一种见本知末、见微知著之预见能力和"执一而应万、握要而治详"的治理本领和处事智慧。智与术相辅相成，人逐步将大道之智转化为具体境遇的生存智慧和管理智慧。智作为一种理性化的思维，还必须与人的仁爱情感有机结合。有仁爱情感负载的智，才可能使其超越个人主义的狭隘价值立场，将自我之智转化为社会之智，在推己及人、扬善惩恶中使其得以展现，同时也避免了仁爱之情的非理性化倾向。智与道、术、仁有机结合，道是智之本，术与仁是智两翼，四者有机结合，相互作用，这样，智逐步成为人理性认识万物、他人、社会之能力以及解决具体矛盾和问题的生存智慧。这种智慧在道的约束和引导下，守护着人的生命之根以及人的自然素朴之性。同时，智也是人的一种自我设计、自我决策、

① 《淮南子·俶真训》。

自我选择之能力，正是智之不断提升，人在认识、改造自然和社会的实践活动中逐渐生成自我，推动着文明进步，使自然之性和智互融于一体。但是淮南子不恰当地扩大了人之感官与外物相接触而产生的感性认识对人之虚静之性的危害，片面夸大了人剖判万物的分析、明辨之智对人的素朴之性的侵蚀，"人生而静，天之性也；感而后动，性之害也；物至而神应，知之动；知与物接，而好憎生焉，好憎成形，而知诱于外，不能反已，而天理灭矣"。① 这使人之智始终停留在以心体之虚静而对客体整体的模糊认识层次，缺少从感性认识到理性认识的跨越这一环节。但是其"智"立足于人之性命之本，渗透着本与末、动与静、一与多、变与不变、要与详等一系列辩证思维，是一种生存智慧和人生境界。淮南子笔下的智者型人物形象，"心欲小而志欲大，智欲员而行欲方，能欲多而事欲鲜。所以心欲小者，虑患未生，备祸未发，戒过慎微，不敢纵其欲也；志欲大者，兼包万国，一齐殊俗，并覆百姓，若合一族，是非辐凑而为之毂；智欲员者，环复转运，终始无端，旁流四达，渊泉而不竭，万物并兴，莫不响应也；行欲方者，直立而不挠，素白而不污，穷不易操，通不肆志；能欲多者，文武备具，动静中仪，举动废置，曲得其宜，无所击戾，无不毕宜也；事欲鲜者，执柄持术，得要以应众，执约以治广，处静持中，运于璇枢，以一合万，若合符者也。故心小者，禁于微；志大者，无不怀也；智员者，无不知也；行方者，有不为也；能多者，无不治也；事鲜者，约所持也"。② 这样的"智"内涵丰富，体现了见本知末、见微知著的认识能力，彰显了"去除偏见、齐同万物"以求功用的价值取向和"持道守节，素白而不污"的人格境界，反映了"动静中仪，曲得其宜，处静守中"的中和处世方式以及"以一应万，动静合宜，在变中求不变，在不变中求变"的辩证思维方式。这样的"智"固守了人之本根之道，护守了人之虚静素朴之性，去除了个人主观求名贪利之心，顺自然而为，灭智于无迹无形，有智而不彰显。这样的人为之智，又是自然之智，"故圣人不以行求名，不以智见誉。法修自然，已无所与。虑不胜数，行不胜德，事不胜道。为者有不成，求者有不得。人有穷而道无不通，与道争则凶。……有智而无为，与无智者

① 《淮南子·原道训》。
② 《淮南子·主术训》。

同道；有能而无事，与无能者同德。其智也，告之者至，然后觉其动也；使之者至，然后觉其为也。有智若无智，有能若无能，道理为正也。故功盖天下，不施其美，泽及后世，不有其名，道理通而人伪灭也"。① 这样的智是顺道积极有为地参与实践活动，但是其有为是顺自然无为，其智能并不会在实践活动中过分凸现出来，其智能所体现在实践活动中的主体性是被动的，"迫而动，感则应"②，是有限的。智的被动性、受限性反映了当时的社会背景。如西汉初年经济生产迅速恢复，但经济生产能力还没有完全发挥出来；科学技术在春秋战国之初有所发展，尤其是农、医、天、算等领域发展得比较完善，但科学技术的基础体系还不成熟；政治上处在由分封诸侯向大一统集权过渡时期；文化上黄老道家之无为而治思想逐渐被儒家的积极入世思想取代。在这样的社会背景下，人之智所体现的人之主体性积极有为而具有被动性是在所难免的。

三　重道轻技，以道驭技

技指某一方面之专业技能或技术，人之专业技能、技术具有偏于一隅而不能通万方之际的倾向。"今夫善射者有仪表之度，如工匠有规矩之数，此皆所得以至于妙。然而奚仲不能为逢蒙，造父不能为伯乐者，是曰谕于一曲，而不通于万方之际也。"③ 专业化技能给人带来了生存自由，但使人偏狭。因此，人在具有专业化技能时，必须有"道"本作支撑，才不会使技从人之生命本身分离出去，或成为异化人之生命的外在形式，"有百技而无一道，易得之弗能守"。④ "技"是人立足于世、维持生存的形式，产生于人之生存机能之不完备性，人正是掌握了"技"才能摆脱自然对自身的奴役，摆脱人类作为一个物种的局限性，逐步扩大生存空间。而文字符号的发明使人可以超越当下时间限制，从历史文化中寻找古人之道，使人从不自由逐渐走向自由；但是技术、技能的专业化在为人带来自由之时，也使人为此付出巨大代价。"王子庆忌死于剑，羿死于桃棓，子路菹于卫，苏秦死于口，人莫不贵其所有而贱其所短，然而皆溺其所贵而极其所贱，所贵

---

① 《淮南子·诠言训》。
② 《淮南子·原道训》。
③ 《淮南子·俶真训》。
④ 《淮南子·诠言训》。

者有形，所贱者无朕也。故虎豹之强来射，蝯狖之捷来猎。人能贵其所贱，贱其所贵，可与言至论矣"。① 淮南子认为，个人拥有的专业技能具有局限性，有潜在的负面作用，没有道之约束，随意使用，或过分彰扬自己的技，技反而成为生命的桎梏与牢笼。淮南子并不主张一人多技，"工多技则穷，心不一也"。② 人多技则心不专、技不专，技不专则不能使技术成为自我保存生命的形式，也不能为自己带来生存自由，反而带来穷困之境，就像"鼫鼠五技而穷"，即鼫鼠能飞不能上屋，能缘不能穷木，能游不能渡谷，能穴不能掩身，能走不能先人。③ 另外，"能愈多，而德愈薄矣"。④ 技能越多越强，也容易使人过高地估计自己的生存能力，人之虚静素朴的德性逐渐丧失，"故周鼎着倕，使衔其指，以明大巧大可为也"。⑤ 这是淮南子对技巧进行限制的暗示。淮南子提出了以道御技的思想，"故得道以御者，身虽无能，必使能者为己用；不得其道，伎艺虽多，未有益也"。⑥ 以道载技，即使没有技能或技能不高，也可以使有能者为自己所用；不得其道，技艺虽多也难以发挥作用。因此，道是本，技是末。淮南子还指出，有道之人可以使不同专业技能相通，弥补技能专业化所造成的思维局限，"四方皆道之门户牖向也，在所从窥之，故钓可以教骑，骑可以教御，御可以教刺舟"。⑦ "察于一事，通于一伎者，中人也；兼覆盖而并有之，度伎能而裁使之者，圣人也。"⑧ 一般的人只是因事而用技，体道之圣人能够从总体把握万物之事理，根据境况的差异以及不同的需要使用具有不同技术的人。人自身的不完备性及人适应环境而自我生存的需要，促进了人之技能、技术的产生，但是技术对人之生命具有潜在的异化作用，技能、技术专业化又造成了人之思维的局限和偏狭，这就需要对技进行约束和限制，而淮南子的"以道御技""工倕着指"为当今人类理性控制技术，使其不成为宰制人之生命本身的形式，保持人之素朴、虚静，凝练生命深度，缓解社会的冲

① 《淮南子·诠言训》。
② 《淮南子·诠言训》。
③ 《荀子·劝学》。
④ 《淮南子·本经训》。
⑤ 《淮南子·本经训》。
⑥ 《淮南子·诠言训》。
⑦ 《淮南子·说山训》。
⑧ 《淮南子·缪称训》。

突和争端提供了可供参考的维度。

淮南子也像庄子那样对机械技术对人之自然之性的异化表示忧虑。"知机械而实衰"①，机械技术结构对人心结构具有同化效应，"故机械之心藏于胸中，则纯白不粹，神德不全"。②有机械必有机心，有机心则心神外驰、心神不定，心神不定则人之自然素朴丧失。"所谓真人者，性合于道也。……明白太素，无为复朴，体本抱神，以游于天地之樊。……浩浩荡荡乎，机械之巧弗载于心。"③真人心神专一，虚静内守，能够破除有形万物的束缚，徜徉于尘世之外以及宇宙产生之初，心胸浩荡，机械之巧自然弗载于心。但是淮南子没有像庄子那样因机械技术对人之自然素朴之性的异化而否定机械技术的使用，"古者抱甄而汲，民劳而利薄，后世……桔槔而汲，民逸而利多焉。……衣服机械各便其用"④，其充分认识到机械技术可以减少人的体力消耗，给人们的生产生活带来方便。人的自然之性是人生命的自然之根，但只有将其置于人之生存实践活动过程中才有意义。人必须运用机械技术改造自然，创造出自然界所没有的人工物，满足人的生存生活需要。但是，人的生命不只是物质的存在，精神生命提升的需要要求人以道的思维自觉约束机械技术对人的生命的同化作用，自觉抵制机心的产生，保持神清意定，保持人的自然素朴之性。

小　结

人之人为包含德、智、技、仁、义、礼、乐等，是人为了在社会中存在和发展而有意识展开的社会化的实践活动和能力。人通过个人积极有为的行为使人的生命从自在自然的状态进入社会化的文明状态。人为之智使人具有动物不具备的透过表象认识本质、从错综复杂的联系中和事物的动态变化中把握客观对象的能力，促进了人类社会精神文明的进步。人为的技术和技能为人类的生存生活提供了必要的物质基础，使人创造了自然界

① 《淮南子·泰族训》。
② 《淮南子·原道训》。
③ 《淮南子·精神训》。
④ 《淮南子·氾论训》。

所没有的人工物，改善了自然界的样貌，促进了社会物质文明的进步。但人为的智与技脱离了道根的约束，反而对人之生命本身产生异化作用，人逐步失去虚静素朴之性，这就需要以道驭技，以道驭智。另外，人之自然素朴之性只有借助智与技从事改造自然、改造社会的实践活动，才能获得历史、现实的意义。人之生命也只有在人之自然之性与有为之智、人为之技的互动中才能展开生命的创造本质。能否把握好自然之性与人为之智、人为之技能的关系，关键在于人自身的自我选择、自我设计、自我规划、自我把握、自我创造的理性认识和理性实践能力，这个理性能力使人具有了不同于动物的属人样态，同时也使人自觉抵制人为之智、人为之技对人的异化，保持人性的自然和本真。人为的德、仁、义、礼、乐等形式使人在社会化的生产活动和交往活动中，以人为创造的道德规范和礼乐形式约束人的嗜欲，控制和调和人的情绪，升华人的情感，人逐渐摆脱动物式的自在状态进入属人的文明状态，进而人类社会由粗俗、野蛮、争斗进入文明、有序、和谐的社会发展状态。但是，人所创造的道德规范形式和礼乐形式利用不当会导致人的生命的形式化和外在化。

淮南子认为，任何一种文明创造的形式都蕴含潜在的副作用，"神农之初作琴也，以归神；及其淫也，反其天心。夔之初作乐也，皆合六律而调五音，以通八风；及其衰也，以沉湎淫康，不顾政治，至于灭亡。苍颉之初作书，以辩治百官，领理万事，愚者得以不忘，智者得以志远；至其衰也，为奸刻伪书，以解有罪，以杀不辜。汤之初作囿也，以奉宗庙鲜犠之具，简士卒，习射御，以戒不虞。及至其衰也，驰骋猎射，以夺民时，疲民之力。尧之举禹、契、后稷、皋陶，政教平，奸宄息，狱讼止而衣食足，贤者劝善而不肖者怀其德；及至其末，朋党比周，各推其与，废公趋私，内外相推举，奸人在朝而贤者隐处"。① 淮南子指出，神农作琴、夔作乐、苍颉作书、商汤作囿、尧之选贤举能等一切人的有为之举的目的是陶冶人的情性、领理万事、敬宗孝亲、习武御敌、治理有序，但是随着历史的发展，出现了违逆天心而真朴之性丧失、奸刻伪书以罗织罪名、驰骋猎射而劳民伤财、假公济私、奸臣当道等违背初衷的情况。"天地之大，可以矩表识也，星月之行可以历推得也；雷震之声，可以鼓钟写也；风雨之变，可

---

① 《淮南子·泰族训》。

以音律知也……及至建律历，别五色，异清浊，味甘苦，则朴散为器矣；立仁义，修礼乐，则德迁而为伪矣。及伪之生也，饰智以惊愚，设诈以巧上，天下有能持之者、有能治之者也？昔者，苍颉作书而天雨粟，鬼夜哭；伯益作井而龙登玄云，神栖昆仑，能愈多而德愈薄矣。故周鼎著倕，使衔其指，以明大巧之不可为也。"① 淮南子认为，人为创造的文明形式导致朴散、德迁、伪饰，人的生命产生异化。淮南子的这些思想指明人创造的一切文明形式应以人的生存发展为最终目的，这有利于保持人的自然素朴本真之性，这种本真之性的护守要求人自觉抑制智、德、技、仁、义、礼、乐等人为形式对人之自然本性的侵蚀，蕴含着人以理性的反思和批判对创造的文明形式的异化作用进行的限制，表现了对人的生命的终极关怀以及深刻的忧患意识。

　　淮南子并没有因文明潜在的副作用或具体文明形式的衰败而像老子、庄子那样拒绝一切文明形式，回到小国寡民、结绳记事的原始自然状态，而是指出，"天地之道，极则反，盈则损"②，"夫物未尝有张而不弛，成而不毁者也。惟圣人能盛而不衰，盈而不亏"③。损易、盛衰、盈亏是自然万物运行之规律，尽管这一规律在社会领域也发生作用，但是人能利用这一规律，在事物发展的初期自觉抑制、限制由盈转亏、由益转损的因素，而使各种文明形式处于盛而不衰、盈而不亏之生成创造状态。"夫圣人之斫削物也，剖之判之，离之散之，已淫已失，复揆以一；既出其根，复归其门；已雕已琢，还反于朴，合而为道德，离而为仪表。其转入玄冥，其散应无形。"④ 淮南子指出，人利用道之循环往复规律，在文明生成的过程通过向本原复归，在世界万物、人类社会的分化中复归整全，在人为的理性、德性、社会性中复返自然真朴之性，在人类创造的人为文明中保持自然之根。在文明创造的过程中，人自觉地复返自然之根、自然本性，可以抑制文明形式使用的副作用，在自然与文明的互动中促进人类自由而全面的发展和社会的全面进步。但是，淮南子过分强调了人为创造的文明形式的负面作用，过分强调人之自然本性在生命发展中的作用，一定程度上抑制了人的

①　《淮南子·本经训》。
②　《淮南子·泰族训》。
③　《淮南子·泰族训》。
④　《淮南子·齐俗训》。

自我创造能力，不利于人的生命发展和社会文明的全面进步。这就需要我们自觉激发人的生命自觉意识，对人类创造的一切文明形式进行理性认识和反思，自觉处理人之自然与人之人文、自然与文明之关系，提高人类自我驾驭文明形式的能力，创造一个自然主义和人本主义密切结合的文明社会。

第六章 《淮南子》的生命价值观

生死问题是一个人的生命、存在、发展过程中的关键问题。人的生死观之不同决定了人的人生价值、理想以及存在方式的不同。淮南子的生死观是儒道思想有机融合的产物。在研究先秦道家和儒家生死观的基础上研究淮南子的生死观有助于揭示淮南子生死观形成的思想脉络、传承发展以及所蕴含的生命价值。

第一节 先秦道家的价值观

道家的代表人物老子、庄子都是从自然界的生灭变化解释人的生与死，在此基础上形成了洒脱、豁达、豪放等的个人主义生死观。

一 老子生命至上价值观

老子认为："道生一，一生二，二生三，三生万物。"① 自然界万物包括人都是由道而生的，但"道曰大，大曰逝，逝曰远"②，也即随着万物的产生，道逐渐逝而不见，万物离道越来越远，故曰"远曰返"，人应返归生命本根，使生命枝繁叶茂而富有生机。那么，人为什么要返呢？人天生具有感官之欲、物质之欲、喜怒哀乐之情，人为了满足欲望而在劳作中过分劳心费神、使气用精，离道根越来越远，人的德性越来越薄，生命日益衰竭。"含德之厚，比于赤子。毒虫不螫，猛兽不据，攫鸟不搏。骨弱筋柔而握固。未知牝牡之合而朘作，精之至也。终日号而不嗄，和之至也。知和曰

---

① 《道德经》四十二章。
② 《道德经》二十五章。

'常'，知常曰'明'，益生曰祥，心使气曰强。物壮则老，谓之不道，不道早已。"① 人应循道贵德，使自己返归骨弱筋柔、精气旺盛的婴儿之状，远离毒虫、猛兽、攫鸟等导致生命死伤的危地，保持生命的长生。"出生入死。生之徒，十有三；死之徒，十有三；而民生生，动之于死地，亦十有三。夫何故也？以其生生也。盖闻善摄生者，陆行不避兕虎，入军不被甲兵，兕无所投其角，虎无所用其爪，兵无所容其刃。夫何故？以其无死地。"② 老子认为，人始出于世而生，最终入于地而死。属于长寿的人有十分之三，属于短命而亡的人有十分之三，本来可以活得长久些，却由于个人贪婪、恐惧及对名利的执着而早亡的人，也有十分之三。人一生在世，时时存在威胁生命的因素，这种因素既是自然界不可避免的自然灾害以及饥饿寒冷之逼迫，还包括人的贪欲好利纵情之心加剧的人与人之间的征战、冲突，这导致精失和丧，生命走向衰竭。因此，善于养生必须理性判断生命存在发展的现实需求、客观条件、个人能力，理性处理生命内部的理性、情感与欲望的冲突，把握生命供给与需求、理想与现实、主观与客观之间的平衡，维持生命的长生。

老子还认为维持生命的长期存在必须持柔、不争。"勇于敢则杀，勇于不敢则活。"③ "人之生也柔弱，其死也坚强。草之生也柔脆，其死也枯槁。故坚强者死之徒，柔弱者生之徒。是以兵强则灭，木强则折，强大处下，柔弱处上。"④ 人处于不争、柔弱、勇于不敢则可以使生命处于生生之势，"善有果而已，不敢以取强。果而勿矜，果而勿伐，果而勿骄，果而不得已，果而勿强。物壮则老，谓之不道，不道早已。"⑤ 万物强盛到极点就会衰老，这是不顺应道。而不顺应道的事物就会停止发展。因此，顺应自然之道、生命之道，人能长生。

老子主张惜生、爱生、养生。"民之轻死，以其上求生之厚，是以轻死。夫唯无以生为者，贤于贵生。"⑥ 统治者往往以其贪生、厚生而使老百

① 《道德经》五十五章。
② 《道德经》五十章。
③ 《道德经》七十三章。
④ 《道德经》七十六章。
⑤ 《道德经》五十五章。
⑥ 《道德经》七十五章。

姓处于不怕死的境地，真正的重视生命是无以生而贵生。"天地之所以能长久者，以其不自生，故能长生。是以圣人后其身而身先，外其身而身存。"①老子反对因富贵而过分养生，过分养生既加重了百姓的负担，也违背了生命的正常需求。因而，人应效法天地不自生，即不是有意识、有目的地为自己生而生，而是顺生命自然，无以生而长生。

老子贵生并不是从外求而是反归生命自身，"五色令人目盲；五音令人耳聋；五味令人口爽；驰骋畋猎，令人心发狂；难得之货，令人行妨。是以圣人为腹不为目，故去彼取此"。②人纵情于声色口腹之欲，反而危害生命自身。因此，人应满足生命存在的基本需求，而摒弃嗜欲对生命存在的祸患，"吾所以有大患者，为吾有身，及吾无身，吾有何患？贵以身为天下，若可寄天下；爱以身为天下，若可托天下"。③生命存在既是幸福之基，也是祸患之源。若一个人为了追求生命之外的权、名、利而忽视了生命本身，则给个人、他人和社会带来祸患。反之，若一个人重视生命自身的价值，能够理性管控人的情绪、生理活动和逐利行为，则可以避免灾难和祸患，可以将天下托付给他。

老子的生死观具有自然主义和人本主义的特色。自然主义的特色在于其尊道贵德，涵养生命自然之德，护养生命自然之精气、和气，以"物壮则老"的自然道理指出人应持守柔弱、不争、不敢。同时，效法天地无以自生而长生，即顺应无为自然而生之道，反对刻意为养生而养生。但老子自然主义的生死观具有理性精神。其理性精神体现在养生、贵生、护生，要求人摒弃嗜欲，理性控制感官之欲和物质之欲，减少生命存在的祸患。其理性精神还体现在维持生命长久存在的处世智慧，强而守弱，勇而不敢，刚而守柔，为而不争，以低调、内敛的方式在多刺多棘多危之生存环境中寻找生命得以存在、畅游的间隙，避免生命处于危险的祸患之境。因此，老子自然主义的理性精神又是人本主义的，体现着对人之生命自身的终极关怀，反对仁义、礼乐、技能对人之自然素朴之性的损伤，为人创造一个无为自然、大制不割的社会环境。

---

① 《道德经》七章。
② 《道德经》十二章。
③ 《道德经》十三章。

二 庄子的自然主义价值观

（一）自然主义的生死观

庄子从气之聚散来解释人之生与死，"察其始而本无生，非徒无生也而本无形，非徒无形也而本无气。杂乎芒芴之间，变而有气，气变而有形，形变而有生，今又变而之死，是相与为春秋冬夏四时行也"。① 人刚开始本没有生命、形体甚至气息，在若有若无之间产生了气，气变而成形体，形体变而成生命，随着生命的衰竭人逐步死亡。"生也死之徒，死也生之始，孰知其纪！人之生，气之聚也；聚则为生，散则为死。若死生为徒，吾又何患！故万物一也。"② 死生相待相化而相从，人难以知道其分际。人之生死是气之聚散，若将死生同类，不执于生，也不妄死，我有何患。生死是人的生命所遭遇的必然命运。生死之间如昼夜，是不以人的意志为转移的自然规律。"生者，假借也；假之而生生者，尘垢也。死生为昼夜。"③ 人的生命是外在的物质元素假借而成的，由外在的物质元素假借而成的生命就像尘垢一样空虚。"死生，命也，其有夜旦之常，天也。人之所不得与，皆物之情。"④ 人之生死就像昼夜变化一样具有不可抗拒的规律，是人不能加以干预的。庄子还认为，人之身体并不是自己所保有的，而是天地之委托，"汝身非汝有，是天地之委形也；生非汝有，是天地之委和也；性命非汝有，是天地之委顺也"。⑤ 人之生命是天地之气委和而生的，人之性命是委顺而形成的。"人生天地之间，若白驹之过隙，忽然而已。注然勃然，莫不出焉；油然漻然，莫不入焉。已化而生，又化而死，生物哀之，人类悲之。解其天韬，堕其天帙，纷乎宛乎，魂魄将往，乃身从之，乃大归乎！"⑥ 庄子还认为，人生在天地之间非常短暂，勃然而出，忽然而入，已化而生，又化而死。随着生命的衰亡，人解除了自然的束缚和挟裹，身体、精神也随之消亡，返回宇宙本源，人何必为生而喜，为死而悲呢！"今大冶铸金，

---

① 《庄子·至乐》。
② 《庄子·知北游》。
③ 《庄子·至乐》。
④ 《庄子·大宗师》。
⑤ 《庄子·知北游》。
⑥ 《庄子·知北游》。

金踊跃曰：'我且必为镆铘！'大冶必以为不祥之金。今一犯人之形而曰：'人耳！人耳！'夫造化者必以为不祥之人。今一以天地为大炉，以造化为大冶，恶乎往而不可哉！"① 人类这个物种只是大自然无目的、无意识地化育万物自然而然的产物，人类也不必为自己的诞生而欣然不已，因为大自然造化万物没有终点，"若人之形者，万化而未始有极也"。② "伟哉，造化！又将奚以汝为，将奚以汝适？以汝为鼠肝乎？以汝为虫臂乎？"③ 并且，人是大自然运化万物的过程中偶然出现的一个物种，人与万物没有多大区别，人并不比万物优越。

庄子将人置于宇宙演化过程中，以自然主义的理性精神来解释人之生死存亡，生是气之聚，死是气之散，人之生命只是天地之气的委托，并非人所能保有的。人死亡便重新回到产生宇宙的本原中，继续参与宇宙演化过程。庄子对人之生死的自然主义解释旨在将人从贪生惧死的执念中解脱出来，将人们从世俗之名利、富贵之追逐中解脱出来，安时处顺，坦然面对生死。

（二）理性主义的生死观

首先，达观知命，安时而处顺。

庄子对生死进行自然主义的解释在于对生之意义的彰显以及对人之自我本性的复归，他让人从向外追逐的状态中解脱出来，"一受其成形，不化以待尽。与物相刃相靡，其行进如驰，而莫之能止，不亦悲乎！终身役役而不见其成功，茶然疲役而不知其所归，可不哀邪！人谓之不死，奚益！其形化，其心与之然，可不谓大哀乎？"④ 人之生死是不可抗拒的规律，是无法摆脱的命运。生命一旦产生，如何使短暂的生命充实而有意义在于主体自我的自由选择。但是，人在生命的旅途中奔驰如飞却不能止，终身劳累而不见其成功，整天疲惫不堪不知其归向何处，终身役役于物，相逐相靡使形体枯槁，精神耗尽。如此不能主动掌握自我的生死存亡，而缺乏对生命存在方式的觉悟与反思，是人最大的悲哀。"死生存亡、穷达贫富、贤与不肖毁誉、饥渴寒暑，是事之变，命之行也；日夜相代乎前，而知不能

---

① 《庄子·大宗师》。
② 《庄子·大宗师》。
③ 《庄子·大宗师》。
④ 《庄子·齐物论》。

规乎其始者也。故不足以滑和，不可入于灵府。使之和豫，通而不失于兑，使日夜无郤而与物为春，是接而生时于心者也。是之谓才全。"① 死生存亡、穷达贫富、贤与不肖毁誉、饥渴寒暑，是生命展开过程必然承受的命运，人的理性不能察知其产生的根源。因而，无论发生什么变故都不足以破坏内心的宁静和谐。人坦然承受命中产生的一切变故，顺从自然的变化起伏，心情和顺、愉悦、畅达，能与周围的一切关系和谐、融通、顺畅，没有任何间隙、隔阂，使心境日夜不间断地融会在春天般的生气里，以积极的状态辅助万物的生长。"且夫得者，时也；失者，顺也；安时而处顺，哀乐不能入也。此古之所谓悬解也。"② 得到自己追求的富贵名利，是一种机遇，失去了个人拥有的一切，就坦然承受。安心顺时而适应万事万物的发展和变化，悲哀和欢乐的情绪都不能侵入身心。这样，人就摆脱了一切的捆绑和束缚，实现了真正的自由。

其次，生乃负累，死乃解脱。

庄子认为，人由阴阳之气相合相化而生，人之死也是阴阳之气相激相荡，是人不可抗拒的天命。生乃劳役，死则休息，死亡也是对劳役的解脱，"阴阳之于人，不翅于父母，彼近吾死而不听，我则悍矣，彼何罪焉！夫大块载我以形，劳我以生，佚我以老，息我以死。故善吾生者，乃所以善吾死也"。③ 因此，人不必为死亡而担忧恐惧。人之生是没有理由的，人之死尽管也受气之运化规律的作用，但也有人为之原因，"生有为，死也。劝公，以其死也，有自也；而生阳，无自也"。④ 人活着，过分执着于有为，违背了生命存在发展的规律，身体和精神不堪重负，这是自找死路。生命之初，阳气到来没有轨迹，人们难以把握，而生命走向死亡有其运行的轨迹。因此，人应反思导致死亡的原因，自觉地掌控生命存在方式，减少导致生命死亡的人为因素。庄子在《至乐》篇中指出，"贪生失理"、"亡国之事，斧钺之诛"、"有不善之行，愧遗父母妻子之丑"及"冻馁之患"等，这些导致人死亡的原因都是人生的负累。"视子之所言，皆生人之累也，死则无此矣。死，无君于上，无臣于下，亦无四时之事，纵然以天地为春秋，

---

① 《庄子·德充符》。
② 《庄子·大宗师》。
③ 《庄子·大宗师》。
④ 《庄子·寓言》。

虽南面王乐不能过也。"① 庄子认为，人一出生就面临春夏秋冬四时之变，
人必然要为生存而从事劳役一样的实践活动，还必须在君臣上下关系、父
母兄弟、夫妻等人伦关系中完成自己为人的责任，人处在沉重的劳役和枷
锁中，而死亡是对人生劳役以及束缚关系的解脱。人回到创生自己的本原
中，继续参与天地运化万物的自然流程，进入了极乐世界，这是南面王也
难以相比的。庄子看似恶生悦死的生死观却体现着贵生的生命价值观，要
求人在有限的生命中不要超越自己的能力盲目追求世俗的功成名就，否则，
将会加快生命的衰竭和死亡。

最后，齐同生死，日徂而化。

"彼方且与造物者为人，而游乎天地之一气。彼以生为附赘县疣，以死
为决疣溃痈。夫若然者，又恶知死生先后之所在！假于异物，托于同体，
忘其肝胆，遗其耳目，反覆终始，不知端倪；芒然彷徨乎尘垢之外，逍遥
于无为之业。"② 庄子视人之生如肿瘤、附疣之形成，而死亡则是肿瘤、附
疣的消散，人之生命是物之所假，而形体是天地所托。因此，人应内忘肝
胆，外遗耳目，游于天地之气，逍遥于尘世之外。"夫天下也者，万物之所
一也。得其所一而同焉，则四肢百体将为尘垢，而死生终始将为昼夜而莫
之能滑，而况得丧祸福之所介乎！弃隶者若弃泥涂，知身贵于隶也，贵在
于我而不失于变。且万化而未始有极也，夫孰足以患心！"③ 万物是一即道
之所化，从道之角度来看万物齐同，人之身体如尘垢，死生如昼夜。因此，
人应视钱财如粪土，视名利如污泥，得之不喜，失之不忧。这样，人才能
摆脱得失祸福和名利富贵对人的捆绑和束缚，精神达到真正的独立和自由。
"日出东方而入于西极，万物莫不比方，有首有趾者，待是而后成功，是出
则存，是入则亡。万物亦然，有待也而死，有待也而生。吾一受其成形，
而不化以待尽，效物而动，日夜无隙，而不知其所终。薰然成形，知命不
能规乎其前，丘以是日徂。"④ 庄子认为，人应顺应阴阳变化的规律而活动。
阴阳之气在相激相荡中达到合和的状态形成了人的形体，人的生命一旦产
生，一直到死都不会转化为他物，被外物（钱、权、名、利）所系而活动，

① 《庄子·至乐》。
② 《庄子·大宗师》。
③ 《庄子·田子方》。
④ 《庄子·田子方》。

日夜不停息，而不知生命在何时何地消亡，这是被异化的极端不自由的状态。自然界、社会的变化导致生命有许多不可控制的客观因素，人不能测知未来的命运，只能积极改变思想观念、生命存在的方式以及应对变化的能力和素质，以顺应自然的方式参与自然界和社会的变化。"古之真人，不知说生，不知恶死，其出不欣，其入不距。翛然而往，翛然而来而已矣。不忘其所始，不求其所终，受而喜之，亡而复之，是之谓不以心捐道，不以人助天，是之谓真人。"① 真人超脱有无死生限制，立于大道无形之境，不因生而喜，不因死而惧，来去无拘无束，与物不将不迎，万化而不伤，不忘其始根，而不求其归宿，灭智于无形之中，达到"以死生为一条，以可不可为一贯"② 的自由之境。

总之，庄子立足于自然本身，从气之聚散来理解人之产生消亡，从昼夜之变化来比喻人之生死的不可抗拒之规律性以及短暂性，以阳光略过空隙的一瞬来比喻人之生命在世的瞬间性，以陶工陶冶万物来说明人之产生的偶然性以及人与万物的平等性，以人之千变万化不可穷究以及死之后可能变为其他物种使人打破自我的优越和傲慢。总之，庄子对人之生死的自然主义解释符合当时的科学发展水平，又渗透着理性的思辨精神。他以理性冷静的眼光透视到人生是劳役，死乃休息。并且，他指出："死生、存亡、穷达、贫富，贤与不肖、毁誉、饥渴寒暑，是事之变，命之行也。"③ 也即人一出生就生活在自然之命和社会之命等不可抗拒的命定的规律和客观现实之中，但是人在接受人生的必然命运时，以理性不断提升自我，使人不断破除对自我的偏执和执着，破除对现实中名利富贵的贪执，破除生死物我之分际，从内在束缚中解脱出来，"静而与阴同德，动而与阳同波"④，顺应自然而动，死生同状，与万物一化，达到真人之"天地与我并生，万物与我为一"的天地境界。庄子对死亡的透视渗透着人本主义的理性精神，他通过对自我、社会、自然的审视与反思，不断启发人追求精神独立和自由的意识，呼吁人自觉主动主宰自己、提升自我和超越自我。

---

① 《庄子·大宗师》。
② 《庄子·齐物论》。
③ 《庄子·德充符》。
④ 《庄子·天道》。

第二节　先秦儒家的价值观

儒家的生死观从集体主义的价值观出发，从道义的角度对人的生死问题进行了深刻的阐释，有利于超越个人功利主义价值观对人的束缚，有利于提升人的道德境界，促进社会的和谐以及民族的永续发展。

一　孔子誓志弘道的价值观

孔子关注的是人当下之生命存在。子路问事鬼神，子曰："未知生，焉知死。"① 人不应过分关注死亡后的事情而应珍惜自己当下的生命，不断求道、守道从而展开自己生命日新月异的过程。"朝闻道，夕死可矣。"② 道是人之为人之路，人都处于此路之途中，但没有道根之人，生命就像湖泊中无根的浮萍，飘忽不定，难以摆脱本能的生存状态而实现生命的自我超越。因此，人应自觉地求道、悟道。闻道是生命自我意识的觉醒，闻道之人能使生命摆脱无意义的被动、盲目、自发状态转向主动、自觉的存在状态，开启生命"日滔滔而自新"的生命历程。

孔子认为，"死生有命，富贵在天"。③ 一个人的出生和死亡、出生的基础和条件、死亡的时间和方式是自己不可选择的，其不以个人的意志为转移。但是，随着人的生命成长、成熟，人的生命自我意识觉醒，人们可以自觉选择自己的生存方式、生命存在样态以及展开生命过程的路径，至于是否达到富与贵的状态和结果有很多客观的、不可控制的因素和条件。因此，人应摆脱富贵的世俗人生标准对人生命的挟裹，以道求之，得之我幸，失之我命。孔子还主张人应重视人的生命，"暴虎冯河，死而无悔者，吾不与也。必也临事而惧，好谋而成者也"。④ 人的生命展开过程必然面临许多威胁个人生命的境遇，人应有谨慎、戒惧的心理，远离或设法摆脱此境，而不是以莽夫之勇将自己置于危险之境。

孔子尽管认识到生死是人之不可抗拒的规律，在此前提下人应珍惜个

① 《论语·先进》。
② 《论语·里仁》。
③ 《论语·颜渊》。
④ 《论语·述而》。

人的生命，但他认为，仁是人之为人之质，"志士仁人，无求生以害仁，有杀身以成仁"。① 生命是可贵的，但一个人的生命如果失去了"仁"之质，就失去了生命存在的价值，生以成仁，死以成仁，而不能苟且偷生。孔子还认为，人活着应该追求正义，"人之生也直，罔之生也幸而免"。② 正直之人可以使生命免除很多死亡的风险。即使人处在困境之中，人也无怨无悔无恨，"不怨天，不尤人，下学而上达"。③ 人应不断学习，追求生命的精进，使生命处于生生不息的状态。

从以上孔子的生死观可以看出，孔子认为人之生与死是人之生命不可抗拒的规律，人应该乐天知命，珍惜自己的生命，关注生命存在的价值和意义，求道、守道、行道，在变幻莫测的现实中不失其常，不失其恒，并以仁爱和正义作为生命的两翼，展开生命的提升、超越过程。

二 孟子舍生取义的价值观

孔子认为，人之生命的展开过程也是人之道的彰显过程，人应自觉地弘道，"道不可以弘人，人可以弘道"④，矢志不渝、永不停止。孟子继承了这一思想。"尽其心者，知其性。知其性者，则知天矣。存其心，养其性，所以事天也。夭寿不贰，修身以俟之，所以立命也。……莫非命也，顺受其正，是故知命者，不立乎岩墙之下。尽其道而死者，正命也。桎梏死者，非正命也。"⑤ 孟子认为，人要存心养性，寿命长短都要修身而持，以正性命。人尽力行道而死是正其命，而由于疏忽或妄为"桎梏而死"是非正命。人之生死是不可抗拒的规律，但人与万物不同的是人可以自觉主动选择人之生存方式和死亡方式，而这种主动、自觉选择是人具备自我控制、自我提升的意识和能力，正是人的此一意识的觉醒让人之生命由被动承受不可抗拒之命的控制、摆布转向自觉接受不可抗拒的天命，尽道正命，开启了人的自觉、自为的属人存在历程。"生，亦我所欲也。义，亦我所欲也，二者不可得兼，舍生而取义者也。生亦我所欲，所欲有甚于生者，故不为苟

① 《论语·卫灵公》。
② 《论语·雍也》。
③ 《论语·宪问》。
④ 《论语·卫灵公》。
⑤ 《孟子·尽心上》。

得也；死亦我所恶，所恶有甚于死者，故患有所不辟也。如使人之所欲莫甚于生，则凡可以得生者，何不用也？使人之所恶莫甚于死者，则凡可以辟患者，何不为也？由是则生而有不用也，由是则可以辟患而有不为也。是故所欲有甚于生者，所恶有甚于死者，非独贤者有是心也，人皆有之，贤者能勿丧耳。"① 孟子并非不重视人的生命价值，而是人的生命存在应导之以道，养之以义。不苟且偷生，也不轻易赴死，生死都是为了彰显人之道即人之善端。在孟子看来，生命是可贵的，但是没有义与道之负载的生命是无价值和无意义的。人的生命价值不只是以延续的方式维持生命的存在。人在求生避死之时应将人内在的仁、义、礼、智等四善端彰显出来，摆脱动物式的自发的、趋利避害的"自由"状态，实现自觉以道约束、管控人的行为的"不自由"的状态。但这种"不自由"却体现着人自觉成人的道德价值追求，是人从自然主义的功利境界向人本主义的道德境界的自觉跃升。人正是在生与死、义与利、自由与约束的张力中展开了人之生命自我完善、自我约束、自我提升、自我创造的过程。

第三节 《淮南子》儒道融合的价值观

《淮南子》一书是汉武帝"罢黜百家，表彰六经"之前的最后一部重要学术著作，其关于生死观的思想非常丰富。其生死观继承了道家重视生命的思想，同时又摒弃了道家个人主义的一面，自觉吸收儒家积极入世、以义成人的思想。因此，《淮南子》对于研究先秦生死观思想的继承和发展具有重要的学术意义。

一 惜生、重生、贵生的生命价值观

人的生命具有不依赖于他人、他物的客观价值，这种内在价值是其他一切价值的源泉。因此，人应重视生命的价值。中国古代文化中有很多惜生、重生、贵生的思想。老子认为，"故贵以身为天下，若可寄天下；爱以身为天下，若可托天下"。② 生命的健康存在是一切幸福之源，也是一切祸

---

① 《孟子·告子上》。
② 《道德经》十三章。

患之源。爱惜自己的身体可以免为自己招致祸患，同时，也不给他人、社会招致祸患。只有视自己的生命贵如天下，才可以将天下托付给他。淮南子继承了老子的此一思想，在《道应训》中，淮南子以周太王亶父遭狄人攻击而迁至岐山脚下的故事，指出"贵以身为天下，焉可以托天下；爱以身为天下，焉可以寄天下"的道理，还指明"虽富贵不以养伤身，虽贫贱不以利累形"的道理，要求人无论穷富，所从事的一切生产、管理及其他活动都应将爱惜生命、维护生命的健康置于重要地位。在《道应训》中，淮南子还引用中山公子牟与詹子的对话指出，人应"重身则轻利"，但轻利并不是过分压抑人的感官欲望和物质欲望，"不能自胜而强弗从之，此之谓重伤，重伤之人，无寿类矣！"这就需要人明白阴阳和谐的道理，在追求物质欲望满足与重视生命、淡泊物欲之间保持和谐平衡，进而说明老子的"知和曰常，知常曰明，益生曰祥，心使气曰强"的道理，也即人保持生命内部结构和谐，才能避免来自身体内部阴阳失衡以及个体与外界的冲突带来的伤害，保持身体健康。知道了实现生命长生的重要性，就能明白是非，知道哪些有益于生命长生，哪些对生命产生危害。贪生纵欲和使气逞强都会给生命带来灾难。在《道应训》中，淮南子还以"公仪休嗜鱼而拒绝接受别人送的鱼"的故事说明："故老子曰：'后其身而身先，外其身而身存。非以其无私邪？故能成其私。'一曰：知足不辱。"淮南子指出，人应淡泊物质欲望，摆脱不合理物质利益获得方式对人的束缚，提升思想境界，实现生命的长生久视。

淮南子继承了老子《道德经》七十五章的"夫唯无以生为者，贤于贵生"的思想，"夫人之所以终其寿命，而中道夭于刑戮者，何也？以其生生之厚。夫唯能无以生为者，则所以修得生也"。[1] 人在养生的过程中，物质上的供养超过了生命的实际需求，反而加快生命的衰竭。"楚人有乘船而遇大风者，波至而自投于水，非不贪生而畏死也，惑于恐死而反忘生也。"[2] 人处在死亡之境，往往会因贪生怕死使自己失去了应对困境的智慧和勇气，对生的执念以及对死的恐惧反而让人丧生。反之，一个人若能面对死亡危境而忘生，就能调动自己内心的智慧和勇气使自己战胜困境、保全性命。

---

① 《淮南子·精神训》。
② 《淮南子·氾论训》。

因此，一个人生命能实现长生，应克服死亡的恐惧，机智勇敢地处理生存所面临的死亡险境。淮南子还继承了老子《道德经》十二章的思想，"五色令人目盲，五音令人耳聋，五味令人口爽，驰骋畋猎，令人心发狂；难得之货，令人行妨。是以圣人为腹不为目，故去彼取此"。其指出一个人纵情于五色、五声、五味、取舍导致眼、耳、口、心等各种器官的功能不能正常发挥，影响了生命的健康运行，"是故五色乱目，使目不明；五声哗耳，使耳不聪；五味乱口，使口爽伤；趣舍滑心，使行飞扬。此四者，天下之所养性也，然皆人累也。故曰：嗜欲者，使人之气越，而好憎者，使人之心劳，弗疾去，则志气日耗"。① 因此，一个人嗜欲无度导致精气外越，好憎分明导致心累，而精神和血气日益消耗，加速了生命的衰竭。淮南子还认为，人应因自然之道，机智地生存。"在智则人与之讼，在力则人与之争。未有使人无智者，有使人不能用其智于己者也；未有使人无力者，有使人不施其力于己者也。……故老子曰：'虎无所措其爪，兕无所措其角。'"② 人处在复杂的充满利益争斗的生存环境中，应具备灵活的生存能力和智慧，避免有能有智之人对自己造成伤害。为了保持人的长生久视，淮南子要求人无为、不争、守柔、处下，光而不耀，骄而不泰，富而不奢，善于在"守阴"中保持一种生之势，"勇于不敢则活"，"强胜不若己者，至于若己者而同，柔胜出于己者，其力不可量，故兵强则灭，木强则折，革固则裂，齿坚于舌而先之敝。是故柔弱者生之干也，而坚强者死之徒也"。③

总之，淮南子以丰富的历史事例来阐述解读老子惜生、重生、贵生思想，体现了其对生命价值本身的尊重，同时淮南子在继承老子贵生思想的基础上发展了养生思想。首先，在生死关系上，事生之本，事死之末。"凡人之所以生者，本也；其所以事死者，末也。本末一体，其两爱之，一性也。先本后末谓之君子，以末害本谓之小人。……末大于本则折，尾大于要则不掉矣。故食其口而百节肥，灌其末而枝叶美，天地之性也，天地之生物也有本末，其养物也有先后，人之于治也，岂得无终始本末哉？"④ 这

① 《淮南子·精神训》。
② 《淮南子·诠言训》。
③ 《淮南子·原道训》。
④ 《淮南子·泰族训》。

是淮南子从养生的角度对孔子"未知生焉知死"思想的继承和发挥。人事生是本,事死是末,人应该关注生命存在的过程和生命本身。重视生命在于治身,治身应发挥心对五官的主宰作用。"目好色,耳好声,口好味,接而说之,不知利害,嗜欲也。食之不宁于体,听之不合于道,视之不便于性,三官交争,以义为制,心也。耳目鼻口不知所取去,心为之制,各得其所。"① 即心是身体之主宰和中心,人应发挥心之理性对耳目鼻口等感官欲求行为的判断、选择和协调作用,以定体、合道、便性的角度约束、调节感官之欲,避免过度满足感官之欲以及物质之欲而害生。淮南子认为,养生应将养内和养外、知天和知人有机结合。"知天之所为,知人之所行,则有以任于世矣。知天而不知人,则无以与俗交;知人而不知天,则无以与道游。单豹倍世离俗,岩居谷饮,不衣丝麻,不食五谷,行年七十,犹有童子之颜色,卒而遇饥虎,杀而食之。张毅好恭,过宫室廊庙必趋,见门闾聚众必下,厮徒马圉,皆与伉礼,然不终其寿,内热而死。豹养其内而虎食其外,毅修其外而疾攻其内。故直志适情,即坚强贼之。以身役物,则阴阳食之……得道之士,外化而内不化。外化所以入人也,内不化所以全其身也。"② 人都是处于一定的自然环境和社会环境的人,人也只能在环境中使生命自身得以延续和成长。重视养生,直意适情,缺乏对外界环境的危险因素进行正确判断以及抗争的能力,当人面对突如其来的外来侵害时不知所措,会导致生命处于死难之境。重视生命存在的社会规范、社会制度和社会条件,身为物役,会导致阴阳失和而伤生。因此,养生要养内和养外有机结合,要在生命与自然环境、社会环境的互动中寻找个体生命得以长期存在、生命的创造力得以发挥的外在条件,增强自然生命蓬勃盎然的生机、生意,增加社会生命所托付的责任和义务,使精神生命日益丰盈、恬淡、充实、自足。

二 自然主义的生命价值观

(一) 超越生死,顺随自然

人是能够意识到个人死亡的存在物。淮南子继承了庄子的此一思想。

---

① 《淮南子·诠言训》。
② 《淮南子·人间训》。

"夫大块载我以形，劳我以生，逸我以老，休我以死。善我生者，乃所以善我死也。夫藏舟于壑，藏山于泽，人谓之固矣。虽然，夜半有力者负而趋，寐者不知，犹有所遁。若藏天下于天下，则无所遁形矣。物岂可谓无大扬攉乎？一范人之形而犹喜。若人者，千变万化而未始有极也。弊而复新，其为乐也，可胜计邪！……始吾未生之时，焉知生之乐也？今吾未死，又焉知死之不乐也。若然者，偃其聪明，而抱其太素，以利害为尘垢，以死生为昼夜……则至德天地之精也。是故生不足以使之，利何足以动之；死不足以禁之，害何足恐也；明于死生之分，达于利害之变，虽以天下之大，易骭之一毛，无所概于心志也！"① 淮南子认为，大自然以生使我辛勤劳作，以老使我清闲，以死使我安息。因而，以生为善的，也应以死为善。生乃徭役，死乃休息，死亡是人对人生徭役之解脱，死也未尝不是一件乐事。从宇宙变化的过程来看，人只是大自然偶然造化的一个物种，人也不必为人类这个物种而感到优越，也不必为个体生命的诞生而高兴。大自然造化万物的过程永无停止，人的存在只是宇宙运化万物的一个片段，未生之前，如何知道生之快乐？未死之时又如何知道死之不快乐。因此，人不必执着于生的快乐，纠结于死的痛苦，坦然面对生死就好。人达到了此一境界，就会掩盖聪明，守真抱朴，视利害为尘垢，视死生为昼夜，不因贪生而受人奴役，不因逐利而奋不顾身，不因怕死而裹足不前，不因危险而恐惧。人明白了死生分别的相对性以及利害变化的无常，就会摆脱现实中富贵、荣誉、权力和地位对人的束缚，顺随自然之化，得之不喜，失之不忧。唯有如此，才能达到形无所累，神无所靡，徜徉于物之始终有无之际的真人之境。

淮南子认为："吾生也有七尺之形，吾死也有一棺之土；吾生之比于有形之类，犹吾死之沦于无形之中也。然则，吾生也，物不以益众，吾死也，土不以加厚，吾又安知喜憎利害其间者乎？夫造化者之攫援物也，譬犹陶人之埏埴也，其取之地而已为盆盎也，与其未离于地也无以异；其已成器而破碎漫澜而复归其故也，与其为盆盎亦无以异矣。"② 人之生与死，如陶人之盆盎的成与毁，变化的只是有形与无形，而大自然却没有因人之生命的存与亡而有所损益。因此，人应顺随道造化万物的过程和规律，坦然接受造

---

① 《淮南子·俶真训》。
② 《淮南子·精神训》。

化者命中的一切，任随天意而悠然自得。"夫造化者，既以我为坏矣，将无所违之矣。夫生我也不强求已，其杀我也不强求止。吾安知夫到炎而欲生者之习感也？又安知夫绞经而求死者之非福也？欲生而不事，憎死而不辞，贱之而弗憎，贵之而弗喜。随其天资，而安之不极。……其生也天行，其死也物化，静则与阴俱闭，动则与阳俱开。……是故圣人以无应有，必究其理；以虚受实，必穷其节；恬愉虚静，以终其命，是故无所甚疏，是无所甚亲，抱德炀和，以顺于天。与道为际，与德为邻；不为福始，不为祸先。魂魄处其宅，而精神守其根，死生无变于已。故曰至神。"① 人超越了对外物、生死的执着，顺随阴阳之化，精神澹然无极不与物散，内修道术，抱德炀和，以无应有，以虚受实，喜怒好恶不入于心。这样，就能恬愉虚静以终其命。

（二）齐生死、同变化

淮南子认为，宇宙具体的生命形态可变，生命之本"道"却不变，形体可变，而精神不变。相对于宇宙永恒的生命之本和精神生命来说，生死之变都是暂时的、相对的，此生彼死，彼生此死，所变的只是现象，本质是统一的。② 《精神训》云："故形有摩而神未尝化者，以不化应化，千变万抮而未始有极。化者复归于无形也，不化者与天地俱生也。故生生者未尝死也，其所生则死矣；化物者未尝化也，其所化则化矣。"淮南子认为，道贯穿万物生灭变化过程的始终，是万物生灭、变化的根源，而自己却不被他物所化。道在运动中产生了天地万物，包括人。人的生命包括形与神两个重要组成部分。生命消散之后，"精神入其门，而骨骸反其根"③，人之精神复归于天，成为阳气，而人之骨骸反归于地，成为阴气。阳气下施，阴气上蒸，重新开始了气化生万物的过程。

淮南子对生死之理的透视是价值论的，旨在追求自由的真人之境，"离别万物之变，合同死生之形，使人遗物反己，审仁义之间，通同异之理，观至德之统，知变化之纪，说符玄妙之中，通回造化之母也"。④ 淮南子将人的生死置于宇宙演化的整个过程，从道化生万物的视觉来看待人之生死，

---

① 《淮南子·精神训》。
② 李霞：《生死智慧——道家生命观研究》，人民出版社，2004，第181页。
③ 《淮南子·精神训》。
④ 《淮南子·要略》。

天地造化万物是没有终止的，人只是这个过程偶然出现的物种，运化过程的不可穷尽性使人对自己这个物种的未来具有不可预测性。因此，人也不必因生而喜，因死而忧。而对于个体生命来说，人之生死就像昼夜轮回，生死无端，是一个不止的客观必然过程，人只能"随其天资，顺随自然之化"。如果仅止于对"生死现象"的揭示和描述，则必然导致一种悲观的宿命论。淮南子对生死现象认识的根本目的在于从生死规律的不可逆转性以及生死之化过程的无限性中寻求永恒，"化物者未尝化，而所化者已化"，也就是化生万物的道是恒常不变的。但是，人又如何在"千变万化而未始有极"的自然世界以及"生死交替无端"的生命世界中寻找永恒呢？

淮南子指出，人达到道境需要摆脱欲望及财富、权力对人的牵制，达到心无所载，心无所累，神清目明，细究万物之理，齐死生，同变化，"轻天下，则神无累矣，细万物，则心不惑矣，齐死生，则志不慑矣，同变化，则明不眩矣"①，使人的精神登假于道。"弃聪明而反太素，休精神而弃知故，觉而若昧，以生而若死，终则返本未生之时，而与化为一体。死之与生，一体也。"② 人应弃聪明与智故，抱素守真，内明外暗，内智外愚，生而若死，死之后化于无形之中，重新参与宇宙化育万物的过程。"以死生为一化，以万物为一方，同精于太清之本，而游于忽区之旁。……居而无容，处而无所，其动无形，其静无体，存而若亡，生而若死，出入无间，役使鬼神，沦于不测，入于无间，以不同形相嬗，始终若环，莫得其伦，此精神登假于道也。"③ 人之形处于有形世界中，人的形体随着万物的生化而有所变，但其精神游于太清，动而无形，静而无体，存而若无，生而若死，超越了生死对人的限制，役使鬼神，出入无间，与万物共终共始，达到了"以死生为一化，以万物为一方"的天人合一之境。人达到了此种境界则神无所累，心无所惑，志无所惧，目无所眩，"量腹而食，度形而衣，容身而游，适情而行，余天下而不贪，委万物而不利"。④ 人欲望简单，生活简朴，根据个人的实情和外在条件而行事，不贪权位，不追名利，以形助神，以神养形，从而使生命富有生生之意、生生之机。

---

① 《淮南子·精神训》。
② 《淮南子·精神训》。
③ 《淮南子·精神训》。
④ 《淮南子·精神训》。

淮南子在透视生命生死之理的必然性中不断打破死亡对自己的限制，体现了对生命的热爱。如果庄子的生死观是为了将人从负累重重的有形现实世界的束缚中解放出来，达到真人的自由之境，那么淮南子则是将达到"齐生死、同变化、一万物"的自由之境中的人拉回现实，使人原心反性，法天顺清，抱德炀和，终尽天年。其还认识到"古之圣人，其和愉宁静，性也；其志得道行，命也。是故性遭命而后能行，命得性而后能明"。① 人保持和愉宁静之性必须具备与之相适应的社会现实条件。"故通性之情，不务性之所无以为；通命之情者，不忧命之所无奈何"②，人通达性命之真相，不追求与性命成长无益的东西，不忧虑命运中无可奈何的东西，"因时而安其位，当世而乐其业"③，因时势而能够安于自己的社会位置和角色，能够适应社会需要的发展而爱好自己的社会职业。淮南子的这些思想让人在具体的社会现实条件下，既重视物质生命的长生久视，又重视社会生命的责任。其要求人根据自己的能力、客观条件以及社会现实的需要，积极从事个人的社会职业，承担个人的社会责任和义务，实现生命的自我提升和超越。庄子的真人之境是人从社会中隐退，通过摆脱现实的束缚而达到精神逍遥自由的真人之境，缺乏生命的社会维度。而淮南子在现实条件的约束下，积极改变现实，使人在明于死生之分、天人之分的基础上逐步达到"死生一体，万物一化"的真人之境。

三　贵己而小天下的生命价值观

淮南子认为，人的生命的价值至高无上。其指出："使之左据天下之图而右刎喉，愚者不为也，身贵于天下也。……天下，大利也，比之身则小。"④ 拥有天下对现实的人来说是大利，但对于人的生命而言，则是微不足道的。这是贵己而小天下的生命价值观。"故国以全为常，霸王其寄也；身以生为常，富贵其寄也。能不以天下伤其国，而不以国害其身者，为可以托天下也。"⑤ 国家以完整为常法，霸业寄托在他的上面；身体以生命的

---

① 《淮南子·俶真训》。
② 《淮南子·诠言训》。
③ 《淮南子·精神训》。
④ 《淮南子·泰族训》。
⑤ 《淮南子·诠言训》。

存在为常态，富贵只是暂时的寄托。能够不以拥有天下而伤害国家，能够不以拥有国家而伤害身体，则可以将天下托付给他。但是，这种贵己的思想要求人超越俗世的功利主义价值观对人的束缚，达到全性保真、精神逍遥的自由之境。"若然者，偃其聪明而抱其太素，以利害为尘垢，以死生为昼夜。……譬若钟山之玉，炊以炉炭，三日三夜而色泽不变。是故至德天地之精也。是故生不足以使之，利何足以动之；死不足以禁之，害何足以恐之。明于死生之分，达于利害之变，虽以天下之大，易骭之一毛，无所概于志也。"[1] 真人能够掩盖聪明，守真抱朴，以利害为尘垢，以死生为昼夜，生不足以诱惑他，利不以撼动他，死不以禁锢他，危害不以使其恐惧。明于死生之分，通达于利害之变，虽以偌大的天下来换腿上的一根汗毛，也不足以衡量其心志。"夫贵贱之于身也，犹条风之时丽也；毁誉之于己，犹蚊虻之一过也。"[2] 人总是为世俗的贵贱、毁誉而高兴、痛苦，而淮南子认为，贵贱对于人的生命而言，就像和煦的春风因时而吹，毁誉对于自身而言，就像蚊虫、牛虻咬过一样。贵贱、毁誉因时而已，具有暂时性，不必为之心神动荡不安。"是故有天下也，不如有说也；与其有说也，不如徜徉于物之始终也，而条达有无之分际。是故举世誉之而不加劝，举世非之而不加沮，定于死生之境，而通于荣辱之理，虽有炎火洪水弘靡于天下，神无亏缺于胸臆之中也。若然者，视天下之间，犹飞羽浮芥也，孰肯分分然以物为事也？"[3] 淮南子认为，人拥有天下，不如精神恬淡愉悦，精神恬淡愉悦，不如精神逍遥于物之始终、有无之际。世上所有的人都称赞他，他并不因此就特别勤勉，世上所有的人都诽谤他，他也并不因此就感到沮丧。他对生死泰然处之，对荣辱通达处之，世间虽有大火蔓延、洪水滔天，也不会使自己的精神有所亏缺。视天下发生的一切如空中飞的羽毛，湖中浮的草芥，孰肯为之扰心费神。淮南子贵己而小天下的生命价值观体现了其对个体生命的高度重视，要求人从悦生恶死以及逐于名利、富贵、荣誉的价值观中解脱出来，使人的生命达到全性、全形、全神的自由逍遥的乐境，但是这种价值观有着情感淡漠、个人主义的局限。

---

[1] 《淮南子·俶真训》。

[2] 《淮南子·俶真训》。

[3] 《淮南子·俶真训》。

四 道德主义的生命价值观

淮南子吸收了儒家的重仁义的价值观。淮南子继承了孔子"未知生，焉知死"即生是本、死是末的思想，使人关注生命当下存在本身之意义。"凡人之所以事生者，本也；其所以事死者，末也。本末，一体也，其两爱之，一性也。先本后末，谓之君子。以本害末，谓之小人。"① 淮南子认为，事生与事死都是人的生命不可缺少的部分，但事生是本，事死是末，应把事生放在重要地位，不能以本害末。淮南子认为，人应仁义为本，"君子非仁义无以生，失仁义，则失其所以生；小人非嗜欲无以活，失嗜欲，则失其所以活。故君子惧失仁义，小人惧失利。观其所惧，知各殊矣。……君子思义而不顾利，小人贪利而不顾义"②。淮南子认为，君子以仁义之道作为生命活动的根基和基础，失去仁义就失去生命存在的根据，而小人将满足个人嗜欲的利益作为行为的出发点，为了利益不惜违背仁义道德规范。淮南子吸纳了孔子的"君子无以求生以害仁，有杀身而成仁"的思想和孟子"舍生取义"的思想，轻天下重生命，轻生命而重仁义。"使之左据天下之图而右刿喉，愚者不为也，身贵于天下也。死君亲之难，视死若归，义重于身也。天下大利也，比之身则小；身之重也，比之义则轻。"③ 淮南子认为，拥有天下能给人带来利益和好处，但是天下的价值相对于生命本身的价值而言是微不足道的，而生命本身价值相对于仁义价值而言又是不足称道的。"君子义死，而不可以富贵留也；义为，而不可以死亡恐也。彼则直为义耳，而尚犹不拘于物，又况无为者矣！……务光不以生害义，故自投于渊。"④ 淮南子认为，人不能为了富贵而苟且偷生，为了彰显仁义之道，甚至不惜牺牲自己的生命。淮南子还在《道应训》中以"次非弃剑杀蛟"的故事指出"武士可以仁义之礼说也，而不可以武夺也"。人可以为仁义而死，而不可以为了宝剑被蛟龙劫持而死，进而其说明"夫唯无以生为者，是贤于贵生焉"的道理，让人打破对生的执着，而活出生命的骨气和气节。淮南子还在《修务训》中以子发作战说明此道理，"进入激矢，合如雷中，

① 《淮南子·泰族训》。
② 《淮南子·缪称训》。
③ 《淮南子·泰族训》。
④ 《淮南子·精神训》。

解如风雨，员之中规，方之中矩，破敌陷阵，莫能壅御，泽战必克，攻城必下。彼轻身而乐死，务在于前，遗利在后"。子发在战场上之所以能视死如归、轻身乐死，在于他见危思命，也即他认为生命本身所承受的责任、义务、仁义比生命具有更高的价值。一个人生命的存在离不开其所在的时代背景，社会提供了个人彰显仁义的条件，则奋力进取，实现自己的理想、价值和抱负，如果社会黑暗无道，则退而修身，"君子时则进，得之以义，何幸之有！不时则退，让之以义，何不幸之有！故伯夷饿死首阳之下，犹不自悔，弃其所贱，得其所贵也。"① 淮南子认为，人在生命展开的过程中，无论是治世还是乱世都应以仁义的道德规范作为自己的立身之本，甚至不惜牺牲自己的生命，"生所假也，死所归也。故宏演直仁而立死，王子闾张掖而受刃，不以所托害所归也。故世治则以义卫身，世乱则以身卫义，死之日，行之终也。故君子慎一用之"②。也即仁义是生命展开之道，是生命价值和意义的体现，仁义应贯穿于生命全过程，失去了仁义，生命也就失去了存在的价值。"孔子之通，智过于苌弘，勇服于孟贲，足蹑效菟，力招城关，能亦多矣。然而勇力不闻，伎巧不知，专行教道，以成素王，事亦鲜矣。春秋二百四十二年，亡国五十二，弑君三十六，采善锄丑，以成王道，论亦博矣。然而围于匡，颜色不变，弦歌不辍，临死亡之地，犯患难之危，据义行理而志不慑，分亦明矣。"③ 淮南子以孔子之例说明，人知道者不忧，知命者不惑，无论人处于何种处境，都不应忘生命存在的义理以及矢志不渝的弘道之志。

总之，淮南子的生死观具有三重维度，一是人的生命具有至高无上的价值。人应重视生命、敬畏生命、爱惜生命。淮南子尤其强调，无止境的欲望追求是祸患的根源，要求人理性节制欲望，不为名利所诱，不为权位所惑，不因贫穷而以利伤身，不以富贵以养伤身。正确判断威胁生命存在的危险因素，养内与养外有机结合，实现生命的长生久视。二是高扬重义轻利的道德价值。淮南子处在儒道文化交锋，黄老道家思想的无为而治逐步不适应社会经济、政治、文化发展的需要的时代，其逐步认识到过分强

---

① 《淮南子·缪称训》。

② 《淮南子·缪称训》。

③ 《淮南子·主术训》。

调个体生命的自然、自由的思想难以适应社会现实发展的需要，应自觉吸收儒家立足社会现实的思想，原天命，治心术，理情性，因时立位，当世乐业，在治业、精业、乐业中维持生命存在的物质基础，担当社会责任。同时其还吸收了儒家的仁义道德思想，"世治则以义卫身，世乱以身卫义"、"非仁义无以生，失仁义，则失其所以生"，以仁义礼乐的道德规范约束人的逐利行为，实现物质生命向道德生命的转化和提升。三是高扬生命独立、自由的精神价值。淮南子重视生命自身的价值，但其反对人因贪生而使生命处于极端的不自由的状态。生乃徭役，死乃休息，死亡是对人生负累的解脱，未尝不是一件乐事。放在宇宙化育万物的过程来看，人只是演化过程中偶然出现的一个物种，人不必为生而喜，这打破了人自身的傲慢。生乃是人从无形化为有形，死乃是人从有形化为无形，放在宇宙演化的长河中来看，人的生死如昼夜之短暂，人在有生之年创造或拥有的东西最后都会化为无。因此，人应贵己而小天下，重生轻物，以心役物，实现心灵的自得自失。那么，如何实现精神的独立和自由呢？淮南子认为，道是宇宙万物产生的根源，也是万物变化的根据。人的物质的形体随着生、老、病、死的过程会化为无形，但在生命展开的过程应在精神层面追求永恒，也即体道、悟道、守道，持虚守静，守真抱朴，打破一切有形万物以及人为创造的文明形式对人的束缚，打破得失、成败、荣辱对人的限制，达到"齐生死、同变化、一万物"的自由之境。人的生命是物质生命、道德生命、精神生命的有机统一体。淮南子的生死观重视有形物质生命的长生久视、社会生命的仁义和责任担当、精神生命的独立自由，既有积极改造社会现实、承担责任的入世精神，又有乐观达命、豁达潇洒的出世精神，体现了人管控自我、提升自我、升华自我、超越自我的理性精神。

淮南子的生死观以及生命价值观具有内在的矛盾冲突。个人的生死取决于个体自我规定、自我实现的价值观念。个体在价值观念指导下使自我生命由一个自在的存在方式转化为自为的存在方式，进而展开自我生命创造的历程。淮南子的生命价值观既有立足个人自然生命长生久视、精神生命独立自由的个人主义价值观，也有立足社会生命的仁义至上的集体主义价值观。但是，淮南子并没有指出处理集体主义价值观与个体价值观冲突的方式，也没有阐明个体生命自我价值实现的制度保障。尽管淮南子也提出了民本主义的民主思想及对统治者进行道德自律的要求，但在地方诸侯王权力过大不断威胁大一统中央集权的形势下，这种自由、平等、民主的思想只是脱离现实的乌托邦。对于个人而言，淮南子主张，"可权者，尽权之"。[①] 人应因时因势而变，"故内有一定之操，而外能诎伸、赢缩、卷舒，与物推移，故万举而不陷"。[②] 随着人的生存环境的变化，人应在权变中保持一定节操，在万化中不化。但是，不化是为了个人修身养性、精神自由，还是为了社会之务、仁义之节呢？权变是为了保持生命节操还是为了保全自身呢？如何在个人与他人、个人与整体之间保持平衡呢？在个体权变下，生命之道之常之恒如何保持？个人之道、自然之道、社会之道如何有机地融合在一起？这些都是需要深入思考的问题。淮南子的生死观重视个体选择的自由以及个体价值的自我实现，这在当今仍是个体自我追求的人生价值和理想，其在两千多年的封建社会能够提出这样的思想是难能可贵的。总之，淮南子的生命价值观存在着重视生命个体的自然主义与重视整体的道德主义之间的冲突，这种冲突也是淮南子作为一方诸侯所追求的诸侯国的自由权利与加强中央集权的社会现实的冲突的深刻反映。在当时，淮南子的思想不符合国家从分裂走向统一的社会发展趋势，这也是其思想理论不被汉武帝采纳的原因。但其毕竟提出了让人深入思考的问题，即如何在保持整体稳定统一与重视个体生命价值和自由之间保持合理的张力。

---

① 《淮南子·主术训》。
② 《淮南子·人间训》。

第七章 《淮南子》的理想人格观

理想人格是指中国古代思想家将人的内在精神特质熔铸于君子、圣人、英雄人物、至人、真人的理想人物之身，通过对理想人格的赞美和歌颂，为人的自我超越提供可以依循的人格模范和典型。淮南子继承了道家游方于社会之外的珍视生命、自由逍遥的理想精神。同时，又继承了儒家积极入世、为民造福、守护社会公平公正的理想人格。君子、圣人、英雄人物、至人、真人理想人格是"道"的化身，他们以道开展人的生命、引导人的生命，使人的生命处于不断提升、自我超越的状态。

第一节 入世的理想人格

刘安是汉高祖刘邦的孙子，是淮南国的诸侯王。其特殊的自然身份以及社会身份决定了其必须立足于社会现实，以严格的社会制度和道德规范约束自我，不断承担各种社会角色的责任及义务，以君子、圣人以及历史上的英雄人物为理想人格，完善道德修养，培养奋斗精神、奉献精神、创新创造精神和团结精神，形成完善的社会道德生命。

一 君子的理想人格

（一）君子的人格特征：君子与小人之别

君子是儒家刻画的理想人格。相对于生存于功利境界的小人而言，君子是能够通过道德价值规范约束自己的行为、道德修养较高的人，是普通人向圣人晋升的必经人格台阶。淮南子指出，圣人一生用知使能，行事为人，以仁义之道身体力行，并为世人提供了以仁义之道判别君子和小人的标准，合乎仁义之道为君子，不合乎仁义之道为小人。"知能蹢驰，百事并行，圣人一以仁义为准绳，中之者谓之君子，弗中者谓之小人。"① "君子非仁义无以生，失仁义则失其所以生；小人非嗜欲无以活，失嗜欲则失其所以活。故君子惧失仁义，小人惧失利。观其所惧，知各殊矣。"② 仁义之道是君子生命得以存续的价值根据，失去仁义则生命失去存在的价值，而小人是为嗜欲而活，失去了满足自己嗜欲的对象、途径和结果，则失去存在的价值。君子怕失义，小人怕失利，这是君子和小人之别。"盖闻君子不弃义以取利。"③ 小人为利苟且从事，君子为义从事，不舍义取利，"小人之从事也，曰苟得，君子曰苟义"。④

君子行义没有任何功名之心。"君子者，乐有余而名不足，小人乐不足而名有余。观于有余不足之相去，昭然远矣。含而弗吐，在情而不萌者，未之闻也。君子思义而不虑利，小人贪利而不顾义。"⑤ 君子行义处于个人旨趣，乐于行义而不为人知，小人为追求名声在外而内心忧愁烦闷。因此，君子坚持仁义至上而不计较个人利益得失，小人坚持个人利益优先而不顾个人逐利的行为方式是否符合仁义之道。君子在坚持仁义的前提下使行为合适、合时，与人相处，如沐春风，小人行事虽然也合适、适宜，但失去仁义之道，"义载乎宜之谓君子，宜遗乎义之谓小人"。⑥ 一个人所处的时世是不断变换的，君子遇到治世，以义作为维护生命存在的规范形式，遇到乱世不惜牺牲个人的生命而维护仁义的价值，毕其一生而彰显、弘扬仁义的价值，"故世治则以义卫身，世乱则以身卫义。死之日，行之终也，故君子慎一用之"。⑦ 君子合时，以义而进，得之不喜，不合时，以义而退，失之不忧。"君子时则进，得之以义，何幸之有！不时则退，让之以义，何不幸之有！"⑧ 君子满身正气，行事和宜，内益性命，外合道义，不为外物所左右；小人纵情于感官之欲，肆意发泄个人的喜怒之情，不考虑行为的后果。"君子行正气，小人行邪气。内便于性，外合于义，循理而动，不系于

---

① 《淮南子·泰族训》。
② 《淮南子·缪称训》。
③ 《淮南子·人间训》。
④ 《淮南子·缪称训》。
⑤ 《淮南子·缪称训》。
⑥ 《淮南子·缪称训》。
⑦ 《淮南子·缪称训》。
⑧ 《淮南子·缪称训》。

物者，正气也。重于滋味，淫于声色，发于喜怒，不顾后患者，邪气也。"①
"君子诚仁，施亦仁，不施亦仁；小人诚不仁，施亦不仁，不施亦不仁。"②
君子能将爱心与真诚有机结合起来，而小人的真诚行为缺乏爱心，也可能
对他人造成伤害。"故君子之过也，犹日月之蚀，何害于明！小人之可也，
犹狗之昼吠，鸱之夜见，何益于善！"③ 君子和小人的区别在于君子的善质
在生命中占主流，即使有过错，也不影响其内在道德的光辉，小人的趋利
避害的功利行为占主导，即使有受人称赞的行为，但无益于别人对其的
评价。

（二）成为君子的途径

1. 以仁义之道立德修身

淮南子认为，义是人之本。"义者，人之大本也，虽有战胜存亡之功，
不如行义之隆。故君子曰：'美言可以市尊，美行可以加人。'"④ 人即使能
够取得俗世意义的功名，也不如在日常生活中将仁义之道彰显到极致，以
仁义约束和修饰个人的行为，以美言赢得他人的尊重，以美行勉励他人。
"趋行蹐驰，不归善者不为君子。故善言归乎可行，善行归乎仁义。"⑤ 君子
的良善要通过言行举止、行为取舍体现出来，善言在于具有可行性，善行
在于是否符合仁义。"故君子不入狱，为其伤恩也；不入市，为其伭廉也。
积不可不慎者也。桀、跖之徒，君子不与。"⑥ 君子不入监狱，以免使自己
的感恩之情受到不良环境的影响，不入集市，以免挫伤自己的廉洁之心，
不与桀、跖为友，以免自己被他们的恶行所同化。"日月不应非其气，君子
不容非其类也。"⑦ 君子自觉选择与自己交往的朋友及所接触的环境，避免
自己高洁的品质受到侵染。"君子见过忘罚，故能谏；见贤忘贱，故能让；
见不足忘贫，故能施。"⑧ 君子具有忠诚和仁爱的品格，见到上级的不足之

---

① 《淮南子·诠言训》。
② 《淮南子·缪称训》。
③ 《淮南子·泰族训》。
④ 《淮南子·人间训》。
⑤ 《淮南子·泰族训》。
⑥ 《淮南子·说山训》。
⑦ 《淮南子·说山训》。
⑧ 《淮南子·缪称训》。

处就忘了对上级提出批评建议可能为自己带来的处罚，故能直谏；见到贤人就忘了让贤导致自己地位的低贱，故能让贤；见到他人的贫困就忘了帮助别人导致贫穷，故能施散财物。

修身立德是一个长期的缓慢积累过程。"君子行义，不为莫知而止休。"① 君子行善事不为无人知而停止自己的善行。"君子不谓小善不足为也而舍之，小善积而为大善；不谓小不善为无伤也而为之，小不善积而为大不善。是故积羽沈舟，群轻折轴。故君子禁于微。壹快不足以成善，积快而为德；壹恨不足以成非，积恨而成怨。故三代之称，千岁之积誉也；桀、纣之谤，千岁之积毁也。"② 人在生命展开过程中，有善恶两种力量，勿以善小而不为，勿以恶小而为之，积小善而为大善，积小不善为大不善，积善成德，积恶成怨。小人为了物质利益，整天忧愁烦闷，甚至受到他人侮辱，而君子能够超越物质利益，从小善做起，修德行善，孜孜以求，日积月累，止于至善。君子经过长期积累善行而生发的圣明之德能够散发出与日月之光媲美的光辉，给予别人温暖和光明，造福子孙后代，如："君子修美，虽未有利，福将在后至。故《诗》云：'日就月将，学有缉熙于光明。'此之谓也。"③ "积薄为厚，积卑为高，故君子日孳孳以成辉，小人日怏怏以至辱。"④ "善生乎君子，诱然与日月争光，天下弗能遏夺。"⑤ 因此，人修身立德应从日常的小事做起，日积月累，逐步成就君子的理想人格。

2. 通过学习磨砺心性、精进业务、提升修养

淮南子在《修务训》中指出，弓箭靠檠矫正以后才能协调，剑靠磨石磨砺以后才能锋利，玉石靠礛诸雕刻才能成形，木靠隐括之力的作用才能合乎中绳。而人可以通过学习提升思想认识，提高专业技术，增强道德修养。"贾多端则贫，工多技则穷，心不一也。故木之大者害其条，水之大者害其深。有智而无术，虽钻之不通；有百技而无一道，虽得之弗能守。故《诗》曰：'淑人君子，其仪一也。其仪一也，心如结也。'君子其结于一

① 《淮南子·缪称训》。
② 《淮南子·缪称训》。
③ 《淮南子·修务训》。
④ 《淮南子·缪称训》。
⑤ 《淮南子·缪称训》。

乎！"① 君子能够外嗜欲，去智故，用心专一，意志坚定，行为专一而不偏斜，从而使技术达到专而精，既促进专业技术的进步发展，也为个人的生存发展提供根基。"昔者，苍颉作书，容成造历，胡曹为衣，后稷耕稼，仪狄作酒，奚仲为车，此六人者，皆有神明之道，圣智之迹，故人作一事而遗后世，非能一人而独兼有之。"② 六贤人专业技术达到神化的境界为后人所传颂，在于其长期在该领域钻研、磨砺，若用心不专，浅尝辄止，常在多个技术领域转换，就会落到"鼫鼠五技而穷"③ 的境地。"君子有能精摇摩监，砥砺其才，自试神明，览物之博，通物之壅，观始卒之端，见无外之境，所观以远以逍遥仿佯于尘埃之外，超然独立，卓然离世，此圣人之所以游心于此。"④ 君子通过精心进取不断磨砺心神，砥砺才干，博览万物，突破事物的障塞疑难，看清事物的来龙去脉，打破有形边际的限制，自由自在地遨游于尘世之外，超凡脱俗地离世独立，达到圣人的精神境界。淮南子指出，一般人如果达不到这种境界，可以通过以下方式靠近：闲居静思，鼓琴读书，追思观察古圣先贤先王之道；与贤大夫为友，研讨辩论，每天有所收获；探索人间事务，分清是非，筹划得失，以观察祸福的来由；树立起仪表尺度，作为效法的准则，穷尽道的本末，探究事物的实质，立是废非，为后人提供判断是非的标准。像这样发奋学习，不断提升自己，是一般人所能达到的。但是一些人苟且偷生，松懈怠惰，荒废时光。因此，聪明而无所事事，不如愚而好学。无论是帝王将相还是平民百姓不通过勤奋学习而能成就功业是没有的。只有通过学习人才能有光明的前途。学习是开启心智、提升技术水平、磨炼心神、增强修养、成名立业、提升境界，进而成为君子的主要途径。其指出可以学习古圣先贤之道，可以与贤人讨论讲辩学习新知识，可以向社会学习。人们可以通过学习、思考，来探究事物变化的根源以及现象背后的本质，探索做人立业的道理，为社会提供分清是非、美丑、善恶的标准，让自己生时有显名，死后有遗业。

---

① 《淮南子·诠言训》。
② 《淮南子·修务训》。
③ 《荀子·劝学》。
④ 《淮南子·修务训》。

3. 通过奋斗拼搏在实践中锤炼心性，成就功业

"名可务立，功可强成，故君子积志委正，以趣明师，励节亢高，以绝世俗。"① 名声可以通过努力树立起来，功业可以通过奋斗来完成。因此，君子应立下走正路的志气，拜访高明的老师，激励自己的气节，脱去人世间的俗气。淮南子在《修务训》中讲了两个通过奋斗成就功业的例子。鲁国的南荣畴因自己丧失圣人之道而羞耻，不顾风雪寒露，脚蹬草鞋，跋山涉水，穿过荆棘，行走一百天，脚上磨起层层老茧也不休息，到南方拜见老聃。听老聃之语，他豁然开朗，茅塞顿开，他的思想光辉照耀四海，美名流传后世，胸襟豁达可以容纳天地，眼光锐利可以明察细微的事物，称颂他名的人至今不断。南荣畴是通过奋斗立名的典型。淮南子还讲了申包胥的例子。申包胥是伍子胥的朋友。伍子胥为了报杀父之仇，逃离楚国，到吴国帮助吴王攻打楚国，申包胥赴秦求兵抗吴。吴王阖闾和楚昭王在柏举大战，一个叫大心的官员抱着为国家保安全、为人民创太平的雄心壮志，让驭手驱车冲进敌阵，被敌军剖开腹部，砍掉脑袋，壮烈殉国。申包胥认为，与其恃匹夫之勇，捐躯流血，不如屈辱自身而向其他诸侯求救。于是，申包胥就背着干粮，赤脚上路，跋山涉水，沿着幽深的山谷行走，登上陡峭的山峰，蹚过溪流，泅渡河流，撞过关卡，翻越蒙笼山，在沙滩中艰难行走，腿脚溃烂，从脚掌到膝盖，磨起层层老茧，七天七夜赶到秦国。他站在秦国朝廷上不吃不睡，不分昼夜哭泣不止，眼泪纵横，终于见到了秦哀公。他向秦哀公讲述秦国帮助楚国的原因，即吴国侵略楚国，企图吞噬中原各国的残暴计划以及楚国都城丧失、国君避祸在荒野、百姓流离四散的现状，从而说服秦哀公派兵协助楚国打败吴国，保存楚国。申包胥奋力救国的成功案例说明功业可以通过奋斗来完成。淮南子通过南荣畴和申包胥的历史故事，说明君子可以通过拜访名师，孜孜以求道、悟道，不断提升道德修养和人生境界，为后人树立道德楷模，树立美好的声望；君子也可以为了国家的安定以及人民的幸福安康树立远大的志向，踔厉奋发，坚毅前行，最终成就功业。

4. 乐天知命，坦然对待祸福

一方面，淮南子相信君子行仁义之道必然给人带来福禄，"君子致其

① 《淮南子·修务训》。

道，而福禄归焉。夫有阴德者，必有阳报；有阴行者，必有昭名"①；另一方面，淮南子认为，"求之有道，得之在命。故君子能为善，而不能必得其福；不忍为非，而未能必免其祸"②。淮南子认为，人们都期望行善得福，作恶致祸，但这只是人的主观意愿。我们可以按照仁义之道选择行善与否，以达到求福避祸的效果，但是自己行为的结果受到客观条件的制约，君子行善，不能必然得到幸福，不做恶，也未必能够免除祸患。也即个人行为给自己带来的是祸还是福不是自己能决定的。因此，君子遵循自己的选择，坦然接受自己行为的结果。"人之为，天成之。终身为善，非天不行；终身为不善，非天不亡。故善否，我也；祸福，非我也。故君子顺其在己者而已矣。"③"君子为善，不能使福必来；不为非，而不能使祸无至。福之至也，非其所求，故不伐其功；祸之来也，非其所生，故不悔其行。内修极而横祸至者，皆天也，非人也。故中心常恬漠，累积其德，狗吠而不惊，自信其情。故知道者不惑，知命者不忧。"④君子认为，福之至，不是自己努力而得来的，则不炫耀自己的功劳；祸之至，不是自己的行为导致的，则不为自己的行为后悔。个人修善积德还遭遇横祸则是天命。因此，内心常恬淡、淡漠，不断积累善行，不因外物外界的影响而改变自己守道修德之志，对个人的性情充满自信。因而，知道者不忧，知命者不惑。

总之，君子的理想人格是淮南子所塑造的以仁义之道约束人的趋利避害的行为，使人从功利境界进入道德境界的人格范型。君子具有仁爱、忠诚、专一、自律等精神品格，以及豁达乐观、淡泊名利的心态。人成为君子需要做到，一是发挥理性思维的作用，以道修身，外嗜欲，节喜怒，循理而动，合宜而行，不为物系，保持生命的正气；二是君子从日常微小的善事做起，通过点点滴滴的善行积累使生命呈现"日孳孳以成辉""与日月同光"的状态；三是君子坚持诚仁合一，内外一致，内心坚定，用心专一，一以贯之，技术专精；四是要求君子自觉选择良好的成长环境和朋友，避免自己高洁的行为受到侵蚀；五是君子需要有自强不息的奋斗精神，君子通过艰苦环境的锤炼和现实苦难的磨砺成就崇高的品德和造福社会，造福

① 《淮南子·说山训》。
② 《淮南子·缪称训》。
③ 《淮南子·缪称训》。
④ 《淮南子·诠言训》。

人民的功业；六是君子坚信善有善报，自觉约束个人的趋利避害的行为。但是，由于客观不可改变因素的影响，行善不一定带来福报，这让人从功利行善的动机中超拔出来。求之有道，得之在命，应以豁达乐观的态度对待生命展开过程中的祸福、得失、贵贱和贫富。

二 圣人的理想人格

圣人是人对君子理想人格的自我超越。人通过修炼达到君子理想人格，在此基础上，以圣人为楷模，不断提升精神修养和道德境界，积极承担为民造福、治国安邦、推动社会进步的责任。具体而言，圣人具有以下精神特质。

（一）圣人具有崇高的精神修养和道德境界

圣人能够以心治欲，以理节情。圣人是淮南子在君子人格基础上刻画的积极入世的理想人格。淮南子笔下的圣人是生命健康、内心平和、精神境界极高之人，他们能够做到内修道术，理好憎，和喜怒，损欲从性，不以欲伤生，不以利累形。如"是故圣人内修道术，而不外饰仁义，不知耳目之宣，而游于精神之和"。① 圣人内修道术，不有意修饰仁义，耳目之官清净，精神平和。"圣人心平志易，精神内守，物莫足以惑之。"② 圣人内心平静，欲求简单，精神内守，不为外物所诱。"是故圣人审动静之变，而适受与之度，理好憎之情，和喜怒之节。夫动静得，则患弗过也；受与适，则罪弗累也；好憎理，则忧弗近也；喜怒节，则怨弗犯也。"③ 圣人能够因时势的变化动静合宜，把握取与之度，管理好幽怨、仇恨之情，控制好喜怒哀乐等情绪，使人远祸患、少负累、去忧怨。"圣人胜心，众人胜欲。……故圣人损欲而从事于性。目好色，耳好声，口好味，接而说之，不知利害者，嗜欲也。食之不宁于体，听之不合于道，视之不便于性。三者交争，以义为制者，心也。……耳目鼻口，不知所取去，心为之制，各得其所。"④ 圣人能够以心治欲，使耳目鼻口等感官所取，内合于性，外合

① 《淮南子·俶真训》。
② 《淮南子·氾论训》。
③ 《淮南子·氾论训》。
④ 《淮南子·诠言训》。

于义，循理而动，不为外物所控制。"夫不以欲伤生，不以利累形者，世之圣人也。"① 圣人自觉体道、守道，不以追求嗜欲的满足而伤身，不以追求名利而累形，摆脱物欲以及外在的富贵、名利等有形物质对人的辖制，能损欲从性，以心治欲，以身役物，以理节情，内心平和，精神独立而自由，"圣人不以身役物，不以欲滑和，是故其为欢不忻忻，其为悲不惙惙。万方百变，消摇而无所定，吾独慷慨，遗物而与道同出"。② 君子是普通人向圣人跃升的必经环节。君子能够精修磨砺，自试神明，广览万物，疏通物体运动的通道，观始察终，见无外之境，形体傲然立于天地之间，精神卓然于尘世之外，达到圣人自由逍遥之境。

圣人内心通达，品德高尚。圣人一生用知使能，行事为人，以仁义之道身体力行，并为世人提供了以仁义之道判别君子和小人的标准。"知能蹢驰，百事并行，圣人一以仁义为准绳。"③ "故仁义智勇，圣人之所备有也，然而皆立一名者，言其大者也。"④ 圣人具备仁爱、忠义、智慧、勇敢的美德。淮南子在《人间训》中以对话的形式指出，颜回有仁，子贡有辩，子路有勇，而"丘能仁且忍，辩且讷，勇且怯"，从而将仁爱、智慧和勇敢有机统一起来。"昆山之玉瑱，而尘垢弗能污也。圣人无去之心，而心无丑；无取之美，而美不失。"⑤ 圣人之德就像昆仑山的美玉，纹理精细，尘垢不能污染它。圣人的心不萌丑而心灵纯洁，不刻意为美而心灵美善。"圣人无屈奇之服，无瑰异之行，服不视，行不观，言不议，通而不华，穷而不慑，荣而不显，隐而不穷，异而不见怪，容而与众同，无以名之，此之谓大通。"⑥ 圣人不以奇形异服和诡异行为引起别人的关注，通达而不浮华，穷困之时不恐惧，荣达时不炫耀，隐逸之时不困穷，超凡脱俗而不让人感到怪异，容貌外表与众人相同，谓之曰大通之人。圣人为人正直，内有做人的操守，不刻意求誉，不故意诽谤别人，身正行直，不违背正义之道而曲解事实，也不违背事实而迎合众人，"圣人不求誉，不辟诽，正身直行，众

① 《淮南子·人间训》。
② 《淮南子·原道训》。
③ 《淮南子·泰族训》。
④ 《淮南子·诠言训》。
⑤ 《淮南子·诠言训》。
⑥ 《淮南子·诠言训》。

邪自息。今释正而追曲，倍是而从众，是与俗俪走，而内无绳，故圣人反己而弗由也"。① 圣人处于狂暴而黑暗的乱世之中，虽然力量不足与乱世抗争，但一味忍耐、坚持、坚韧地活着，"圣人之处乱世，若夏暴而待暮，桑榆之间，逾易忍也"。② 在不利生存的环境中，圣人有时卑躬屈膝是为了以后大展宏图，有时忍辱负重是为了以后的发展之路更畅通，"夫圣人之屈者以求伸也，枉者以求直也"。③ 圣人节欲知足，具有淡泊名利的人生境界，如"圣人守其所以有，不求其所未得。求其所无，则所有者亡矣；修其所有，则所欲者至"。④ 圣人守着自己所拥有的东西，不刻意追求所未得的东西。如果一味追求所无的东西，则所拥有的东西也会失去。而守着所有的东西，则所求的东西自然会来到。圣人为善不为外在的名利，将自己的言行掩迹于无形之中。"故圣人掩迹于为善，而息名于为仁也。"⑤ "圣人为善，非以求名，而名从之。名不与利期，而利归之。"⑥ 圣人摆脱了名利观念对个人的限制，积小善成大善，从而给自己带来荣誉和名利。圣人还具有乐观达命的人生态度。"圣人不为可非之行，不憎人之非己也；修足誉之德，不求人之誉己也；不能使祸不至，信己之不迎也；不能使福必来，信己之不攘也。祸之至也，非其求所生，故穷而不忧；福之至也，非其求所成，故通而弗矜。知祸福之制不在于己也，故闲居而乐，无为而治。"⑦ 圣人不做令人非议的事情，但不憎恨别人对自己的非议；修足令人赞誉的德行，但不求别人的美誉；不能使祸患不至，但坚信自己不主动招祸；不能使福必来，但坚信自己不主动辞让降临的福；祸患的产生不是主动招致的，故处于穷困之地而不忧愁，福事不是主动招致而降临的，即使处于显达之时，也不狂傲。知道祸福的降临不在于自己，故能闲居而乐，无为而治。圣人行善修德摆脱了外在的道德评判和求福避祸的功利主义价值观对自己的限制，是个人自觉成圣的内在价值追求。

---

① 《淮南子·缪称训》。
② 《淮南子·主术训》。
③ 《淮南子·泰族训》。
④ 《淮南子·诠言训》。
⑤ 《淮南子·诠言训》。
⑥ 《淮南子·主术训》。
⑦ 《淮南子·诠言训》。

（二）圣人能够在积极顺应自然的基础上积极改造自然

圣人能将道家自然无为的存在方式以及儒家积极改造自然的活动有机统一起来。淮南子对老子、庄子的无为思想进行了转化和发展，强调"故圣人不以行求名，不以智见誉。法修自然，己无所与"①、"万物固以自然，圣人又何事焉"②、"是故圣人举事也，岂能拂道理之数，诡自然之性，以曲为直，以屈为伸哉"③ 和"故圣人掩明于不形，藏迹于无为"④。也即圣人在实践活动中能够顺应修道理之数，顺应自然之性，法天地自然，不过分张扬自己的聪明和技能，有功而不炫耀，灭迹于无形之中。"圣人无思虑，无设储，来者弗迎，去者弗将。人虽东西南北，独立中央，故处众枉之中，不失其直；天下皆流，独不离其坛域。故不为善，不避丑，遵天之道；不为始，不专己，循天之理；不豫谋，不弃时，与天为期；不求得，不辞福，从天之则。不求所无，不失所得，内无旁祸，外无旁福。祸福不生，安有人贼！"⑤ 圣人顺从自然，无思虑，无储备，来者不迎，去者不留。他正直而独立傲然立于天地之中，不卑躬屈膝，不随波逐流。他不刻意为善，不有意避丑，遵循天理而行；他不刻意谋划，也不错失良机，而是遵循天道。他不求得，也不求失，而是遵循天则。人无得无失，无福无祸，则不会有任何伤害。

淮南子又摒弃了老子、庄子过分强调无为而忽视了人的能动性的思想，其在《修务训》中指出，无为者并非"寂然无声，漠然不动，引之不来，推之不往"。远古时期，人民吃野草，随处饮水，采集树上的果实充饥，吃生螺蚌肉果腹，经常受到有毒食物的侵害。在这种情况下，神农就教导人们种植五谷，察看土地的干燥和潮湿、肥沃和贫瘠、高和低，判断适合种植什么作物，他品尝百草的滋味、水的甘苦，让人们知道哪些应该避开，哪些可以取用。神农氏每天要中毒七十次。……舜帝建造了房屋，筑土为墙，用茅草、芦苇盖屋顶，让人民不再穴居野处，都有房屋安家。他又去

---

① 《淮南子·诠言训》。
② 《淮南子·原道训》。
③ 《淮南子·主术训》。
④ 《淮南子·诠言训》。
⑤ 《淮南子·诠言训》。

南方征伐作乱的三苗，半路死在苍梧。夏禹淋着暴雨，冒着狂风，疏通长江、黄河，凿开龙门，劈开伊阙，修筑彭蠡堤坝，乘坐四种交通工具，奔忙在水道、平原、山陵和沼泽，顺着山势砍削树木作记号，开辟道路，制服洪水，平整土地，安定了一千八百个国家。"此五圣者，天下之盛主，劳形尽虑，为民兴利除害而不懈。"① "禹凿龙门，辟伊阙，决江濬河，东注之海，因水之流也。后稷垦草发菑，粪土树谷，使五种各得其宜，因地之势也。"② 淮南子强调圣人的无为并非"凝滞不动"，而是在因人之性、因物之性的基础上改造自然，积极发展农业生产，满足人物质生命的生存生活的需要，消除自然灾害，为人民创造安定的自然环境。

（三）圣人具有见微知著以及灵活权变的生存智慧

圣人具有研几而知化的思维和忧患意识。"此齐民之所为形植黎累忧悲而不得志也，圣人处之，不为愁悴怨怼，而不失其所以自乐也。是何也？是内有以通于天机，而不以贵贱贫富劳逸失其志德者也"③，也就是人只有外去世俗贵贱贫富的困扰、杜绝嗜欲的门户，才能使人本身的天机与自然之天机相通。圣人擅长观察各种现象，从异常自然现象的联系中把握事物变化的几微之处，"山出枭阳，水生罔象，木生毕方，井生坟羊，人怪之，闻见鲜而识物浅也。天下之怪物，圣人之所独见"④。"夫虾蟆为鹑，水蛮为蟌蛬，皆生非其类，唯圣人知其化。"⑤ 圣人还可以从事物外部、表象把握事物的内部联系，如"千岁之松，下有茯苓，上有兔丝；上有丛蓍，下有伏龟。圣人从外知内，以见知隐也"⑥。圣人能够原终察始，原本知末，观其源而知其流，见其所生则知其所归，如"圣人之设政施教也，必察其终始，必原其本末，不苟以一事备一物而已矣。见其造而思其功，观其源而知其流，故博施而不竭，弥久而不垢。夫水出于山而入于海，稼出于田而藏于仓，圣人见其所生，则知其所归矣"⑦。圣人还能从事物发展显露出来

① 《淮南子·修务训》。
② 《淮南子·修务训》。
③ 《淮南子·原道训》。
④ 《淮南子·氾论训》。
⑤ 《淮南子·齐俗训》。
⑥ 《淮南子·说山训》。
⑦ 《淮南子·泰族训》。

的隐微迹象中预测到事物变化、转化和发展的结果，如："是故处于堂上之阴，而知日月之次序；见瓶中之冰，而知天下之寒暑。夫物之所以相形者微，唯圣人达其至。"① "故《易》曰：'履霜，坚冰至。'圣人之见终始微言。"② 圣人还关注事物量变之积累所引起的质变，如"圣人处于阴，众人处于阳，圣人行于水，众人行于霜"③，"阳气起于东北，尽于西南；阴气起于西南，尽于东北。阴阳之始，皆调适相似，日长其类，以侵相远，或热焦沙；或寒凝水，故圣人谨慎其所积"④。阴阳变化是一个逐渐积累的过程，圣人从阳中阴之萌、阴中阳之萌来推知阴阳变化之极致所导致的热焦沙、寒凝水之现象，因此，圣人能以微知著。

总之，圣人原始察终、以小见大、以近知远、见本知末、见微知著，洞察事物变化的极微之处，做到化凶为吉、避祸趋福、避恶趋善、开物成务，在错综复杂的变化和各种关系的交错中引导人的生命向积极的方向健康发展。因此，圣人谨慎行事，顺时而动，严防戒备，防止祸患产生，"圣人敬小慎微，动不失时。百射重戒，祸乃不滋。计福勿及，虑祸过之"。⑤人深居以避辱，精心安处以待时机，"是故圣人深居以避辱，静安以待时。小人不知祸福之门户，妄动而缀罗网，虽曲为之备，何足以全其身！譬犹失火而凿池，被裘而用箑也。且唐有万穴，塞其一，鱼何遽无由出？室有百户，闭其一，盗何遽无从入。夫墙之坏也于隙，剑之折必有齿。圣人见之密，故万物莫能伤也"。⑥小人不知祸福转换的几微之处，轻举妄动，自投罗网，纵然周密防范，也难以避祸而保全自身。墙的倒塌是由一条小缝开始的，剑的折断是从缺损之处开始的，圣人能够看到祸患产生的根源，及早在祸患萌芽之时，阻断祸患发展的势头，避免为自己带来致命的灾难。

圣人具有辩证法的生存智慧。圣人是得道者，能够运用阴阳两个方面对立统一的规律，因时因势，或屈或伸，或动或静，或刚强或柔弱，无常仪表而终身不为所困，"是故圣人论事之局曲直，与之屈伸偃仰，无常仪

---

① 《淮南子·兵略训》。
② 《淮南子·齐俗训》。
③ 《淮南子·说林训》。
④ 《淮南子·诠言训》。
⑤ 《淮南子·人间训》。
⑥ 《淮南子·人间训》。

表，时屈时伸。卑弱柔如蒲苇，非摄夺也；刚强猛毅，志厉青云，非本矜也，以乘时应变也"。① 淮南子在《人间训》中以人与孔子的对话指出，颜回有仁，子贡有辩，子路有勇，而"丘能仁且忍，辩且讷，勇且怯"，也即孔子的三个弟子拥有的只是仁、辩、勇一个方面，而孔子把握仁而忍、辩而若讷、勇而不敢，从而为自己的生存发展带来广阔的空间。"是故圣人者，能阴能阳，能弱能强，随时而动静，因资而立功，物动而知其反，事萌而察其变，化则为之象，运则为之应，是以终身而无所困。"② 人在生命展开的过程中存在理想与现实、主体与客体、个人与社会的冲突，因此人必须运用辩证法的生存智慧因时间、空间、条件的变化灵活解决生存生活中的矛盾冲突。淮南子引用孔子的话指出，人不仅要求道，以道立身，而且还要知权变。唯有圣人能够察知事物现象变化的几微，将行道、弘道的坚定性和行事方法的灵活性有机结合起来，在曲折中达到目的，"故孔子曰：'可以共学矣，而未可以适道也；可与适道，未可以立也；可以立，未可与权。'权者，圣人之所独见也。故忤而后合者，谓之知权；合而后舛者，谓之不知权；不知权者，善反丑矣。故礼者，实之华而伪之文也，方于卒迫穷遽之中也，则无所用矣。是故圣人以文交于世，而以实从事于宜，不结于一迹之途，凝滞而不化"。③ 圣人还能够以礼仪与世人展开交往活动，根据实际情况让礼节恰到好处，而非凝滞不化。"故苌弘知天道而不知人事，苏秦知权谋而不知祸福，徐偃王知仁义而不知时，大夫种知忠而不知谋。圣人则不然，论世而为之事，权事而为之谋，是以舒之天下而不窕，内之寻常而不塞。"④ 淮南子指出苌弘懂得天象规律而不懂得人与人之间的复杂关系，苏秦善于玩弄权术谋略而不懂得祸福的根由，徐偃王只知道行仁义而不懂得办事要看大势，大夫文种只讲忠君报国而不会替自己谋退路。圣人辩证、全面地看待事物，运用研几而知化的思维和辩证思维，权衡利弊，分析利害，无论何种境遇都能够自由、机智地生存。"得道之士，外化而内不化，外化所以入人也，内化所以全其身也。故内有一定之操，而外能诎伸、赢缩、卷舒，与物推移，故万举而不陷。所以贵圣人者，以其能

---

① 《淮南子·氾论训》。
② 《淮南子·氾论训》。
③ 《淮南子·氾论训》。
④ 《淮南子·氾论训》。

龙变也。"① 圣人能够外化而内不化，外化是为了人在不同的社会环境和社会团体中面对不同的人采用不同的生命存在方式，展开社会化的生命交往活动，而内不化则是为了在保持一定的节操之下实现全身。"故圣人之举事也，进退不失时。"② 圣人能够根据社会发展的需要行事，根据事情的实际和趋福避祸而谋划，在坚持仁义、忠孝等道德规范的前提下因时因势而赢缩、卷舒，机智灵活地处理个人所面临的矛盾和问题，为物质生命的存在与发展创造更多的机遇和空间。

（四）圣人具有止于至善的奋斗精神

圣人具有不安于现状、自强不息的奋斗精神。"名可强立，功可强成"③，名声可以通过奋斗树起来，功业可以通过奋斗来完成。"夫七尺之形，心知忧愁劳苦，肤知疾痛寒暑，人情一也。圣人知时之难得，务可趣也，苦身劳形，焦心怖肝，不避烦难，不违危殆。盖闻子发之战，进如激矢，合如雷电，解如风雨，员之中规，方之中矩，破敌陷阵，莫能壅御，泽战必克，攻城必下。彼非轻身而乐死，务在于前，遗利于后，故名立而不堕。此自强而成功者也。是故田者不强，困仓不盈；官御不厉，心意不精；将相不强，功烈不成；侯王懈惰，后世无名。《诗》云：'我马唯骐，六辔如丝。载驰载驱，周爰谘谋。'以言人之有所务也。"一般人内心都知道忧虑愁烦劳苦，皮肤知道疾病和寒暑冷暖之气侵蚀所带来的痛苦。而圣人知道人一生的时间有限，时机难得而易失，人应有崇高的志向和目标。因此，圣人费尽心思，苦身劳形，焦心怖肝，不避烦难，不避危殆，为自己心中的理想而奋斗。淮南子以名将子发为例阐述圣人通过奋斗而实现理想的故事。楚国名将子发率兵作战，在战场上，"进如激矢，合如雷电，解如风雨，员之中规，方之中矩，破敌陷阵，莫能壅御，泽战必克，攻城必下"。子发英勇善战，能够战无不胜，就在于他将自己的生死利害置之度外，因而树立了威名，这是因自强不息而成功的人。因此，种田不强，谷仓便装不满；官府的驭手不反复磨炼，专一思想，就难以掌握"驾轻就熟、

① 《淮南子·人间训》。
② 《淮南子·缪称训》。
③ 《淮南子·修务训》。

游刃有余"的驾驭本领；将相如果不发奋图强，功业便不能成就；侯王如果懈怠，死后就难以有显名。因此，人应有追求的理想和目标，并为之矢志不渝地进行奋斗，以成就人生的功业。但是，圣人功成名就的追求不是个人功利主义的价值追求，而是将国家和人民的利益放在首位，将仁义之道贯穿生命的奋斗过程，以生命来彰显生命至善的价值追求。

淮南子指出，圣人追求生命达到至善的状态。"知能踦驰，百事并行，圣人一以仁义为准绳。"① 圣人一生用知使能，行事为人，坚守仁义，身体力行，一以贯之。"圣人为善若恐不及，备祸若恐不免。文王闻善如不及，宿不善如不祥。非为日不足也，其忧寻推之也。故《诗》曰：'周虽旧邦，其命维新。'"② 圣人能够明确分辨善与恶，闻善唯恐达不到，宿不善一夜唯恐给自己带来灾祸。圣人的忧患意识推动其不断积累善行，远离恶行，使自己的生命日益至善。"圣人之行义也，其忧寻出乎中也，于己何以利？……何圣人之寡也。独专之意乐哉！忽乎日滔滔以自新，忘老之及己也。始乎叔季，归乎伯孟，必此积也。"③ 圣人行善不是为了外在的利益，而是发自内心忧患意识以及自觉成人的内在追求，日积月累行善，逐步成圣。圣人能够深刻认识到时间的有限性，"故圣人不贵尺之璧，而重寸之阴，时难得而易失也"。④ 圣人孜孜以求、矢志不渝、心甘情愿地行善事、做好事，使生命处于日滔滔而自新的生生不息的过程中，"圣人无止，无以岁贤昔，日愈昨也"⑤。坚持不懈、终身为善又有几人能做到呢？"不身遁，斯亦不遁人。故若行独梁，不为无人不就其容"。⑥ 圣人为人坦坦荡荡，光明磊落，不自欺，不欺人，谨言慎行，达到内与外、知与行的有机统一。

（五）圣人具有治世为民的理想情怀

淮南子认为，圣人不仅仅是修身养性、积善成德的道德楷模，还有治国平天下的理想情结。圣人能够以自然无为之道治国。"夫圣人之斫削物

① 《淮南子·泰族训》。
② 《淮南子·缪称训》。
③ 《淮南子·缪称训》。
④ 《淮南子·原道训》。
⑤ 《淮南子·说山训》。
⑥ 《淮南子·缪称训》。

也，剖之判之，离之散之；已淫已失，复摝以一；既出其根，复归其门；已雕已琢，还反于朴。合而为道德，离而为仪表；其转入玄冥，其散应无形。礼仪节行，又何以穷至治之本哉？世之明事者，多离道德之本，曰：'礼义足以治天下。'此未可与言术也。"①圣人能够对有形的世界进行剖判、离散之后又自觉以道统之，在向前运动的过程中又自觉复归万物之根，对混沌一体的世界进行雕琢之后又自觉复归于朴。合而为道德，离而为仪表。人死后转入玄冥之中，变为无形的物质返归于无形之中。以礼仪治国难以抓住治政的根本。但是，淮南子并没有反对礼乐的作用。"民有好色之性，故有大婚之礼；有饮食之性，故有大飨之谊；有喜乐之性，故有钟鼓管弦之音；有悲哀之性，故有衰绖哭踊之节。故先王之制法也，因民之所好而为之节文者也。因其好色而制婚姻之礼，故男女有别；因其喜音而正《雅》、《颂》之声，故风俗不流；因其宁家室、乐妻子，教之以顺，故父子有亲；因其喜朋友而教之以悌，故长幼有序。然后修朝聘以明贵贱，飨饮习射以明长幼，时搜振旅以习用兵也，入学庠序以修人伦。此皆人之所有于性，而圣人之所匠成也。"②圣人因人有好色之欲而制婚姻之礼，使得男女有别；有喜乐之性而正《雅》《颂》，使得风俗不下流；因具有使家庭和睦、夫妻和谐的需要，教之以人伦之道而夫妇有爱、父子有亲、长幼有序；因喜朋友而教之以诚信之道而朋友有信；修朝聘之制而使人明贵贱；因有社会安定之需要而使人练习射箭及用兵之道。这些都是圣人因人之欲、因人之性而进行的社会教育和管理活动，这些活动可以约束人的自然欲望，调节人的喜怒哀乐之情，培养人仁爱的情感，提升人的道德境界，使人从自然的物质生命转化为社会道德生命，也为社会创造和谐有序、公平公正的社会环境，推动社会发展进步。"故圣人制礼乐，而不制于礼乐。夫绳之为度也，可卷而伸也，引而伸之，可直而晞，故圣人以身体之。"③圣人制定了礼乐制度，为人的行为提供可依循的法度，但礼仪制度并非固定不变的，圣人根据不同的形势和情况而灵活地使用。礼仪制度为人的行为提供了应该遵循的道德规范，但是社会资源的有限性以及人的趋利避害本能因

---

① 《淮南子·齐俗训》。
② 《淮南子·泰族训》。
③ 《淮南子·氾论训》。

素的影响加剧了人与人之间的纷争，圣人特制定礼乐制度。礼乐制度只能引导人向善，但不能禁止人为非，因此，圣人重视法制的作用，"故圣人论世而立法，随时而举事。尚古之王，封于泰山，禅于梁父。七十余圣，法度不同，非务相反也，时事异也"。① "故圣人事穷而更为，法弊而改制，非乐变古易常也，将以救败扶衰，黜淫济非，以调天地之气，顺万物之宜也。"② 为了挽救破败，振兴衰落，除掉淫乱，纠正错误，保证社会秩序的稳定，促进人与自然的和谐，圣人还根据社会发展的需要制定法律典章制度，根据世势发展的需要而改变法制，依据法律随时举事，来调整阴阳二气，使万物在适宜的生存环境中，顺利发展。

圣人还具有兼容并蓄的天下胸怀。道是万物本原，也是纷繁多样的世界统一的基础。人类诞生之后，人的趋利避害本能和人的意识的能动性相结合，加剧了人与人之间的纷争以及社会的混乱无序。因此，体道的圣人以道作为人生的根基、行事的根据，如"故圣人所由曰道，所为曰事。道犹金石，一调不更；事犹琴瑟，每弦改调"③，圣人以不变之道为指导，随着事情的变化，而采取不同的方法。"圣人天覆地载，日月照，阴阳调，四时化，万物不同，无故无新，无疏无亲，故能法天。天不一时，地不一利，人不一事，是以绪业不得不多端，趋行不得不殊方。五行异气而皆适调，六艺异科而皆同道。……六者（六艺），圣人兼用而财制之。失本则乱，得本则治。其美在调，其失在权。水火金木土谷，异物而皆任；规矩权衡准绳，异形而皆施；丹青胶漆，不同而皆用，各有所适，物各有宜。"④ 淮南子认为圣人如同上天覆盖，大地承载，如同日月照耀，四时调和，对于千差万别的事物，不分新旧、亲疏，效法天道，一视同仁。事业多端，趋行多方，五行异气，六艺异科，但可以在天道之大德的基础上统一起来，相互协调而各自发挥作用。金木水火土木谷性质不同但都能加以利用，丹青胶漆性质不同各有自己的用途，各种物质都有各自的用途。"故勇者可令进斗，而不可令持牢；重者可令填固，而不可令凌敌；贪者可令进取，而不可令守职；廉者可令守分，而不可令进取；信者可令持约，而不可令应变。

---

① 《淮南子·齐俗训》。
② 《淮南子·泰族训》。
③ 《淮南子·氾论训》。
④ 《淮南子·泰族训》。

五者相反，圣人兼用而财使之。"① "伊尹之兴土功也，修胫者使之跖镬，强脊者使之负土，眇者使之准，伛者使之涂，各有所宜，而人性齐矣。胡人便于马，越人便于舟，异形殊类，易事而悖，失处而贱，得势而贵。圣人总而用之，其数一也。"② "毋小大修短，各得其宜，则天下一齐，无以相过也。圣人兼而用之，故无弃才。"③ "兼覆盖而并有之，度伎能而裁使之者，圣人也。"④ 淮南子认为，不同地方的人具有不同的特点，不同的人具有各自的优点、缺点以及不同的专业技能，圣人能够因人之性，用其所长，避其所短，总而用之。"夫天地不包一物，阴阳不生一类。海不让水潦以成其大，山不让土石以成其高。夫守一隅而遗万方，取一物而弃其余，则所得者鲜，而所治者浅矣。"天地能够包容万物，阴阳二气能够化生万物。海不推辞小而能成就它的浩大，山不拒绝土石而能成就它的崇高。圣人具有包容差异、容纳多样、兼容并蓄的广阔胸怀，使物尽其性，人尽其用，物无弃物，人无弃人，创造一个各美其美、美美与共、和谐共生的世界。

淮南子还认为，圣人具有深厚的民本情怀。圣人日夜不忘为人民谋利，其恩泽遍及范围之广，效果之深，非他人所能及。"夫圣人之心，日夜不忘于欲利人，其泽之所及者，效亦大矣。"⑤ 为了为人民造福除害，圣人不以自己地位低而耻辱，而以不能行道而惭愧，不以自己的寿命短为忧愁，而担心百姓疾苦。河水泛滥，禹脱鞋解衣跳进阳盱之河治理洪水，商时，天气干旱，汤王到桑山之林为百姓祈祷。即 "且夫圣人者，不耻身之贱，而愧道之不行；不忧命之短，而忧百姓之穷。是故禹之为水，以身解于阳盱之河。汤旱，以身祷于桑山之林。圣人忧民，如此其明也，而称以'无为'，岂不悖哉!"⑥ 从夏禹和商汤的故事可以看出圣人因百姓之忧而忧的深厚民本情怀。"故当舜之时，有苗不服，于是舜修政偃兵，执干戚而舞之。禹之时，天下大雨，禹令民聚土积薪，择丘陵而处之。武王伐纣，载尸而行，海内未定，故不为三年之丧始。禹遭洪水之患，陂塘之事，故朝死而

---

① 《淮南子·泰族训》。
② 《淮南子·齐俗训》。
③ 《淮南子·主术训》。
④ 《淮南子·缪称训》。
⑤ 《淮南子·修务训》。
⑥ 《淮南子·修务训》。

暮葬。此皆圣人之所以应时耦变，见形而施宜者也。"① 圣人根据社会发展和时代的需要，应时而改变，根据不同的情形而采取不同的消除自然灾害、为民除暴、抗击侵略的行动，为人民创造安居乐业的自然环境和社会环境。"是故圣人不高山，不广河，蒙耻辱以干世主，非以贪禄慕位，欲事起天下利而除万民之害。盖闻传书曰：'神农憔悴，尧瘦臞，舜霉黑，禹胼胝。'由此观之，则圣人之忧劳百姓甚矣。故自天子以下至于庶人，四肢不动，思虑不用，事治求澹者，未之闻也。"② 圣人不顾山高，不怕水宽，甘愿蒙受耻辱来求得当世君王信用，不是为了贪禄慕位，而是一心想要为民兴利除害。"圣人之养民，非求用也，性不能已。若火之自热，冰之自寒。"③ 圣人对人民的爱护不是出于用民，而是发自内心的仁爱情感和责任使命的推动。这样的圣人超越了道家的真人理想人格的局限，而在社会发展过程中积极承担起造福百姓、推动社会发展的责任。

圣人以德治政，为人们创造了和谐安定的治世局面。"圣人节五行则治不荒。古者圣人在上，政教平，仁爱洽，上下同心，君臣辑睦，衣食有余，家给人足，父慈子孝，兄良弟顺，生者不怨，死者不恨，天下和洽，人得其愿。"④ 圣人能够以道治心，以心治身，节制欲望，实现百姓生活富足、上下同心、君臣和睦、父慈子孝、兄良弟顺，从而创造和谐安定的治世局面。"故大人者，与天地合德，日月合明，鬼神合灵，与四时合信。故圣人怀天气，抱天心，执中含和，不下庙堂而衍四海，变习易俗，民化而迁善，若性诸己，能以神化也。"伟大的人物有天地一样的德性，他们和日月一样光明，和鬼神一样灵验，和四季一样信实。圣人具有天一样的气概和胸怀，执掌中和之气，不下庙堂就能恩泽四海，移风易俗，感化百姓自觉向善，却让他们以为变化来自自身，这是圣人以崇高的精神感化百姓。"圣人者怀天心，声然能动化天下者也。故精诚感于内，形气动于天，则景星见，黄龙下，祥凤至，醴泉出，嘉谷生，河不满溢，海不溶波。"⑤ 圣人顺应天意，内心至真至诚的感情能够感动上天，世界就会出现吉祥的自然美景，神龙

---

① 《淮南子·齐俗训》。
② 《淮南子·修务训》。
③ 《淮南子·缪称训》。
④ 《淮南子·本经训》。
⑤ 《淮南子·泰族训》。

降临，凤凰飞来，甘泉涌流，美谷生长，河水滚滚流淌，大海风平浪静。

（六）圣人贵虚、执后、守柔、谨小慎微的生存方式

淮南子的圣人观片面扩大了贵虚、执后、守柔的特征，带有明哲保身的性格特征。圣人通过学习不断提升自己的人生境界，返归素朴、虚静之性，打破有形万物对人的限制，徜徉于虚无、无形之境，"是故圣人之学也，欲以返性于初，而游心于虚也"。①但是，这种守虚贵无的特性，抑制了人的能动性。"圣人不为名尸，不为谋府，不为事任，不为智主。藏无形，行无迹，游无朕，不为福先，不为祸始，保于虚无，动于不得已。"②圣人能够去名、去智、去谋，藏于无形之处，行动不留踪迹，游于没有边界之地，不刻意求福，也不为祸患，在虚无无形无迹中保全自身，不得已而动。在日常生活中，即使微不足道的事情，也能够做到谨慎小心，动不失时，不乞求有福，但总是能够小心避祸。"圣人敬小慎微，动不失时。百射重戒，祸乃不滋。计福勿及，虑祸过之。"③圣人还能够深居简出，避免受侮辱，在安静中以察时变，"患祸之所由来者，万端无方。是故圣人深居以避辱，静安以待时"。④"夫墙之坏也于隙，剑之折必有齿。圣人见之密，故万物莫能伤也。"⑤圣人具有强烈的忧患意识，能够在平时消除产生祸患的因素，避免祸患的发生，从而全生，如："圣人者，常治无患之患，故无患也。"⑥圣人行事不做事件的先行者、倡导者，事来而制，物至而应，如："圣人不先风吹，不先雷毁，不得已而动，故无累。"⑦"圣人内藏，不为物先倡，事来而制，物至而应。"⑧"圣人常后而不先，常应而不唱。"⑨"故圣人不为物先，而常制之其类，若积薪樵，后者在上。"⑩"是故圣人守清道而抱雌节，因循应变，常后而不先，柔弱以静，舒安以定，攻大靡坚，莫能

---

① 《淮南子·俶真训》。
② 《淮南子·诠言训》。
③ 《淮南子·人间训》。
④ 《淮南子·人间训》。
⑤ 《淮南子·人间训》。
⑥ 《淮南子·说山训》。
⑦ 《淮南子·说山训》。
⑧ 《淮南子·诠言训》。
⑨ 《淮南子·诠言训》。
⑩ 《淮南子·缪称训》。

与之争。"① 在政治措施由分封到集权、思想文化由多样到统一的历史背景下，淮南子刻画的圣人将抱清道守雌节、常后而不先、守柔守静、动不失时、谨小慎微作为一种生存谋术和策略，以达到心无累、身无祸、不争而莫能与之争的境界。这些思想是汉初黄老道家的圣人特征的反映，也是淮南子作为诸侯王的身份的无奈之举。这使其圣人理想人格所彰显的自由、独立、奉献的精神受到一定影响。

总之，圣人的理想人格是儒道思想有机融合的产物。淮南子吸收了儒家、道家思想的治身思想的精华，刻画的圣人能够以道治身，以心治欲，损欲从性，以理节情，以情胜欲，在心之理性的引导下达到性、情、欲的有机和谐，从而实现修身、齐家、治国、平天下的目标。在人格方面，一方面其继承了儒家仁义思想，圣人毕生行道，一以贯之，是仁、义、智、勇四德的集合体，能够做到通而不华，穷而不慑，荣而不显，隐而不穷，异而不见怪，容而与众同。另一方面其又继承了道家自然的思想，圣人法修自然，不饰仁义，不以智求誉、求名，灭迹于自然之中。在行为方式方面，淮南子继承了道家无为的思想，但摒弃了道家无为的消极被动方面，吸收了儒家积极入世的思想，将无为改造成为民兴利除害、除暴安良而因自然之性、修道理之数而奋发有为。在生存智慧方面，淮南子继承了道家之道中守柔、守弱、守不敢、守后、守雌的内敛、含蓄的生存智慧，避免因人的主体性过分张扬而引起的祸患以及生命发展态势的衰落。淮南子还继承了儒家的权变思想，要求人在坚持仁义之道的前提下，因时因势而屈伸、进退、动静、出入，外化而内不化，终身而不为外在的境域所困。同时，要求人能够见小节而知大体、见微知著、见本知末、避祸趋福、去恶行善，引导生命处于健康、上升的状态。在社会理想方面，圣人具有深厚的治世为民的情怀。一方面，淮南子继承了道家无为而治的思想，圣人以自然无为之道治国，将节欲、省事、节用、足民有机联系起来，实现社会的和谐稳定，人民的幸福安康；另一方面，淮南子继承了儒家的思想，圣人能够兴利除害，除暴安良，人无弃人，物而弃物，以德理政，礼法并用，以德化民，实现人与自然、人与社会和谐共生的治世局面。淮南子刻画的圣人理想人格是具体、现实条件下的人，是具有崇高的道德修养和精神境界

① 《淮南子·原道训》。

的人，也是积极改造现实、承担社会责任的人。这为普通人立足现实从小人到君子再到圣人的阶梯式自我成长和超越提供了精神标杆。

三　英雄人物的理想人格

《淮南子》一书记载了很多与威胁人类生命存在的恶劣自然条件抗争的神话故事，体现了其对英雄人物的崇敬。

（一）夏禹治水

禹是治水英雄的代表，他在继承父亲鲧的治水事业，并接受其失败教训的基础上，开始治理天下洪水。《山海经·海内经》记载："洪水滔天，鲧窃帝之息壤以堙洪水，不待帝命。帝令祝融杀鲧于羽郊。鲧复生禹，帝乃命禹卒布土以定九州岛。禹娶涂山氏女，不以私害公，自辛至甲四日，复往治水。禹治洪水，通轩辕山，化为熊。谓涂山氏曰：'欲饷，闻鼓声乃来。'禹跳石，误中鼓，涂山氏往，见禹方坐熊，惭而去。至嵩高山下，化为石，方生启。禹曰：'归我子！石破北方而启生。'"① 面对洪水滔天这一自然灾难，鲧窃息壤用堵的方式试图抵抗洪水，但却以失败而告终，并付出了生命的代价。禹从父亲鲧的失败中吸取教训，带领民众采用疏导的方式来治理洪水，最终取得了与洪水斗争的胜利，使人们能够安定生活。淮南子继承了《山海经》里夏禹治水的故事，淡化了其中的迷信因素，科学记载夏禹治水的方法和功绩。《本经训》讲述了禹治水的起因、过程和效果。"舜之时，共工振滔洪水，以薄空桑。龙门未开，吕梁未发，江淮通流，四海溟涬，民皆上丘陵，赴树木。舜乃使禹疏三江五湖，辟伊阙，导瀍涧，平通沟陆，流注东海。鸿水漏，九州干，万民皆宁其性。"② 舜帝的时代，共工兴起洪水，大水逼近空桑，这时龙门尚未凿开，吕梁还没挖通，长江、淮河合流泛滥，天下一片汪洋，百姓都逃往山上，爬上大树。舜乃派禹疏三江五湖，辟伊阙，疏通瀍水和涧水，平通沟陆，整治疏导大小沟渠，注入东海。洪水排泄了，九州大地获得平静，百姓各安其性。

《淮南子》还重点讲述了禹治水的两种方法，一种是堵，一种是疏。关

---

① 《山海经·海内经》。
② 《淮南子·本经训》。

于禹用堵的方法治水记载于《地形训》中，"禹乃以息土填洪水，以为名山"。关于疏的方法，《原道训》中载："是故禹之决渎也，因水以为师。"《地形训》有："河水出昆仑东北陬，贯渤海，入禹所导积石山。"《主术训》记载："禹决江疏河，以为天下兴利，而不能使水西流。"其中最直接的便是《氾论训》中的"决河濬江者，禹也"，以及"故禹决江河，因水也"。再如《人间训》谓："古者，沟防不修，水为民害，禹凿龙门，辟伊阙，平治水土，使民得陆处。"同样的说法在《修务训》中也有载："禹沐浴淫雨，栉扶风，决江疏河，凿龙门，辟伊阙，修彭蠡之防，乘四载，随山刊木，平治水土，定千八百国。"以及《泰族训》中："禹凿龙门，辟伊阙，决江濬河，东注之海，因水之流也。"

从上面的记载可以看出，禹治理洪水成功的原因主要是他采取了两个措施，并将两种方法结合起来，将湮塞筑堤和疏通导流并用。禹治水成功在于，在洪水泛滥之际，他能够考察水路，结合山水的实际状况，顺应水流动的规律，该堵时，"以息土填洪水""修彭蠡之防""聚土积薪"，该疏时，"疏三江五湖，辟伊阙，导瀍涧，平通沟陆，流注东海"。开山导河，挖渠排水，填水造田，划分九州界域，安定人民。正因为禹建立了不朽的历史功绩，所以他成为百姓崇敬的英雄人物，"禹劳天下，而死为社"[1]，后又有"禹葬会稽之山，农不易其亩"[2]，可见禹这位治水英雄在人民心中的地位。

（二）后羿射日

《山海经》没有直接描述后羿射日，但有若干处涉及太阳及羿的记载：

《山海经·大荒西经》："东南海之外，甘水之间，有羲和之国。有女子名曰羲和，方浴日于甘渊。羲和者，帝俊之妻，生十日。"

《山海经·海外东经》："汤谷上有扶桑，十日所浴，在黑齿北，居水中。有大木，九日居下枝，一日居上枝。"

《山海经·海内经》："少皞生般，般是始为弓矢。帝俊赐羿彤弓素矰，以扶下国，羿是始去恤下地之百艰。"

---

① 《淮南子·氾论训》。
② 《淮南子·齐俗训》。

《山海经·海外南经》："羿与凿齿战于寿华之野，羿射杀之。"

从上面的记载可以看到，远古时期，羲和为帝俊之妻，天空中有十个太阳。天气十分炎热，帝俊赐羿彤弓素矰，到民间体察百姓疾苦。并且，"羿与凿齿战于寿华之野，羿射杀之"。说明后羿是一个善射之人。《淮南子》一书中描写后羿善射的有多处，对羿的描写很多，首先，描写羿善射，"羿左臂修而善射"。①《氾论训》云："百发之中必有羿、逢蒙之巧。""羿之所以射远中微者，非弓矢也。"这些说明，后羿左臂长而善射，射击技术不是依赖弓箭而是靠自身的实力。其次，写羿射日除害，在《本经训》中载："逮至尧之时，十日并出，焦禾稼，杀草木，而民无所食。猰貐、凿齿、九婴、大风、封豨、修蛇皆为民害。尧乃使羿诛凿齿于畴华之野，杀九婴于凶水之上，缴大风于青丘之泽，上射十日而下杀猰貐，断修蛇于洞庭，禽封豨于桑林，万民皆喜，置尧以为天子。于是天下广陕险易远近始有道里。"② 在这里，可以看到尧时，十日并出，天气炎热，草木庄稼难以生长，民无所食。并且猰貐、凿齿、九婴、大风、封豨、修蛇等凶兽出没，严重影响百姓的生产生活，于是尧命羿上射十日，下除凶兽，为百姓创造了安定、和谐的生产生活环境。"羿除天下之害，死而为宗布。"③ 羿作为民除灾害的神而受到人民的敬仰。

（三）女娲补天

最早提到女娲的是《山海经·大荒西经》："有神十人，名曰女娲之肠，化为神，处粟广之野，横道而处。"名为女娲之肠的神人是由女娲的肠子变来的。《楚辞·天问》记载："女娲有体，谁制匠之？"女娲作为万物之母，如果其有形体，其形体又是谁制造的？《淮南子》一书摒弃了女娲的神秘性，重在歌颂女娲的至德以及与自然做斗争的英雄事迹。如："伏戏、女娲不设法度，而以至德遗于后世。"④ 女娲时代以德治理天下。"昔者共工与颛顼争为帝，怒而触不周之山，天柱折，地维绝。天倾西北，故日月星辰移

---

① 《淮南子·修务训》。
② 《淮南子·本经训》。
③ 《淮南子·氾论训》。
④ 《淮南子·览冥训》。

焉；地不满东南，故水潦尘埃归焉。"① 共工与颛顼为争夺帝王之位，怒而触不周之山，导致支撑天的柱子折断，维系地的绳子断开。"往古之时，四极废，九州裂，天不兼覆，地不周载；火爁炎而不灭，水浩洋而不息；猛兽食颛民，鸷鸟攫老弱。于是女娲炼五色石以补苍天，断鳌足以立四极，杀黑龙以济冀州，积芦灰以止淫水。苍天补，四极正；淫水涸，冀州平；狡虫死，颛民生；背方州，抱圆天；和春阳夏，杀秋约冬，枕方寝绳；阴阳之所壅沈不通者，窍理之，逆气戾物伤民厚积者，绝止之。"② 支撑天的柱子坍塌，大地开裂，天不能普遍覆盖万物，地不能全面容载万物，火势蔓延而不灭，水势浩大而不息，凶猛的野兽出没，严重影响人民的生活，于是女娲炼彩石以补苍天，斩鳌足以立四极，杀死黑龙来拯救中国，用芦荟来堵塞洪水。天空被修补，天地四方的柱子重新竖立了起来，洪水退去，大地恢复了平静，凶猛的害虫死了，百姓恢复了正常的生活。女娲补天的故事有神话的成分，反映了远古人类在自然灾害面前期盼有一个超自然水平、能够帮助人民战胜自然灾害的神人，来弥补现实中人战胜自然能力的不足。后人对女娲的敬拜也体现了中华民族对具有奉献精神、斗争精神的英雄的敬仰。

（四）神农尝百草

神农氏是传说中的炎帝，是三皇五帝之一。他是农业之神，教民耕种。还是医药之神，尝百草而创立医学。《易·系辞下》："包牺氏没，神农氏作，斫木为耜，揉木为耒，耒耨之利，以教天下。"神农氏发明了农具教人民种植农作物。《淮南子》记载："神农之播谷也，因苗以为教。"③ 神农教人种植谷物时，对不同的苗采用不同的方法。"于是神农乃始教民播种五谷，相土地宜，燥湿肥烧高下，尝百草之滋味，水泉之甘苦，令民知所辟就。当此之时，一日而遇七十毒。"④ 神农除了根据土地的燥湿、肥烧、高下教民播种五谷，还到各个地方尝百草之滋味、水泉的甘苦，让人们知道哪些可用，哪些不可用。在这个过程中神农遭受了种种折磨，一日中毒七

---

① 《淮南子·天文训》。
② 《淮南子·览冥训》。
③ 《淮南子·原道训》。
④ 《淮南子·修务训》。

十多次。神农被称为农业之神和医药之祖而受到人民的尊重。

《淮南子》一书中还记载了后稷作稼穑、苍颉作书、伯益作井、神农作琴、禹治五音、舜筑墙茨屋等故事，这些人因为人类社会物质文明和精神文明做出贡献而受到人们的尊重。

《淮南子》一书记载的英雄人物，都是"胆识过人、聪明智慧、无私忘我、不辞艰险、不怕困难、不顾自己、为国家和人民利益而英勇奋斗之士"。习近平总书记指出，英雄是引领国家精神和民族精神的灯塔，也是国家精神和民族精神的最佳载体；英雄是激发民族精神力量的富矿，社会的价值取向是建筑在英雄崇拜基础上的。因此，一个民族应形成学习英雄、崇敬英雄的社会氛围，引导人民以英雄人物为楷模，以民族复兴、人民幸福为己任，不断超越个人功利主义小我的制约和限制，继承英雄人物身上的宝贵精神，不断提升人的道德境界。《淮南子》一书传承和记载的英雄故事体现了人们征服自然、战胜自然、利用自然而维持人类生命存在发展的强烈意志，英雄战胜灾难的抗争精神、无私为民的奉献精神、因循自然的科学精神成为激发中华民族发展壮大的强大精神动力。弘扬和传承英雄人物的宝贵精神可以使民众以英雄人物为精神标杆和楷模，激发民众自我生长、自我发展的生生不息的生命意志，增强人的精神力量，提升人的精神境界，促进人的生命不断生长、发展和完善。

第二节　出世的理想人格

淮南子是汉初黄老道家思想的代表人物。道家逍遥出世的思想特质以及至人、真人的理想人格深深影响着淮南子的处世方式。

一　至人的理想人格

至人是淮南子设想的一种自然主义的理想人格，其要求人从社会现实返回人自身，通过自觉的养生修身，达到长生不老的自由仙境。

"尧不以有天下为贵，故授舜。公子札不以有国为尊，故让位。子罕不以玉为富，故不受宝。务光不以生害义，故自投于渊。由此观之，至贵不待爵，至富不待财。天下至大矣，而以与佗人；身至亲矣，而弃之渊；外此，其余无足利矣。此之谓无累之人。无累之人，不以天下为贵矣！上观至人之论，深原道德之意，以下考世俗之行，乃足羞也。"① 淮南子认为，至人是摆脱世俗财富、权力、名誉、权位对个人的束缚，摆脱贪生的执念，不以利伤生，不以利损义，是内心没有束缚、负累，能从现实中超拔出来的人。"夫至人倚不拔之柱，行不关之途，禀不竭之府，学不死之师。无往而不遂，无至而不通。生不足以挂志，死不足以幽神，屈伸俯仰，抱命而婉转。祸福利害，千变万纶，孰足以患心！若此人者，抱素守精，蝉蜕蛇解，游于太清，轻举独往，忽然入冥。凤凰不能与之俪，而况斥鷃乎！势位爵禄，何足以概志也！"② 至人在有形的世界中，停时有不拔之柱可依靠，行动没有什么可阻挡，内心灵府有源源不断的生长力，不断学习长寿的秘诀，往而则达，至而则通。生不足以使其忧虑，死不足以伤神，祸福利害不足以使自己担忧，势位爵禄难以概括自己的心意，抱素守精，轻举独往，抱命而婉转，畅游于太清与无形之中。这样的至人能够超越势位爵禄的诱惑和生死之惑，屈伸俯仰，精神徜徉于虚无无形的大自然中，是精神独立而自由之人。"若夫至人，量腹而食，度形而衣，容身而游，适情而行，余天下而不贪，委万物而不利，处大廓之宇，游无极之野，登太皇，冯太一，玩天地于掌握之中。夫岂为贫富肥癯哉！"③ 至人"量腹而食，度形而衣，容身而游，适情而行"，欲望简单，生活简朴，"余天下而不贪，委万物而不利"，不盲目追求超越个人基本需求和能力的富贵、名利，能够摆脱外物的束缚，徜徉于物之始终，遨游于无边无际的广袤宇宙，具有道所具有的神明之功，"登太皇，冯太一，玩天地于掌握之中"，达到神妙自由的仙境。

王乔、赤诵（松）子等养形养神之人是至人的典型。"王乔、赤松，去尘埃之间，离群慝之纷，吸阴阳之和，食天地之精，呼而出故，吸而入新，蹀虚轻举，乘云游雾，可谓养性矣。"④ "若吹呴呼吸，吐故纳新，熊经鸟伸，凫浴蝯躩，鸱视虎顾，是养形之人也，不以滑心。使神滔荡而不失其充，日夜无伤而与物为春，则是合而生时于心也。"⑤ "今夫王乔、赤诵子，

① 《淮南子·精神训》。
② 《淮南子·精神训》。
③ 《淮南子·精神训》。
④ 《淮南子·泰族训》。
⑤ 《淮南子·精神训》。

吹呕呼吸，吐故纳新，遗形去智，抱素反真，以游玄眇，上通云天。"① 王乔、赤诵子等养生之人，脱离尘世的烦扰，返回大自然，通过"熊经鸟伸，凫浴蝯躩，鸱视虎顾"的运动以及"吹呕呼吸，吐故纳新，遗形去智，抱素反真"的修炼，达到"上通云天、蹀虚轻举、乘云游雾"的仙境。淮南子认为，人实现生命的长生久视、得道成仙，必须将炼形修命的自然修炼与人的内在道德修炼有机结合，如"是故与至人居，使家忘贫，使王公简其富贵而乐卑贱，勇者衰其气，贪者消其欲，坐而不教，立而不议，虚而往者实而归，故不言而能饮人以和"。② 至人能够超越世俗的贫贱富贵对人的影响，内心虚静，情绪平和，欲望简单，自然无为，但其内在的和气以及精神光芒能给人以无形的影响。

淮南子认为，至人治世是理想的社会状态，"故至人之治也，心与神处，形与性调，静而体德，动而理通。随自然之性而缘不得已之化，洞然无为而天下自和，憺然无为而民自朴，无機祥而民不夭，不忿争而养足，兼包海内，泽及后世，不知为之谁何"。③ 至人之治使人心与神和谐相处，形与性相互协调，静而守自然素朴之性，动而循理，顺遂自然之性而无为而治，天下自和，百姓自朴，社会稳定有序。"是故至人之治也，掩其聪明，灭其文章，依道废智，与民同出于公。约其所守，寡其所求，去其诱慕，除其嗜欲，损其思虑。"④ 至人之治能以道去除人为的聪明和矫揉造作的行为，少思寡欲，去除诱惑，与民同出于公心而行，维护社会的安定有序。也即现实中的人要获得至人的自由，必须遇到至人治世的时代，必须"原天命、治心术、理好憎"⑤，"掩聪明、去智故、除嗜欲、去诱慕、灭文章"，逐步从外在的名利富贵、道德规范和内在的欲望、情绪、智故等束缚中解脱出来，抱素守精，才能达到自由逍遥的精神境界。

总之，淮南子认为，至人能够超越尘世，摆脱世俗名利、富贵、权势的影响，是物质欲望简单、生活简朴、性情和愉之人。他们通过到大自然中进行"吹呕呼吸，吐故纳新"的呼吸运动、"熊经鸟伸，鸱视虎顾"的体

---

① 《淮南子·齐俗训》。
② 《淮南子·俶真训》。
③ 《淮南子·原道训》。
④ 《淮南子·原道训》。
⑤ 《淮南子·诠言训》。

形锻炼及"掩聪明、去智故、除嗜欲、去诱慕、灭文章"的精神修炼达到自由逍遥的天地之境，因此至人也是珍视生命、精神高度自由的人。淮南子渴望有至人治世的时代，遇至世才会为至人的出现提供生存的社会环境，但是淮南子的至人过分强调了人的自然生命的长生久视和精神生命的独立自由，其忽视了具体社会现实中通过劳作而生存、生活的维度，忽视了人存在的社会关系维度，过分强调现实中人的物质欲望以及势位爵禄对人的生存发展的负面影响，从而使至人难以适应现实社会的发展。但至人的理想人格为立足生存生活而累神、累心的人摆脱物质名利对人的挟裹，珍惜生命，追求精神自由提供了自我超越的人格范型。

二 真人的理想人格

在《淮南子》道德论中，能够达到道德的最高境界者为真人。"是故有真人然后有真知。"① 有真人而后有真知。"洞同天地，浑沌为朴，未造而成物，谓之太一。同出于一，所为各异，有鸟、有鱼、有兽，谓之分物。方以类别，物以群分，性命不同，皆形于有。隔而不通，分而为万物，莫能及宗，故动而谓之生，死而谓之穷。皆为物矣，非不物而物物者也，物物者亡乎万物之中。稽古太初，人生于无，形于有，有形而制于物。能反其所生，故未有形，谓之真人。真人者，未始分于太一者也。"② 太一之道即宇宙产生之初的混沌素朴而没有分化为万物的状态。所谓得道者，即是能游心于虚无，保持纯真素朴、恬愉清净之性的人，亦是纯粹保真之人。真人性合素朴自然，行于无为，在内不受嗜欲、智故之乱，于外不为势利、名位所诱。真人自觉向生命之根的复返，能打破万物隔而不通、失去生命之根以及被有形万物所辖制的状态，达到真人之道与太一之道相合、人之自然之性与道之本性相合的境界。"闭四关，止五遁，则于道沦。是故神明藏于无形，精神反于至真，则目明而不以视，耳聪而不以听，心条达而不以思虑，委而弗为，和而弗矜，冥性命之情，而智故不得杂焉。精泄于目则其视明，在于耳则其听聪，留于口则其言当，集于心则其虑通。故闭四关

① 《淮南子·俶真训》。
② 《淮南子·诠言训》。

则身无患，百节莫苑，莫死莫生，莫虚莫盈，是谓真人。"① 人若杜绝耳目口心四关嗜欲的门户，停止追求金、木、水、火、土物质层面的享受，则可进入道境。掩聪明、灭文章，心智返于无形，抱素守精，无思无虑，无喜怒好憎，精气运行到全身各个地方，耳聪目明脑灵，百节莫不顺比，达到了生而若死、盈而若虚、实而若无的真人之境。"古之真人，立于天地之本，中至优游，抱德炀和，而万物杂累焉，孰肯解构人间之事，以物烦其性命乎？"② 真人能够摆脱内心的负累，解构人间之事，卓然立于天地之本，精神遨游天地之间，守真抱朴，恬淡和愉。淮南子在《精神训》中，详细描绘了真人遨游于尘世之外的自由逍遥之境：

> 所谓真人者也，性合于道也。故有而若无，实而若虚。处其一，不知其二，治其内，不识其外。明白太素，无为复朴，体本抱神，以游于天地之樊。芒然仿佯于尘垢之外，而逍摇于无事之业。浩浩荡荡乎，机械之巧弗载于心。是故死生亦大矣，而不为变。虽天地覆育，亦不与之捻抱矣。审乎无瑕而不与物糅，见事之乱而能守其宗。若然者，正肝胆，遗耳目，心志专于内，通达耦于一，居不知所为，行不知所之，浑然而往，逯然而来，形若槁木，心若死灰。忘其五藏，损其形骸，不学而知，不视而见，不为而成，不治而辩，感而应，迫而动，不得已而往，如光之耀，如景之放，以道为绀，有待而然。抱其太清之本而无所容与，而物无能营。廓惝而虚，清靖而无思虑。大泽焚而不能热，河、汉涸而不能寒也。大雷毁山而不能惊也，大风晦日而不能伤也。是故视珍宝珠玉犹石砾也；视至尊穷宠犹行客也；视毛嫱、西施，犹䫉丑也。以死生为一化，以万物为一方，同精于太清之本，而游于忽区之旁。有精而不使，有神而不行，契大浑之朴，而立至清之中。是故其寝不梦，其智不萌，其魄不抑，其魂不腾。反覆终始，不知其端绪，甘暝太宵之宅，而觉视于昭昭之宇，休息于无委曲之隅，而游敖于无形埒之野。居而无容，处而无所，其动无形，其静无体，存而若亡，生而若死，出入无间，役使鬼神。沦于不测，入于无间，

---

① 《淮南子·本经训》。
② 《淮南子·俶真训》。

以不同形相嬗也，终始若环，莫得其伦。此精神之所以能登假于道也。是故真人之所游。

　　淮南子认为，真人是能使天然之性与道相合之人。真人能够摆脱有形外物对自己的限制，守真抱朴，体本抱神，有而若无，实而若虚，精神优游于尘世之外、无事之业。真人以道为准绳，抱守天道根本而不放纵，视珍宝珠玉如石块，看至尊帝王像过客，视毛嫱西施似丑女，神不为事扰，心不为物动，精神内守，通达于道。因此，真人将死生视为同一种变化，将万物看作同一物类，精神合于天道而遨游于恍惚无际的广袤宇宙。他有精气而不使用，有神功而不显示，与浑然质朴的大道融合为一体，精神徜徉于清静太虚之境。淮南子描述真人之境是由普通凡人得道而获得神通的仙真。《本经训》云："莫生莫死，莫虚莫盈，是谓真人。"这种仙真，居而无容，处而无所，动而无形，静而无体，存而若亡，生而若死，出入无间，役使鬼神，沦于不测，入于无间，以不同形相嬗，徜徉遨游于美妙而又难以言说的神仙之境。这些都是方仙道所幻想和追求的境界。淮南子的真人思想成为后来道教发展的思想资源。"治其内，不识其外"的修炼方法及修道成仙的思想被后世道教所吸收。

　　淮南子描写的真人通过自觉向生命之根复返，以及精神的修炼能够打破万物隔而不通、失去生命之根以及被有形万物辖制的状态，达到真人之道与太一之道相合、人之自然之性与道之本性相合境界。达到了此境，真人能够居而无容，处而无所，其动无形，其静无体，存而若亡，生而若死，有而若无，实而若虚，出入无间，终始若环，役使鬼神。而且真人的精神优游于尘世之外、无事之业，徜徉于物之始终以及虚廓无形的太清之中，达到自由逍遥的神仙之境。淮南子的真人观追求人的至真、自由、超脱以及永恒，为现实中的人自觉抵制人为之性对人的物化，摆脱身为欲役、心为情困、神为物累的现状，提供了自我超越的人格范型，尤其是为那些自我与社会极大冲突的人提供了安放灵魂的精神家园，使其在心灵的小憩中、精神的抚慰中思考生命困顿的根由，找到自我痊愈、自我解放的精神通道。但其理想人格否定了生命中的人为要素如德、礼、仪、乐、智、技等在人的生命中的积极作用，使人成为一个单个的、抽象的、脱离现实的人，人的社会责任失落于个人主义的精神追求中，难以使人的生命处于生生不息的过程，这不利于人的生命的成长和社会的进步。

小　结

淮南子将儒家入世理想人格和道家出世的理想人格有机地融合在一起。"道德之论，譬犹日月也，江南、河北不易其指，驰骛千里不能易其处。趋舍礼俗，犹宅室之居也，东家谓之西家，西家谓之东家，虽皋陶为之理，不能定其处。"① "夫守一隅而遗万方，取一物而弃有余，则所得者鲜，而所治者浅矣！"② 淮南子的思想理论体系以道德为宗旨，兼容并蓄，融合儒道思想。其生命境界观也将儒道思想进行融合和贯通。"夫重生者不以利害己，立节者见难不苟免，含禄者见利不顾身，而好名者非义不苟得，此相为论，譬犹冰碳钩绳也，何时而合，若以圣人为之中，则兼覆而并。未有可是非者也。夫飞鸟主巢，狐狸主穴，巢者巢成而栖焉，穴者穴成而得宿焉。趋舍行义，亦人之所栖宿也。各乐其所安，致其所跖，谓之成人。故以道论者，总而齐之。"③ 淮南子意识到至人、真人的理想人格与现实中个人所承担的责任、义务的严重冲突。一方面，其追求个人生命内在的精神自由，注重养生之道，不必忧天下之乱而治身则可，"故其身治者，可与言道矣。自身以上至于荒芒尔远矣，自死而天下无穷尔滔矣，忧天下之乱，犹忧河水之少，泣而益之也；龟三千岁，浮游不过三日，以浮游而为龟忧养生之具，人必笑之矣。故不忧天下之乱，而乐其身之治者，可与言道矣"。④ 淮南子从忧天下之乱转向自我之身治，反映了其个人主义的价值理想。另一方面，淮南子有一腔报国之志，有为民兴利除害的理想和愿望。其对尧、舜、禹、孔子、墨子等圣人不顾个人身危一心为天下谋利除害持以崇高的敬意，这些圣人将生死置之度外，忧国忧民，以身弘道，为民造福，"且夫圣人者不忧身之贱，而愧道不行，不忧命之短，而忧百姓之穷"。⑤ 这反映了其儒家集体主义的入世价值理想及关心百姓疾苦的民本情

---

① 《淮南子·齐俗训》。
② 《淮南子·泰族训》。
③ 《淮南子·齐俗训》。
④ 《淮南子·诠言训》。
⑤ 《淮南子·修务训》。

怀。淮南子要求人立足于社会现实，以义规范个人的行为，维护社会秩序以及社会的和谐稳定，"天下大利也，比之于身则小；身之重也，比之于义则轻"。① "故世治则以义卫身，世乱则以身卫义。"② 这样，淮南子就将庄子所刻画的超越生死的"真人"拉入现实中。当民不聊生、灾难降临、社会混乱、道德失范之时，每个人都有救危治乱的责任，个人的生死和精神的自由独立又成为次要的，从而淮南子使其理想人格摒弃了道家个人主义的特色。但是，道家出世的思想和儒家积极入世的思想在其思想体系中以矛盾的形式体现出来。道家的超越生死的价值观以及至人、真人理想人格只有使人在摆脱社会浮累、名利的束缚中达致，儒家入世的理想人格又使人难以从个人所具有的责任、义务中抽身，这种冲突折射了淮南子在个人与社会、理想与现实、入世与出世之间的矛盾。其希望达到精神自由的神仙世界，但又抱怨不遇其世，难以在现实中保持和愉恬静之性以及实现精神的自由和解放。刘安有治国、平天下的理想抱负，但他献给汉武帝的治道之书《淮南子》，却被"爱而秘之"。这也是其生存现状决定的。他作为世宗室孙、淮南国的诸侯王，修身、齐家、治国、平天下的理想抱负和诸侯国与中央的矛盾的现实、家仇恩怨的历史相互纠缠，他不能像庄子那样追求个人性命之自得自适。思想深处的矛盾使得刘安不能主动顺应国家走向一统的趋势，放下家族恩怨的历史负累，正确处理个人与社会、理想与现实、出世与入世的矛盾，从而使其经历了因谋反而家族被灭的惨痛悲剧。

---

① 《淮南子·泰族训》。
② 《淮南子·缪称训》。

结语
《淮南子》生命观的特点及当代价值

《淮南子》是汉初淮南王刘安召集众宾客集体编纂的一部"以道家为主，熔铸百家"的综合性著作，它吸收了儒家、道家生命哲学思想的精华，对生命来源、生命结构、生命智慧、生命价值、生命境界等生命问题进行追问和思考，形成了西汉水平较高且内容完整的生命观。本书全面系统研究天人观、身体结构、性命结构、生死观、自然与无为的张力、生命智慧论以及理想人格论，将《淮南子》一书所潜藏的生命观以有机的体系清晰地刻画出来。研究《淮南子》的生命观有助于人们正确认识《淮南子》生命哲学的特点，促进古代生命哲学在当代进行创造性转变和创新性发展，可以帮助现代人树立正确的生命观，形成珍惜生命、热爱生命的意识，促进人的身体健康、心理健康和精神健康，逐步实现人自由而全面的发展。

一　《淮南子》生命观的特点

《淮南子》生命观是汉初儒家、道家等多个学派生命哲学思想的有机融合和发展。作为一部综合性著作，其生命观具有一些特点。

（一）遵循自然、守护自然的自然主义精神特质

《淮南子》的生命观具有自然主义的精神。淮南子认为，道生万物的过程是一个非外力干预的自然而然的过程。人的生命是道在运动中由一体的气逐步分化、天地之气和合而产生的。人的生命来自自然，复归于自然。人要维持、延伸、扩展自己的生命，必须法修自然。首先，养生、护生必须顺应自然界的生命节律。人是在自然环境中生存发展的，自然界的寒暑燥湿的变化影响人的身体健康，人养生、护生必须顺应自然界四时变化的规律。人还应时常到大自然中通过"吹呴呼吸、吐故纳新"的呼吸运动以

及"熊经鸟伸，凫浴蝯躩，鸱视虎顾"的身体锻炼，保持生命的健康。其次，人的生产、生活必须顺应自然、改造自然。淮南子在《时则训》中指出，人必须根据自然界阴阳变化的规律安排个人的生产、生活和管理活动，而违背自然界变化的节律，干扰阴阳、四时、五行之气运行的规律，会导致生态环境被破坏，影响人的正常生产、生活实践和健康发展。因此，人在改造自然的实践活动中，应"因道理之数，修天地自然""因物之性、因物之势"而使六合之内的万物为人所用，为人生命的存续和发展提供必要的物质生活资料和适宜的居住环境。再次，增强自然无为的生命智慧。淮南子认为"法修自然"是人的存在方式，人应不以行求名，不以智求誉，有智若无智，有能若无能，自然而然地存在着、生活着。其对统治者违背自然无为借助个人特有的位置及权势以智为事、以勇为暴、以仁为患的狡诈、虚伪、极端行为进行批判。最后，达到天人合一的生命境界。淮南子认为，人之生是气之聚，死是气之散。人只是大自然运化万物的过程中偶然出现的一个物种，人并不比自然万物优越，应帮助人树立众生平等的价值观。放在宇宙运化万物的长河中来看，人之生死如昼夜，是短暂的一瞬。因此，人应不贪生、不惧死，摆脱世俗成败、得失、贵贱、毁誉等对人的限制和束缚，坦然对待生死以及生命中的无常，顺应自然，乐观达命。淮南子还认为，道是人的生命之根，道具有素朴、虚静的自然特征。人所创造的仁、义、礼、乐等文明形式都应以彰显人的自然之情、自然之性、自然之质为基础，脱离自然的人为形式会导致生命的形式化、虚伪化和外在化，不利于生命的发展。人应在生命展开的过程中自觉抵制仁、义、礼、乐、智、技对人的自然之性的侵蚀和异化，通过在时间上自觉复返生命之根，在空间上摆脱有形万物对人的限制，自得其性，达到人与道合的天人合一之境。总之，淮南子生命观自然主义精神特质体现在人生命的产生、健康发展、生存生活与生产活动及天人合一的境界追求等各个环节和过程中，为生命的健康存在发展、自我提升和超越提供了自然主义的物质基础和精神动力。

（二）珍惜生命、热爱生命的人本主义的精神

淮南子认为，生命健康是人民创造美好幸福生活的前提。生命健康首先在于人能通过自己的劳动谋得生存、生活所需要的物质生活资料。"人之情不能无衣食，衣食之道必始于耕织，万民之所见也。"① "是故其耕不强者，无以养生；其织不强者，无以掩形。有余不足，各归其身。"② 人要满足吃、穿、住、行的物质生存资料必须运用自己发明创造的工具从事生产劳动，但"虽贫贱不以利累形"，不能因追求名利而过分耗损身体，即人应在维持生命健康、可持续发展的基础上通过劳作而谋利，否则，无休止劳作必然加快人的衰竭和死亡，"形劳不休则蹶，精用不已则竭"③ 的思想充分体现了《淮南子》对人的生命健康的珍视。淮南子还认为，人之身也是一切祸患之源，过分追求嗜欲的满足，任凭主观好恶肆意表达个人的好憎之情，将为自己、他人带来祸患。因此，应发挥心之理性对感官、四肢、百节的协调控制作用，外嗜欲、去喜怒、理好憎、适情性，促进生命神、气、形以及性、情、欲的和谐，保持生命健康。淮南子还认为，生乃徭役，死乃休息，生死如昼夜，利害如尘垢，人应打破世俗的功利主义价值观对人的束缚，乐观达命，自得其道，自适其性，实现生命的形全、性全和神全。淮南子继承了老子低调内敛的生存方式，要求人在现实中，以守柔、守弱、守雌、不争的方式存在，避免因人与人之间矛盾激化而给生命存在带来祸患，维持生命的永续存在。淮南子还继承了儒家《易经》的辩证思维，要求人在现实中在遵循仁义道德伦理规范的基础上形成研几而知化的思维方式和因时因势而权变的生存智慧，为生命的发展提供广阔的空间，引导生命在健康存在的基础上不断发展。淮南子还提出了"贵己而小天下"的思想，拥有天下能够给人带来极大的利益，然而天下相对于人的生命而言却是微不足道的。但是，淮南子反对苟且偷生，其构建的君子理想人格，要人不以利而害生，合义则进，不合义则退，世治以义卫身，世乱以身卫义，以仁义约束人的趋利避害的行为，使人功利境界进入道德境界。淮南子还构建了圣人、至人和真人的理想人格。圣人将修身、立德、齐家、治国、平天下有机联系起来，为积极入世的人不断提高精神境界提供了精神标杆。至人、真人摆脱世俗世界功名利禄的束缚，追求个人生命的长生久视以及羽化成仙的自由之境，为现实中人重视养生、追求精神的独立自由

---

① 《淮南子·主术训》。
② 《淮南子·齐俗训》。
③ 《淮南子·精神训》。

提供了可以安放的心灵家园。淮南子顺应自然的养生观、劳动中珍惜生命的观点、以心治身的思想、生命至上及仁义至上的价值观、辩证法的生存智慧以及崇高而洒脱的理想人格等为个人生命的健康存在、发展、提升、超越提供了思想基础、方法智慧以及精神动力，形成了尊重生命、热爱生命、珍惜生命的生命至上价值观，以阶梯式方式实现从自然生命向道德生命、精神生命的自我完善、自我提升和自我超越。

（三）自我管控、自我提升、自我超越的理性精神

《淮南子》的生命哲学具有理性主义的精神特质。这种理性精神是根源于人的自我解放、自我管控、自我超越、自我完善的自觉追求。人的生命诞生之后，人开始走向死亡的生命旅程。但在各个过程中，人应以什么样的方式展开自己的生命过程，摆脱动物式存在状态使自己逐步成人、成圣，需要人具有理性的思维。从人的生命健康存在的角度而言，淮南子认为，在人的生命结构中，心是形体的主宰，精神是心的主要功能，如"心者形之主也，而神者心之宝也"。[1] 精神在生命系统中起着主导作用，"心治则百节皆安，心扰则百节皆乱"[2]，"以神为主者，形从而利，以形为制者，神从而害"[3]，因此，人应发挥心之理性的辨黑白、善丑、是非的作用，发挥神对形的管理、协调和约束作用，理性控制人的欲望，协调控制喜、怒、哀、乐、爱、恶之情，使五官、百节、九窍各司其职、各安其位，使人的生命内部神、气、形和性、情、欲处于和谐而富有生机的健康状态。

人是从动物演化而来的高级动物。人的生命产生之后就经历摆脱动物本能对个人的限制而逐步成人的过程。淮南子认为，趋利避害、对外界事物的经验性感知能力、群居性合作能力、父母对幼子的天然之爱是人与动物的共同特性。但动物的认识是对与其生存环境有关的外界具体事物的经验认识，具有不全面、不可靠性。人却能以内心虚静的状态把握万物存在的本源之道，从具体事物和现象的长期观察中把握"道"所具有的对立面相互作用的规律，运用人的理性认识解决人在现实境遇中遇到的矛盾，维

---

[1]　《淮南子·精神训》。
[2]　《淮南子·缪称训》。
[3]　《淮南子·原道训》。

持生命的存在和发展。动物与其生存环境是一体的，特有的生存环境发展
孕育了其独有的肢体器官以及特有的自我保存、趋利避害的生存技能。人
也具有一般动物所具有的自我保存和种族延续本能，但是人自身生存机能
的不完备性以及适应环境的需要使人在改造自然、维持生存的实践活动中，
将自己与外界对象及环境区别开来，学会制造工具延长肢体器官以抵抗动
物的侵袭，学会发明交通工具为人的生产和生活提供方便，学会利用工具
改造自然、发展生产，创造出自然界所没有的人工物，以满足人的生存生
活的需要。因此，人通过制造工具、发明技术而从事劳动使人与动物相区
别，也即人具有动物不具备的技术理性；动物虽然也有一些群体性的合作
交往活动，但动物的群体性活动难以超越趋利避害本能和优胜劣汰的自然
竞争限制。而人在群居时能够通过仁义礼乐等道德规范和内在自律约束个
人趋利避害行为，培养道德理性，提升道德水平和社会化交往合作能力，
使人在社会群体中维持自己的存在发展。这样，人通过认识自然和改造自
然而维持自身存在发展的过程培养了人的认知理性、技术理性和道德理性，
使人具有了动物不具备的属性和特征，从而与动物区别开来。

　　淮南子认为，人通过人为之智、技、仁、义、礼、乐培养了人的认知
理性、技术理性和道德理性，积极从事社会性的生存、生活、生产实践的
活动，维持了有形物质生命的存在，并使人的自然生命转化为社会生命。
但是，人对嗜欲的无限追求、生命的无休止劳作、社会环境的影响和道德
的捆绑及约束让人的生命处于极端不自由的状态，人的认知理性、技术理
性反而成为辖制生命外在形式，人的道德理性导致人的生命的形式化、虚
伪化，人的认知理性和技术理性导致生命工具化、单向度，人的生命处于
不健康、不健全的病态中，这加剧了社会的纷乱和冲突。淮南子认为，改
变人的生命现状，一方面要求人通达性命之情，不做与生命成长无益的东
西，不超越个人当下的现实能力和客观条件而追求难以达到的目标，因时
当位，安世乐业，承担责任，尽力尽性做好分内的事情，实现身心与现实
的高度统一；另一方面还要求人利用道的循环往复的规律，在生命前行的
过程中，以时间的复返和空间的超越返归生命的本根以及人的虚静、素朴
之性，打破有形世界对人的约束，克服分化世界的分裂和冲突，摆脱欲望、
情绪对自己的控制，抵挡财富、名利、荣誉对人的侵蚀以及仁义礼乐等社
会形式对人的挟裹，齐生死，同变化，一万物，以心役物，以神驭己，精

神徜徉于物之始终、有无之际，达到自由逍遥的天人合一之境，实现人之生命的自我超越和自我提升。

总之，《淮南子》的生命哲学思想处处渗透着理性精神的光辉。为了实现自然生命的健康存续，人应自觉管控个人的欲望、情绪和情感，遵循生命的自然本性和生命体内外的自然规律，形成自然理性，有效管控和协调生命内部结构的冲突，实现生命结构的自洽和和谐。为了使个人能够在具体现实中生存发展、超越动物感性认知本能对人的限制以及促进社会文明的进步，淮南子要求人通过不断学习和实践，提高自己的认知理性和技术理性；为了超越动物趋利避害本能对人的限制以及维持社会和谐有序，淮南子要求人以社会的伦理道德规范约束个人逐利行为，形成道德理性；为了理性处理自我与现实、自然与人为、理想与现实之间的矛盾，突破自然理性、认知理性、技术理性和道德理性对人的生命存在和发展的限制，淮南子以道的视角将道家的至人、真人的理想人格和儒家的君子、圣人的理想人格有机结合，为生命的自由、自觉、整体、全面发展提供了理想的人格范型。

（四）自由与秩序、入世与出世的矛盾冲突

《淮南子》的生命哲学思想充满着内在的矛盾和冲突。淮南子处在中国由分裂走向统一、由战乱走向稳定、由思想开放自由走向思想高度统一、政治措施由无为向积极有为转变的历史时期。地方经济的高度繁荣、宽简无为的政治方略、宽松的思想文化氛围促进了汉初文化的持续繁荣。随着中央权力的高度集中以及儒道两家的斗争，一些学者开始独立思考严峻的生命问题。《淮南子》的生命哲学继承了庄子追求精神自由而出世的思想。淮南子认为，生乃徭役，死乃休息，人应打破对生的执着、对死的恐惧，像善待生一样善待死亡。其还指出，生死如昼夜，生命短暂而无常。因此，人打破对世俗名利、富贵、荣誉的执着，心不为物所役使，追求精神独立而自由。淮南子刻画的至人、真人理想人格是出世、思想自由的充分体现。至人脱离尘世的烦扰，返回大自然，通过"吹呴呼吸，吐故纳新，遗形去智，抱素反真"的身体修炼和"掩聪明、去智故、除嗜欲、去诱慕、灭文章"等内在精神修养的结合，达到"上通于天、腾云驾雾"自由逍遥的精神境界。其刻画的真人能够摆脱有形外物对自己的限制，守真抱朴、体本

抱神，优游于尘世之外、无事之业。居而无容、处而无所，动而无形，静而无体，存而若亡，生而若死，沦于不测，入于无间，役使鬼神，徜徉遨游于神妙的仙真之境。至人、真人的理想人格使人从社会现实的辖制和挟裹中解脱出来，实现了精神的自我解放。但这种理想人格具有脱离现实、消极避世的个人主义特点。

刘安是淮南国的诸侯王，在当时政治措施由无为向有为、思想文化由自由宽松向统一过渡的时期，在家仇恩怨重重积累的情况下，如何为自己以及诸侯国寻找更多的生存空间，促进封国经济文化的发展和繁荣，是他考虑的首要问题。他主持编纂《淮南子》一书的宗旨是为当时皇帝提供治国安邦的政治宝典。因此，精神的自由、旷达和豪放只是其追求的一个精神维度，他还将道家的自然无为思想和儒家的修身、齐家、治国、平天下有机结合，鲜明刻画出积极入世的圣人理想人格。

作者继承了孟子"杀身而成仁"的思想，仁义成为人的生命展开之道，具有超越生命的最高价值。淮南子道德主义的生命价值观旨在维持社会秩序，体现了淮南子积极入世的思想。其刻画的君子和圣人的理想人格就是积极入世的形象代表。君子常常通过内在的修炼、勤奋学习、奋力拼搏而铸造"积志委正、气节高尚、超凡脱俗"的精神品格，能以义约束人的趋利避害本能行为，行事为人义以为先，世治以身卫义，世乱以义卫身，合义则进，不合义则退。淮南子的圣人理想人格具有积极入世的精神。其摒弃了老子、庄子过分强调无为而忽视人的能动性的思想，要求圣人顺应修道理之数，法天地自然，因物之性、物之势运用人类发明创造的工具积极从事改造自然的活动，以消除自然灾害、生产人类需要的物质生活资料，维持物质生命的存在；另外，淮南子要求统治者因人之性、人之情、人之欲而进行社会变革，构建仁、义、礼、乐等外在的道德规范和礼仪形式以约束人趋利避害的本能、感官之欲和物质之欲，调和人的情绪，升华人的情感，不断提升人的道德生命境界，同时为人的发展创造公平、公正的社会秩序，促进社会进步。圣人还具有兼容万物的天下情怀，能从道的思维和视角，尊重人与万物的独特性、差异性，因物之性而制，因人之性而用，使物无弃物，人无弃人。圣人具有深厚的民本情怀，不辞劳苦，为民造福除害，如："且夫圣人者，不耻身之贱，而愧道之不行；不忧命之短，而忧百姓之穷。"① "盖闻传书曰：'神农憔悴，尧瘦癯，舜霉黑，禹胼胝。'由此观之，则圣人之忧劳百姓甚矣。"② 这样的圣人超越了至人、真人个人主义的理想人格，他们积极承担起造福百姓、推动社会发展的责任。淮南子还认为圣人具有见微知著、见本知末、原始察终、研几知化的认识能力，能够避祸趋福、避恶趋善，使人在具体的社会、现实条件下实现生命的全生和向善。同时，圣人还能自觉运用辩证思维，形成内敛含蓄及因时因势而变的生存智慧，但是，圣人的权变并不是为了个人生存而没有道德操守和底线，"得道之士，外化而内不化。外化所以入人也，内不化所以全其身也。故内有一定之操，而外能诎伸、赢缩、卷舒，与物推移，故万举而不陷。所以贵圣人者，以其能龙变也"。③ 也即圣人外化是为了人在不同的社会环境和社会团体中面对不同的人可以采用不同的生命存在方式，展开社会化的生命交往活动，而内不化则是为了在保持一定的节操之下达到身全、性全、才全。淮南子还认为，圣人能够在"止于止善"的自觉意识的引导下、运用辩证法的机制中发奋图强，积善避恶，使生命处于盛而不衰、盈而不亏、日滔滔而自新的状态。

总之，《淮南子》生命哲学思想既具有脱离尘世、崇尚自然无为、追求精神自由的个人主义出世精神，又具有立足社会现实、积极改造现实的集体主义的入世精神。其思想理论中存在着自由与秩序、自然与人为、个人与社会、理想与现实的矛盾冲突。这种冲突是西汉初年社会转型时期文化氛围由自由宽松到集中统一、政治措施由无为到有为、统治思想由黄老道家到儒家转化等方面的矛盾冲突在思想领域的反映。刘安作为一个诸侯王既难以了却内心深处的家族恩怨，渴望为自己和诸侯国创造更多的生存发展空间，又难以改变国家由分裂走向统一、由分封走向集权的社会发展趋势。他著书立说也是为当政者提供治国理政的宝典，维护自己作为诸侯王的经济利益、政治利益和文化利益，但在诸侯国权力不断挑战中央权威、地主阶级大量兼并土地导致阶级矛盾激化、匈奴不断侵袭中原影响汉王朝统治的背景下，他过分强调自然、自由、无为的思想不能适应当时社会政

---

① 《淮南子·修务训》。
② 《淮南子·修务训》。
③ 《淮南子·人间训》。

治、经济、文化形势的需要，这也是其思想被汉武帝"爱而秘之"的主要原因。而复仇的心理、家族内部矛盾、学派内部成员矛盾、由分封走向统一的社会发展趋势的相互交织最终使其走上了反叛的道路，导致个人和家族命运的毁灭，但这并不能影响淮南子生命哲学中的思想光芒。其生命哲学中积极入世的思想体现了其对人的社会生命和精神生命的重视，让人以圣人为楷模，培养民本情怀和社会责任、担当精神，不断加强内在道德修养，积极参与自然和社会的改造，以个人之力促进社会的进步，不断提升个人的精神境界。而其自然无为、逍遥自由的出世精神，让人以至人、真人为理想人格，摆脱尘世的纷扰，打破功利主义价值观对人的束缚，通过内在精神修炼和外在性命修炼达到自然生命的长生久视，实现精神生命的自由逍遥。

二 《淮南子》生命观的当代价值

传统文化的生命力在于每一个文化创造者的"文化自觉"[1]，即结合当今社会的发展状况以及当今人类所面临的现实问题，以理性的反思意识和文化自觉精神对传统文化进行重新解读。我们可以结合当今社会发展中的人的生命状况分析《淮南子》的生命观的当代价值。

第一，淮南子道本论的思想为人的自我超越提供了形而上学根基。

淮南子继承了老子、庄子的思想，从宇宙本体之道探求生命来源。道是人的生命之根，宇宙原初的道具有自然无为、混沌素朴、虚无无形的特性，但在道内部的阴阳两种力量的对立统一运动中，世界从一到多、由无形到有形，开始了天地万物的演化过程，人在道化育万物过程中而产生。道是人的生命之根。"率性而行谓之道，得其天性谓之德"，道体之性是道自我运动、不断前行的根据，人之性是道体之性在人身上的流注。因此，在淮南子看来，自然、素朴、虚静是人的形而上本性，但道在前行的过程中由于道体内部矛盾的作用必然会加剧世界的分化。而人产生之后，为了

---

① 费孝通先生在《反思·对话·文化自觉》一文中说："文化自觉只是指生活在一定文化中的人对其文化有'自知之明'，明白它的来历、形成过程、所具有的特色和它发展的趋向。自知之明是为了加强对文化转型的自主能力，取得决定适应新环境、新时代文化选择的自主地位。"转引自金吾伦、张超中《科学的中国化和中国化的科学》，科学出版社，2007，第157页。

生存生活以及生产实践的需要必然要对世界万物进行分辨、命名、剖盘，认识有形世界相互作用的规律，运用规律发明创造技术，改造自然谋得人的物质生命所需要的物质生活资料，促进人认识自然之智与改造自然之技的提高。人不是以单个人的方式存在于世，而是以社会群体的形式存在于世，人为了克服动物身上的自利、自保本性导致的冲突，必然在社会世界中通过制定仁、义、礼、乐等道德规范分等级、立贵贱，提升人的道德修养，促进社会和谐有序。淮南子认为，人通过人为之智、技、仁、义、礼、乐从事生存、生活、生产实践的活动，维持了有形物质生命的存在，使人的自然生命转化为社会生命。但是，人对感官之欲、物质之欲的无限度追求，不良社会环境对人的影响及文明形式对人的异化效应，人的认知理性、技术理性反而成为辖制人的生命的外在形式，人的道德理性导致人的生命的形式化和虚伪化，人的虚静、素朴之性逐步丧失，人的生命处于不健康、不健全的病态中，加剧了社会的纷乱和冲突。淮南子认为，改变人的生命现状，必然要求人利用道之循环往复规律，在生命前行的过程中，以时间的复返和空间上的超越复返生命本根以及人的自然、虚静、素朴之性，摆脱有形世界对人的约束，克服分化世界的分裂和冲突，抑制人为之智、技、仁、义、礼、乐对人的生命的异化，达到天人合一之境。

自改革开放以来，我国社会主义市场经济的竞争机制和价格机制激发了人民群众追求物质财富的欲望。人们通过提高知识水平、技术水平进行劳动，创造更多的物质财富，不断满足日益提升的物质需要，促进物质生命的存续和发展。但是，在此一过程中，有些人成了物欲的奴隶，其生命被物化。淮南子自觉复返生命的形而上学根基及质真素朴之性，可以培养现代人理性的生命反思意识，健全人的物质生命、社会生命和精神生命，促进人的自由而全面的发展。

第二，淮南子的天人关系论有助于构建人与自然和谐共生的自然生态环境。

人不是孤立的存在物，人需要在自然环境中生存、发展和生活。人与自然是相互联系、相互作用的有机统一的整体。淮南子在《地形训》中指出，人与其居住的地理环境是一个相互作用的大系统。不同地理环境的水、土、气状况影响人的身体状况。淮南子还以阴阳之气和五行的变化将时间与空间有机地联系起来，建立了一个包括天、地、人、万物的宇宙体系，而人的生产、生活活动以及气候、物候的变化都被纳入这个体系中。"是故圣人法天顺情，不拘于俗，不诱于人，以天为父，以地为母，阴阳为纲，四时为纪。天静以清，地定以宁，万物失之者死，法之者生。"① 天地、阴阳、四时、五行具有不以人的意志为转移的客观性，它们既是人之生命存在、护养的前提，也是人们一切行为活动的准则和依据。因此，人应顺应自然界阴阳五行的变化，调性养情，使自己内在性命的"和"与自然阴阳之气的"和"密切结合起来，维持生命健康。同时，人的一切生产、生活活动要以阴阳五行为度，顺阴阳之性，调阴阳之气，循五行规律，和四时之序，助万物之生，创造有利于生存、生活的生机盎然、和谐有序的世界。淮南子还认为，统治者根据五行、四时、五方的不同特点颁布不同的政令，违反政令所出现的异常灾象为统治者的行为提出警告。这种以阴阳五行为骨架建立的天地人有机统一的整体观有利于人与自然关系、人与社会关系的协调。

人与自然是和谐共生的生命共同体。自然界是人类生存发展的基础和前提，为人类的生存发展提供物质资源。人根据自然界的规律改造自然、利用自然，人就会得到自然界的馈赠。但是，任何违背自然规律而改造自然的行动都会遭到自然界的惩罚和报复。因此，人应尊重自然、顺应自然和保护自然。研究和挖掘《淮南子》天人关系，有利于加强生态文明建设，推动生产方式、生活方式向绿色转化，实现人与自然的和谐共生。

第三，淮南子的生命结构论和养生观可以培养人健康的生命意识。

人的生命结构包括身体的物质结构和精神结构。身体的物质结构包括神、气、形三个组成部分，身体的精神结构包括性、情、欲三个组成部分。淮南子认为，人的生命结构的各个组成部分相互影响、相互作用、各居其宜、各司其职，人的身体就处于健康而富有生机的状态。淮南子的生命结构理论有很多促进人的生命健康的思想。首先，保持生命健康在于养神，养神在于治心。人应充分发挥心之理性对耳目鼻口等感官之欲的协调、控制和管理作用，以神制形，外嗜欲，弃好憎，达到神清意平，保持生命内部结构的和谐。其次，保持生命健康，人必须惜精养气。人嗜欲逐于外，情绪动荡于内，劳形费精导致志气日耗、精气衰竭。因此，一方面，人应

① 《淮南子·精神训》。

节制地使用自己的身体，不做耗精费血的无益之事，精神内守，护精养血，保持耳聪目明言当，百节九窍莫不顺比。另一方面，适度运动，控制欲望，调和情绪，防止血气淤堵，疾病产生。再次，养形必须保持生命的可持续利用。"凡人之所以生者，衣与食也。"① 衣食是人的物质生命存在之本，而"衣食之道，必始于耕织。"② 因此，人必须从事耕劳之事，为维持物质形体的存在提供基本生活资料。但是，形劳不已则竭，精用不已则枯，人们不能因贫而以利劳形，加速生命的衰竭，也不能因富而过分养生。因此，人应有节制地使用生命、养护生命。最后，维持生命的健康必须培养豁达知足、乐观达命的心态。道是生命之根，人和道同性，人要从向外追求富贵、权势，转向内求体道、悟道、守道，保持和愉宁静、质真素朴之性，排除一切祸福非誉之干扰，不以身役物，不以欲滑和，得之不喜，失之不忧，心态豁达乐观，情绪平和，精神内守，达到"无乐之极乐"之境。淮南子认为，人之生是气之聚，死是气之散。人之生死过程就像昼夜一样短暂，人应摆脱世俗的贫富、贵贱对人的束缚。生乃徭役，是人的负累；死乃休息，是负累的解脱。这种看似恶生悦死的自然主义生命观使人打破对生的执着、对死的恐惧，摆脱功利主义价值观对人的束缚，让人从宇宙的运化、流变中看待生命当下的成败得失，体现"贵己重生、全性保真"的自然主义养生观。淮南子认为，祸是人自生的，福是人自造的，要求具有防微杜渐的思维和忧患意识，行善避恶，谨慎行事，通过理性分析、研判，及时消灭风险和祸患。但是对于非个人行为导致的外在祸患，坦然接受，主动化解祸患和灾难。

　　人的生命是在自然环境和社会环境中存在的，淮南子认为，维持生命的存在与发展应将知天与知人有机结合。首先，人应在与自然环境的良性互动中维持生命健康。这就要求人应顺应自然节律以及人的自然之性安排人的生产、生存、生活活动，使生命活动的节律与自然界的节律相一致。同时，要有意识地使生命回归大自然，适度运动，吹呴呼吸，吐故纳新，吸阴阳之和，食天地之精，保持生命旺盛的生机和活力。其次，人应在个人与社会之间的平衡中实现生命的存在和发展。淮南子认为，人应通达性

---

① 《淮南子·泰族训》。
② 《淮南子·主术训》。

命之情，不务性之所无以为，不忧命之所无奈何，不惑天命，不妄喜怒，因时当位，安世乐业，自觉克服个人与外部世界以及生命内部的冲突，保持生命的健康，实现生命的存续和发展。总之，人应在生命与自然环境、社会环境的互动中寻找个体生命得以长期存在、生命创造力得以发挥的外在条件，增强自然生命蓬勃盎然的生机、生意，有效履行社会生命所托付的责任和义务，使精神生命日益丰盈、恬淡、充实和自足。

第四，淮南子的生死观和生命境界观可以帮助人树立正确的生命价值观。

淮南子认为，人一出生，人的生命就必然处于无尽的劳作和各种关系的纠缠中，这导致人身心疲惫。因此，生乃徭役，死乃休息，也即死亡是对生之徭役的解脱，人不必执着于生之快乐和死之痛苦。淮南子还认为，生命是有限的，在宇宙运化万物的长河中，人从生到死的过程就像从昼到夜一样。在有限的生命展开过程中，人所创造的有形的一切，包括名利和荣誉，甚至人的生命，最终会被大自然无常的变化所吞噬。因此，人应坦然看待有限生命展开过程中发生的一切。这种乐观达命的生死观让人打破对生的执着和贪恋及对死的拒斥和恐惧，解除世俗的名利对人的捆绑和束缚，得之不喜，失之不忧，超越生死之别，顺随阴阳之化，精神澹然无极不与物散，内修道术，抱德炀和，以无应有，以虚受实，喜怒好恶不入于心。这样，人就能恬愉虚静以终其命。

淮南子还认为，人的生命相对于天下而言具有贵重的价值。人应达于利害之变，通于荣辱之理，定于死生之境，生而不为所使，死而不为所禁，利而不为所诱，害而不为所恐，举世誉之而不加劝，举世非之而不加沮，明于荣辱之理。世上所有的人都称赞他，他并不因此就特别勤勉，世上所有的人都诽谤他，他也并不因此就感到沮丧，他视天下发生的一切如飞羽浮芥，心不为物役，神不为所累，精神徜徉遨游于物之始终、有无之迹。淮南子乐观达命、贵己小天下的生命价值观体现了其对个体生命的高度重视，要求人从悦生恶死，逐于名利、富贵、荣誉的价值观中解脱出来，使人的生命达到全性、全形、全神的自由逍遥的乐境。改革开放以来，社会主义市场经济的发展，激发了人们追求名利、财富、金钱的欲望，人们逐步形成了立足个人利益的功利主义价值观。不可否认这样的价值观推动着人们不断学习科学技术知识，不断增强个人适应社会发展进步的专业素质和能力，提高了人们的物质生活水平，推动了社会经济的发展。但是，在功利主义价值观的驱使下，人们的生命处于物化状态，人们不断在物质的追逐中满足自己心灵的需求，爱的情感逐步被物质利益的算计侵蚀，精神层面的价值被金钱、权力、名位所充斥，生命成为追逐名利的外在工具而被无限透支和使用，人的生命变得扁平、单一和病态。淮南子乐观达命、贵己小天下的价值观可以让人透视当代人生命的病态之状，摆脱功利主义价值观对人的辖制和束缚，让人从广袤的大自然以及宇宙发展的长河中淡然看待生死、名利、得失、贵贱，培养人豁达乐观、理性平和的心态以及独立自由的精神境界，使人的生命达到全性、全形及全神的自由逍遥的乐境。

淮南子的生死观并非脱离现实。人应正确认识保持自然之性的客观现实条件，不做与人的性命无益、能力不足以及现实条件不具备的事情，安时立命，当位乐业，性与命相得益彰，在维持生命健康的基础上实现自我提升和超越。同时，淮南子还认为，在现实世界生存，必须以仁义的价值观约束自己的行为，"死君亲之难，视死若归，义重于身也。身之重也，比之义则轻"①。淮南子在贵生之同时，反对苟且偷生，合义而进，不合义而退，世治以义卫身，世乱以身卫义。也即仁义是生命展开之道，是生命价值和意义的体现，仁义应贯穿于生命全过程，失去了仁义，生命也就失去了存在的价值。这样，在现实中，淮南子就由自然生命实现了向道德生命的转化，超越了个人功利价值观对人的束缚，不断提升人的道德境界。淮南子刻画的君子理想人格就是人从功利境界向道德境界晋升的人格范型。在此基础上刻画的圣人理想不仅是仁义之道的彰显者，并且是为民兴利除害、除暴安良的道德模范，集节俭、自律、仁爱、勇敢、忠诚的美好品德于一身，能运用辩证法和研几而知化的生存智慧以及自强不息的奋斗精神灵活地实现修身、齐家、治国和平天下的理想，将人的道德生命提升到崇高的精神境界。

第五，淮南子的生命智慧论可以培养人自觉解决矛盾、推动发展进步的能力。

马克思主义的辩证法认为，统一物内部矛盾着的两个方面相互依存、相互贯通、相互吸收、相互转化、相互斗争，是推动事物发展的内在动力。

---

① 《淮南子·泰族训》。

淮南子也认为，道是阴阳、有无、幽明、约张、弱强、柔刚、虚盈等一系列对反特性的有机统一，正是道体内部对立的两个方面的相互依存、相互转化和相互渗透，推动着事物的运动、变化和发展。因此，人在生命展开的过程中必须运用矛盾的辩证思维以及研几而知化的认识方式，洞察现实生活中矛盾双方的变化几微，把握矛盾双方的平衡以及相互转化的内在机制，随时而变，因势而应，机智灵活地为自己的生存发展创造空间。同时，人应超越自然规律"物极必反，极盛而衰"对人的限制，培养见微知著的思维和防微杜渐的意识，运用"阳进阴推，阴进阳推"的机制自觉增强生命中的进步的阳性力量，弱化生命中的退化的阴性力量。这种思想与马克思主义的过程观具有内在精神的相通性。它启发我们：当人处于低谷阶段时，人心中的追求进步、光明、自由、善良的信念不灭，不断积累生命中奋进、阳刚的力量，人就会逐步摆脱被动、不利的局面，引导生命在曲折中实现迂回上升。当人的发展处于高潮、上升阶段，拥有财富、荣誉、权力、鲜花、掌声时，我们应有忧患意识，在阳面、正面中持守与之相反的一面，"泰而不骄""光而不耀""威而不猛""富而不奢""廉而不割""高而若卑""实而若虚""有而若无"，避免特定阶段的良好发展态势向相反方向转化，引导生命不断向积极、向上、向善的方向健康和良性发展。淮南子还认为，万物在循环往复中不断脱离本根又不断返归本根，展开自己生、长、盛、衰的变化规律。马克思的否定之否定规律告诉我们，任何事物都要经过肯定、否定以及否定之否定三个阶段、两次否定推动事物波浪式前进。在生命展开的过程中，淮南子运用理性的自我反思意识和批判思维，分析仁、义、礼、乐、技、智等人为之为对人的生命发展带来的利与弊，认识到人为之技和智可以为人的自然物质生命的存在提供能力支撑，而仁义礼乐可以约束人趋利避害的本能行为，使自然物质生命上升到社会道德生命，提高人的道德水平和社会化的合作交往能力。但是人为的仁、义、礼、乐、技、智使人的生命脱离了生命之根，侵蚀着人的自然、素朴以及虚静之性，通过辩证的否定，自觉复返生命的自然之根和人的自然之性，增强生命的生机和活力，使生命在进与返的互动中实现螺旋式上升运动。

本与末是中国古人把握事物的本质与现象、原因与结果、内容与形式、主要矛盾与次要矛盾之间关系的一对范畴。在一个系统错综复杂的联系中，应对不同事物以及事物发展的不同环节在整个系统中的地位作用进行分析。本是对事物发展具有决定作用的因素和环节，而末是对事物的变化和发展只起影响作用而不起决定作用的因素和环节。淮南子认为，本末一体，相互影响，本制约末，末也影响本。末不能强于本或大于本，否则必然导致本伤，本伤也必然伤末。凡事要原本而求末，而背本求末是一种"抱薪而救火"的做法。我们应将马克思主义矛盾观的重点论和两点论有机统一的方法与淮南子本末一体的方法相结合，分析错综复杂的矛盾中哪些是本、哪些是末，解决问题时坚持先本后末、原本求末、本强末弱、本大末小、因末溯本、以本推末的方法和原则，解决矛盾，推动事物的运动变化和发展。

研几而知化是通过对经验现象的研究把握本与末、整体与部分、质变与量变、异与同、本质与现象、阴与阳、明与暗、终与始、内与化、福与祸、幽与明等成对范畴变化的几微，分析变化、适应变化、引导变化，做到逢凶化吉、避祸趋福、避恶趋善、开物成务，在错综复杂的变化和各种关系的交错中引导人的生命向积极、向上、向善的方向健康和良性发展。研几而知化可以培养人见微知著的思维和忧患意识，通过谋划、揣度、分析将一些威胁生命存在的客观祸患因素及时消灭在萌芽状态，以免小祸酿成大祸，给生命的存在带来灾难。人的祸福更多是自身的善恶行为导致的，积善不一定必有福，但可以远祸，积恶不必有祸，但可以远福。淮南子指出，人应行小善积大善，而对恶行、恶习应防微杜渐，避免祸患，使生命处于"止于至善"的日滔滔而自新的状态。同时，研几而知化的思维让人认识到祸与福是相互转化的，当人生处于幸福的顺境之时，应及时分析顺境中存在的风险因素、危害因素，积极化解和消灭阻碍生命继续上升和发展的消极因素，避免因福而转祸。当人生处于祸患的逆境之时，应及时分析逆境中存在的化危为机的有利因素，通过积极的努力转祸为福。

总之，淮南子的阴阳对立统一运动的辩证思维与马克思的对立统一规律，本末思维与马克思的两点论和重点论，研几而知化的思维与马克思的质量互变规律，理性的反思、批判意识与马克思的辩证否定思维有内在精神的相通之处。我们应着眼于当代人生命发展中的问题，自觉运用马克思主义的基本原理、观点和方法，将马克思主义的辩证法与中国古代的辩证法有机融合，为当代人解决物质生命内部结构的冲突以及善良与邪恶、自然与人为、个人与社会、理想与现实等诸多矛盾提供可以借鉴的方法，引导人的生命健康存续，实现从自然境界、功利境界、道德境界进而到天地境界的不断跃升。

《淮南子》一书成书于两千多年前，今天，我国已经从封建社会进入社会主义社会，社会的制度以及政治、经济、科技、文化条件已经发生了巨大变化。但是，当今我们的生命仍然存在着与古代人共同面临的永恒问题：人的生命从哪里来？该到哪里去？生命的价值和意义何在？如何实现人的生命境界从自然境界、功利境界、道德境界到天地境界的跃升？如何克服生命内部理性、情感与欲望的冲突以及个人与社会、理想与现实的冲突？《淮南子》的生命哲学思想的精髓可以为解决当代人面临的共同生命难题提供思想资源。"以神治形，形从而利。以形制神，神从而害"的身体结构论以及"损欲从性，以情胜欲，以礼节情"的性命结构论，让我们认识到理性驾驭生命保持生命结构平衡是生命健康存在的前提。"惜生、贵生、重生"的生命至上的价值观可以让我们从功利主义的价值追求中超拔出来，"仁义至上"的道德价值观让我们以仁义之道自觉约束个人的功利主义行为。圣人自强不息的奋斗精神、无私无我的奉献精神以及爱民利民的民本情怀，为积极入世的人提供了自我提升、自我超越的精神标杆，至人、真人追求精神独立、自由的精神境界为出世的人安放心灵提供了精神家园。"百技无一道，得之弗能守。心不一也。"这样的技术思想让人认识到专业技术人才必须用心专一，锤炼专业技术的本领，避免"梧鼠五技而穷"的悲剧出现。"义食之道必始于耕织"，"是故其耕不强者，无以养生；其织不强者，无以掩形"。这些重视生产劳动的思想让我们认识到辛勤劳动是过上美好幸福生活的前提，但是，无节制、无限度地开发、使用生命加快了生命衰歇和死亡，"形劳不已则竭，精用不已则枯"，"虽富贵不以养伤生，虽贫贱不以利累形"。这就需要人在辛勤劳动与珍惜生命之间保持平衡。"通性之情者，不务性之所无以为；通命之情者，不忧命之无奈何"与"安时而立位，当世而乐业"等思想让人乐观达命、精进不息的态度正确处理理想与现实、主体与客体之间的冲突；守柔、守弱、守雌等生存方式让人形成内敛、含蓄的生存智慧，避免过分张扬个人的主体性给自己带来祸患灾难；在坚持仁义之道的前提下，根据时势进退、屈伸、动静、仰抑则使人机制灵活地生存，为人的生命发展提供机制灵活的生存智慧。研几而知化的思维让人们从内与外、幽与明、本与末、潜在与显在等诸多要素的联系中分析变化、把握变化，引导生命趋善避恶、逢凶化吉、趋福避祸，处于发展上升的态势。而对宇宙创生内在神明力量（即阴阳两种力量相互作用的机制）以及英雄人物身上斗争精神、奉献精神、奋斗精神的敬畏为人的生命提供了超越的精神动力。

《淮南子》生命观可以培养人的生命自觉意识。生命的存在发展具有至高无上的价值。在不同的阶段，生命的存在发展尽管有客观的限制性因素，但是自我是个人生命的主宰者、掌控者，"我命在我不在天"，人应自觉培养理性管理生命、调节生命、发展生命的自觉能动性。发挥心之理性的作用，促进身体结构和精神结构的高度和谐，维持自然生命生意、生机和活力。钻研技术业务，积极参加社会劳动，为个人和家庭成员谋得幸福生活的物质基础，维持个人与家庭成员物质生命的存在。同时，超越名利对人的生命的挟裹，不以利而无限开发、使用而透支生命。人所谋得物质生活需要的生产活动是在社会中进行的，这就需要人认识自己的"所能"与"能所"，在客观条件和个人能力范围内遵守制度和道德规范的范围内敬业、乐业、爱业，做好自己的本职工作，使个人的自然物质生命转化为社会生命，提升专业技术水平、道德修养以及社会化的合作交往能力，促进生命的不断提升，以个人生命的成长进步推动家庭的发展和单位的发展。但是，人的自然物质生命和社会生命的发展需要强大的精神动力支持，这就我们需要树立崇高的理想信念，以圣人、至人、真人以及中华民族发展史中的英雄人物为理想人格，培养淡泊名利、虚怀若谷、廉洁自律、勤俭节约的品德，培养劳动精神、奉献精神、奋斗精神、创造精神、斗争精神，培养家国情怀、民本情怀以及敬畏生命、护佑生命的意识，在人与自然、人与社会的和谐互动中促进个人生命的生生不息、家庭的兴旺发达、社会的进步以及国家的繁荣昌盛。总而言之，人应自觉培养理性管理生命、调节生命、发展生命的自觉能动性，疗愈生命、健全生命、丰富生命、发展生命、完善生命，以自己生命的生存、生活、生产、生成自觉融入家族、中华民族、人类以及宇宙绵延不断、奔腾不息的生命长河。让个人的生命之花在理性的驾驭之下在生命长河中绽放得绚丽多彩。

参考文献

班固著、颜师古注《汉书》，中华书局，2003。

陈鼓应：《老子注译及评介》，中华书局，2003。

陈鼓应：《庄子今注今译》，中华书局，2001。

陈鼓应：《黄帝四经今注今译——马王堆汉墓出土帛书》，商务印书馆，2007。

陈德和：《淮南子的哲学》，（台北）南华管理学院，1999。

何宁：《淮南子集释》，中华书局，1998。

金春峰：《汉代思想史》，中国社会科学出版社，2006。

刘安等编著、高诱注《淮南子》，上海古籍出版社，1989。

刘文典：《淮南鸿烈集解》（上），中华书局，1989。

黎翔凤：《管子校注》（上、中、下），中华书局，2006。

杨柳桥：《荀子诂译》，齐鲁书社，1985。

杨伯峻：《孟子译注》，中华书局，2005。

司马迁：《史记》，中华书局，2006。

陈丽桂：《秦汉时期的黄老思想》，（台北）文津出版社，1997。

陈广忠：《刘安评传》，广西教育出版社，1996。

陈静：《自由与秩序的困惑——〈淮南子〉研究》，云南大学出版社，2004。

陈一平：《汇集各家学说的巨著——〈淮南子〉》，中国文联出版公司，1997。

戴黍：《〈淮南子〉治道思想研究》，中山大学出版社，2005。

李增：《淮南子思想之研究论文集》，（台北）华世出版社，1985。

任继愈：《中国哲学史》（第2册），人民出版社，1979。

侯外庐：《中国思想通史》（第1卷），人民出版社，1957。

刘爱敏：《〈淮南子〉道论研究》，山东人民出版社，2013。

刘康德：《淮南子直解》，复旦大学出版社，2001。

刘笑敢：《庄子哲学及其演变》，中国社会科学出版社，1988。

马庆洲：《淮南子考论》，北京大学出版社，2009。

牟钟鉴：《〈吕氏春秋〉与〈淮南子〉思想研究》，齐鲁书社，1987。

孙纪文：《淮南子研究》，学苑出版社，2005。

王雪：《〈淮南子〉哲学思想研究》，陕西人民出版社，2005。

冯友兰：《中国哲学史》，华东师范大学出版社，2000。

徐复观：《两汉思想史》，华东师范大学出版社，2001。

徐复观：《中国人性论史》，华东师范大学出版社，2005。

张岱年：《中国古典哲学概念范畴要论》中国社会科学出版社，1989。

冯禹：《天与人——中国历史上的天人关系》，重庆出版社，1990。

牟钟鉴：《〈吕氏春秋〉和〈淮南子〉思想研究》，齐鲁书社，1987。

《马克思恩格斯全集》（第 19 卷），人民出版社，1963。

亚里士多德：《形而上学》，商务印书馆，1993。

王巧慧：《淮南子的自然哲学》，科学出版社，2009。

李振纲：《生命的哲学——〈庄子〉文本的另一种解读》，中华书局，2009。

李振纲：《大生命视域下的庄子哲学》，人民出版社，2013。

李霞：《生死智慧——道家生命观研究》，人民出版社，2004。

韩林和：《虚己以游世——〈庄子〉哲学研究》，北京大学出版社，2006。

蒙培元：《心灵超越与境界》，人民出版社，1998。

傅伟勋：《死亡的尊严与生命的尊严》，北京大学出版社，2007。

费尔曼：《生命哲学》，李健鸣译，华夏出版社，2000。

图书在版编目（CIP）数据

生命的张力:《淮南子》哲学思想研究 / 王巧慧著
. -- 北京: 社会科学文献出版社, 2023.12
ISBN 978-7-5228-3066-7

Ⅰ.①生… Ⅱ.①王… Ⅲ.①《淮南子》-研究
Ⅳ.①B234.45

中国国家版本馆 CIP 数据核字（2023）第 244695 号

生命的张力
——《淮南子》哲学思想研究

著　　者 / 王巧慧

出 版 人 / 冀祥德
责任编辑 / 岳梦夏
文稿编辑 / 王　倩
责任印制 / 王京美

出　　版 / 社会科学文献出版社·政法传媒分社 (010) 59367126
　　　　　地址：北京市北三环中路甲 29 号院华龙大厦　邮编：100029
　　　　　网址：www. ssap. com. cn
发　　行 / 社会科学文献出版社 (010) 59367028
印　　装 / 三河市龙林印务有限公司

规　　格 / 开　本：787mm × 1092mm　1/16
　　　　　印　张：19.5　字　数：321千字
版　　次 / 2023 年 12 月第 1 版　2023 年 12 月第 1 次印刷
书　　号 / ISBN 978-7-5228-3066-7
定　　价 / 128.00 元

读者服务电话：4008918866